普通高等院校城乡规划专业系列规划教材

中外城市史

The Urban History of China and Foreign Countries

姚 赯 编著

中国建材工业出版社

图书在版编目（CIP）数据

中外城市史/姚糖编著．—北京：中国建材工业出版社，2019.1（2024.1重印）

普通高等院校城乡规划专业系列规划教材

ISBN 978-7-5160-2342-6

Ⅰ.①中…　Ⅱ.①姚…　Ⅲ.①城市史—世界—高等学校—教材　Ⅳ.①K915

中国版本图书馆CIP数据核字（2018）第170805号

内容简介

本书将中国与西方城市发展过程并行讲授，按照人类社会的历史发展阶段划分章节，主要内容为：早期城市，自史前时期至公元前3世纪东西方城市的形成和发展；帝国城市，公元前3世纪至公元10世纪汉帝国、罗马帝国、唐帝国和阿拉伯帝国城市的发展、繁荣与衰落；商业城市，10—15世纪中国宋元时期和西方中世纪商业城市的兴起和繁荣；古典主义城市，13—18世纪中国明清城市和文艺复兴影响下形成的西方巴洛克—古典主义城市；近代城市，西方工业城市的兴起、明清时期中国城市的发展和近代化；现代主义城市，西方对现代城市问题的探索。

本书可作为城乡规划专业基础课程教材，也可作为建筑学、风景园林等相关专业教材，同时也可供广大从事城乡规划、城市史研究等的相关工作人员参考阅读。

中外城市史

姚　糖　编著

出版发行：中国建材工业出版社

地　　址：北京市海淀区三里河路11号

邮　　编：100831

经　　销：全国各地新华书店

印　　刷：北京雁林吉兆印刷有限公司

开　　本：787mm×1092mm　1/16

印　　张：15.25

字　　数：370千字

版　　次：2019年1月第1版

印　　次：2024年1月第3次

定　　价：49.80元

本社网址：www.jccbs.com，微信公众号：zgjcgycbs

编写说明

PREFACE

本书基于本人在南昌大学建筑系为建筑学专业和城乡规划专业本科生长期讲授中外城市史、中国建筑史和外国建筑史等课程的经验编撰而成。城市史是一门相对新兴的学科，是城乡规划专业、建筑学专业和其他相关本科专业学习的必备内容，又是教学的难点。现有的两部通行教材《中国城市建设史》和《外国城市建设史》均为名家巨作，内容丰富，卷帙浩繁，但成书时间较早，且目前大部分高校的实际教学时数均较为有限，仅能讲授其中小部分内容。而城市史的学习和理解牵涉非常广泛的社会、历史和环境的背景知识，对当今学生的知识结构提出了挑战。鉴于此，本书不惮浅陋，试图作出以下改进：

1. 大幅度精减教材内容，大体按 64 学时进行编排，将注意力集中在少数各个历史时期中各地的典型城市，以适应目前一般高校的课程体系。

2. 改变传统的分别讲授中国城市发展历程和西方城市发展历程的架构，将中国城市和西方城市放在同一时间轴上进行讲授，以帮助学生正确理解东西方同一时期不同的城市发展理念和模式，建立文化自信。

3. 适当增加对城市兴衰的历史、地理和文化背景的阐述，并增加若干特别重要的历史地图，以帮助学生理解城市发展的复杂性。

4. 根据最近的权威研究成果，更新对各个城市的解读。

5. 大部分城市总平面图均加注指北针和比例尺，使学生建立更明确的城市尺度观念。

上述设想未必正确，也未必都能在书中充分体现，敬希指正。

本书的编撰是一项浩大工程，得到许多同事和学生的参与和帮助。

蔡晴参与撰写第四章之明南京，第五章之景德镇、近代南京，并整理所有插图。

马凯参与撰写第三章之北宋东京、南宋临安、平江府、威尼斯、纽伦堡、吕贝克，第四章之元大都、明清北京、佛罗伦萨、罗马、巴黎、凡尔赛、华盛顿，第五章之天津。

苏东宾参与撰写第二章之平安京，第三章之锡耶纳，第五章之东京。

李岳川参与撰写第三章之泉州。

书中大部分插图均基于可靠版本的图纸重新绘制，工作量十分巨大。参与绘制插图的除上述四位同事之外，还有研究生兰昌剑、翁之韵等，在此对各位同仁一并谨表谢忱。

2018. 8. 11 于

豫章城南听笛阁

目录

CONTENTS

中外城市史

普通高等院校城乡规划专业系列规划教材

第一章　早期城市

自史前时期至公元前3世纪东西方城市的形成和发展

从人类最初开始聚居，到公元前3世纪，是城市发展的早期阶段。城市从无到有，从松散的聚落到严密的设防城市，从随意分布的建筑到街道、广场的形成，从大小相近的房舍到规模巨大的宫殿，城市获得了它最基本的形态，并且开始形成关于城市建设和发展的思想。

第一节　美索不达米亚：从乌尔到波斯波里斯

一、无边界的国度：美索不达米亚文明的兴起

一般认为，今日所谓之文明，开始于大约1万年前，即约公元前8000年，首先在美索不达米亚（Mesopotamia），然后在尼罗河下游、印度河流域发生，并逐渐影响到整个东地中海沿岸地区；稍晚，在中国也出现了文明的曙光。

在上述日期之前的历史，被称为“史前史”，其特征在于传说中的历史与考古学所见到的历史之间无法建立有效的联系，至今仍然是人类历史中暗昧不明的部分。

史前时期，人类开始形成聚落。聚落的形成，和定居农业的出现一样，是文明的标志之一。此一时期，人类尽管已开始进入文明阶段，但生产力尚极为低下，活动范围狭小，每个聚落本身规模极小，获得供应的地域也极小，聚落的形态也极为简单。基本在世界范围内，史前聚落的形态都是非常类似的，即略呈圆形的围合形态，或许在中央有聚落领导人的较大的居所或为公共服务的建筑物。

美索不达米亚指西亚的两河流域，即几乎平行的幼发拉底河（Euphrates River）和底格里斯河（Tigris River）流域，是被大片高原与沙漠包围起来的一条狭长的河谷平原(图1-1-1)。这片区域的西面是叙利亚沙漠（Syrian Desert），北部是土耳其的托鲁斯山脉（Taurus Mountains），东部是伊朗的扎格罗斯山脉（Zagros Mountains），南边濒临波斯湾。幼发拉底河和底格里斯河均发源于托鲁斯山脉，随后几乎平行地向东南方向流入波斯湾，沿河形成的冲积平原就是美索不达米亚。

以今天的巴格达一线为界，可将美索不达米亚分为南北两部分。北部地形为高地，自然资源和降雨相对丰富，以这里为中心，在公元前1600年产生了名为亚述的军事帝

国；南部地形为低地，缺乏石头、木材、金属之类的材料，年降雨量不足200毫米，当地人们使用灌溉进行农业生产，丰收的农产品使城市得以发展。但高原上的各种游牧民族不断进入富庶的两河流域，使这一地区的统治权时常易手，文明不断遭受洗劫，从而使其发展既呈现出不连续的阶梯状，同时也较为迟缓而不完整，而其历史也呈现出极度混乱的状态。

图1-1-1　公元前8000年的美索不达米亚（据《钱伯斯世界历史地图》绘制）

公元前3500年左右，在两河下游产生了苏美尔文明，之后逐渐向两河中游扩展，到公元前1900年之后兴起巴比伦帝国。之后，有多个游牧民族入侵巴比伦，使这一帝国的统治者多次更替，但始终维持着美索不达米亚文明中心的地位。

公元前3000年以后，在两河上游的山区，游牧民族亚述人逐渐成为一支强大力量。到公元前1100年之后，亚述帝国日益强盛，将疆界向西扩张到地中海东岸，并向东控制了整个美索不达米亚。

公元前612年，亚述帝国在内部反抗和外部入侵的双重打击下灭亡。在两河中下游地区建立了新巴比伦王国。

公元前6世纪，在美索不达米亚西面的伊朗高原兴起的波斯帝国，公元前539年占领巴比伦，控制了整个两河流域，美索不达米亚文明独立发展的历史至此结束。在波斯帝国灭亡后，该地成为希腊化地区，后来又被罗马帝国征服，最终成为阿拉伯帝国的核心地区。

二、乌尔

乌尔（Ur）位于两河下游地区，当时濒临幼发拉底河流入波斯湾的河口。由于河道和海岸线的变迁，今天它的遗址已经远离海岸，位于伊拉克南部大城市纳西里耶

(Nasiriyah) 西南方约16公里的沙漠中，紧邻规模巨大的阿里空军基地。这里尽管今天看上去几乎是不毛之地，但的确是苏美尔文明的发源地。

从公元前5000年有人在两河下游定居开始，到公元前1900年之前，为西亚文明的萌芽期。幼发拉底河和底格里斯河时常泛滥，在两河下游地区堆积起肥沃的冲积平原。在这里，发生了所谓“农业革命”。苏美尔人建造了人类最早的灌溉系统，形成最初的定居农业，从而开启了文明时代。许多人类文明最重要的发明都出现于这一时期，如楔形文字、陶轮、帆船、耕犁以及砖和砖拱券等。

乌尔大约在公元前3000年前后成为苏美尔人的中心城市，有大约1万人口，筑有内外两道城墙。在历史上，乌尔第一次把紧密的建筑群和敞开的自然环境隔开，也是第一次把统治者和他的臣民隔开，成为最早的设防城市（图1-1-2）。外城呈卵形，南北最长约1000米，东西最宽约600米，面积达1平方公里，为居民区，建筑密集，主要为住宅，街道宽约3米。内城位于外城北部，形状较方整，内部较开阔，包括宫殿、陵墓和观象台等。

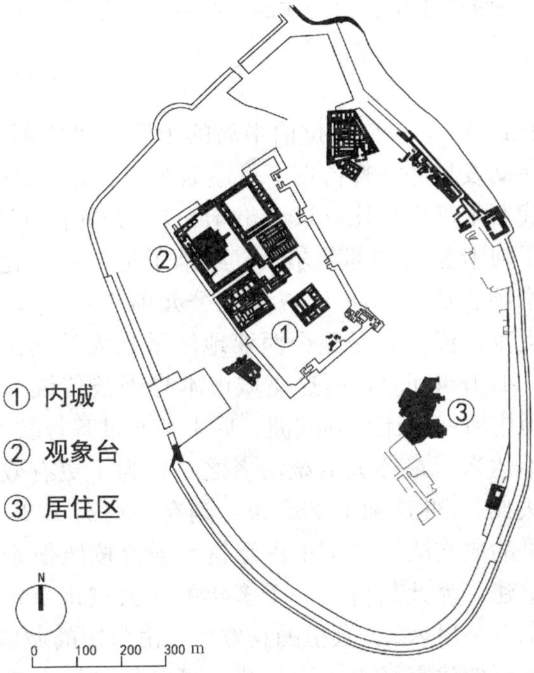

图1-1-2 乌尔总平面图（据《世界城市史》绘制）

美索不达米亚下游平原缺乏天然石材，因此夯土和砖成为主要的永久性建筑材料。观象台是乌尔城内最为宏大的建筑物，也是人类历史上最早的大型建筑物之一，约建于公元前2125年，用于祭祀天体和高山，由夯土和土坯砖建成。此种祭祀及其建筑形式起源于何时无法考证，在波斯时代即已消失，只留下了通天塔的传说。它是一座梯台式建筑，底边62米×43米，残高约21米。除顶层有祭祀建筑外，其余均为实心体，由坡道逐级登临。

除了发达的农业，乌尔也是波斯湾沿岸最为重要的商业港口，所有通过海路进入美索不达米亚的物资都在乌尔中转，因此在外城内部西侧和北侧各设有一处码头，通过水道穿过城墙进入港池，可能设有水门。

美国历史学家昌德勒（Tertius Chandler）认为，乌尔在公元前2030年前后是世界上最大的城市，有6.5万人口。这一数字未必确切，但这时乌尔至少是世界上的最大城市之一。

在公元前21世纪末，乌尔王朝最终覆灭，两河下游地区从此陷入分裂，乌尔失去了政治中心城市的地位。尽管如此，它仍然是波斯湾沿岸的主要港口，此后很长一段时间仍是两河下游的重要城市之一。根据《圣经·旧约》记载，大约在公元前20世纪的某个时期，希伯来人亚伯兰（Abram）出生于此，后来得到上帝的指示，成为希伯来人的族长，率领族人从这里迁往巴勒斯坦，在75岁时改名为亚伯拉罕（Abraham），后来先后被犹太教、基督教和伊斯兰教奉为先知，在《古兰经》中写作易卜拉欣（Ibrahim），是传说中希伯来民族和阿拉伯民族的共同祖先。

公元前6世纪前期，即新巴比伦王国统治两河中下游地区时期，乌尔城进入最后的繁荣时期，城市和公共建筑都得到整修。但大约在公元前550年之后，乌尔城迅速衰落，可能是由于波斯湾出海口的泥沙淤积，幼发拉底河下游改道，使得贸易线路离开了乌尔，并且造成严重的水灾和持续的干旱。至公元前500年，乌尔已几乎成为一座空城。

三、巴比伦

公元前1900年前后，一支来自阿拉伯半岛的半游牧民族阿莫里特人（Amorites）进入两河中游地区，在幼发拉底河畔占据了一座名为巴比伦（Babylon）的小城邦。巴比伦第一王朝的第六代君主汉穆拉比（Hammurabi）（公元前1790—公元前1750年在位）统治时期，征服了阿卡德人和苏美尔人，继承了他们的文化，统一了两河中下游地区，建立起巴比伦帝国。从公元前1900年至公元前1100年，以巴比伦为中心的帝国，尽管统治者不断更替，但一直是整个西亚地区最强大的国家。两河中下游地区从此被称为巴比伦尼亚（Babylonia），而这座城市本身则被传说为富庶、豪华和壮丽之城，这一传说通过东地中海一直流传到欧洲，后来又通过基督教流传到全世界。

汉穆拉比是美索不达米亚最伟大的统治者之一，为了更有效地进行统治，他颁布了著名的《汉穆拉比法典》，此法典共282条，刻在一块高2.25米的黑色玄武岩石柱上，是迄今发现的最早的成文法，现藏于卢浮宫。据说按照他亲自主持的规划，对巴比伦城进行了完全的重建，为此后持续一千多年的伟大城市奠定了基础。汉穆拉比将这座城市建设成一个1.5公里×2.5公里的长方形，由坚固的城墙包围，被幼发拉底河分为东西两部分，河上可能建有至少1座桥梁，可能是世界上最早的真正意义上的跨河城市（图1-1-3）。城市中央部分为内城，内有宫殿和神庙。在内城附近，分别以大型的神庙为中心，形成主要的市场区域。

公元前1100年以后，两河上游地区的亚述帝国（Assyria）进入强盛时期，巴比伦城一度衰落。公元前689年，巴比伦发生反对亚述统治的暴动。为镇压暴动，亚述统治者下令彻底摧毁巴比伦城，据说城墙、寺庙和宫殿都被夷为平地。不过这一举动几乎立即遭到美索不达米亚各地首领的一致谴责，巴比伦城得到重建，而亚述则逐渐走上了下坡路。公元前626年，巴比伦的首领宣布独立，建立新巴比伦王国。公元前612年，亚述帝国灭亡。此后，在新巴比伦王国统治下，巴比伦城迅速复兴。

大约在公元前605年至公元前562年之间，尼布甲尼撒二世（Nebuchadnezzar Ⅱ）统治新巴比伦王国期间，在巴比伦城大兴土木，进行了大量的建设，城市发展进入巅

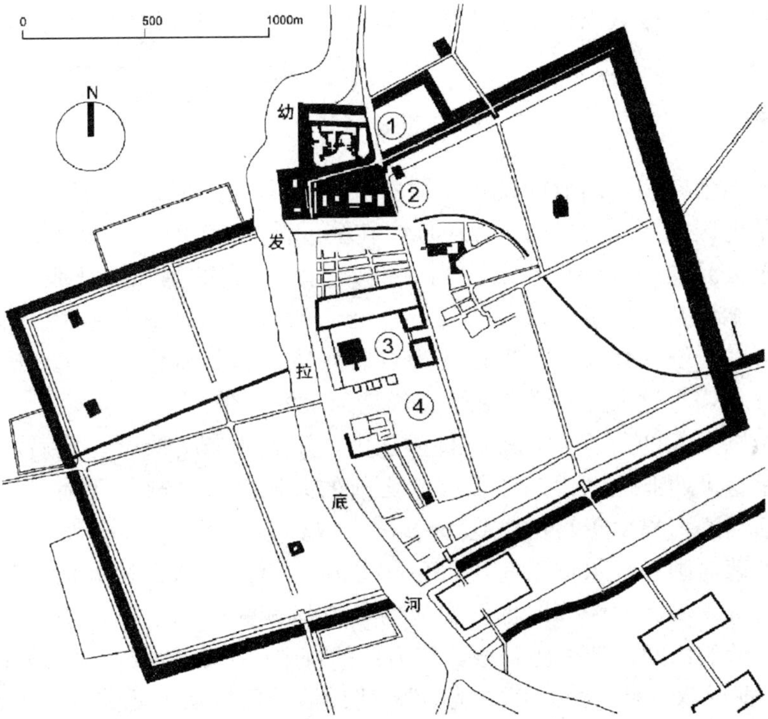

①伊什塔门 ②空中花园 ③观象台 ④内城

图 1-1-3 巴比伦总平面图（据《世界城市史》绘制）

峰时期。他加固了城墙，扩建了城门，尤其是易受来自北方的游牧民族攻击的北门伊什塔门（Ishtar Gate），被他重建成几乎是一座要塞，由内外两座门组成，之间以瓮城夹道连接。外门的尺寸达到约 40 米宽，14 米高，内门更大，同时它又成为一座装饰华丽的大门，用色彩艳丽的琉璃砖贴面，拼贴成各种图案。在巴比伦彻底衰落之后，这座城门逐渐被埋没在沙漠中，在被遗忘 2300 年后，在 20 世纪早期由德国建筑师考德威（Robert Koldewey）经 10 余年发掘，逐步重现，全部运回柏林。外门在柏林帕加蒙博物馆（Pergamonmuseum）重新组装，1930 年开放参观。内门因尺寸过大，至今仍以散件形式储藏在该博物馆的地下室。在城内北部靠近伊什塔门的位置，据说为了娱乐他的某位妃子，兴建了著名的“空中花园”，被后来的希腊人希罗多德（Herodotus）称为世界奇迹之一，实际上“空中花园”是一座顶部配置绿化的夯土城堡，据说采用了机械抽水技术以灌溉绿化和制造水景。

公元前 539 年，波斯帝国占领巴比伦，新巴比伦王国灭亡。这一事件标志着两河流域历史独立发展的结束，这一地区此后被各种外族入侵和统治，直至公元 7 世纪阿拉伯人入侵并建立统治。尽管如此，巴比伦在波斯统治期间仍然是两河中下游地区的首府，是帝国的文化和经济中心，甚至一度成为波斯帝国的行政首都。到公元前 400 年前后，巴比伦城的人口达 20 万人。

公元前 331 年，来自希腊半岛的马其顿（Macedon）军队在著名统帅亚历山大大帝（Alexander the Great）率领下占领了巴比伦，将这里作为他们统治和攻略东方的基地，使巴比伦进入最后的辉煌时期。在征服印度之后，亚历山大于公元前 324 年返回巴比伦，第二年突然去世。他的部将们随即发生冲突，开始了一个漫长的动乱时期，这座城市从此彻底衰落。今天巴比伦位于伊拉克中部一座叫作希拉的城市的北郊，北距伊拉克首都巴格达约 85 公里。

四、沙罗金

巴比伦城衰落期间，西亚的统治中心在亚述帝国统治下移到两河上游地区。亚述人是两河上游地区的一支古老的游牧民族，在公元前 3000 年以后即已形成国家，此后时有兴衰，至公元前 700 年前后成为当时世界上最强大的国家，征服了地中海东岸、小亚细亚东部和埃及，其版图从波斯湾一直延伸到东地中海。亚述人一直保持着游牧民族居无定所的传统，强大的国王往往为自己兴建一座新城作为王都，因此其统治中心曾经多次移动，不过大部分时期在底格里斯河上游一带。

在亚述帝国兴起的过程中，王权日益强大，宗教则较为衰微。此后，这成为美索不达米亚乃至整个西亚地区伊斯兰教兴起之前的共同特征。故从亚述时代以后，西亚主要的建筑活动逐渐集中于宫廷建造。

亚述后期著名国王萨尔贡二世（Sargon Ⅱ）（公元前 722—公元前 705 年在位）统治时期，亚述进入最后的巅峰时期。像他的各位强大的前辈一样，萨尔贡二世决定在底格里斯河上游的山间建造一座新城，作为他的行政中心。新城被命名为沙罗金（Dur Sharrukin），据说意思是“萨尔贡的城堡”。建设活动可能从公元前 721 年就已经开始。公元前 717 年，萨尔贡二世下令开始建设宫殿，从他的宏大帝国各地征调材料和工匠，也征发囚犯和流放犯人。

该城近似正方形，边长约 1760 米×1635 米，设防面积约 2.88 平方公里（图 1-1-4）。城墙厚约 50 米，高约 20 米，四面一共设有 157 座马面，开有 7 座城门，防卫能力非常突出。城墙北部中央部分向城内外展宽突出，成为一个巨大的土台（图 1-1-5），面积约 9 公顷，其上为王宫，东南面为主入口，大门采用两河下游的典型样式，4 座高大的方形碉楼夹着 3 个拱券门洞。内有大院，外朝即行政中心在大院的东北侧，轴线相对主入口旋转 90 度。内廷即宫廷部分在北面，在城墙上另有入口。西南是观象台和其他祭祀建筑。基础墙为石砌，墙体本身为土坯，厚度达 3～8 米。一般建筑贴砖和琉璃砖，重要建筑用石板做墙裙并施以雕刻。

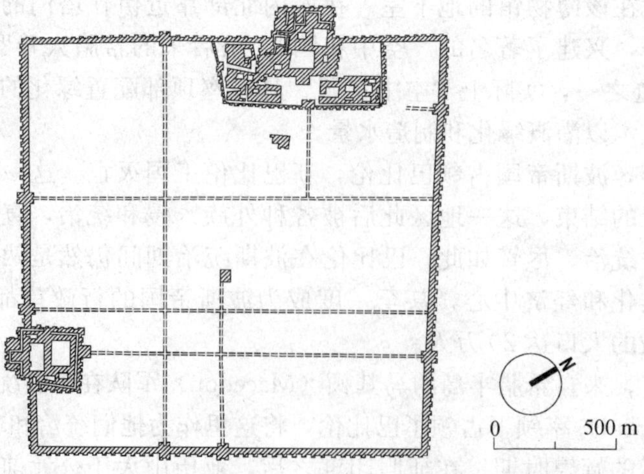

图 1-1-4　沙罗金总平面图（据 Khorsabad，Part 2 绘制）

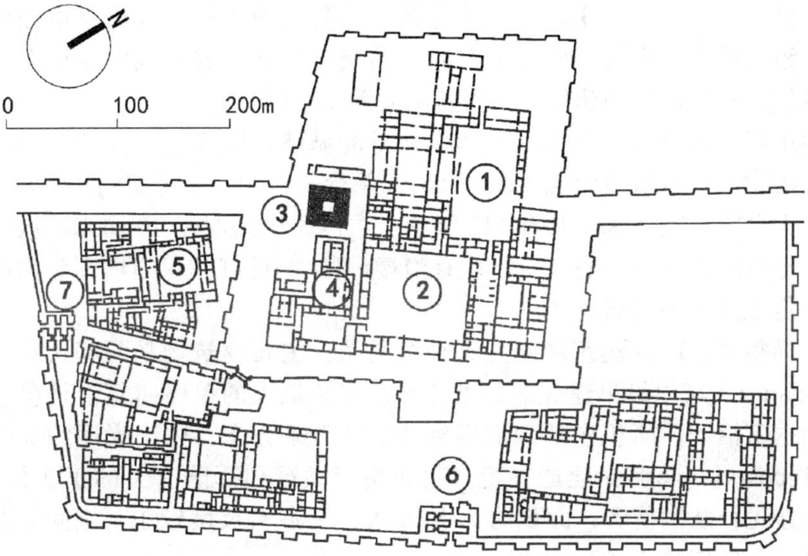

①宫廷大院　②入口大院　③观象台　④神庙

⑤居住　⑥大门　⑦次门

图 1-1-5　沙罗金宫殿区域总平面图（据 Khorsabad，Part 2 绘制）

公元前 706 年，尽管建设活动还没有完成，萨尔贡二世已经率领他的人马迁入宫廷居住，但人口规模可能有限，城内还住了相当数量的囚犯和流放犯人。不过第二年，萨尔贡二世突然去世，他的继承人中止了建设活动，将王都迁往南面约 20 公里的古城尼尼微。沙罗金就此被放弃，在亚述帝国崩溃后彻底湮灭，直至 19 世纪被法国考古学家发现。现在这里是一座小村庄，名叫霍尔萨巴德。

五、波斯波里斯

波斯人原本是伊朗高原上的一些分散的游牧民族。公元前 8 世纪，高原北部一些叫作米底人（Medes）的部落控制了高原的大部分，号称米底王国，与亚述帝国长期作战。波斯南部的一个部落头领居鲁士二世（Cyrus Ⅱ）在公元前 559 年带领波斯南部诸部落征服了米底王国，并立即开始同时向东西两面扩张。向东的扩张直到喜马拉雅山麓，向西的扩张直到东地中海，征服了美索不达米亚、埃及、小亚细亚乃至巴尔干半岛西南部，直至遇见希腊人为止。公元前 539 年，波斯攻陷巴比伦，标志着波斯帝国的开始。居鲁士二世因此后来被称为居鲁士大帝（Cyrus the Great）。

波斯帝国第三代皇帝大流士一世（Dalius Ⅰ）自公元前 518 年开始，在波斯西南部的扎格罗斯山区建造波斯波里斯（Persepolis），作为帝国的正式首都或者礼仪首都。此前，波斯帝国已经有四座都城，居鲁士二世建立的帕萨尔加德（Pasargadae），位于波斯南部，是波斯帝国的第一座首都；米底王国的都城埃克巴塔那（Ecbatana），位于波斯西北部，被波斯征服后成为夏都；巴比伦，被波斯征服后成为主要的都城；苏萨（Susa），位于波斯西部通往美索不达米亚的要道上，从波斯第二代皇帝冈比西斯二世（Cambyses Ⅱ）起成为冬都。波斯波里斯因此实际上可以理解为波斯皇帝的一座离宫，设防面积很小，仅约 13 公顷。从大流士一世开始，经薛西斯一世（Xerxes Ⅰ）、阿尔塔薛西斯一世（Artaxerxes Ⅰ）共三代皇帝，至公元前420年前后基本完成，之后还有持续的增添、修改。它是一座非常东方化的城市，整个城市范围或至少是设防范围全为宫殿占领。不过，它的建筑却受到希腊的深刻影响。

波斯波里斯东面靠山，其他三面建有双重的城墙，围成一个高约13米的大平台，一半由人工搭建，一半凿山而成（图1-1-6）。平台长约450米，宽约300米，西北端有气派的八字大台阶，宽7米，共有111级踏步，但每级高度仅10厘米，坡度较缓，可骑马登临。经台阶进入唯一的入口，建有门楼，称“万国门”，门内即为宫殿群。城下可能曾有一定规模的平民居住区。

宫殿布局整齐，但各建筑之间并无轴线关系。主要建筑物是两座大殿：阿帕德纳大厅（Apadana），城内最早建成的大型建筑，也是最大的单体建筑，是皇帝正式的接见厅，举行国事活动，面积包括四周围廊达1.3万平方米，内部大厅约3600平方米；百柱厅（Hypostyle Hall），建造稍晚，起初用于举行和军队有关的正式仪式和活动，后来也用于接见仆从国使者，面积约6000平方米。后宫尺度较小，空间复杂，成为西亚地区延续至今的传统。

宫殿主要结构体系为石柱木梁，具有明显的希腊特点。柱子细长，柱距很大，室内空间较开敞。雕饰华丽，柱头做法复杂，是典型的东方式样。

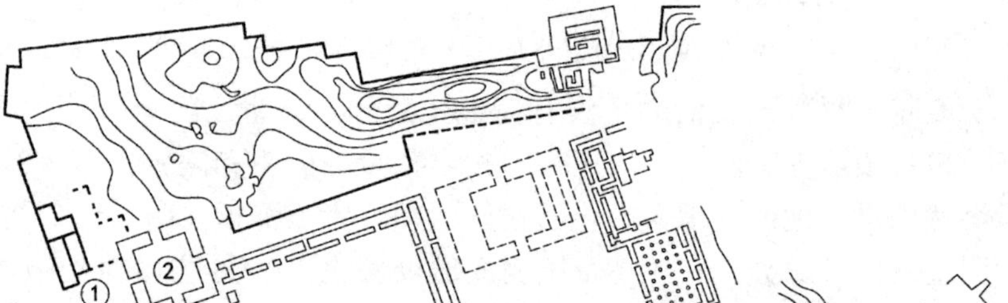

① 大台阶 ② 万国门 ③ 阿帕德纳大厅 ④ 百柱厅 ⑤ 后宫

图1-1-6 波斯波里斯总平面图（据 Ancient Cities 绘制）

公元前330年，波斯波里斯被亚历山大的军队占领，宫殿遭到焚毁，但城下的居住区据说仍继续存在，甚至仍作为地方首府所在地很长时间。此后，波斯波里斯虽然日渐凋敝，但仍继续作为一处著名古迹存在，史载不绝，1979 年被列入第三批世界文化遗产名录。

第二节 古代埃及：从孟菲斯到阿玛纳

一、尼罗河：古代埃及文明的兴起

古代埃及的全部文明都依赖于尼罗河。这是非洲第一大河，发源于非洲中部，自南向北穿过苏丹进入埃及，最后流入地中海。埃及境内的上游是陡峭的山区，下游是平坦的尼罗河三角洲。沿尼罗河两岸是狭长的河谷，以外即为沙漠。作为世界上最长的河流之一，尼罗河将非洲内陆和地中海联系起来，成为一条重要的运输廊道（图 1-2-1）。

图 1-2-1 尼罗河和埃及（据 Ancient Cities 绘制）

南北向的尼罗河加上东升西落的太阳，赋予埃及人基本的空间概念——一个基本的直角坐标系。埃及人由此发明了基本几何学，建立了正交概念和轴线概念。这样，在埃及，主要的建筑物都沿南北排列，而主要出入口都朝向尼罗河。

埃及的农业文明从公元前 4000 年开始在尼罗河下游兴起，几乎完全依赖于尼罗河一年一度的泛滥。埃及历法分三季：泛滥、播种、收获。每季四个月，每月三十天，最后一个月加 5 天，庆祝新年。每一次泛滥，地面上死亡的肌体被冲入大海，留下丰盛的肥料养育新的生命，从而使新一轮的播种和收获成为可能；而收获过后，又将要迎来下一次泛滥。这种生命周期不仅因为其准确性促使埃及人在天文学和数学方面取得了可观的成就，而且显示出有一种强大的力量控制着世界。在这个背景之上，产生了埃及人的再生概念。

传说奥西里斯（Osiris）是尼罗河神，他曾经被杀，尸体被剁碎并被风吹散。伊西斯（Isis）是他的妻子，走遍埃及收集他的尸体，她的眼泪使尼罗河泛滥。她将奥西里斯的尸体缝合、包裹，做成木乃伊，使其复活，于是尼罗河水退下，大地恢复了生机。然而这只是一年一度的复活，到时奥西里斯又要再次死亡，伊西斯的眼泪又将使尼罗河泛滥。为了补偿，奥西里斯又兼任了阴间的统治者。以后的人们仿效伊西斯，将他们死去的亲人也制成木乃伊，按规矩放在谁也进不去永不遭破坏的地方（通常是石制的多层套棺），在那里等待灵魂回到体内。

最初只有法老才能永存，但是后来奥西里斯把永生赐给了所有人。这样，每一个死者在死后都要进入复活程序：切开、清洗、缝合、包裹、密藏，等待再生。而尼罗河谷也因此分为两部分：河东，即太阳升起的一侧，是生者的世界；河对岸是死人的世界。

公元前3000年前后，尼罗河谷被统一成为古代埃及第一王朝，建立了法老（Pharaoh）的统治。法老是埃及的政教合一的统治者，既是最大的祭司，又是最高世俗统治者，同时还是被崇拜的对象。这一统治方式贯穿于整个古代埃及历史，直至公元前30年被罗马人废黜为止。

公元前2800—公元前2258年史称古王国时期，其中心在尼罗河下游三角洲，发明和普遍使用象形文字，组织起强大的国家。

在经历了约200年的分裂之后，埃及重新统一。公元前2050—公元前1786年史称中王国时期，中心移至底比斯，即上游峡谷的出口处。

中王国崩溃之后又经历了近300年的动乱，埃及再次重新统一起来。公元前1570—公元前1085年史称新王国时期，太阳神崇拜成为精神生活的主流，埃及文明经历了最后的繁荣并开始衰落。在新王国解体后，埃及瓦解成一系列地方割据政权，最终被亚历山大占领。在亚历山大死后，他麾下的大将托勒密（Ptolemy）自立为埃及的统治者，埃及从此成为一个希腊化王国。

二、孟菲斯

相传埃及第一王朝的建立者美尼斯法老（Menes）在公元前3000年前后建立了孟菲斯（Memphis），作为统一的埃及的第一座都城。它位于尼罗河三角洲端部，即今天的开罗以南约20公里处，当时人口最多时约3万人。

关于古王国时期的孟菲斯，至今仍然所知甚少。但由于再生概念的形成，死亡和安葬是埃及人最重要的事情，甚至比生活还重要。孟菲斯因此逐渐被尼罗河分割成两部分，东岸是活人的城市，建有宫殿、神庙、作坊和居民区，有码头、道路和运河，将城市的各部分连接起来，并连通更远的世界。除神庙外，东岸的其他建筑均以木材和砖建造，不仅平民的房屋，甚至法老的宫殿也是如此。生者居住的房屋被视为一种消耗品，只是暂时的居住地而已，使用一段时间后即被放弃或重建。西岸则是死者的城市，沿河岸形成了连绵的墓葬区，规模甚至比东岸还大，建筑也远较东岸壮观。所有坟墓都用石头建造，确保即使经历漫长的风霜也不会被破坏或改变。

因此，在孟菲斯这座埃及最早的都城，尼罗河以东的部分早已湮灭无踪，但尼罗河以西的部分却仍有许多遗迹巍然矗立。其中，最著名的便是大金字塔群，位于尼罗河谷与沙漠的边界。它们作为法老的陵墓，是人类最早的纪念性建筑（图1-2-2）。

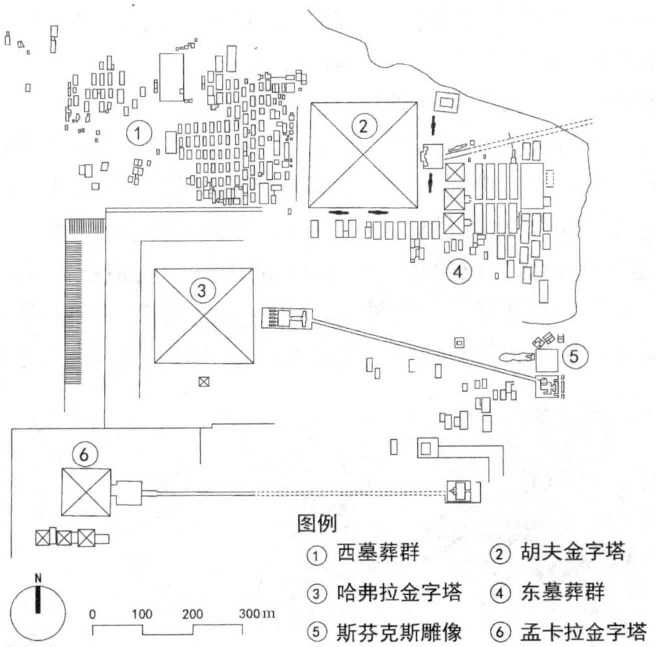

图 1-2-2 吉萨金字塔群总平面图（据 Ancient Cities 绘制）

金字塔（Pyramid）是简明的正四面体，由块石堆砌而成，形状、方位均极为标准。最大的一座胡夫（Khufu）金字塔，建于公元前 2560 年，边长 225 米，高约 150 米，是古代世界最大的单体建筑物，保持世界人工构筑物的高度记录长达 3800 年，直至公元 1300 年前后英格兰林肯主教堂的中央大塔建成，这个记录才被打破。

金字塔的建造全部使用磨光石材干砌，每块重约 2.5 吨。石材并非在孟菲斯本地开采，而是在尼罗河沿岸的多处采石场，最远到 700 公里以外的山区开采，因此除了开采、切割石材的能力之外，还需要高超的运输能力。对石材的加工能力体现了高超的金属加工和工具制作技术，这些在人类文明的早期都是独一无二的。建造过程还充分体现了古代埃及人的管理与组织能力。胡夫金字塔占地约 5 公顷，估算约由 230 万块石材砌成，据 2200 年后的希腊人希罗多德记载，当地人告诉他说，建造金字塔总共要动用 40 万人，每人每年工作三个月，因此是 10 万人同时工作，这样持续 20 年。因此，在金字塔周围有面积相当大的工人居住区。由于每位法老上台之后就要开始为自己建造金字塔，工程可以一直持续到法老去世，这些工人居住区的存在实际上是半永久性的，但仍然是一种临时性建筑，因此尽管位于西岸，但并不违反东西两岸生者和死者分居的原则。

古王国末期，埃及陷入混乱。中王国将都城移至底比斯，孟菲斯从此失去都城地位，但仍长期为埃及第二大城市，在新王国时期还进行了相当规模的建设，直至希腊化时代开始。尽管亚历山大港建立并逐渐成为希腊化世界的中心，但孟菲斯仍然是埃及的重要城市之一。

7 世纪孟菲斯被阿拉伯人占领后衰落，12 世纪后被完全遗弃和拆毁，仅剩余尼罗河西岸陵墓遗址。

三、底比斯

中王国重新统一埃及，首都移至底比斯（Thebes）。它位于埃及南部尼罗河上游山区的边缘，此前是一个默默无闻的小镇。此后，它作为埃及都城达一千年之久，从公元前 2000 年开始直至公元前 1000 年新王国灭亡。

底比斯和孟菲斯一样，被尼罗河划分为东西两部分（图 1-2-3）。生者的城市在东岸，新王国时期成为东地中海最壮丽的城市，人口超过 12 万人。在这座城市的尼罗河西岸，形成了新的陵墓区，比孟菲斯更为集中，称底比斯墓葬地（Theban Necropolis）。和孟菲斯不同，这里没有开阔的平地可供修建金字塔，因此中王国的第一位法老曼都荷特普（Mentuhotep）决定在一处名为巴哈里（Bahari）的山谷中营造石窟墓，从此开启了埃及统治者新的墓葬传统。石窟墓有漫长的轴线，标高变化和空间关系都十分复杂。真正的墓室隐藏在山崖深处，在外面只能看见陵墓的入口和山壁上巨大的法老雕像。

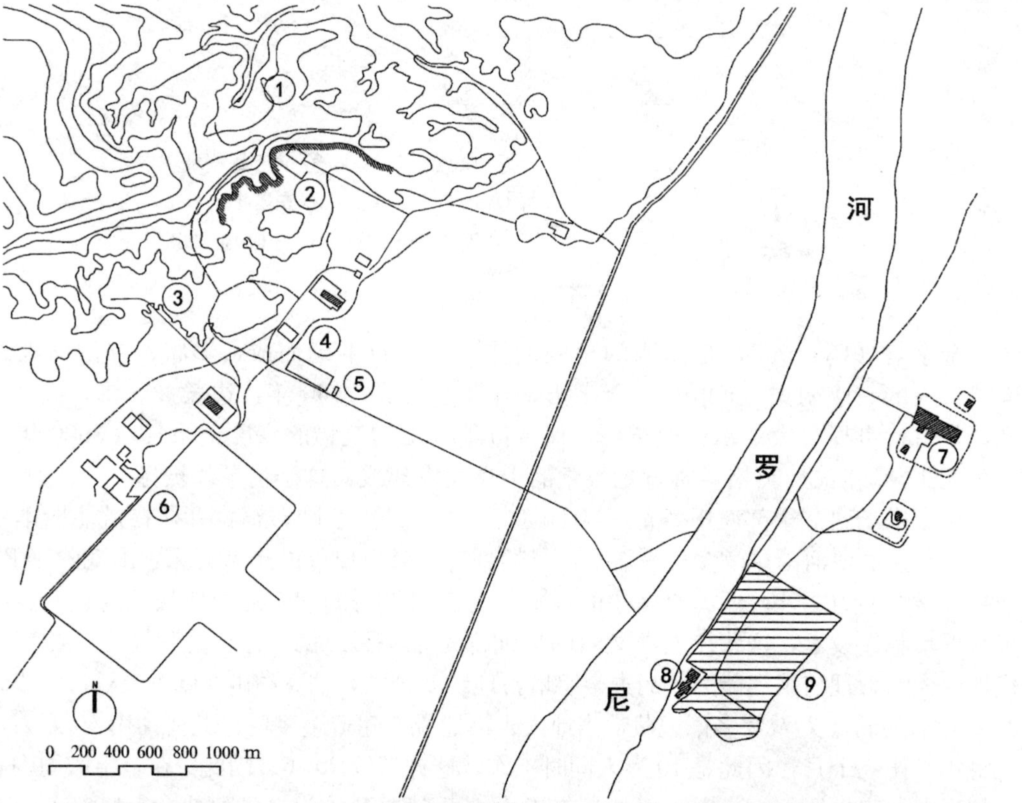

图 1-2-3 底比斯及周边地区（据 Ancient Cities 绘制）

到新王国时期，法老们的墓葬逐渐完全转入地下，在底比斯西岸山区形成了“国王谷”和“王后谷”两个集中的墓葬区，地面上不建造任何建筑，甚至连标志都没有。新王国时期的少数法老如阿蒙荷特普三世（Amenhotep Ⅲ）在西岸建造了一些规模巨大的祭祀设施，不过均远离其真实墓葬。国家的主要建筑活动因此转为建造规模巨大的神庙。

在这座城市的尼罗河东岸，从新王国时期开始，形成了两个大型神庙群，卡纳克（Karnak）神庙群在北部，鲁克索（Luxor）神庙群在南部。两者之间由一条斯芬克斯大道连接，大道两侧排满斯芬克斯雕像。

卡纳克神庙群主要包括阿蒙（Amun）神庙、阿蒙神妻子的（Mut）神庙和他们的儿子（Montu）的神庙。在古王国时期，阿蒙神只是底比斯一带的地方保护神。在中王国时期，由于都城迁至此，阿蒙神的地位有所上升，但直到新王国，阿蒙神才真正成为全国性的神祇，号称“宇宙之神”。卡纳克的阿蒙神庙是整个古代埃及最大的神庙，占地面积 25 公顷。它成为卡纳克神庙群的主体建筑，在它建成之后还在不停地改建、增减，直至公元前 323 年亚历山大征服埃及为止。

卡纳克阿蒙神庙坐东朝西，入口正对尼罗河。建筑沿 360 多米长的中轴线组织，布置了多进院子和规模宏大的神殿，越往里，等级越高，祭祀的仪式也越神秘，神庙核心的内殿（Naos）只有极少数最高级的祭司才有资格进入。神庙和尼罗河对岸的石窟墓一样，体现了纵深发展的空间秩序（图 1-2-4）。

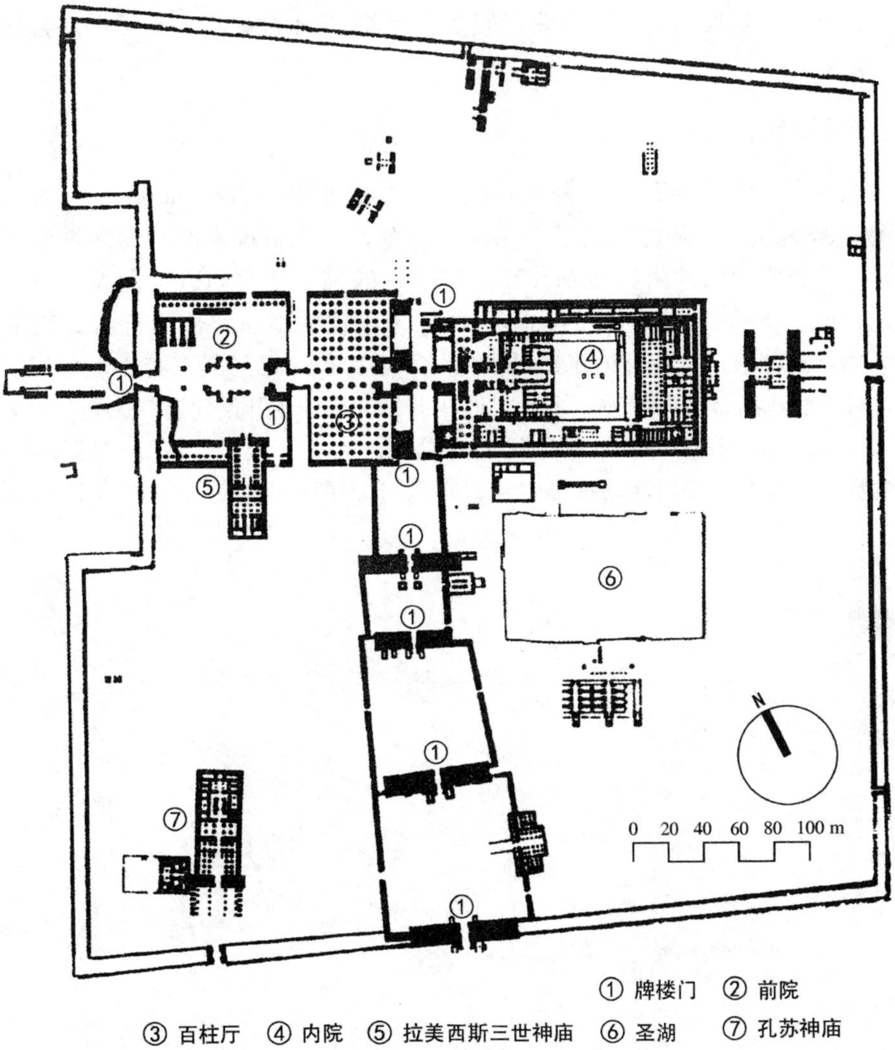

图 1-2-4 卡纳克阿蒙神庙总平面图（据《世界城市史》绘制）

百柱厅（Hypostyle Hall）是卡纳克阿蒙神庙的主殿，是古代埃及最大的建筑之一。尺寸巨大，面积超过 5000 平方米，高度接近 30 米，充分展示了梁柱式结构形成巨大尺寸室内空间的能力，成为古代世界中石梁柱结构的样板，在西方世界影响极为巨大和深远。

牌楼门（Pylon）是埃及神庙的大门和空间限定标志，由一对高大梯形墙体组成，由石材或土坯砖建造，当中开门。墙身满布浮雕，顶部和边缘有线脚装饰。一座神庙通常至少有两座牌楼门，一座标志入口，一座标志内殿区入口。卡纳克阿蒙神庙在两条相互垂直的轴线上一共布置了 10 座大小不等的牌楼门。

方尖碑（Obelisk）是一座巨石柱，方形截面，顶部为四棱锥，高度可超过 30 米。它是太阳神的标志，通常成对置于牌楼门之前。现存仅 29 座，其中 9 座仍在埃及；12 座在意大利，几乎全是在罗马帝国时代运去的，后来又经过多次移动、损坏、修补和重新竖立，从而对欧洲城市空间造成深远影响。

新王国瓦解之后，底比斯仍保持相当程度的繁荣，直至公元前 663 年被入侵的亚述人焚毁。此后，该城得到部分重建，但在公元前 27 年被一场大地震彻底摧毁，此后即被完全遗弃。

四、埃赫塔顿

新王国时期，法老阿蒙荷特普三世的儿子埃赫那顿（Akhenaten）大约于公元前 1353 年登基成为法老，随即发动了一场宗教改革，要求将埃及原有的多神崇拜改为一神崇拜，宣称只有太阳神阿顿（Aten）才是唯一的神，从而创造了世界上第一种一神教。据说，他希望通过这场激烈的改革，贬低阿蒙神的地位，从而打击底比斯的阿蒙神祭司集团，这些祭司自新王国建立以来权势日益膨胀，已经具有与王室分庭抗礼的倾向。作为对付底比斯祭司们的另一举措，他在即位的第 5 年开始建造一座新都城，名为埃赫塔顿（Akhetaten，图 1-2-5），意为阿顿的曙光。此后不久，尽管新都城还远未完工，但他将埃及几乎所有的宗教活动都集中到这座新城，并且下令破坏埃及全国的阿蒙神庙。

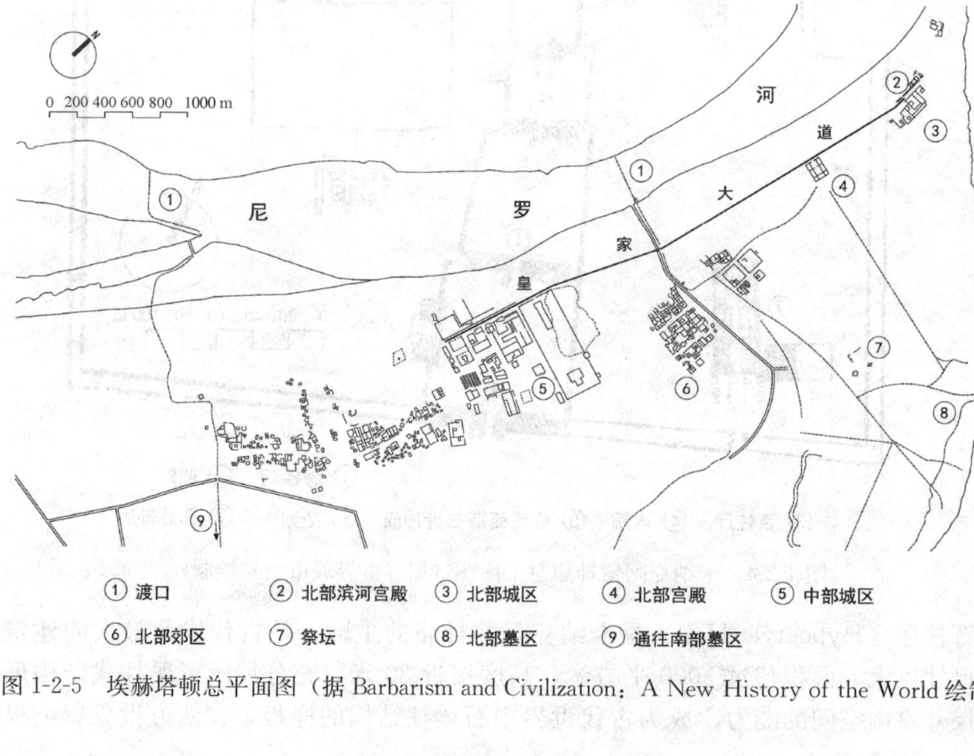

图 1-2-5 埃赫塔顿总平面图（据 Barbarism and Civilization: A New History of the World 绘制）

这座城市位于底比斯与孟菲斯之间，距孟菲斯约300公里，距底比斯约400公里，当时几乎完全是一片荒地。城市沿尼罗河东岸展开，大致分成三个区域：北部的宫殿区，主要包括两座大型宫殿；中部的行政区，包括一座临河的主要宫殿和两座阿顿神庙；南部的居住区，包括大臣们的府邸。各部分之间以一条大致与尼罗河岸平行的主干道连接，称"皇家大道"。大体上，离尼罗河越近，建筑的地位越重要，等级越高；离尼罗河越远，则建筑变得越差。在城市的最东面，也就是离尼罗河最远的一侧，有大面积的工人居住区，很可能是供建设工人居住的场所。埃赫那顿甚至打算改革埃及的丧葬传统，在城市更远的东面建造了他自己的皇家墓地。建筑布置也没有严格遵循自古以来的朝向尼罗河的方式，主要宫殿位于中部靠尼罗河一侧，但其主要出入口却背向尼罗河。宫殿地势低于其面临的皇家大街，有一座桥跨街与对面的议事大厅连接。

埃赫那顿的改革最终彻底失败了。他大约在公元前1336年去世，这座新城当时仍未完全建成。他的继承人不久即将都城迁回底比斯，埃赫塔顿被完全放弃，埃赫那顿最终被安葬在底比斯尼罗河西岸山谷中新王国法老们的传统墓地。一些游牧民族后来占据了这里，给它重新命名为阿玛纳（Tel-el-Amarna）。

第三节　先秦中国：从郑州商城到咸阳

一、至秦帝国统一时的中国早期文明

以中国为中心的东亚文明的起源，过去曾经有过多种猜测。直至1950年代，世界主流的意见仍然是所谓"西来说"，即中国文明来自其他更早期文明，特别是美索不达米亚文明。在1950年以后，随着新中国考古学的迅速发展，中国早期文明考古学取得了重大进展，此种说法基本在学术界失去影响。目前较为主流的认识是中国文明的起源是多元的而不是一元的，并非起源于一时一地，而是由多个相互独立的源头逐渐融合而成，包括六个主要的起源地：以辽河流域为中心的东北文明；以山东半岛为中心的东部文明；以渭水至黄河一带为中心的中原文明；以成都平原为中心的西南文明；沿古云梦泽南岸分布的长江中游文明；沿太湖至杭州湾一带分布的长江下游文明。

这六个地区都曾起到民族文化大熔炉的作用，反映了我国民族文化的多样性和文化渊源的连续性。在上述文明中，中原文明凭借其农业优势和文化优势逐渐成为中国文明的主流，并将东部文明和长江中游文明包容吸收。其余文明现在已经灭绝。

中国的早期历史至今仍有争议，传说、正史和考古学互相矛盾。大致地说，目前较少争议的历史框架如下。

约公元前2100—公元前1600年为夏代，是第一个世袭的氏族王朝，君主与诸侯分而治之。虽然中国传统文献中关于夏朝的记载不少，但成书均较晚，迄今为止尚未发现公认的夏朝存在的直接证据。在河南省西部、山西省南部发现的二里头文化具备了属于夏文化的年代和地理位置的基本条件。许多学者认为，河南省偃师市二里头遗址有可能是夏朝都城的遗迹，不过目前仍需要进一步寻找确凿的依据。

二里头遗址总面积不小于3平方公里，由中心区和一般居住活动区两大部分组成。遗址中心区位于东南部至中部的微高地上，由宫殿区、作坊区、祭祀活动区和若干贵族聚居区组成。宫殿区的面积不小于12公顷，已发现10座大型宫殿遗址，有水井、

窖穴和木结构排水暗渠等遗迹。其外围有垂直相交的大道，晚期筑有宫城。贵族聚居区位于宫城周围。作坊区位于宫殿区以南。祭祀活动区位于宫殿区以北和西北一带。

约公元前1600—公元前1100年为商代，是中国第一个有直接的同时期的文字记载的朝代，标志中国进入了信史时代。商朝前期多次迁都，直至中后期君主盘庚定都于殷（今河南省安阳市），之后不再迁都，因此商朝又称殷朝、殷商或殷。商代出现的甲骨文和金文是目前已经发现的中国最早的成系统的文字符号。甲骨文刻在龟甲或兽骨上，是商代晚期王室和贵族记录与占卜有关事务的文字。金文则是铸或刻于青铜器上的文字。中国传统文献中关于商代的记载成书较晚，大致认为商是由原夏朝东方的诸侯国商部落灭夏朝后建立的，其后经历了500～600年的统治，末代君主帝辛（即《封神演义》中之纣王）被从西部崛起的周族统治者周武王率领联军击败而亡。

约公元前1100—公元前771年为西周，由来自西部的周人创建。周人最初居住在宁夏南部与甘肃、陕西交界的六盘山区一带，之后逐步向东南迁徙进入渭河平原，发展农业，并建立起基于农耕生活的礼仪制度。到商代后期，周人四处征伐，逐渐将势力范围扩展到山西、河南一带，并最终灭商，夺取统治权。

周朝建立后，定都镐京（今陕西省西安市），逐步完善了此前已有的分封诸侯制度，将王室成员、功臣和地方首领分封到各要地，分公、侯、伯、子、男五等爵位，封地大小不等，在封地上有近乎完全的世袭统治权，故称封国、国君。大诸侯在封地内又继续分封，下级诸侯对上级诸侯承担缴纳贡物、军事保卫、服从命令等义务。周王自称天子，为诸侯之共主，“普天之下，莫非王土，率土之滨，莫非王臣”，大一统的观念由此奠基。

周代将基于农耕传统的礼仪习俗发展成一种严格的体系，称为礼制。它包罗万象，覆盖从伦理、道德、行为到法律、规矩、制度的各个方面。到春秋时期，又经过孔子的重新归纳和大力传播，对后世影响极大。这个体系的核心是伦理，要求一切思想行为都符合伦理规范，从而达到家庭、社会、国家全都和谐有序的目标。

周代的另一项重要传统是对占卜方法的发展，以蓍草的排列组合进行占卜代替龟甲占卜，称为卜筮，又称卜卦，所使用的符号称为爻，所得到的组合方式称为卦象。这种占卜方式此后逐渐发展成对自然界和社会组织的一种解释。

公元前841年，镐京发生暴动，周厉王出逃，国政一度由大臣接管，这一年因此被记录为共和元年，成为中国独特的纪年体系的起点。

公元前771年，镐京遭到西方游牧民族的攻击，城市被严重破坏，周幽王被杀，西周灭亡。诸侯拥立了新的周王，次年将都城迁至洛邑（今河南省洛阳市），因在镐京之东，称为东周。一般将公元前770年至公元前476年称为春秋时期，得名于孔子所著的一部史书《春秋》。周王管辖范围大减，形同一个小国，不能担负共主的责任，在诸侯中的威望已经大不如前，反而经常要向一些强大的诸侯求助，这些强大的诸侯便自居霸主。周代的封建制度开始分崩离析，诸侯之间开始互相结盟和攻伐。据记载，春秋时期，有大小战事四百八十多起，诸侯的朝聘和盟会四百五十余次。有三十六名君主被臣下或敌国杀害，五十二个诸侯国被灭。

公元前475—公元前221年为战国时期，诸侯继续互相结盟、交战和兼并，最后在中原腹地只剩下燕、赵、齐、韩、魏五个主要国家，在中原南缘淮河以南还有楚国，在陕西则有秦国（图1-3-1），史称战国七雄。

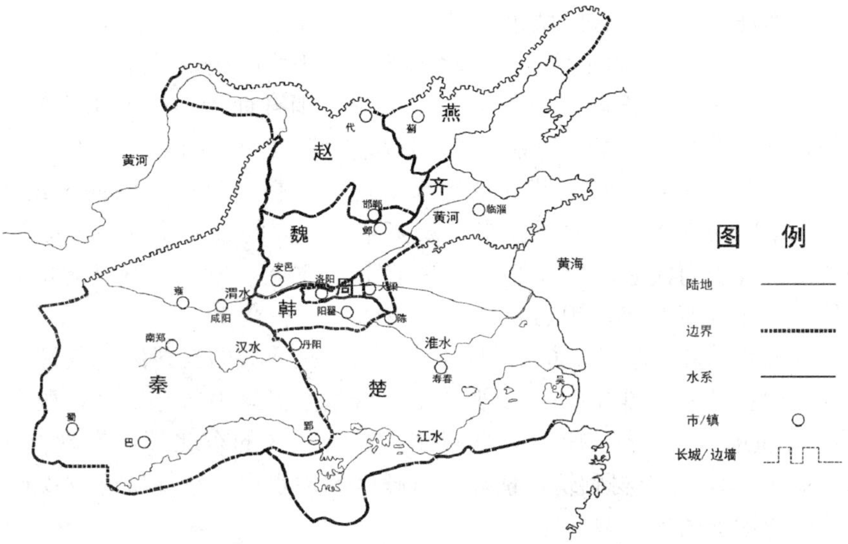

图 1-3-1 战国后期示意图（据《中国历史地图集》绘制）

春秋战国时期是中国历史上思想极为活跃的一个时期。春秋后期已出现颇有社会影响的道家、儒家、法家、墨家、阴阳家等不同学派。至战国中期，出现了更多的学派和学说。经过数百年的诸子百家争鸣的过程，奠定了中国思想文化传统中的核心概念。礼制成为对个人思想和行为的全面规范，阴阳五行八卦理论成为世界观的核心。

秦国的建立者最初只是西周边缘地区甘肃陇南一带的小头目，据说以擅长养马获得周王的青睐，到春秋时期才逐渐成为渭河平原的主要力量，填补了周王东迁后留下的空白。秦人继续扩张，改革内政，建设水利，到战国后期已经成为最强大的诸侯国。公元前 230 年，秦王嬴政派出大军攻打韩国，正式开始了统一战争。经过 10 年大战，至公元前 221 年，其余 6 国全被秦国消灭，统一了中国中东部，秦王嬴政自称始皇帝，史称秦朝。

秦朝是中国第一个中央集权的大一统帝国，实行了大量改革。在战国末期各国分别设立的地方郡县基础上，分全国为 36 郡，后来又逐渐增加至 54 郡，每郡辖若干县，共计 800～900 县，目前已可确认 756 县，由此奠定了中国行政区划的基础。在中央则建立三公九卿制度，丞相、御史大夫和太尉称三公，分别掌管军政大权和纠察官员，九卿分别负责警卫、交通、司法、外交、礼仪、税收和财政等事务，已具备现代中央政府的基本职能和特征。秦朝又大肆对外扩张，向北征伐游牧民族匈奴，占领河套地区，设九原郡，并兴建了西起陇西、东至辽东的万里长城，作为游牧民族与农耕民族的分界线。向南则征伐少数民族百越，控制了浙南、福建和岭南、两广地区，分别设会稽郡、闽中郡、南海郡、桂林郡和象郡等，初步奠定了中国中东部的传统疆域。

秦朝的统一过程十分急促，统一后又四处强力推动政令法规的统一，焚书坑儒，在各地造成了很大压力。公元前 210 年，秦始皇驾崩，继承者未能有效进行统治，各地很快爆发起义。公元前 207 年，秦都咸阳被原楚国沛县人刘邦率领的一支起义军占领，秦亡。

秦朝荡平六国，对各国城市尤其是都城破坏严重，而秦朝自身国祚短促，导致秦及以前的城市情况至今并不很清楚，文献稀少，留下的遗迹也相当有限。

二、郑州商城

1951 年，考古学家在东距二里头遗址约 90 公里的河南省郑州市旧城东南郊二里岗发现一座大型遗址，判断为商代城市遗迹，之后开始了长时间的发掘工作，至今仍在继续。至1980年代，遗址的主体面貌基本确定，年代约始于公元前1600年，时值商代早期。遗址中心区有周长近7公里的夯土城垣，围合面积达3平方公里，为内城。在内城之外，又发现有断续相连的夯土墙，形成外城，围合面积接近10平方公里。若再加上外城以外的手工业作坊、墓葬区等重要遗存，整个分布范围面积约15平方公里。在更大的范围内观察，周围还分布有众多年代相同的小型遗址，可能是这座城市周边的小聚落。整个商代遗址相对集中分布范围约160平方公里（图1-3-2）。

城墙均为生土夯筑而成，相当厚重，内城墙平均底宽11米，残高10米。内城东北部发现有大面积的夯土基址，总面积近40公顷，是商城的宫殿区。基址上发现夯土台基数十处，面积最大者超过2000多平方米，台基上揭露出房基残迹，最大者东西宽超过65米，南北长13.6米，应为大型殿宇。在宫殿区的东北部还发现一个蓄水池，长100米，宽20米，以石材砌筑，估计为宫殿区的用水设施。外城已发现许多居住遗址、各种手工业遗址及中小型墓地。

由于至今未发现足够的文字材料，郑州商城的性质目前仍无定论。一般相信是商代早期的某座都城，但商代早中期迁都频繁，到底是哪座都城亦无法确定，总体而言仍属于史前史的范畴。

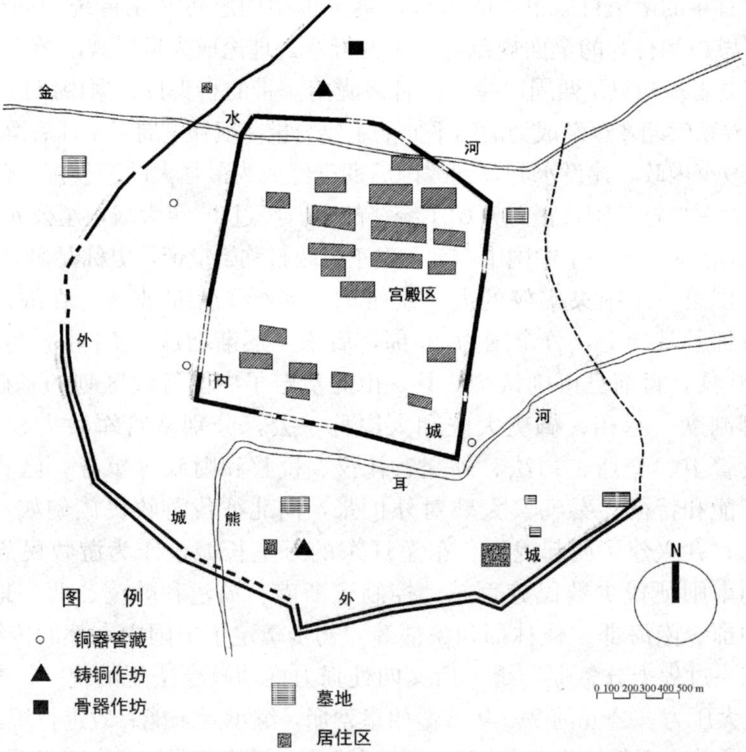

图1-3-2 郑州商城总平面图（据 The Archaeology of China: From the Late Paleolithic to the Early Bronze Age 绘制）

三、殷墟

殷墟位于河南省安阳市西北方向，北距郑州商城约160公里。20世纪初一些研究甲骨文的学者在寻找甲骨出土地的过程中发现了这里，初步判断为商代后期的都城。1928 年开始发掘，至今亦仍在继续。大约在公元前 1300—公元前 1100 年间为商代后期都城，商亡于此。

整个遗址区沿洹水伸展，东西、南北长均约 6 公里，有多处分散的遗迹，构成复杂（图 1-3-3）。

在遗址区的最北部，1960 年代发现了一处未完成的大型城市遗址，因位于洹水以北，现通称洹北商城，时代为商代中期，晚于郑州商城，早于遗址其余部分。外有一圈环壕，形状呈接近方形的矩形，可能是外郭壕沟，也可能是外城城墙基槽，围合面积约 4.7 平方公里。内有一圈城墙，形状呈较长的矩形，围合面积约 41 公顷，为宫城城墙，墙体宽 5～6 米。宫城内部已发现 30 余处夯土建筑基址。和郑州商城相比，该遗址几何形态更为严整。但不知为什么，这座城市在建成之前即被彻底放弃，建设活动随即转到洹水以南的殷墟。

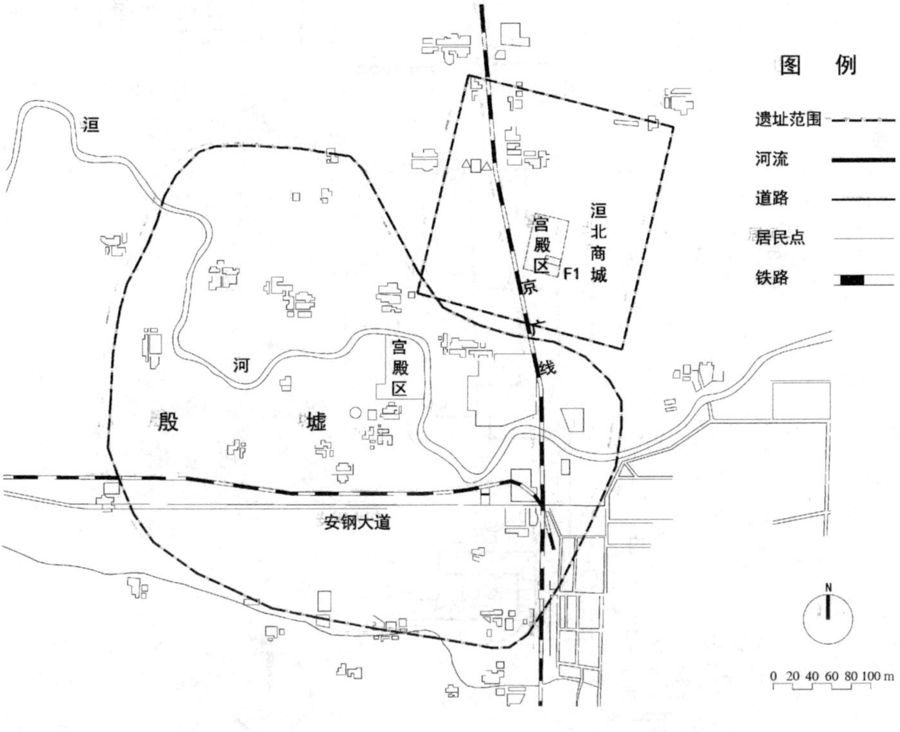

图 1-3-3 殷墟总平面图（据《河南安阳市洹北商城的勘察与试掘》绘制）

在洹水以南，最先出现的是位于洹水河曲高地的大型夯土建筑群，一般认为属宫殿宗庙区。此后，在宫殿宗庙区的西、南两面开掘了大型壕沟，连通洹河，构成封闭的宫城防御系统，所围合的面积约 70 公顷。其中有兴建于此期的夯土建筑基址，也见有王室贵族的墓葬如著名的妇好墓等。东南面和西面洹水南岸设有铸铜作坊，西面的洹水北岸形成主要的王陵墓葬区。作为当时东方最强大国家的都城，除宫城周围设有壕沟之外，迄今没有发现其他任何防御设施如城墙、护城河等，是较为特别的。

宫殿宗庙区内共发现建筑基址 56 座，由南向北排列，包括宫室、宗庙、祭坛、铸铜作坊等（图 1-3-4）。已揭露的遗址，其上部都已毁坏无存。遗存下来的夯土基址，现可辨识形状的有长方形、近正方形、凸形、凹形、条形、圆墩形等多种。基址大小不等，其中规模最大的乙八基址，南北长约 85 米，东西宽约 14.5 米；中等的基址南北长约 46.7 米，东西宽约 10.7 米；丙组基址较小，最小的只有 2.3 米×1.85 米。建筑朝向以南向为多，东西向亦有。夯土台基最厚达 3 米，高出地表约 1 米，台基上设有柱础石，础上或设铜鑕。础以上的结构已完全无存，推测应为木梁柱式结构。这些建筑已初步形成中国建筑传统的雏形。

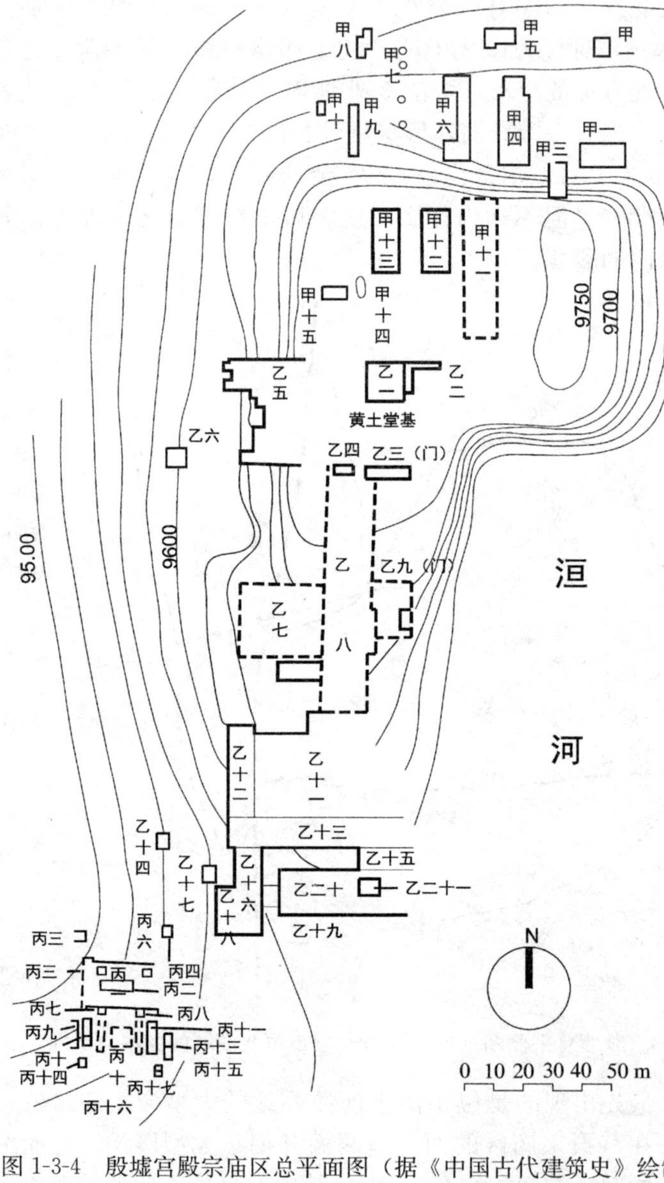

图 1-3-4 殷墟宫殿宗庙区总平面图（据《中国古代建筑史》绘制）

四、周代都城丰镐和洛邑

周代是秦帝国统一前最后一个全国性政权，其典章制度、文化典籍保存相对完整，又被孔子奉为唯一正确的文明标准，对后世影响极大。

周人东进灭商之前的中心在陕西省岐山县一带，今日城址已不可辨，但一处大型建筑遗址却奠定了以后的中国建筑平面布置方式，并且其清晰的逻辑、严密的等级观念，影响到以后城市空间的布置。

西周时期的主要都城在陕西省西安市西郊，称丰、镐二京。目前大致可知，丰、镐二京分布在渭河的一条支流沣水两岸，丰京或因此而得名。丰京位于沣水以西，为周文王时所建，当时周人还是商王朝统治下的一个部族，不能称京都，因此在文献中称丰邑。周武王灭商立国后，以丰邑为都城，改名丰京。周武王又在沣水以东建新都镐京，可能在功能上更为完善，起正式都城作用，亦名宗周。但丰京并未被放弃，形成相距 25 里的“双胞胎”城市。它们在西周末年被入侵的西方游牧民族破坏，此后废弃。在汉武帝在位期间又被严重破坏。1950 年以后考古学家在这一带进行过多次大规模发掘，发现了多处西周时期的建筑基址和墓葬，但实际位置、形状、面积及有无城墙等具体情况，目前仍未明了。

周武王立国之后，还派遣周公在河南省洛阳市建造洛邑，作为周人的东都。此地位于河南西部洛水北岸，但一时未成，至周成王十二年（约公元前 1030 年）方告竣工，同时又在洛邑以东约 30 里（实际距离约 16 公里）建造另一座城市成周，屯驻军队，与洛邑一起再次形成“双胞胎”城市（图 1-3-5，图 1-3-6）。就地理、物产、气候和交通条件而论，洛邑较之丰、镐二京要优越得多，符合古代帝王建都于国土中央的“居天下中”思想，对于会诸侯、抚四夷、纳贡赋有利。

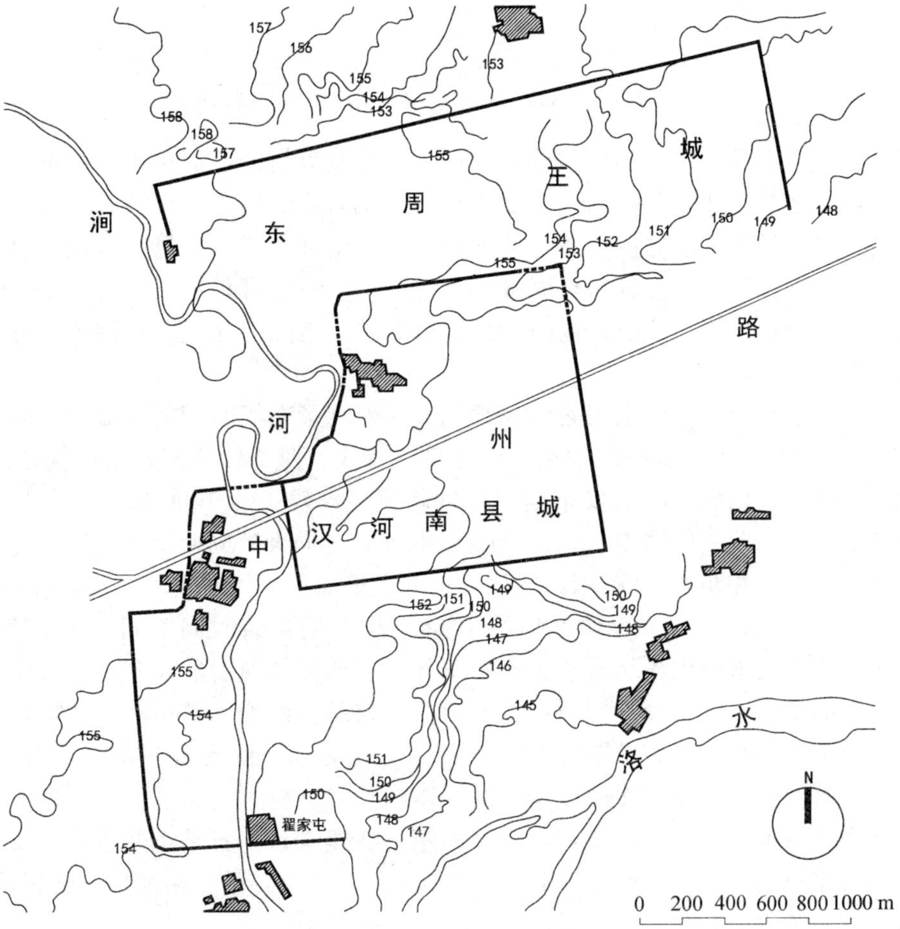

图 1-3-5　洛邑王城总平面图（据《中国古代建筑史》第一卷绘制）

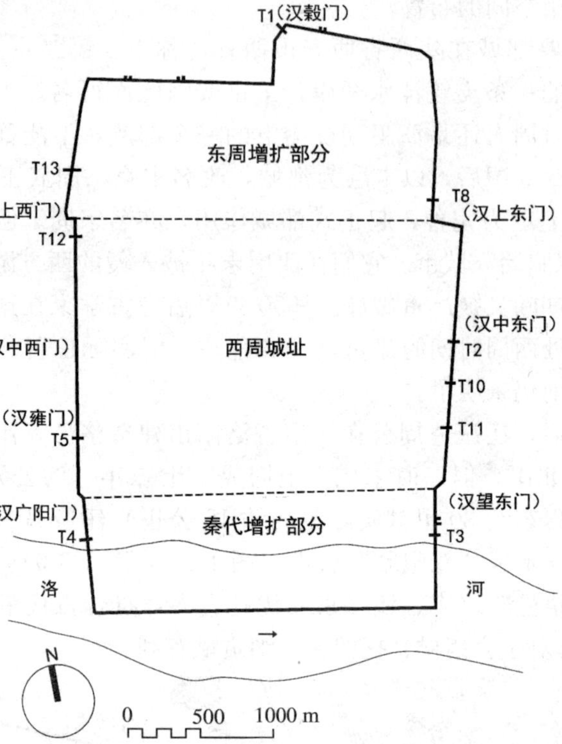

图 1-3-6　成周（据《汉魏洛阳故城》绘制）

根据记载，周成王很可能常居洛邑。但是周成王以后的西周诸王，并不都在洛邑执政，但至少还是往来于洛邑和丰、镐之间，且仍以丰、镐为主要首都。至游牧民族犬戎入侵，周王被杀，于是周王室于公元前 770 年全部东迁至洛邑，从此开启东周时代，此后洛邑即称为王城。其后至周敬王在位期间（公元前 519—公元前 477 年），又将都城从洛邑迁往成周，此时战国时代已即将开始。洛阳因此成为东周王朝五百余年的政治与经济、文化中心。

洛邑王城遗址位置已经由考古学家探明，并发现了东周时期的城墙。北墙保存最为完整，全长 2890 米，方向北偏东，墙体呈一直线。西墙较曲折，现尚保留约 2200 米，大部位于涧河以西。南墙仅余西南一段较明显，残长约 1000 米，方向与西墙垂直。东墙亦残存东北一段约 1000 米，与北墙相接，走向大致同西墙之北段。此城形状大体呈方形，南北相距约 3200 米，墙体均由夯土筑成，夯体坚实。早期城墙厚度为 5 米，后经多次培筑，现存一般墙厚均约 10 米。但各墙夯筑时间不同，北墙残高约 1 米，残宽 7 米，其上部堆积压有春秋层，下部压有西周与晚商层；东墙与南墙底层夯土仍属春秋时期，上部则经战国时期及其后多次修补；西墙大部属战国时期，时代最晚，城内沿墙设二层台，似为巩固墙基之用。北墙之外，留有宽 5 米之护城河遗迹。至于城门位置及数量，虽有文献述及，但具体位置、形制尚不明了。在城内南部发现两处大型夯土基址，有围墙环绕，内有平面矩形之建筑台基若干，并遗有大量筒瓦及版瓦，估计是王宫、宗庙、社稷等重要建筑所在。城北有各种作坊遗址，面积都很大，其位置在宫室建筑遗址之后，符合“面朝后市”的原则。

成周城即汉魏洛阳城，目前位置也已大体探明，中部始建于西周，形状接近方形，北部在东周中晚期进行扩建，形状为曲尺形，南面为秦代扩建。作为周代最后一座都城，后来被东汉继承，一直沿用到隋朝建立，所有周代建筑遗迹均已完全不存。

五、齐临淄

临淄位于山东省淄博市临淄区，是西周至战国时期主要诸侯国之一齐国的国都。周武王灭商立国，大封功臣，最大功臣自然是吕尚，又称姜尚，周武王称为“师尚父”，即《封神演义》中之姜太公。吕尚封于齐，为头等大国，疆域最初仅“方百里”，不过后来逐步扩大，包括今山东省北部、中部、胶东半岛、河北省东南部及河南省东北部。吕尚又得到周王授权，可自行征伐不恭顺的诸侯。吕尚将国都设在营邱，其确切位置至今尚有争议。不过至齐献公元年（公元前 859 年）迁都临淄，以后再未有迁徙，直至国灭。

临淄城平面呈不规划的矩形，因介于东面的淄河与西侧的泥河（又名系水）之间，城市轮廓大体是一个南北较长的矩形。临淄由大、小二城组成，大城南北长 4.5 公里，东西宽 4 公里，经实测，其城墙周长约为 14158 米，围合面积约 17 平方公里。南墙与西墙较直，北墙与东墙则多有曲折。城垣依东、西面的淄水与泥水为屏障，南、北二面则掘有宽 25～30 米、深 3 米以上的城壕。已探明大城的城门（通往小城者不在内）七处，计北墙三处，南墙二处，东、西墙各一处；依文献则有扬门（西北）、东闾、稷门、鹿门（东南）、申门（西南）、雍门（西）、北门、西门、虎门等。考虑到城内旧有道路走向及当时可能的使用情况，则东、西二面的城门应不仅于此。城内已掘出道路七条，其中南北向三条，东西向四条，大体呈网格形式（图 1-3-7）。

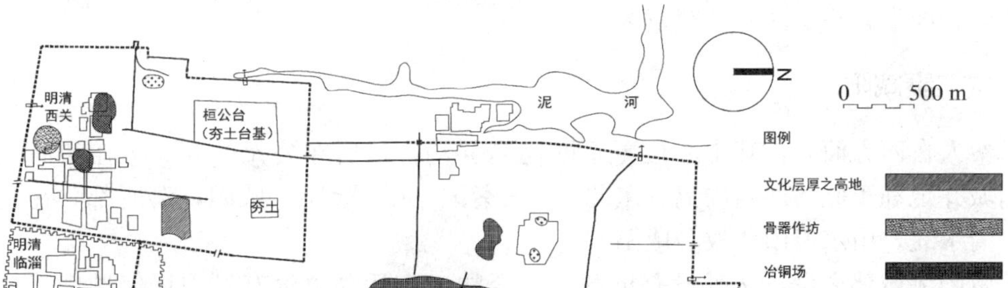

图 1-3-7 临淄总平面图（据《中国古代建筑史》第一卷绘制）

小城位于大城西南角，平面也呈南北较长的矩形。该城南北长 2.2 公里，东西宽 1.4 公里，小城城垣周长约为 7275 米，面积约 3 平方公里。城墙的北、东、南三面皆平直，仅西墙依泥河而作阶梯状之曲折。已查明辟有城门五处，西墙一门与南墙二门对外交通，其北墙与东墙各辟一门交通外城。各门门道宽度为 8.2～20.5 米不等，其外口两侧墙体向外凸出，加大了城门的深度，有利于防卫。城垣墙基宽 20～30 米，垣外有宽 13～25 米的城壕。小城西北角，遗有大面积夯土台基。其中心建筑为一南北长 86 米、残高 14 米的椭圆形基址，俗称“桓公台”，位于全城的最高点。据记载此区应为齐侯宫室所在。

根据城内的文物堆积，大城的东部及中部大部为居住区及若干骨器作坊。冶铁场在城西及城南。小城南部有冶铜及骨器作坊，城东有少量居住区。

城内公共设施除道路外，尚有设计与铺筑良好的石砌水道。水道两侧垣以石壁，底部垫石块二层，上再砌水沟五道。排水孔以条石构成阑层。此项水道在大城东北与西侧，小城的西北至中央均有发现。其中尤以大城西侧者最长，自北墙通南墙共 2800 米，宽 30 米；另有支道导向城的西北。各水道均有穿越城垣排往城外的水口，大城已发现四处，小城已发现一处。

据文献记载，临淄在春秋时已成为全国最繁华的城市。齐宣王时（公元前 455 年至公元前 404 年），城内已有居民 7 万户，男丁 21 万人，则人口当在 40 万人以上。西汉刘向在《战国策·齐策一》中称：“临淄甚富而实，其民无不吹竽、鼓瑟、击筑、弹琴、斗鸡、走狗、六博、踏鞠者。临淄之途，车毂击，人肩摩，连衽成帏，举袂成幕，挥汗成雨。家敦而富，志高而扬”。可见其盛况之一斑。临淄的繁荣，除了其作为大国国都之外，也得到发达的贸易、手工业和制盐业的支持。

公元前 221 年，秦军占领临淄，齐国灭亡。从此，临淄失去国都地位，不过仍是山东地方最重要的城市之一，一直是地方政权所在。直至元代末年被放弃，在城南另建新城，即今日临淄区齐都镇镇区。

六、秦咸阳

秦人自西方而来，其中心位置不断向东移动，最后在公元前 350 年在渭河北岸建咸阳城并定都于此，即西周镐京东北。《三秦记》中提到：“咸阳，秦所都，在九嵕山南，渭水北，山水俱阳，故名咸阳。”

咸阳无城郭之设，文献没有记载，至今的考古活动也没有发现任何城墙遗迹，可能和殷墟一样确实就是没有。渭河的河道在秦亡以后一直在向北移动，总计约北移 4 公里，对咸阳城遗址造成了很大破坏。经过长时间的考古探索，目前判断咸阳在渭河以北部分大约东西宽 6 公里，南北长 7.5 公里，面积达到 45 平方公里。大致而言，宫殿区域在北部，作坊、市场在南部和西部（图 1-3-8）。

渭河南岸是咸阳的离宫区，秦始皇在位期间，又在这一带大兴土木，建造了更多、更大规模的宫苑坛庙官署等，最后甚至决定将正式的皇宫搬到这里，于是动工在渭河南岸修筑阿房宫，不过未竣工而已。

七、先秦形成的中国城市建设思想

先秦时期，经过夏、商、周三代以来的城市建设实践，尤其是经过春秋战国时期诸侯相互攻伐的残酷经验，形成了影响中国城市建设的基本思想要素，并从此对中国传统城市建设发展一直起着深刻的影响。

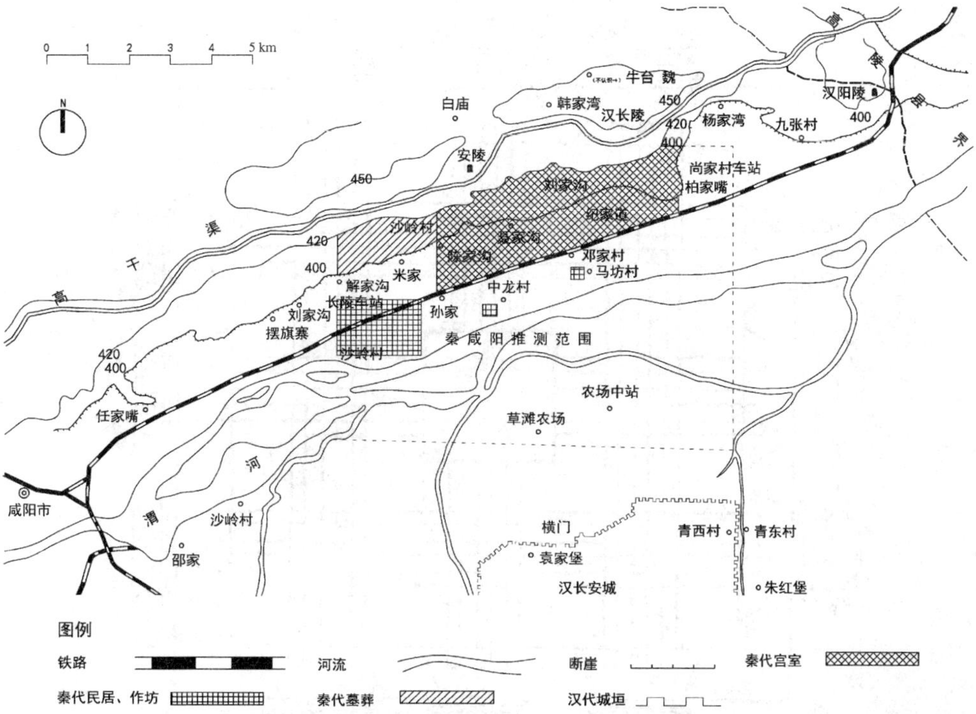

图 1-3-8 秦咸阳推测范围（据《中国古代建筑史》第一卷绘制）

1. 礼制

礼制的思想包罗万象，设立了各种规定，包括城市建设的规定。战国齐人编撰的《周礼·考工记》将城邑分为三级：王城、诸侯城和作为宗室、卿大夫采邑的“都”，对各自的规模、规划形制、城邑数量、布局都作了严格的规定。其中，王城的制度是：“匠人营国，方九里，旁三门。国中九经九纬，经涂九轨。左祖右社，面朝后市。市朝一夫。”

“九经九纬”或指城中有南北东西大街各 9 条；或说为南北东西大街各 3 条，每条由三条并行道路组成。“经涂九轨”指道路宽度为车宽的 9 倍，可并行走三辆车。据伊东忠太考证，九轨合 18 米宽。

该理论在整个周代直至战国时期，并未见完全与之相符的实例，但在后世被奉为金科玉律，影响极大（图 1-3-9）。

2. 择中

早在商代，国都居国土之中的概念已经形成。商人建立了东、西、南、北、中五方概念，而自居“中商”。周人推翻商朝立国，亦热衷于寻找国土中心，最后在河南西部建立东都洛邑，称“此天下之中，四方入贡道里均”。到战国时期，思想家荀子说：“欲近四旁莫如中央，故王者必居天下之中，礼也。”已经把择中提升为礼制层面。因此，到战国末期，秦国相吕不韦编撰的《吕氏春秋》说：“古之王者，择天下之中而立国，择国之中而立宫，择宫之中而立庙。”择中由城市选址进一步发展到宫殿宗庙选址。

3. 形胜

形胜即山川形势优越，足以胜人。其中，首先是需有天然屏障提供防御条件，其

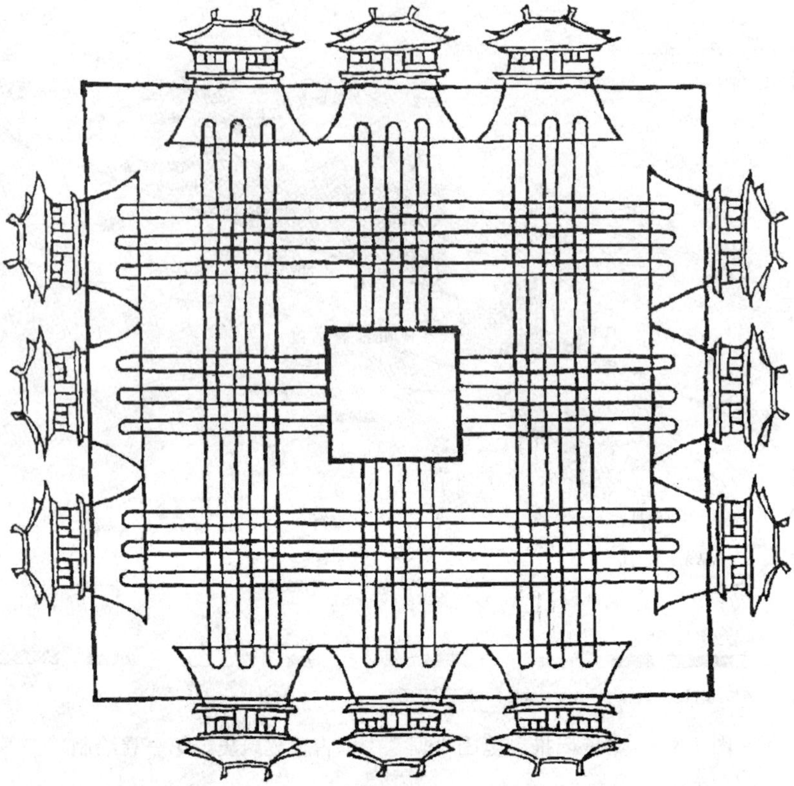

图 1-3-9 《三礼图》中的王城图（引自《中国古代建筑史》第一卷）

次是需有资源供应，特别是水资源。西周便设置了掌管修筑城郭沟池的“掌固”官和“掌九州之图，以周知其山林川泽之阻”的“司险”官。战国时期，诸侯相互攻伐不已，形胜思想进一步发展成因地制宜的思想。齐国相管子说：“凡立国都，非于大山之下，必于广川之上；高毋近旱，而水用足；下毋近水，而沟防省。故城郭不必中规矩，道路不必中准绳。”管子的说法，可以说是形胜的极端，为了追求形胜，礼制、择中都不重要。

4. 象数

象指卦象，数指爻数。象数最初只是占卜方法，但从春秋时期以后逐渐演变成对客观世界的一种解释。春秋末期形成的《左传》说：“物生而后有象，象而后有滋，滋而后有数。”战国时期形成的《周易·系辞》说：“古者包牺氏之王天下也，仰则观象于天，俯则观法于地，观鸟兽之与地之宜，近取诸身，远取诸物，于是始作八卦，以通神明之德，以类万物之情。”明确指出此种思想是对自然和人文的一种总体概括。战国末期形成的《吕氏春秋》则说：“天有九野，地有九州”，从而建立了天界与人间的对应关系。

在建设城市特别是国都时，一些人也试图将城市建设成某种自然界的同构体。据《吴越春秋》记载，伍子胥建造的吴国国都“象天法地”，“陆门八，以象天八风，水门八，以法地八聪……立阊门者，以象天门阊阖风也，立蛇门者，以象地户也。”范蠡则“观天文，拟法于紫宫……”建造越国国都，“西北立龙飞翼之楼，以象天门，东南伏漏石窦，以象地户；陵门四达，以象八风。”并且表示：“臣之筑城也，其应天矣……承天门制城，合气于后土。”这种思想尽管具有神秘学说的特征，但对后世同样具有长期影响。

第四节 希腊：从德尔菲到米利都

一、海和山：古代希腊文明的特征

古代希腊人活动的领域与今日希腊共和国的版图颇为不同。他们的活动以爱琴海海域为中心，横跨欧亚两洲，除了希腊半岛和爱琴海诸岛，也包括小亚细亚半岛西端。这里是西方文明的发源地。

爱琴海（Aegean Sea）是地中海的一部分，位于巴尔干半岛南部和小亚细亚半岛之间，南北长 610 公里，东西宽 300 公里。东北部经达达尼尔海峡与马尔马拉海相连，是黑海和地中海之间的唯一通道。南部以克里特岛与地中海分开。海域和周围陆地的气候特征是典型的地中海气候，夏季炎热干燥，冬季温和湿润，年温差中等，降水不多且集中在冬季，是一种非常稀少的气候类型，与全球其他地方差异甚大。

爱琴海海域共有大小约 2500 个岛屿，周围的希腊半岛、小亚细亚半岛以及爱琴海诸岛均为丘陵山地，不高的山丘把陆地分割成许许多多个小盆地，海岸线非常曲折，港湾众多，包括许多良港。高低起伏的地形以及密集的岛屿分布，既没有险恶到阻碍人员的往来和货物的运输，也没有平易到无法构筑一条抵御入侵的防线（图 1-4-1）。

图 1-4-1 爱琴海诸城邦（据 Ancient Cities 绘制）

爱琴海海域的早期文明可以追溯到公元前3000年，以克里特岛为中心。克里特是爱琴海海域最大的岛，面积8000平方公里，位于爱琴海海域南端，几乎全为山地，有多座海拔2000米以上的山峰，地形变化非常剧烈。位置适中，到希腊本土的距离与到小亚细亚半岛的距离相等，到埃及的距离则为之两倍。这个岛因此在文明的早期就成为东地中海海上贸易的中心，并由此成为地中海欧洲文明的摇篮。大约在公元前2500年至公元前1450年，在克里特岛上形成米诺斯文明，以希腊神话中的米诺斯王国（Minos Kingdom）为名。19世纪末至20世纪初，在克里特岛上发现了大量建筑遗迹，不过至今对其城市的情形并不非常清楚。

米诺斯文明在公元前1450年以后突然迅速衰落，在希腊半岛兴起了迈锡尼文明，由伯罗奔尼撒半岛（Peloponnese Peninsula）的迈锡尼城（Mycenae）而得名。该文明最初出现于公元前1600年，公元前1425年之后征服了克里特文明，并将势力扩张到爱琴海其余岛屿和小亚细亚半岛。目前已发现许多迈锡尼城市遗迹，其核心部分均由显著的坚固城墙围绕，并与天然地形紧密结合，位于山顶或者背靠山峦，对防御非常重视。后来的希腊人将其称之为“卫城”（Acropolis）。迈锡尼的城墙被称为巨石墙，通常由宽至8米的巨石块堆砌而成，不使用灰浆黏合。城墙的设计使用了不同的进出口，即巨大的城门、坡道，或在遭受围困时所用的暗门和地下拱顶通道。考虑到被围困的可能，城内还配备了储水池或水井。

公元前1200年以后，迈锡尼文明突然衰落，城市陆续被毁坏和放弃，至公元前1100年完全湮灭。此后大约300年的希腊历史被称为“黑暗时期”，连考古发现都为数甚少，出现了文明的断裂。

直至公元前800年前后，文明在爱琴海海域突然全面重现。这一次在爱琴海海域建立起来的文明是一个大型共同体，其基本的单位为城邦国家（City-state），即以一个城市为中心，包括其周围农村地区的小国。各个城邦国家之间没有隶属关系，时常相互结盟或攻打。多元化、多样性以及由此而必须的协调、均衡和妥协精神是希腊文明最重要的特征之一。

希腊神话体系是西方文明的基石之一。它既是对原始时期历史的一种记载，又是对自然现象的解释，而且还是对人与自然关系的解释。希腊神的特点在于极具人性并且时常与人相通。这样又产生了许多“神人”，即神与人的共同后代，由此又使神更多地介入人的活动。

希腊有据可查的历史始于公元前776年，这一年举行了第一次全希腊诸城邦的奥林匹克运动会，用以祭神。

公元前800年至公元前480年称古风时期（Archaic Period），希腊神话体系和希腊民主制度都在这一时期形成，最主要的两种希腊柱式结构也在这一时期形成，包括简朴有力的多立克柱式结构和纤巧秀美的爱奥尼克柱式结构，从此成为希腊建筑乃至整个西方建筑的核心传统。

爱琴海海域早期的统治形式和其他古代文明一样，都是祭司兼国王的政教合一的统治。然而在公元前600年以后，在一些希腊城邦中建立起民主制度，统治者由一批“自由民”即公民亦即市民选出，任期和权力受到明文规定的限制。此种民主虽然不包括妇女、外国人和奴隶，但却由此形成了西方世界市民社会的传统。

公元前547年，波斯帝国向西扩张至爱琴海海域边缘，开始与希腊文明发生冲突。

至公元前 499 年，局部的冲突演变成希腊诸城邦与波斯帝国之间的全面战争。公元前 480 年，希腊在陆地和海上分别获得大胜，从此转守为攻，逐步将波斯势力逐出传统的希腊势力范围。公元前 477 年，大约 150 个希腊城邦在爱琴海中的提洛岛上组成议会，成立提洛同盟（Delian League），以雅典（Athens）为首。希腊文明在此时进入高峰，雅典成为其代表。公元前 480 年至公元前 323 年称古典时期（Classical Period），是希腊文明最光辉灿烂的时期。

公元前 431 年爆发了以雅典为首的一方和以一个强大城邦斯巴达（Sparta）为首的另一方的长期战争，延续 27 年，希腊诸城邦几乎全部被卷入，史称伯罗奔尼撒战争（Peloponnesian War），希腊半岛诸城邦从此开始衰落。希腊北方的一支前游牧民族马其顿人（Macedonia）在此后逐渐兴起，公元前 338 年统一了希腊半岛。公元前 336 年，亚历山大（Alexander the Great）继承了马其顿的王位，时年 20 岁。此后，他四处攻伐，建立起一个地跨欧、亚、非三大洲的大帝国（图 1-4-2）。

公元前 323 年，亚历山大在巴比伦去世，他的帝国随即瓦解成一批由他麾下的大小将军分别统治的大小王国，但仍然形成了一个通用希腊语文、通行希腊货币和希腊计量单位的世界，由此极大地促进了文化交流和国际贸易，因此被称为希腊化的世界（Hellenistic World）。

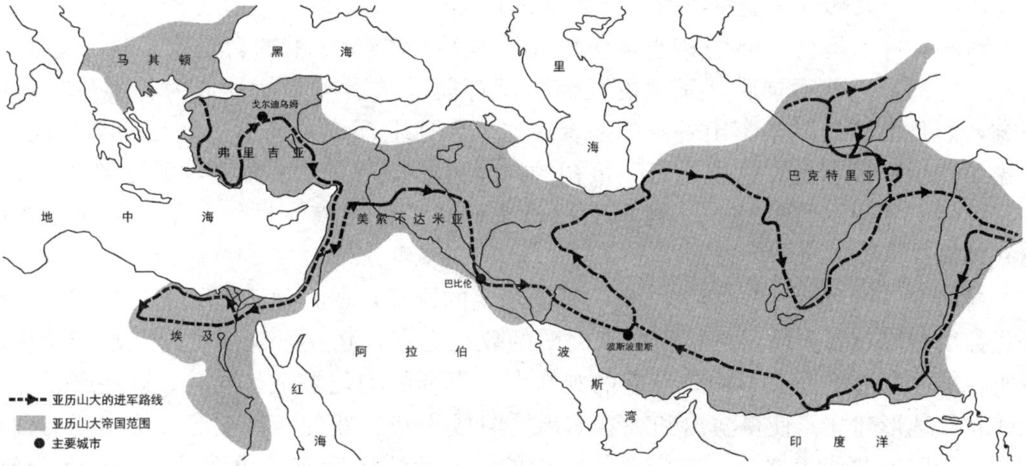

图 1-4-2 亚历山大的帝国（据 Ancient Cities 绘制）

公元前 323 年至公元前 30 年称希腊化时期（Hellenistic Period）。在此期间，隔亚得里亚海与希腊相望的亚平宁半岛上兴起了新的强大势力——罗马，并逐步将版图扩张至整个地中海周边。公元前 30 年，地中海周边希腊化世界的最后一个堡垒埃及被罗马占领，希腊后裔的埃及女王克丽奥佩特拉七世（Cleopatra VII）自杀身亡，罗马人从此成为西方世界的主宰。

二、圣地：德尔斐

德尔斐（Delphi）是古代希腊人供奉太阳神阿波罗（Apollo）的圣地，位于希腊半岛南部科林斯湾（Gulf of Corinth）北岸的帕尔纳索斯山（Mount Parnassus）南麓的山谷中。圣地（Sanctuary）是希腊文明的重要组成部分，是一种特殊的聚落。每处圣地都是一处具有特权的场所，由祭司全权控制，非经允许，其他人不得入内。进入圣地的人，必须遵守各种规则和习俗。尽管希腊的多神崇拜传统后来完全消失，但圣地的传统却具有长期而广泛的影响。

德尔斐的历史可以追溯到迈锡尼文明时代，当时这里是一处小小的祭祀地母之神的场所。在黑暗时期，它逐渐变成祭祀阿波罗的圣地，到古风时期开始后，已经以发布阿波罗的神谕（Delphic Oracle）而著称，被希腊人认为是世界的中心。根据传说，奉献给阿波罗的神庙建造在一个火山断层上，这个断层直通地底深处，而正是通过它，阿波罗以发布神谕的方式和凡人沟通，通过女祭司皮提娅的中介而将神的语言昭示给世人。

实际上，这处圣地位于陡峭的山坡上，其主体圣区由围墙包围，北墙和南墙大体上顺等高线布置，东西墙则垂直于等高线，围合成一个南北长东西短的矩形，面积约3.5公顷，自下而上分成三个段落：神路、神庙和剧场（图1-4-3）。在围墙以外，更高处还有竞技场，更低处则有体育馆和献给“先于神庙的雅典娜”的神庙，雅典娜负责守护这个圣地。入口海拔超过500米，主体部分高差超过90米，如果包括竞技场和雅典娜神庙则超过180米，整个遗址的分布面积约51公顷。

朝圣者从神路进入，这是一条不断升高的“之”字形道路，两侧排列了超过20座小型纪念性建筑，建造的年代大约从公元前600年至公元前325年不等，均由各个城邦建造，其中大部分是宝库，用于储藏和展示献给神明的供奉。

阿波罗神庙是德尔斐的核心，坐落在海拔高度约580米的台地上。这个地点是精心选定的，以使得神庙从圣地的任何角落都能够被看见，使其成为一个最显赫的地方，而且能够俯瞰整个山谷。朝圣者在这个台地上环绕神庙举行祭祀和奉献仪式，神谕的请示和发布也在这里进行。最初的神庙可能只是简单的草棚，不过到公元前6世纪已经有了永久性的建筑。现存的神庙遗址建于公元前4世纪，是非常典型的围廊式神庙。

再向上一级台地，升高约15米，是德尔斐的剧场，最初建于公元前4世纪，后来经过数次整修。露天剧场是希腊高度文明的象征之一，建立了观演类建筑沿袭至今的视听标准：凹形平面；不均匀升起的观众席；声音的均匀扩散。同时，这些剧场完全依赖自然地形建立，使得演出和观看演出同时成为和自然的一种交流。德尔斐的剧场正是希腊剧场的代表之一，它完全是露天的，仅表演区后有简单建筑作为后台设施，表演实际上是以整个圣地、山谷乃至科林斯湾作为其背景天幕的。观众席则背靠山坡，接近半圆形，有38排逐渐升高的石砌座席，可容纳约5000名观众。

从剧场往西升高约70米是德尔斐的竞技场，是整个圣地的最高处，海拔约670米，最初建于公元前5世纪，历史比剧场还悠久，不过后来经过若干次改造。这里是举行德尔斐运动会的场所，当年在全希腊曾经具有不小于奥林匹克运动会的影响。现存的遗址建于公元2世纪，场地长177米，宽25.5米，周围也有石砌座席，可容纳约6500名观众。

从神路往下降低约30米，有一组建筑遗址，是德尔斐的体育馆，供青年人在此健身和学习体育技巧。再往下降低约15米，即为雅典娜神庙建筑群，是整个圣地的最低处，海拔约490米，著名的圆形神庙（Tholos）的遗址也在这里。

德尔斐圣地的总体布局完全是因地制宜的，看似自由散漫，实际上经过精心考虑，处处相互配合、寻求平衡，充分说明了古代希腊人的多元复合空间观念，即聚落和建

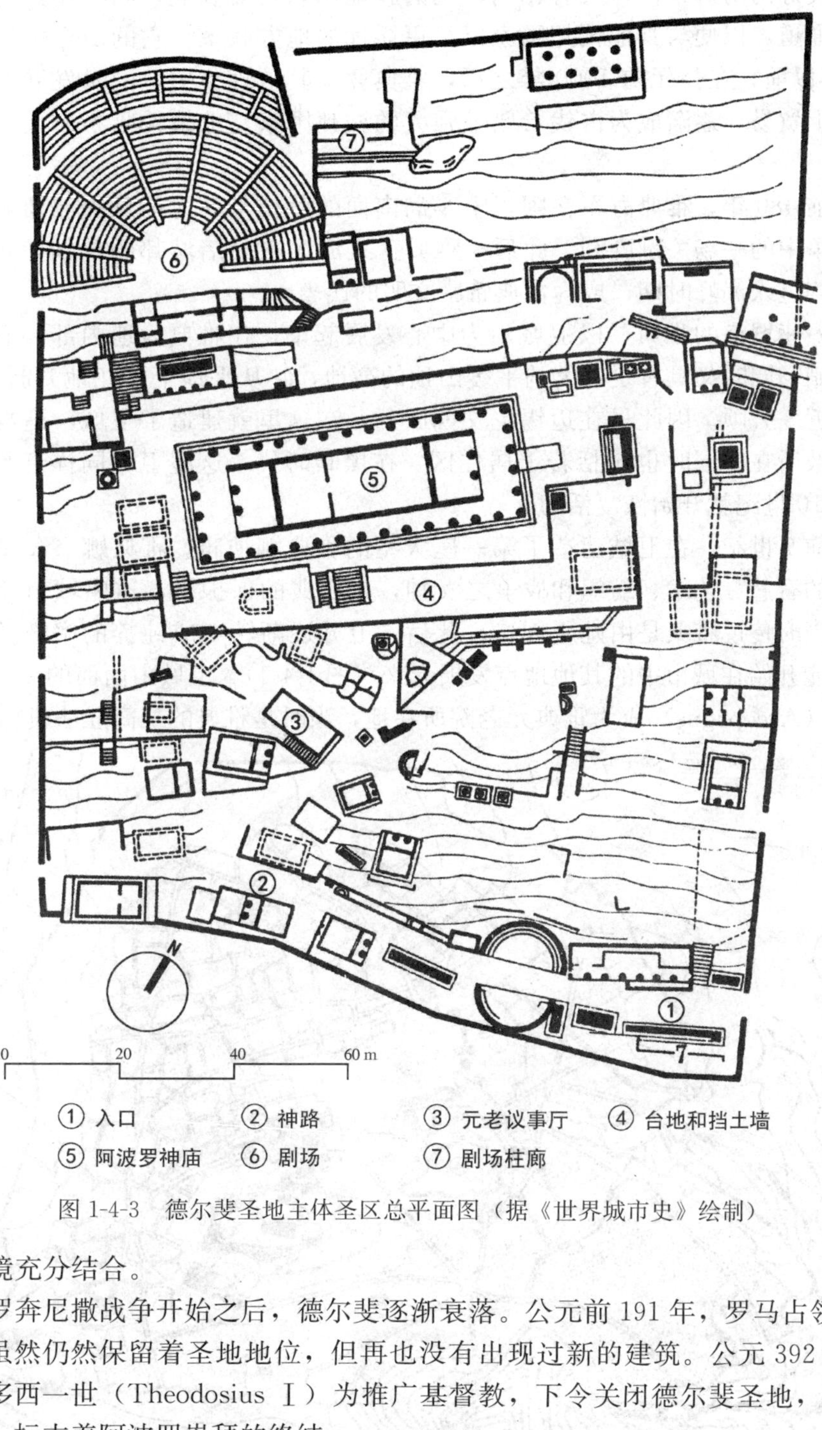

图 1-4-3　德尔斐圣地主体圣区总平面图（据《世界城市史》绘制）

筑要与环境充分结合。

在伯罗奔尼撒战争开始之后，德尔斐逐渐衰落。公元前 191 年，罗马占领德尔斐，此后这里虽然仍然保留着圣地地位，但再也没有出现过新的建筑。公元 392 年，罗马皇帝狄奥多西一世（Theodosius Ⅰ）为推广基督教，下令关闭德尔斐圣地，后来又摧毁了神庙，标志着阿波罗崇拜的终结。

三、雅典

雅典（Athens）是今日希腊共和国的首都和最大城市，也是欧洲大陆最古老的聚落之一。它位于希腊半岛东南部阿提卡半岛中部的雅典盆地，周围被山地和海洋所围绕，既有良好的防御条件，又有相当广阔的腹地用以发展农业，同时还具有良好的港口和陆上通道，以便与其他城邦国家以至更遥远的地方联系。它的历史可追溯到公元前 1400 年以前，在公元前 1000 年之后，雅典凭借其地理位置，同时发展农业、海上贸易和陆上贸易，逐渐成为古代希腊最强大的城邦国家，也是希腊半岛上最重要的商业城市。

公元前 480 年，雅典海军在阿提卡半岛南面的萨拉米斯海湾歼灭波斯舰队，获得了希波战争中的一场关键胜利。此后，雅典正式成为希腊诸城邦的首领，其政治、经济、文化均进入巅峰时期，成为古典希腊文明的代表。

作为一座城市的雅典，以卫城山为中心发展起来。在雅典盆地内部，卫城山是唯一足够陡峭，同时又具有足够大的平缓山顶的高地，它从平地上突兀地升起 90 米，山顶面积接近 3 公顷。因此早在迈锡尼文明时代，在这里就建造了卫城，是当时的头领居所、神殿所在，同时也包括若干居住区。在黑暗时代，这座卫城同样衰落了，但早在公元前 10 世纪就开始恢复活力。

公元前 7 世纪，在卫城建造了第一座大型的雅典娜神庙。雅典娜（Athena）是希腊神话中的智慧、艺术、纺织和战争之女神，是雅典的保护神，这座城市即以她的名字命名，当时传说雅典是由她所创造。此后，卫城逐渐转变成纯粹的宗教圣地，城市的公共功能开始在城市中的其他地点发展起来（图 1-4-4）。卫城山西面的一座岩石山丘亚略巴古（Areopagus）成为雅典元老院所在地，当时是雅典的最高立法机构。

① 居住区 ② 火神庙 ③ 雅典广场 ④ 亚略巴古 ⑤ 普尼克斯 ⑥ 雅典卫城 ⑦ 狄俄尼索斯剧场 ⑧ 竞技场

图 1-4-4 古典盛期的雅典总平面图（据《世界城市史》绘制）

公元前6世纪，雅典开始进入高速发展时期。在卫城山的东南山坡建造了狄俄尼索斯剧场（Theatre Dionysus），可容纳2.5万人，从此成为雅典最主要的剧场。在城区建造了最初的输水道，是一条地下的暗沟，水源可能来自东面的山区。公元前4世纪改造成陶土输水管道，放置在地下的石砌隧道里。公元前6世纪末，建造了第一道城墙，形状不规则，结合地形布置，围合面积约60公顷。这时，雅典的城市人口已经超过6万人，大部分人居住在城墙以外。公元前5世纪，亚略巴古西南面的另一座山丘普尼克斯（Pnyx）成为雅典公民大会的举行地点，接管了亚略巴古元老院的立法权，亚略巴古则演变为上诉法院。

在卫城的西北方，形成了最初的广场（Agora）。最初只是山脚下一块空地上的市场，但它逐渐成为一个重要的公共场所，成为雅典很大一部分城市活动的所在地，包括立法、行政、司法、政治集会等。公元前6世纪中叶，在广场的西南角建造了大法院（Heliaia），是一个无顶的院子，是雅典的最高审判机关。在东南角则建造了喷泉屋（Fountain House），从输水道引来的水在这里供普通居民取用，由此初步奠定它的南侧边界。公元前556年，确定了向雅典娜献祭的行进路线：从广场开始，向东南穿过广场，从西面的山坡登上卫城，进入圣地。公元前521年，在广场的西北角建造了十二神灵祭坛（Altar of the Twelve Gods），作为雅典城邦的地理中心标志。公元前500年前后，在广场的西面建造了最早的柱廊Stoa和市政会议厅（Bouleuterion），从而开始形成它的西侧边界。在空地的周围放置有界石，标志它的边界，以防止被侵占。最终形成面积约2公顷的广场，由此树立了西方城市广场的多功能的传统（图1-4-5）。

公元前5世纪，雅典进入最辉煌的时期。公元前486年，在卫城开始建造一座新的大型神庙奉献给雅典娜，名为帕特农神庙（Parthenon）。公元前479年，波斯军队发动最后的反攻，雅典人放弃城市撤到海上，波斯人因此进入雅典，大肆破坏，不过不久被迫撤走。此后，雅典开始了一系列大规模的建设。建造了一道新的城墙，围合面积达到2.5平方公里，包括了原城墙以外的大部分重要建成区，但仍然结合地形布置，形状不规则。在广场周围建造了更多的建筑，包括重建市政会议厅并在其南侧新建执政官官邸，在南面和北面新建柱廊，以及在西面的小山上建造火神庙（Hephaisteion）。这样，广场的北、西、南三个方向的界面均初步形成。

最重要的建设在卫城山上进行。公元前486年开始建造的帕特农神庙还未完成即被波斯人破坏，从公元前447年起，雅典倾全力几乎完全重建了卫城（图1-4-6），由当时公认最伟大的雕刻家斐底阿斯（Phidias）担任工程总负责人。公元前438年，帕特农神庙最先完成，成为希腊建筑的最高典范，是最杰出的多立克建筑和围廊式神庙。公元前418年完成了卫城的山门的重建，采用多立克柱式，均衡而不对称，严谨而不拘泥，既与地形紧密结合，又保证献祭的车马仪仗通过，是在自由中寻求平衡的希腊建筑的典范。公元前405年完成了伊瑞克先神庙的建设，尽管位置就在帕特农神庙北面相对而立，形象和趣味则与帕特农神庙完全不同，是小而精致的爱奥尼克神庙，也是最复杂、最精湛的希腊神庙。其复杂形状完全由于复杂的祭祀功能要求而来，与地形结合特别紧密。

希腊化时期，雅典仍然是一座富庶的繁荣城市，但已不再具备中心地位。到公元前4世纪末，雅典人口超过12万人，大部分人口居住在城墙围合的中心城区以外。此后，人口由于迁往广大的希腊化地区而逐渐减少。

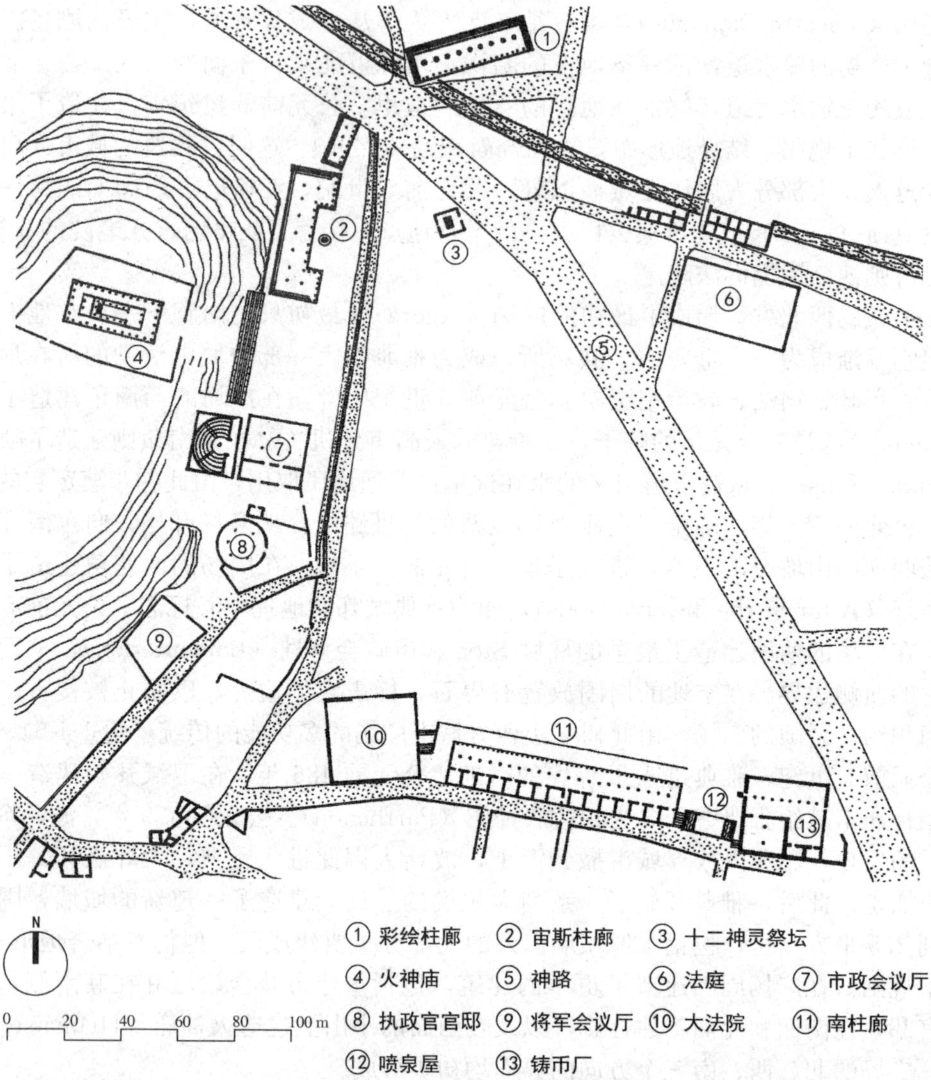

图 1-4-5　古典盛期的雅典广场平面图（据 Ancient Cities 绘制）

公元前 88—公元前 85 年，罗马将军苏拉（Sulla）攻占雅典，对城市造成了巨大破坏。不过在罗马帝国时期，这座城市又逐渐恢复。公元 3 世纪后，雅典不断遭到游牧民族侵袭，开始衰落。5 世纪后，罗马帝国分裂，雅典由东罗马帝国统治，逐渐变成一个大片废墟上的小村庄。虽然在 11—12 世纪一度恢复繁荣，但 1453 年东罗马帝国被奥斯曼帝国灭亡，雅典又再度衰落下去。1799 年，这时希腊还在奥斯曼帝国统治下，英国人第七代额尔金伯爵（Thomas Bruce 7th Earl of Elagin）出任驻奥斯曼帝国大使，买通上下各级官吏，用十余年时间将卫城山上保存较好的雕塑全部拆卸、切割，运回英国，史称“额尔金大理石（Elgin Marbles）”，现存于大英博物馆（British Museum）。1832 年希腊获得独立，从那时起至今一直在坚持不懈地要求英国归还这些雕塑，至今仍无结果。

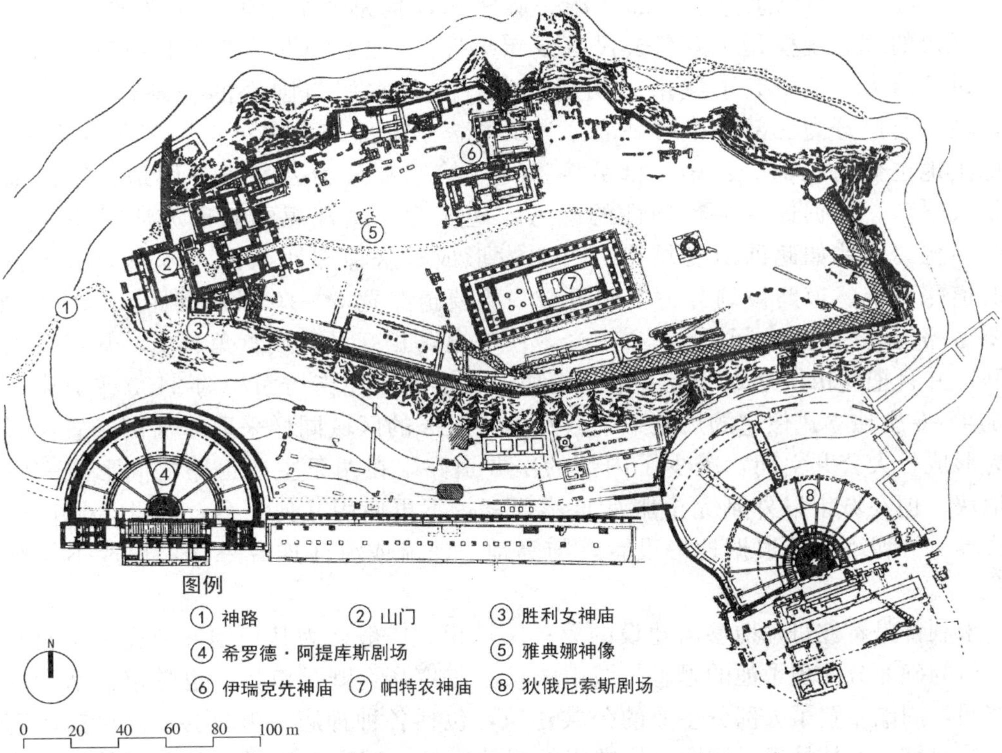

图 1-4-6 雅典卫城总平面图（据《世界城市史》绘制）

四、米利都、希波丹姆斯和西方城市规划的开始

米利都（Miletus）位于爱琴海东岸的小亚细亚半岛西南岸边，靠近大门德雷斯河（Büyük Menderes River）注入爱琴海的河口。公元前1500年左右，一些从克里特岛来的移民定居于此。到公元前1000年后，来自希腊半岛的爱奥尼亚人入侵这里，将它变成一个希腊城邦。公元前7世纪中叶，米利都和小亚细亚岸边的其他11个爱奥尼亚城邦结成爱奥尼亚同盟（Ionian League），结盟的城邦称爱奥尼亚十二城邦。

公元前6世纪初，米利都进入繁荣时代，成为希腊诸城邦中最富裕者之一，建立起强大的海上力量，并在黑海周边建立了大量殖民地。在米利都成长出一批学者，试图从观察到的事实解释世界，而非依赖古代流传下来的神话，从而建立起西方理性思维的传统，这些人被称为米利都学派，被认为是西方哲学的开创者。

公元前6世纪中叶以后，波斯进入小亚细亚，将米利都纳入其统治下。公元前499年，米利都的首领发动反抗波斯统治的起义，迅速得到小亚细亚和其他希腊城市的响应，称爱奥尼亚起义，由此掀开了希波战争的序幕。公元前493年，波斯军队在围城一年半之后攻破了米利都，城市几乎完全被破坏。

公元前479年，波斯军队在遭到一系列失败后退出小亚细亚海岸，米利都恢复了自由城邦地位，开始重建城市。一位年轻人，米利都的希波丹姆斯（Hippodamos）（约公元前498—公元前408年），参与了重建工程。他提出的建议迅速得到城市领袖们的重视，在重建中加以实施，并影响到其他希腊城市的建设。希波丹姆斯因此被视为西方城市规划的开创者。

希波丹姆斯的思想与米利都学派一脉相承，是完全基于理性思考的。他认为，一座城市的理想规模是1万名公民（成年男性），加上妇女、儿童和奴隶，总人口不超过5万人。他研究了城市的功能问题，并将它们与国家的管理体系相联系。他将城市公民分为三部分：第一部分为工匠；第二部分为农民；第三部分为军人。他把土地也分为三部分：第一部分为圣地；第二部分为公共服务用地；第三部分为私人财产。根据这些纯粹理性的思考，他认为一座理想的城市亦应具备一个理性的结构，而非如此前所有城市一样自发形成。这种理性结构，体现为基于方格网的道路系统。道路被划分为不同等级，主要道路宽5～10米，间距50～300米；次要道路宽3～5米，间距30～35米，所有道路相互平行或直角相交，从而形成方格网，并且把城市用地划分成一个个街坊，标准的居住街坊面积约2400平方米，大约是4～6座独立式住宅的尺度。宗教及公共服务的区域同样采取方格网布置，只不过为形成较大公共空间，减少了内部的次要道路，在两条主要道路之间形成完整的大地块。但在城市以外则完全服从自然要素，不再使用几何划分。因此，城市的外部边界——城墙完全根据地形设置，与高地、河流或海洋连成一体，形成不规则的形状。

米利都是希波丹姆斯参与建设的第一座城市，一般认为其规划并非完全出自其手笔，但的确充分体现了他的思想。城市的核心是广场，既是市场，也是市民活动的公共空间，周围布置了大部分主要的公共建筑，包括各种神庙、市政会议厅、执政官府邸、体育馆、竞技场等，周围是标准化的居住街坊。城市的边界则是曲折的海岸线和崎岖的山岭，其间建造了坚固而又曲折的城墙，设防面积达到约1平方公里，对于5万人口规模而言是一个相当紧凑的尺度。在边界以内，实现了一个高度几何化的空间体系；但在边界以外，仍然是自然的环境（图1-4-7）。

希波丹姆斯参与了多座城市的重建和建设，包括雅典的港口城市比雷埃夫斯（Piraeus）和罗得岛（Rhodes）等。他的思想在希腊化时期得到广泛传播，影响到许多著名的希腊化城市，包括埃及的亚历山大港（Alexandria）和土耳其的安条克（Antioch）等，并由此影响到罗马人，成为罗马帝国城市建设的榜样。

公元前4世纪，在希腊诸城邦衰落后，波斯人一度重新控制了包括米利都在内的小亚细亚海岸。不过到公元前334年，亚历山大率领的马其顿军队重新赶走了波斯人，此后，米利都进入其历史上最繁荣的时期，城墙和许多公共建筑得到重建和添置。在罗马统治时代和以后的拜占庭统治时代，米利都仍然是小亚细亚半岛的重要港口。14世纪，奥斯曼土耳其人占领小亚细亚半岛，大门德雷斯河流域出现严重水土流失，米利都的港口逐渐淤塞，这座城市遂被抛弃。今天，米利都完全成为一片耕地，距海岸线有8公里之遥。米利都南广场的巍峨大门在1903年被德国考古学家维甘德（Theodor Wiegand）发现，经十余年时间将大约750吨碎片运回柏林帕加蒙博物馆，在1930年完成拼装展出。

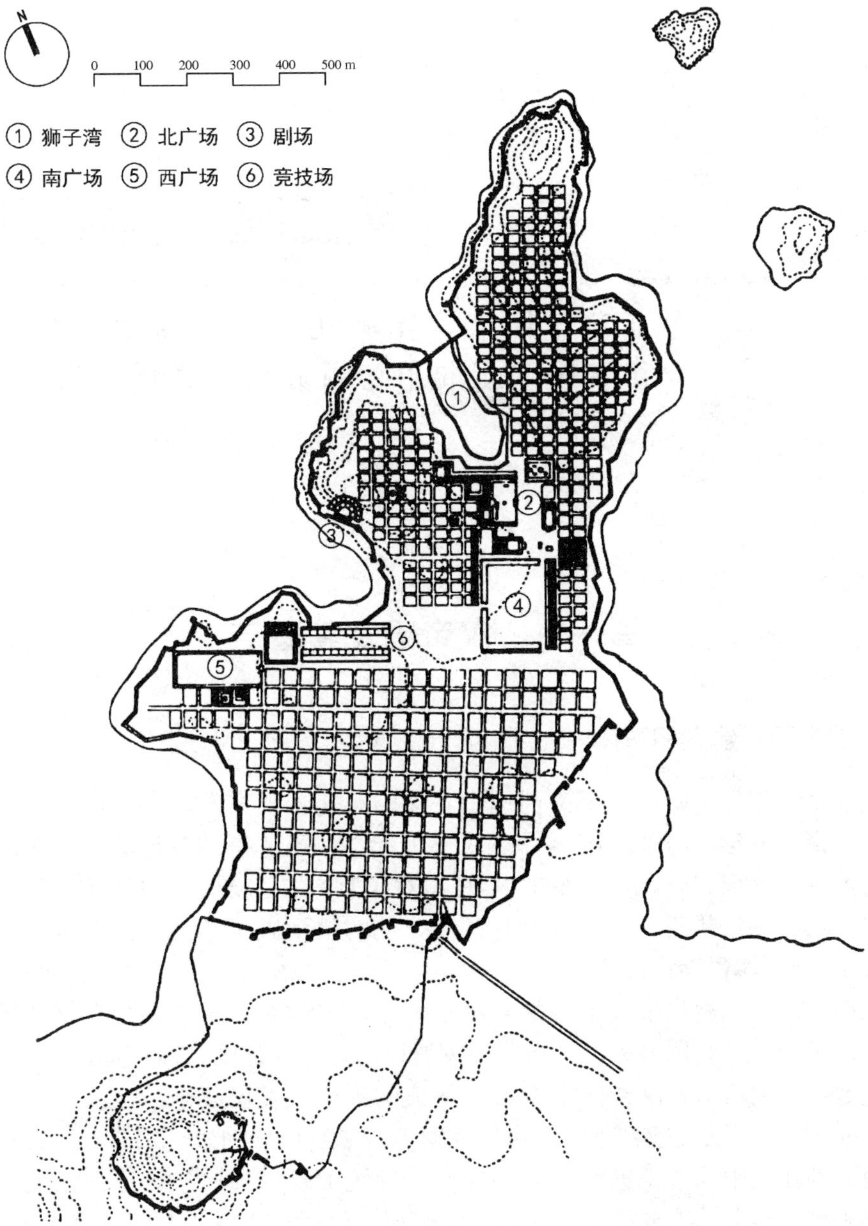

图 1-4-7 米利都总平面图（据《世界城市史》绘制）

第二章 帝国城市

公元前3世纪至公元10世纪汉帝国、罗马帝国、唐帝国和阿拉伯帝国城市的发展、繁荣与衰落

第一节 汉帝国及其遗产

一、汉帝国的建立和解体

公元前210年，秦始皇死于南巡途中，他的小儿子胡亥发动宫廷政变，继承了帝位，称秦二世。一年后，淮河流域爆发农民大起义，迅速得到各地响应，刚刚被灭掉的6国纷纷宣布复国。公元前206年10月，刘邦率领的一支起义军队攻入秦朝都城咸阳。秦二世已在一年前死于另一场宫廷政变，他的继承人子婴向刘邦投降，秦帝国在建立仅仅14年后即告灭亡。

公元前202年，刘邦击败最大的对手项羽，基本建立了对中国中东部的控制。他在这一年即皇帝位，改国号为汉，在咸阳废墟以南建立新都城，称长安。

经过数代人的努力，汉帝国在秦帝国崩溃的废墟上发展起来。至汉武帝刘彻在位期间（公元前140—公元前87年），由于在对西方游牧民族匈奴、东北、南方移民国家以及土著人的作战中都取得连续胜利，使当时的统治疆域第一次到达河西走廊、朝鲜半岛中部和中南半岛，形成前无古人的巨大疆域，汉帝国也成为真正意义上的大帝国，国势达到极盛。汉武帝派遣张骞开拓西域，使丝绸之路得以形成，从而极大地促进了东西方的商品贸易和文化交流；又发明以年号纪年，并为周边邻国使用和模仿，成为彰显帝王正统的标志。

公元8年，王莽宣布取代汉帝成为皇帝，改国号为“新”。王莽进行了一系列改革，但没有收到很好的成效。至公元17年，各地开始出现大规模的反叛和起义。23年，起义军攻入长安，王莽被杀。

25年，起义军的首领之一刘秀自称汉帝的继承人，宣布即皇帝位。第二年，他宣布以洛阳为都城，以长安为西京。至36年，中国再次统一，基本恢复了汉帝国的版图。由于都城洛阳在长安以东，后世仿西周、东周之例，将王莽之前的汉帝国称为西汉，刘秀重建的汉帝国则称为东汉。

48年，匈奴分裂为南北两部，南匈奴内附东汉。90年前后，北匈奴在东汉和南匈奴的打击下开始向西迁徙，而其他北方少数民族则模仿南匈奴，不断内迁，在中国北方逐渐形成少数民族与汉民族杂居的局面，甘肃、陕北、山西、河北一带逐渐成为以少数民族为主体的地区。

两汉时期，是古代中国历史上最为关键的一个时期。由于秦帝国国祚短暂，汉帝国成为第一个真正意义上的大帝国，既继承了秦帝国的大量遗产，同时又做出了大量调整，影响以后中国历史发展的各种因素基本上都在这个时候形成或产生。

汉代经历了一个经典编纂、整理、校正和伪造的高潮，同时也是思想从活跃到形成体系的时期。儒学在汉代成为中国思想的正宗，佛教在汉代传入中国，道家在汉代成为对儒家思想的重要补充，道教在汉代开始形成。

汉代放弃了项羽一度恢复的诸侯国制度，继承了秦代建立的郡县制，并且进行了大发展。西汉初年约有60余郡，还有大量诸侯王的封国与郡县并行，大的封国可辖数郡。但至公元前154年汉景帝平定“七国之乱”之后，汉代行政区划即成为完全的郡县制。编撰于东汉前期的《汉书·地理志》记载全国有103郡1575县，较秦代几乎倍增，至今仍是中国乃至部分邻国行政区划的基础。汉武帝元封五年（公元前106年），鉴于郡数已经太多，难以管理，又在郡之上设13州刺史，作为中央派遣的专员，每年巡视监察各郡事务。至东汉灵帝中平五年（188年），为对付黄巾起义，将部分刺史升为州牧，又授权州牧和刺史统一掌管一州军政大权，从而正式形成州、郡、县三级行政区划。

184年，黄巾起义爆发，东汉从此进入动乱。189年，洛阳遭到董卓率领的军队的洗劫。192年，长安也遭到同样的洗劫。在动乱中，各地形成军阀割据的分裂局面。曹操在北方、刘备在西南、孙权在东南逐步建立起三个主要的割据政权，并分别统一所在地域，基本维持了东汉的版图。220年，曹操去世，他的儿子曹丕废黜汉帝，自称皇帝，改国号为魏。刘备在221年称帝，以成都为都城，自称为东汉继承人，国号仍然为汉，一般称为蜀汉，或者直接称为蜀；孙权在229年称帝，国号为吴，以建业（今江苏省南京市）为都城。至此，三国时期正式开始。

263年，魏军攻入成都，蜀汉亡国。

265年，魏国权臣司马炎废黜魏帝，自称皇帝，改国号为晋，通称西晋。

280年，晋灭吴。三国时代结束，中国重新统一，至少在形式上仍然基本维持了东汉的版图，但北方少数民族对内地的压力日益加剧。

300年，西晋爆发皇族之间的武装冲突，史称“八王之乱”。混战各方大量雇佣北方少数民族军队，长安、洛阳等中心城市反复遭到洗劫。其间，北方和西部少数民族纷纷宣布自立。

302年，氐族人李特在成都自称大将军、益州牧，303年被杀，其子李雄于304年自称成都王，国号汉，史称“成汉”。

304年，匈奴人刘渊在山西离石自称大单于，国号也是汉，史称“汉赵”。

311年，汉赵攻入洛阳，西晋统治瓦解，史称“永嘉之乱”。从此，北方少数民族大举进入中原汉族地区，主要的少数民族有五个：匈奴、鲜卑、羯、氐、羌，史称“五胡乱华”。原在北方的汉族人口大量向淮河以南地区迁徙。

317年，西晋皇室成员司马睿在原吴国都城建邺称帝，宣布继承晋帝位，由此开创东晋。此后，在北方和西部先后一共出现过16个主要少数民族国家，史称“五胡十六国”，另外还有至少12个次要的割据政权。北方的经济文化受到巨大破坏，而南方的局势则相对稳定，虽然后来东晋陆续被刘宋、萧齐、萧梁和陈所取代，但没有出现全局性的大动乱，北方南下移民和南方早期移民及土著在相互攻打的同时也相互融合，经济和文化都得到了很大发展，南方开始取代北方成为中国的经济中心。

二、汉长安

公元前202年，刘邦称皇帝，建立汉朝，经与群臣讨论，决定将都城设在关中平原，于是开始在秦咸阳渭河以南部分秦代兴乐宫的基础上重修宫殿，命名为长乐宫。公元前200年，又在长乐宫西面建造了未央宫，同一年正式迁都至此，因地处长安乡，故命名为长安城。

据记载，长安起初和秦咸阳一样没有任何城墙。刘邦死后，汉惠帝元年（公元前194年）起修筑城墙。先后征发了14万人筑墙，到五年秋（公元前190年）才将城墙建成。为了迁就已形成的长乐、未央二宫和河流的位置，形成曲折的边界。后来被附会为南墙曲折如南斗六星，北墙曲折如北斗七星的形状，有“斗城”之称。

城墙全部用黄土夯砌而成，高12米，基宽12～16米，墙外有宽8米、深3米的壕沟。近年运用现代测绘技术，更为精确地确定了汉长安城墙的位置和长度，城墙周长为25公里，总面积为34.39平方公里，是人类历史上前所未有的巨大设防城市（图2-1-1）。

城墙四面各开三座城门，南墙中为安门，东西两侧为覆盎门和西安门；北墙中为厨城门，东西两侧为洛城门和横门；东墙中为清明门，南北两侧为霸城门和宣平门；西墙中为直城门，南北两侧为章城门和雍门。东面三门均筑有向外突出的双阙。每座城门都有三个门道，合计十二门、三十六门道，与张衡《西京赋》所述“方轨十二”“三涂洞开”等相吻合。门道宽约6～8米，恰好相当于当时四个车轨的距离。城门上原有木构门楼，西汉末年被焚毁。除清明门和雍门地面已不可见遗迹之外，其他10座城门地面尚存有建筑遗迹。

除直通宫城的霸城门、覆盎门、西安门和章城门外，其余8座城门内均有大街，分别按南北东西走向，相互交叉。其中，由南面安门进入的大街最长，约5500米；由北端洛城门进入的大街最短，仅470米。安门大街和东西向的宣平门大街、清明门大街、雍门大街、直城门大街均较宽，达到45～56米。每条大街均以排水沟分为三股，中股宽20米，即文献所谓“驰道”。排水沟均由城门下涵洞通至城外壕沟。

上述布局和形制显然受到《周礼·考工记》的影响，旁三门、九经九纬、经涂九轨、面朝后市等均在此得以实践。

长乐宫在汉长安城的南隅，又称东宫，在秦代兴乐宫基础上改建而成，汉惠帝以后改为太后的居所，西汉末年毁于兵火。宫殿平面为不规则的方形，周围筑墙，周长超过10公里，面积约6平方公里。宫内主要有前殿、临华殿、长信宫等14座建筑。宫墙四面各有一门，东门和西门外有阙。

未央宫在城的西南隅，又称西宫，为西汉皇帝举行正式朝会和处理朝政的主要宫殿。西汉之后还被多个朝代继续使用，是中国历史上最有名的宫殿之一。其平面接近正方形，四面筑围墙，东西长2150米，南北宽2250米，面积约4.83平方公里。宫城

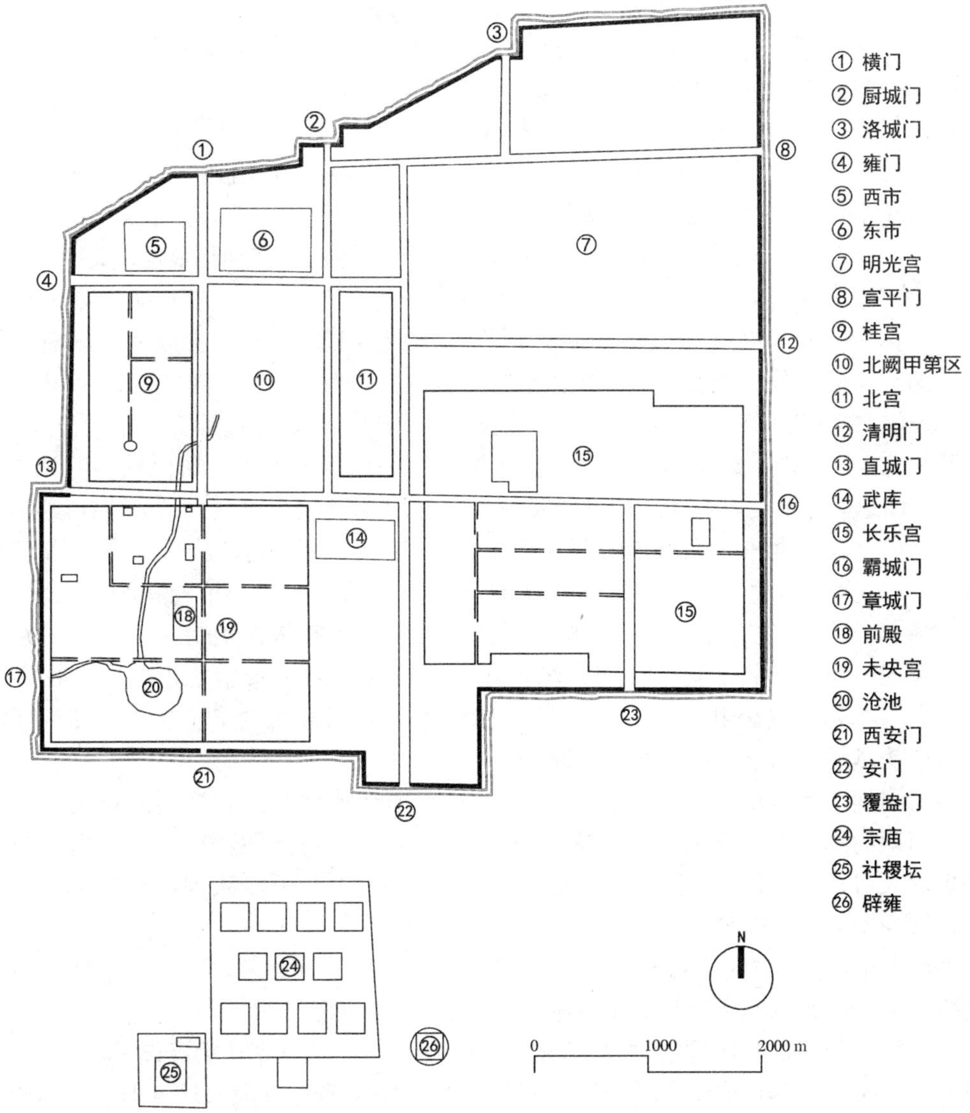

图 2-1-1　汉长安城总平面图（据《汉长安城的考古发现及相关问题研究》绘制）

四面各辟一门，在东门和北门外立阙。宫内有 40 多座建筑。其中最高大的是前殿，居全宫正中，台基南北长 350 米，东西宽 200 米，最高处达 15 米，系利用天然地形改造而成。

在长乐和未央两宫之间有一座武库，平面呈长方形，东西长 880 米，南北宽 322 米，四周筑墙。墙内有七个仓库，每库分为四个库房。房中原有排列整齐的兵器木架，现已朽坏。武库建于公元前 199 年，系丞相萧何营建，是当时全国的武器制造和贮藏中心，具有极重要的地位，西汉末年被焚毁。

汉武帝刘彻在位期间（公元前 141—公元前 87 年），在长安城内外进行了大规模建设。城内兴建了北宫、桂宫和明光宫，都是后妃们居住的宫室。桂宫位于未央宫北，靠近西城墙，平面为长方形，南北长 1800 米，东西宽 880 米，面积约 1.6 平方公里。明光宫在长乐宫北，其正殿遗址被后世的多种建筑叠压，因此泛称为楼阁台。北宫位于未央宫东北，厨城门大街以东，安门大街以西，直城门大街以北，雍门大街以南，平面亦为长方形，面积约 1 平方公里。包括最初的长乐、未央两宫在内，各宫均被宽 5～8米的宫墙包围，实际上都是一个独立的建筑群，宫内建筑密度都非常低。

汉武帝刘彻在城外的主要建设是城西的建章宫和上林苑，面积超过 10 平方公里。建章宫建于公元前 104 年，此后被刘彻作为主要宫殿使用，到他儿子继位后才于公元前 79 年迁回未央宫。上林苑实际为一大型宫殿群，其中包括多组建筑，现已发现大量遗迹。他在城外的另一项重大工程是从公元前 129 年起开挖漕渠，从长安附近引渭水东入黄河，历时三年完成，以补充渭水运力的不足，从关东调运物资特别是粮食入关中。

汉长安城内的宫殿、官署等建筑约占全城面积的 2/3。贵族宅第原集中在未央宫北面一带，称作“北阙甲第”，不过汉武帝时在此区域西部建桂宫，贵族宅第规模可能被大大压缩。居民区分布在城北，由纵横交错的街道划分为 160 个“闾里”，总面积约 7 平方公里，仅占全城面积 1/5。据《汉书・地理志》记载，汉平帝元始二年（公元 2 年）时，城中有 8.8 万户，24.6 万人，是中国历史上第一座规模庞大、居民众多的城市。城内居民区用地显然不足以容纳，因此长安城盛时的 24 万居民很可能大部分住在城外。

著名的“长安九市”在城市的西北角上，由横门大街相隔，分成东市三市和西市六市。东市是商贾云集之地，西市则以各种手工业作坊为主。东市面积约 53 公顷，西市面积约 25 公顷，筑有宽达 5～6 米的围墙，内有纵横各两条大街，划分成“井”字布局，就规模而言绝非希腊城市的市场可比。但长安之市和希腊之市不同，长安之市不是城市的一处开放公共场所，其主要功能除作为交易场所外，也是生产加工区域，很可能还兼具居住功能，并是城内的刑场。

长安周围，在西汉诸帝陵附近设有“陵邑”，即守陵城。汉高祖刘邦长陵邑在长陵之北，面积约 2.7 平方公里，人口达 18 万人。汉武帝茂陵邑在陵东二里，面积约 1 平方公里，人口达 28 万人。这些数字显然不可靠，不过由此可以认为，长安实际上是一个以宫城为中心的聚落群。

西汉末年，长安城毁于战火，但并未就此消失。东汉定都洛阳，以长安为西京。汉末，洛阳被董卓纵火烧毁后，汉献帝曾迁回长安居住。此后的西晋末年、前赵、前秦、后秦、西魏、北周等政权也都曾以汉长安城为都城。直至隋朝初年，隋文帝认为汉长安城过于狭小和破旧，于是命宇文恺在东南方兴建新的都城。583 年隋文帝迁都大兴城（即后来的唐长安城）后，汉长安城被划入禁苑，有着近八百年历史的汉长安城才彻底废弃。

三、汉晋洛阳

西周在洛阳建有王城和成周两座“双胞胎”城市，相距约 16 公里，东周时成为周王都城。公元前 256 年，秦国东进河南，灭东周，占领洛阳。公元前 249 年，秦国封相国吕不韦为文信侯，以洛阳为封地。吕不韦占据洛阳成周城，作为他的封邑城，并进行了相当规模的建设，号称“吕不韦城”，奠定了汉晋洛阳城的基础。

公元前 236 年，吕不韦失势，被流放至四川，其封邑被收回。公元前 202 年，刘邦称帝，曾在洛阳驻留，在南宫大宴群臣，此时距吕不韦离开洛阳不过 34 年，南宫当为吕不韦城中之遗构。刘邦甚至一度有意以此为都城，不过很快就定都长安。此后，吕不韦城成为西汉河南郡城，而在东周王城的废墟上则建立了河南县城。

公元 25 年，刘秀在西汉末年的混乱中自立为帝，宣布继承汉帝国。第二年宣布定都洛阳，即河南郡城。因汉以火德，忌水，改洛阳名为雒阳。

东汉雒阳城设防范围仍为“吕不韦城”，并未加以扩建。“城东西六里一十步，南北九里一百步”，因俗称“九六城”。面积约 10 平方公里。设有城门十二座：东三门，北起为上东门、中东门、耗门；南四门，东起为开阳门、平城门、小苑门、津门；西三门，南起为广阳门、雍门、上西门；北两门，西起为夏门、谷门。各城门除南墙被洛河冲毁，门址不存外，其余东、西、北墙各门皆经考古勘探或发掘确认，南墙四座城门的位置也能根据勘探发现的四条南北大道大体确认（图 2-1-2）。

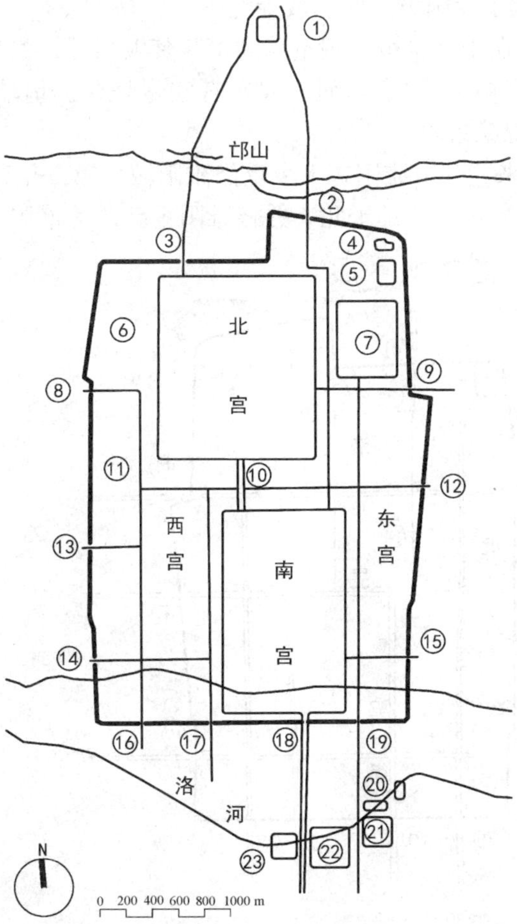

① 北郊　② 谷门　③ 夏门　④ 太仓　⑤ 武库　⑥ 濯龙园
⑦ 永安宫　⑧ 上西门　⑨ 上东门　⑩ 复道　⑪ 金市　⑫ 中东门
⑬ 雍门　⑭ 广阳门　⑮ 耗门　⑯ 津门　⑰ 小苑门　⑱ 平城门
⑲ 开阳门　⑳ 太学　㉑ 辟雍　㉒ 明堂　㉓ 灵台

图 2-1-2　东汉雒阳城复原图（据《汉魏洛阳故城沿革与形制演变初探》绘制）

城内用地主要由南、北两宫占据，另外还有永安宫、永乐宫、长秋宫、西宫、东宫等小宫苑。其中，南、北两宫可能都有秦代和西汉基础，又经过东汉初期的建设，规模十分壮观。南、北宫之间有大屋复道相通，宫内则殿台遍布，主要有前殿、崇德殿、德阳殿等。城内还有濯龙园等宫苑，以及太仓、武库等设施。开阳门内设有太尉、司徒、司空三公的府邸。

据文献记载，城内有二十四街、二十四都亭，但具体地点目前尚未探明。城内西部有大市，名金市。

由于城内主要作为皇宫、禁苑、仓库、官署等使用，礼制建筑和一般居民区大都在城外。城北有北郊兆域，方坛四陛；城南还有明堂、灵台、辟雍等礼制建筑与太学。这些礼制建筑遗址位置经考古勘察大都确定，北郊南距北城墙 1500～2000 米，明堂北距南城墙约 1000 米，灵台在明堂西，辟雍在明堂东。开阳门外则有太学。城东有马市，城南有南市。此外城郊还建有供皇帝游猎的上林苑、芳林苑等宫苑十余处。公元 68 年，在雍门外西郊兴建了我国第一座佛教寺院——白马寺。

汉末战乱中，雒阳城在 190 年被军阀董卓的军队焚毁殆尽。211 年，曹植随曹操西征马超，路过雒阳时作诗描述："洛阳何寂寞，宫室尽烧焚。垣墙皆顿擗，荆棘上参天"，当时雒阳已是一片荒凉景象。

219 年，曹操西征归来，驻节雒阳，下令重修雒阳城。第二年曹操在雒阳去世，其子曹丕代汉称帝，国号魏，正式建都于此，并将雒阳重新改为洛阳（图 2-1-3）。

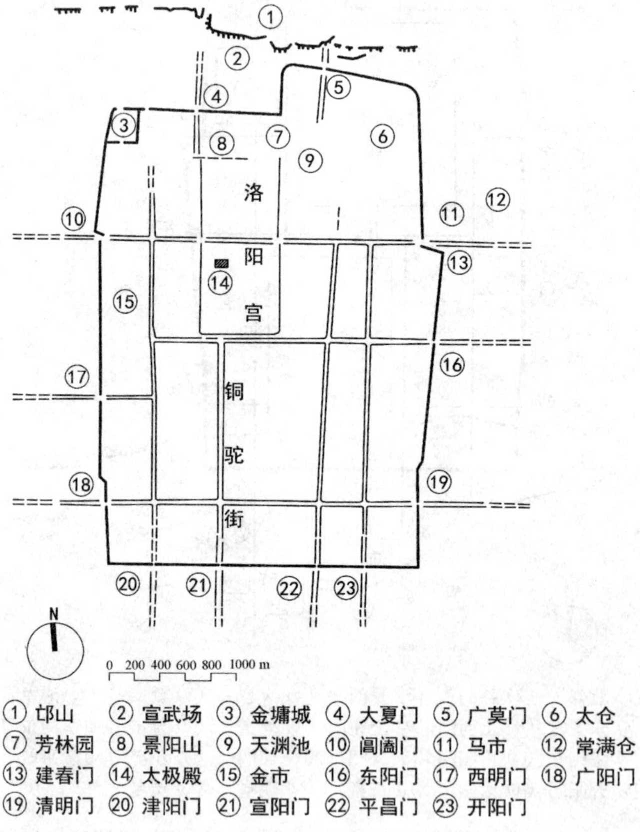

图 2-1-3　魏晋洛阳城复原图（据《汉魏洛阳故城沿革与形制演变初探》绘制）

曹魏重建都城，并未改动城墙。其大城城门仍为十二座，位置与形制大都沿用前代，仅名称有所变化，但在城内作了若干重要的改变：

首先是将已成废墟的南宫废弃，只保留北宫，又加以扩大改造，称洛阳宫。曹丕时还只有一些台池之类的建设，到 235 年时开始大规模建设，建造了昭阳、太极诸殿与总章观等。

其次是仿邺城，在西北角设金墉城，类似于卫城式的坚固城堡。

在北宫和北城墙之间建芳林园，以后又改名华林园，为内苑。233—237 年间在园内造了大假山，称景阳山。

随着宫城形制的变化，新筑宫城正门阊阖门与城南墙宣阳门之间形成直通大街。因为魏明帝曾置铜驼诸兽于街两侧，因此得名铜驼街。宣阳门因此成了城南墙的正门。这条街因此成为全城的中轴线，在铜驼街南东侧建宗庙，西侧建社稷坛，从而形成“左祖右社”的格局。

曹魏对洛阳的改造，显然受到邺城的影响。265 年西晋代魏，仍建都于此，变动有限。300 年之后，洛阳在西晋皇族“八王之乱”中多次遭到洗劫和破坏，至 311 年“永嘉之乱”被匈奴人攻入，这座都城遂被放弃。345 年，后赵首领石虎曾征发周边数州 26 万人修洛阳宫，但似乎并没有入住，因此又被荒废。此后轮流占据河南的各种游牧民族政权均不以这里为都城，直到鲜卑拓跋氏兴起为止。

四、曹魏邺城

邺城位于河北省邯郸市临漳县城西南约 20 公里处，距河南省安阳市主城区约 18 公里，北临漳河故道。据《管子·小匡》记载，邺城始筑于春秋齐桓公时。战国时属魏国，西门豹曾任邺县令，在这里治河投巫，建设水利，事迹至今流传。

汉高祖置魏郡，辖 18 县，东汉变为 15 县，郡治都在邺城。到东汉后期，冀州州治也搬迁到这里，邺城成为北方最重要城市之一。东汉末年，袁绍割据河北，以邺城为其大本营。建安九年（204 年），邺城被曹操占领，从此又变成曹操的大本营，军事政令皆出于此。曹操在邺城进行了大量的营建，尤其在 213 年被封为魏公之后，以邺城为其封国都城，宫室官署建设更甚，但总体而言，仍基于东汉郡城进行建设，没有扩大城的范围。曹丕称帝后迁都洛阳，仍以邺城为曹魏的五都之一。

据《水经注》记载：邺城东西七里，南北五里，城门 7 座，南面 3 座，东西面各 1 座，北面 2 座。东、南、北三面城墙和城西北的金虎台、铜爵台基址现在均已经考古学家发现。城南北长 1700 米，东西宽 2400 米，面积约 4 平方公里。城墙为夯土筑，基宽 15～18 米。现已确定门址位置的为：南面自西而东的凤阳门、中阳门、广阳门；东面的建春门；西面的金明门和北面的广德门。城内发现大道 6 条，分别通向各面城门，并将城内划分为几个功能不同的区域（图 2-1-4）。

建春门至金明门之间的东西大道，将城分为南北两区。北区中央为宫殿区，西边是苑囿，东边是“戚里”即贵族居住区。宫殿区已探明 10 座夯土建筑基址，宫殿区以西，即文献记载的铜爵园的位置，也探明 4 座夯土建筑基址。金明门以北，是著名的“三台”，自南往北为金虎台、铜爵台、冰井台。金虎台基址保存较好，现存南北 120 米，东西 71 米，高 12 米；铜爵台基址仅存东南部分，南北 50 米，东西 43 米，高 4～6 米，两台相距 83 米；冰井台基址尚未探明。整个宫殿区占全城四分之一以上，北、西两面倚城墙，推想应是东汉时子城所在。

南区布置居住的里坊和市场，并设有军营。有 3 条平行南北向干道通往南面三门，中间中阳门大道路面宽 17 米，是邺城最宽的道路，向北正对宫殿区中央部位，对应于曹操日常办公的主殿听政殿，殿后为曹操居所。向南则正对中阳门，两侧建有相国府、御史大夫府、太常寺等魏国主要官署。从而形成全城的南北中轴线，并与建春门至金明门之间的东西大道一起构成丁字大街布局，成为全城最主要的空间骨架。

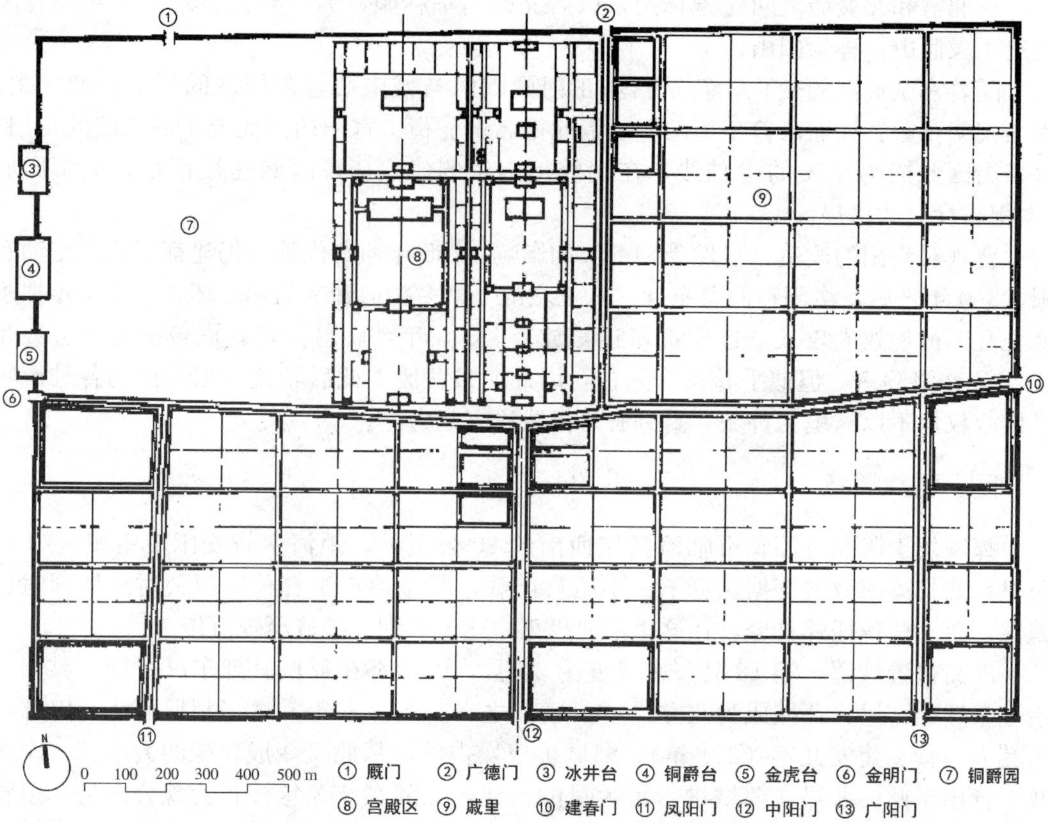

图 2-1-4 曹魏邺城总平面复原图（据《中国古代建筑史》第二卷绘制）

邺城经曹操改建，发展为宫殿在北，市场和居住里坊在南，自城南正门有街直抵宫门，夹街建官署，形成丁字大街和全城中轴线的对称方格网布局，功能分区明确，改变了两汉以来都城主要为宫殿占据的布局，形成了更具几何意义的空间形态，不但几乎立即影响到曹魏改造的洛阳，而且对以后北魏和隋唐的都城规划也产生了很大影响，在中国城市发展史上具有重要意义，开启了中国古代都城的新模式。

西晋代魏，未改邺城之制。西晋覆灭后，十六国时期的后赵、冉魏、前燕均建都邺城。以后北魏分裂，东魏及其继承者北齐亦建都于此。东魏还在邺城南面进行了大规模扩建，称邺南城。至 577 年北齐亡，邺城开始衰落。580 年，邺城在战乱中被北周权臣杨坚下令焚毁，官府机构和居民全部迁至南面不远的安阳，这座城市遂被彻底遗弃。由于邺城濒临的漳河此后频繁泛滥和改道，遗址破坏严重，地面遗迹仅存金虎台基址和铜爵台的部分基址，其余皆湮没于地下。

第二节 罗马帝国

一、罗马——世界的中心

罗马，既是一座城市，又是一个民族，还是一个帝国。

亚平宁半岛（Apennine Peninsula）是罗马民族和国家的发源地，位于地中海的中心。它从欧洲大陆由北向南切入地中海，三面临海，东面隔亚德里亚海（Adriatic Sea）与希腊半岛相望，南面隔西西里岛（Sicily）与北非海岸的突尼斯相望，西面隔利古里亚海（Ligurian Sea）和第勒尼安海（Tyrrbenia Sea）与撒丁岛（Sardinia）和科西嘉岛（Corsica）相望，北面有阿尔卑斯山将其与欧洲大陆隔开。其土地面积比希腊大五倍，人口比希腊多四倍。半岛的海岸线长而平缓，良港较少，周围的岛屿不多，矿产也不丰富。亚平宁山脉（Apennine Mountains）自北向南纵贯整个半岛，山脉周围是大片肥沃的平原和发达的水系，气候湿润温和，适合多种农作物生长。除北部和中部少数山区外，半岛上基本没有闭塞的地区，各地区之间联系比较方便。这种地形对发展工商业和航海业不利，早期各个独立的部落间缺乏天然屏障作为设防边界，易受外来侵略。罗马城邦自诞生之日起，就与周围城市和部落处于不断的战争中。但这种地形却为罗马提供了坚实的农业作为经济基础，罗马因此成为一个农民的国家，典型的罗马人是“农民—战士”。等罗马强大起来之后，这种地理条件也方便了罗马不断扩张，统一意大利半岛，并最终成为世界帝国。

罗马兴起的时候，正是希腊古典文化登峰造极的时代，因此罗马人大量继承了希腊文化，包括整个希腊诸神系统。但罗马人和希腊人非常不同，总的说来，罗马人质朴务实，而希腊人则丰富细腻。如果说希腊人是哲学家、文学家、艺术家和科学家的话，罗马人则是军人、政治家、法学家和工程师。

罗马人认为自己是世界上最幸运的民族，居于世界上最合适的位置。维特鲁威说：南方的民族聪明敏锐，充满创造力，然而胆怯；北方的民族强悍勇敢，然而迟钝愚蠢。这正是神的安排，只有罗马人居住在世界中心，拥有一切珍贵的品质而没有任何缺陷。

罗马人是古代世界最讲求实效的民族。他们要求立即可见的效益，讲究速度、效率和经济核算。罗马人为自己的城市建立的第一项大型公共设施不是别的，而是“大排水沟”。在工业时代以前，唯有罗马人理解时间的意义，所以他们修建了工业时代之前唯一的洲际公路网和远程供水系统。罗马崩溃之后，这些工程设施逐渐衰败和失效，被中世纪虔诚的天主教徒们称为“魔鬼桥”，不仅超出了他们的工程能力，甚至超出了他们的理解能力。

传说罗马城的创造者罗慕洛（Romulus）于公元前753年在亚平宁半岛中部台伯河畔的丘陵地区建立了罗马城，并以他自己的名字命名。公元前8世纪～公元前6世纪史称王政时期，先后有7个王。后来又出现了贵族与平民之分。传说王政时代最后一个王暴虐无道，被愤怒的罗马人赶走，于公元前509年建立起由罗马贵族掌权的罗马共和国。

共和国时期（公元前509—公元前27年）是罗马由蕞尔小邦扩张为庞大的世界帝国的时期，也是罗马城邦达到繁荣而后又开始解体的时期。共和国由元老院、执政官和部族会议（Comitia Tributa）三权分立。掌握国家实权的元老院由贵族组成。执政官由“百人队会议”（Comitia Centuriata，罗马全民皆兵的武装组织的代表会议）从贵族中选举产生，行使最高行政权力。部族会议由平民和贵族构成。公元前451年，罗马制定并公布了一部成文法典，称“十二铜表法”，为国家制定了基本的宪法、刑法和民法。这是几乎整个西方法律系统的基石。

当罗马的势力范围仅限于意大利的时候，其城邦结构还没有发生重大变化。罗马并没有把意大利变成真正统一的单一国家，它与意大利其他部落和国家的关系强于盟主与盟邦的关系，弱于集权国家的内部关系，各地仍保留相当的独立性。到公元前3

世纪，罗马基本统一了意大利，开始将目光转向海外。公元前 264 年，罗马与地中海南岸的迦太基人开战，史称布匿战争，标志着罗马海外征服的开始。罗马对意大利以外的地区采取的政策与在意大利本土完全不同，这些地区大部分变成了受罗马直接管辖的行省，罗马不是他们的盟主，而是他们的首都。

经过一系列大规模的征服战争，到公元前 1 世纪末，罗马的版图已经囊括从北非到莱茵河、从大西洋到红海的广大地区，地中海成了它的内湖（图 2-2-1）。在这片政治地理十分复杂的广袤的土地上，分布着众多不同种族、文化、宗教和政治制度的区域、部落、城市和王国。它们是被罗马的武力统一到一个政治共同体中来的，相互之间并没有足以使它们成为统一国家的经济、文化和种族上的紧密联系，但却在罗马的武力、法律、公路网、度量衡和货币保证之下形成了规模巨大的贸易体系。

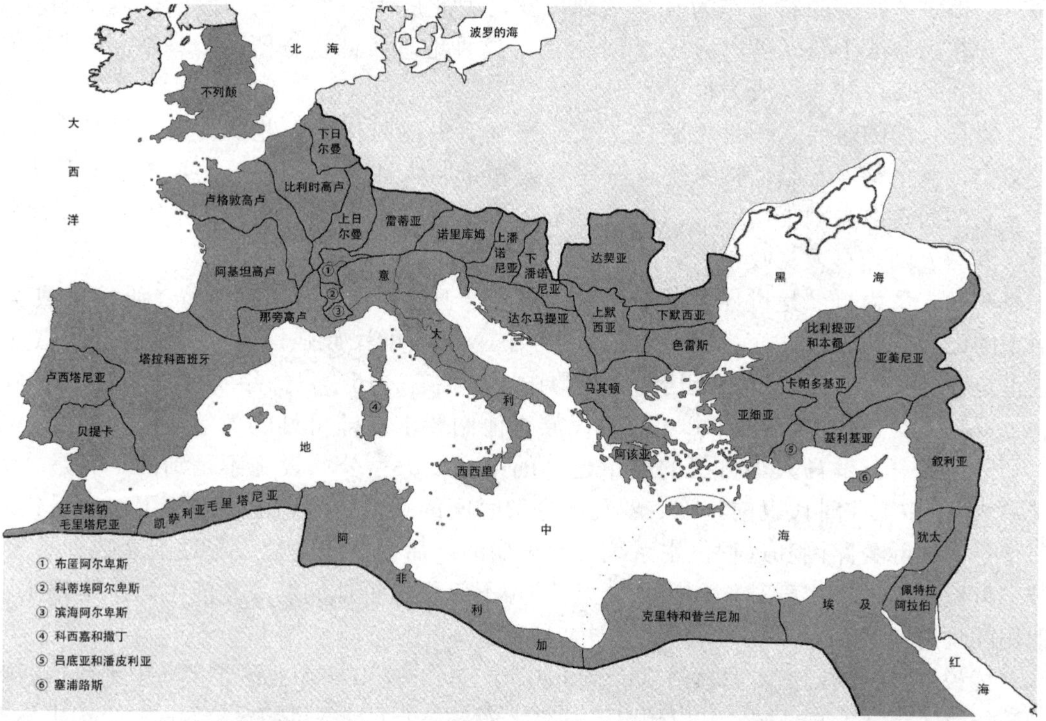

图 2-2-1 罗马帝国全盛时期疆域（据 The Penguin Historical Atlas of Ancient Rome 绘制）

公元前 1 世纪以后，在版图不断扩大的同时，罗马共和国的内部争执日益白热化和血腥。城邦时代建立的政治制度已经不能满足庞大国家的管理需要，贸易体系的日益繁荣形成了尺度壮观的地区分工。得益最多的是罗马公民，在经济日益发达的过程中，他们逐渐由农民—战士蜕变成为一种整日无所事事、几乎完全由国家豢养的寄生虫。经过一系列内战和冲突，公元前 27 年，执政官屋大维（Gaius Octavius）被罗马元老院授予“元首（Augustus）”的称号，成为终身执政官。罗马从此进入帝国时代，但仍然披着共和的外衣，称为“元首制”。

从公元前 27 年到公元 476 年的罗马称为罗马帝国，其版图横跨欧、亚、非三大洲。它对外继续扩张，但主要是通过以武力相威胁而非直接使用武力。从公元前 27 年到公元 192 年，在整个地中海区域没有发生成规模的战争，史称“罗马统治下的和平（Pax de Romana）”，经济、文化和贸易均臻于极盛（图 2-2-2）。

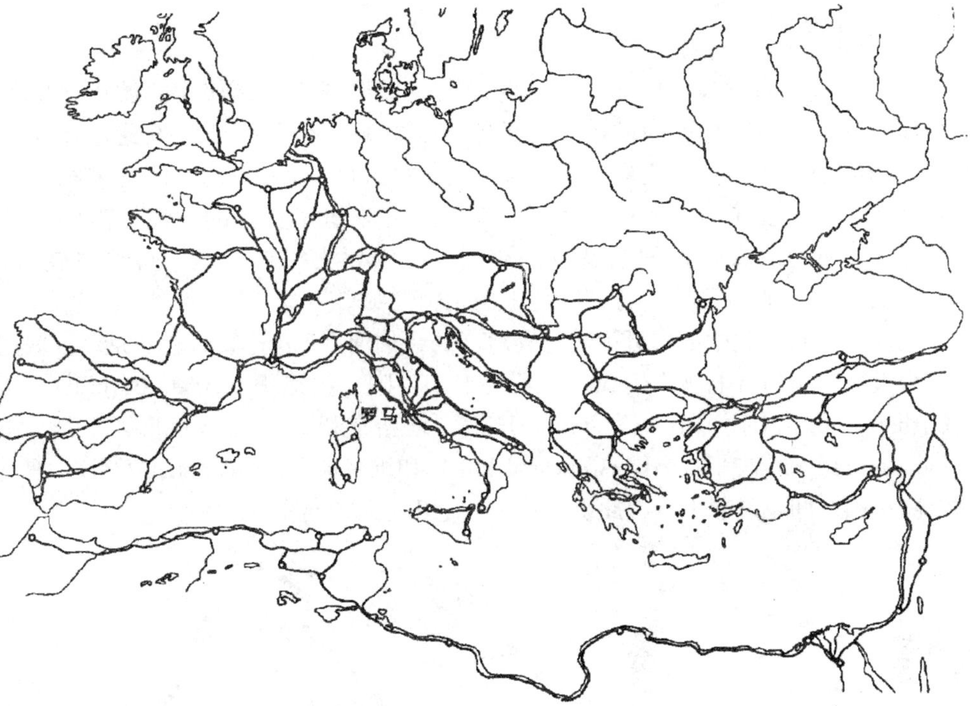

图 2-2-2 罗马公路网示意图（引自《世界城市史》）

192 年，罗马发生内战。次年，军人拥立将领塞维鲁斯（Septimius Severus）为皇帝，经过 4 年内战，重新统一了罗马。此后，它逐渐抛弃了共和外衣，向以军队和官僚机构为支柱的专制君主制转变。帝国北方的游牧民族日益向帝国境内渗透，基督教日益发展壮大，和原有的希腊一罗马神话体系的冲突日益加剧。说拉丁语的西部帝国和说希腊语的东部帝国之间的隔阂日益严重。罗马公民日益丧失战斗力，曾经强大无比的罗马军团日益依靠雇佣来的游牧民族军队。这个巨大帝国开始走向衰落和瓦解。

传说约公元 30 年前后，耶稣基督开始在地中海东岸的罗马犹太行省传播一种新的犹太教义。几年后，他进入犹太行省首府耶路撒冷传教，遭到犹太教领袖的敌视，并被处死。他的教义在罗马帝国境内继续传播，与犹太教完全分离，由于反对罗马传统的多神崇拜，2 世纪后遭到罗马帝国当局的严厉打击。到 323 年，皇帝君士坦丁（Constantine）宣布承认基督教的合法地位，并在帝国东部的黑海岸边，欧、亚两洲的连接处建立新都君士坦丁堡（Constantinople）。这些措施都加速了罗马帝国的瓦解。

395 年，罗马帝国分裂为西罗马帝国和东罗马帝国两部分。西罗马帝国继续以罗马城为首都，东罗马帝国则以君士坦丁堡为首都。直到这时，基督教会还仅使用希腊语一种语文，但西部帝国的教会终于决定将圣经翻译成拉丁文，从而为基督教会的分裂埋下了伏笔。

帝国分裂之后，西罗马帝国不断遭到来自北方的各种游牧民族入侵，自身又内乱频繁，迅速衰落。407 年，西罗马皇帝迁都至东北部亚德里亚海岸边的小城拉文纳（Ravenna）。410 年，罗马城被游牧民族之一西哥特人攻克，遭到大规模劫掠。此后，各游牧民族纷纷在西罗马帝国的版图内建立自己的王国，西罗马皇帝则逐渐沦为他们的傀儡。476 年，西罗马皇帝被某个游牧民族头目废黜，西罗马帝国正式灭亡。西欧从此进入中世纪。

二、罗马城

作为一座城市的罗马（Rome），是现代大城市出现之前最伟大的城市，也是在各方面最接近现代大城市标准的城市。它的繁荣、壮丽、公共生活的发达，在现代大城市出现之前是独一无二的，或许只有北宋东京勉强可以与之一比。但北宋东京和罗马的区别在于：今天要了解——更不用说理解——北宋东京昔日的辉煌，需要相当的知识和想象力；而今天要了解罗马昔日的辉煌，只需要去一趟罗马亲自看看就可以了。在这个意义上说，罗马是唯一的一座真正的永恒之城。

罗马城位于意大利中部靠近第勒尼安海岸的台伯河（Tiber River）平原。台伯河在这里拐了个大弯，岸边有七座小山丘，称罗马七山：阿文提诺山（Aventine Hill）、西里欧山（Caelian Hill）、卡比多山（Capitoline Hill）、埃斯奎利诺山（Esquliline Hill）、帕拉丁山（Palatine Hill）、奎利那雷山（Ceuirinal Hill）和维米那勒山（Viminal Hill），罗马城就在这七座小山之间发展起来，因此也被称为“七山之城”（图 2-2-3）。

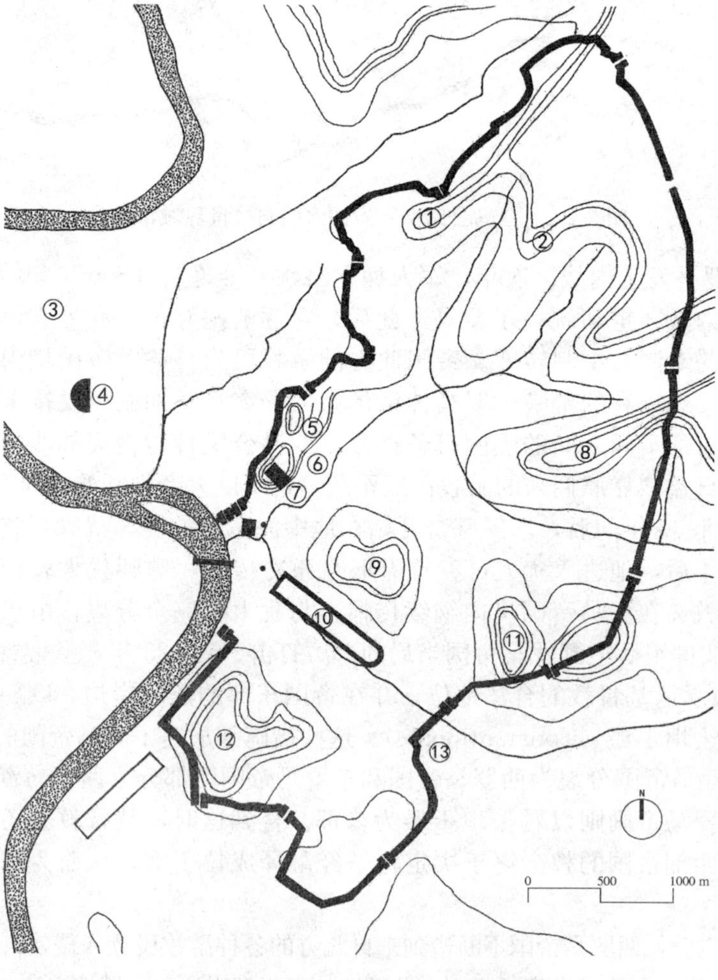

① 奎利那雷山 ② 维米那勒山 ③ 战神广场 ④ 庞培剧场 ⑤ 卡比多山
⑥ 市场广场 ⑦ 朱庇特神庙 ⑧ 埃斯奎利诺山 ⑨ 帕拉丁山 ⑩ 大竞技场
⑪ 西里欧山 ⑫ 阿文提诺山 ⑬ 塞维安城墙

图 2-2-3 共和国时代的罗马城（据 Ancient Cities 绘制）

作为一座城市的罗马从帕拉丁山开始，即台伯河的左岸靠近转弯处，在这里建造了最早的城堡，以后也一直是罗马城的中心。之后，从这里逐渐发展，一直保持着自由和不规则的形态，充满“乱糟糟”的活力。

公元前 6 世纪后期，在罗马建成了第一条“大排水沟”（Cloaca Maxima）。它将帕拉丁山附近山谷里的水排入台伯河，从而使这一地区能够进行开发建设。最初它是一条明沟，大约在公元前 184 年前后被覆盖成暗沟。因此罗马从一开始就是工程师的城市。差不多同一时期，在卡比多山上建造了第一座大神庙，即朱庇特神庙（Temple of Jupiter）。此后，在南面的山谷里开始形成市场广场（Forum Romanum）。它继承了希腊市场广场的传统，成为以后的罗马广场群的起点。卡比多山以西靠台伯河的大块平地则保留为军队的练兵场，称战神广场（Campus Martius）。

公元前 450 年前后，罗马城建成区的面积已经超过 2.8 平方千米，成为亚平宁半岛上最大的城市。

公元前 387 年，北方的游牧民族高卢人（Gauls）入侵，城市大部分被占领和烧毁。赶走入侵者后，罗马人建造了城墙以保卫城市，称作塞维安城墙（Servian Wall），用大块凝灰岩砌筑，高约 10 米，底宽 3.6 米，长 11 公里，设防面积约 4.2 平方公里，结合地形布置，形状弯曲，将罗马七山全部包括在内。

日益强大的罗马开始将它的工程能力应用于提升城市生活的质量。公元前 329 年，在帕拉丁山南面建造了罗马城的第一座竞技场，即大竞技场（Circus Maximus）。它的尺度达到 621 米×118 米，可容纳至少 15 万人观看竞技。公元前 312 年，建成了第一条架空输水道，向地势较高的城区供水，通过街头喷泉供市民取水。此后，在罗马逐渐形成城市输水道体系，又逐渐传播到意大利各地，并成为罗马殖民地城市的标准做法。

公元前 3 世纪晚期，罗马城内已经颇为拥挤，建设者的目光开始投向城外的最大空地：战神广场。公元前 221 年，在这里建造了弗拉米尼乌斯竞技场（Circus Flaminius）。此后，这里的大型建筑越来越多，形成城外的一个大市场，竞技场日益缩小，练兵场则被移至台伯河西岸的空地。

公元前 184 年，共和国时代的著名政治家老加图（Marcus Porcius Cato）当选为罗马监察官，自己出钱在古老的市场广场的中心建成了一座大型建筑波西亚巴西利卡（Basilica Porcia），作为他的执法场所，同时也供商人和其他平民举行聚会和其他公共活动。老加图是一位众所周知的保守派人物，他在监察官任上采取各种手段严厉整饬社会风气，对奢侈品消费课以重税，惩处和禁止各种奢侈放荡行为，以图恢复罗马人淳朴的生活传统。这座建筑因此闻名，他的继任者们在接下来的十几年中在市场广场里又建造了两座类似的巴西利卡，其他人在其他地方、其他城市也加以仿效。巴西利卡从此成为罗马城市中的公民会堂。

到共和国末期，罗马城内外都已经十分兴旺。城外沿台伯河一带，特别是弗拉米尼乌斯竞技场周围，已经形成了密集的建成区。公元前 61 年，名将庞培（Gnaeus Pompeius）自己出钱在竞技场和台伯河之间建造了罗马城的第一座永久性剧场，被称为庞培剧场（Theater of Pompey）。和希腊人依托自然地形顺着山坡建造的剧场不同，这座剧场是一座混凝土和大理石的巨大建筑，按照希腊的方式在平地上架起了高高升起的观众席、舞台、后台以及其他配套设施，一应俱全。在城内的中心，市场广场已经存在了 500 多年，保持着自然生长的自由形态，充满风格各异的建筑，显得拥挤不堪。公元前 54 年，另一位名将凯撒（Julius Caesar）在市场广场的东北部开始建造一个由柱廊环绕的封闭广场，基本上是一个规整的矩形，东西长 160 米，南北宽 75 米。广场在公元前 46 年建成启用，拓展了市场广场的规模，但具有显著的几何形态和轴线对称。在广场的西北端建有一座维纳斯神庙，但是广场却以他自己的名字命名，称朱利安广场，不过后来一般通称凯撒广场（Forum of Caesar）。

公元前 44 年，凯撒在罗马遇刺身亡。他的继承人屋大维用了 13 年时间消灭了所有对手，成为罗马共和国的独裁者，在保持共和形式的同时开创了罗马帝国。他在凯撒广场的北面建造了一个新广场，从公元前 42 年开始买地拆迁，直至公元 2 年才建成启用，花了 40 年之久。这个广场和凯撒广场一样具有规整的几何形态和环绕的柱廊，长轴与凯撒广场的长轴垂直。广场东北端建有战神神庙，但广场本身却被命名为奥古斯都广场（Forum of Augustus）。后来的皇帝们又在这两个广场的东西两面增加了若干个广场，以 113 年全部建成启用的图拉真广场（Forum of Trajan）为最大，形态也最为复杂，包括沿轴线布置的广场、巴西利卡、内院和神庙。从凯撒广场开始的这些皇帝纪念广场，被称为帝国广场群（Imperial Fora）（图 2-2-4），以与它南面的市场广场相区别。罗马广场从最初的市场广场逐渐演变成皇帝的纪念广场，空间也从最初较自由的形式演变成严谨复杂的对称形态，但它作为城市公共空间的性质没有改变，不但供市民举行各种公共集会，而且仍然可以摆摊叫卖。图拉真广场里的图拉真市场有 6 层楼共 170 个以上大小铺面，是罗马著名的购物中心。

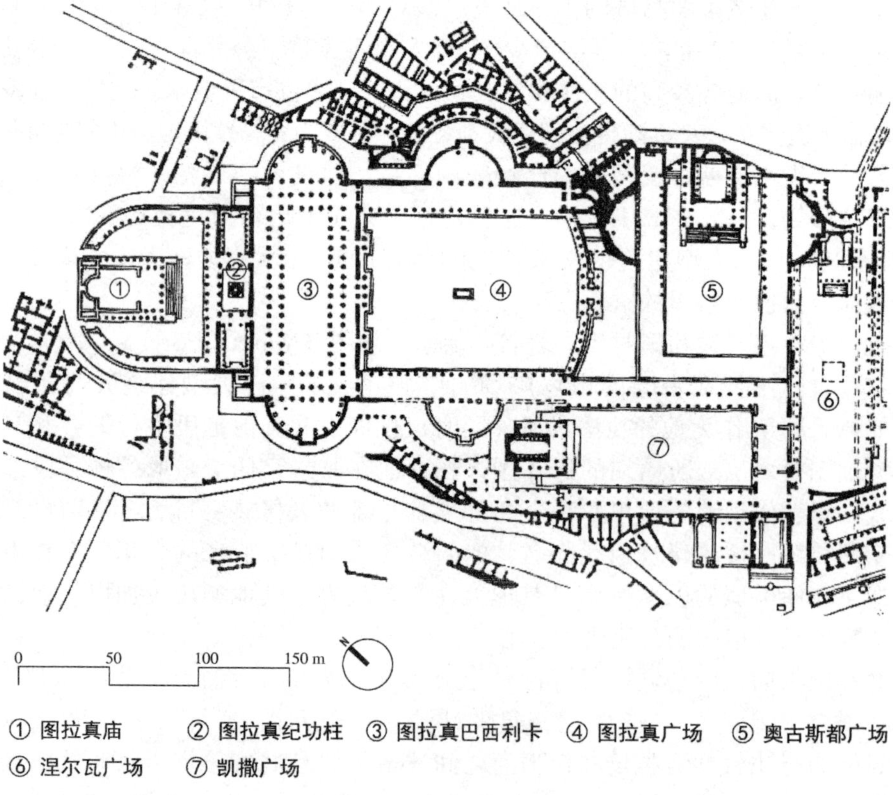

① 图拉真庙　② 图拉真纪功柱　③ 图拉真巴西利卡　④ 图拉真广场　⑤ 奥古斯都广场
⑥ 涅尔瓦广场　⑦ 凯撒广场

图 2-2-4　帝国广场群总平面图（据《弗莱彻建筑史》绘制）

帕拉丁山位于罗马七山的中心，是罗马最古老的定居点，和雅典的卫城山一样，既足够陡峭，山顶又有足够大的平地。在共和国时代，这里逐渐变成少数贵族的居住区，许多执政官在这里拥有住宅。进入帝国时代后，皇帝们在这里不断大兴土木，最后把这个小山头完全变成了皇帝的宫殿，以至于大部分欧洲语言中的宫殿一词全部来源于 Palatine，如英语的 Palace、法语的 Palais、意大利语的 Palazzo 等。

进入帝国时代后，罗马皇帝们不断在罗马城内外建造大型公共建筑，以供无所事事的罗马公民们消磨时间。

公元前 27 年，屋大维的副手阿格里帕（Marcus Vipsanius Agrippa）在城外战神广场和城墙之间的地带建造万神庙（Pantheon），纪念屋大维获得罗马独裁者地位。但是这座最初的庙宇在公元 80 年被大火焚毁，直到 125 年才由喜爱建筑的皇帝哈德良（Hadrian）下令重建。它的外部由一个希腊围廊式神庙开始，表明了罗马人对希腊传统的尊敬。但真正的神庙主体是一座巨大的圆形大厅，顶部由一个大穹顶覆盖，穹顶直径达 43.3 米，高度也是 43.3 米，建成后直至 19 世纪一直保持着建筑跨度的世界纪录。以后，特别是文艺复兴以后，有许多人试图超越万神庙的跨度，但直至工业革命产生新结构前均未能成功。希腊神庙各自祭祀不同的神，它的内部空间供奉神像，外部空间供人们瞻仰崇拜。但这座神庙却试图把所有的神全部集中到一个巨大屋顶之下，人们在室内而非室外进行祭祀活动。因此这个空间名为供奉神明，实际上在其中活动的是罗马人，而神则环绕在他们的周围。这种关系正好把希腊人的传统颠倒了过来。

公元前 25 年，阿格里帕当时担任罗马市政官，在万神庙以北建成了第一座大型浴场，向罗马人开放，每位收费一个铜板（Quadran），当时罗马城里工人的日工资大约为 64 个铜板。公元前 12 年，阿格里帕去世，将浴场遗赠给罗马人民，一应开销全由屋大维负责。它就此成为第一座完全免费的帝国浴场，并开辟了皇帝建造巨大浴场供人民自由享用的传统。这些浴场的规模越来越大，设备和设施越来越复杂，提供的各种服务越来越无所不包，实际上成为一处处休闲中心。

公元 72 年，皇帝韦斯帕芗（Vespasian）下令在奥古斯都广场以东修建一座巨大的圆形剧场，称为大斗兽场（Coliseum）。直到公元 80 年，其子即皇帝泰塔斯（Titus）在位时建成，是古罗马帝国标志性的建筑物之一。它实际上是一个椭圆形剧场，占地面积为 2.5 公顷，长轴为 189 米，短轴为 156 米，高为 48 米，周长为 527 米。中央为表演区，长轴为 86 米，短轴为 54 米。地面铺上地板，外面围着层层看台，看台外面有连续的休息廊，每层宽度不等。表演区地下有极为复杂的地下室，储存道具、牲畜和角斗士，表演开始时再将他们吊起到地面上。看台规模巨大，实际容量约 5 万人。建造在用三层混凝土制的筒形拱上，每层 80 个拱，在底层形成 80 个拱门。观众们入场时就按照自己座位的编号，首先找到自己应从哪个底层拱门入场，然后再沿着楼梯找到自己所在的区域，最后找到自己的座位。由于流线清晰，这个规模空前巨大的剧场无论进场还是疏散都不会出现拥堵混乱，甚至超过今天的大型体育场。

211 年，皇帝卡瑞卡拉（Caracalla）下令在城外东南面建造一座大浴场，至 217 年建成开放使用，成为罗马帝国最大最著名的浴场，即卡瑞卡拉浴场。卡瑞卡拉浴场不仅是一组浴池，还包括一个公共图书馆，和罗马其他图书馆一样，分成两个独立且面积相等的部分，一半收藏希腊文书籍，另一半收藏拉丁文书籍。还有面积广大的运动场供罗马公民锻炼身体。浴场外还有商铺。浴场占地约 13 公顷，主建筑长 218 米，宽 112 米，高 44 米，总建筑面积超过 6 万平方米，可容纳 6000～8000 人同时入浴。

这些公共空间和大型公共建筑，构成罗马城市的主轴，同时也成为罗马人生活方式的一部分。它使得罗马城成为工业时代之前唯一的一座公共空间和公共生活都空前发达的城市。

270—275 年，罗马进行了最后一次筑城活动。皇帝奥理安（Aurelian）建造了一个完整的城防体系，包括城墙、壕沟和要塞。这一体系此后一直是这座城市防卫的基础。

奥理安城墙围合的罗马城设防面积达到 13.8 平方公里，但罗马的建成区早已超出这一范围。在奥理安城墙之外，还有大面积的居住区和城市设施，总面积大约 20 平方公里，人口接近百万。建成区内虽然也有不少空地和绿地，但基本上都在边缘，总体而言建筑密度非常高（图 2-2-5）。

① 屋大维墓 ② 塞维安城墙 ③ 老圣彼得教堂 ④ 哈德良墓 ⑤ 弗拉米尼乌斯竞技场
⑥ 万神庙 ⑦ 庞培剧场 ⑧ 戴克里先浴场 ⑨ 帝国广场群 ⑩ 市场广场 ⑪ 图拉真浴场
⑫ 大斗兽场 ⑬ 弗拉维宫 ⑭ 大竞技场 ⑮ 奥理安城墙 ⑯ 卡瑞卡拉浴场

图 2-2-5 帝国后期的罗马城（据 Ancient Cities 绘制）

大约从公元前 4 世纪开始，罗马城内出现被称为 Insulae 的多层公寓住宅。由于罗马城内用地日益紧张，这些多层公寓越造越高，间距越来越小，建筑质量低劣，除外墙外基本上全为木结构，经常发生火灾甚至倒塌，也没有任何卫生设施。屋大维统治期间，将这种多层公寓的高度限定为 21 米（约 6～7 层），到图拉真统治时期进一步限定为 18 米（约 5～6 层）。帝国时代的大部分罗马公民住在这些多层公寓里，尽管条件很差，但租金高达每年 2000 个大钱（Sestertius），足以在乡村买下整整一座农舍。

罗马城最不符合现代标准的部分是它的道路系统。可能是为了节约土地，或者为了保持城市空间的均衡，又或者希望将它保持为一个步行者的城市，“十二铜表法”规定城市道路最宽不得超过 4.8 米，又不得窄于 2.9 米。虽然实际上有部分道路不完全符合此规定，但罗马城内的道路基本按此规定建设。更糟的是，罗马是一座逐渐生长起来的城市，越接近中心区，道路分布和走向越稀奇古怪和不合理。在郊外，罗马发达的公路网开始发挥作用，交通比城内更为方便。到帝国时代，大部分富人都住在城外。

罗马城的光辉繁华，成为所有意大利城市和罗马殖民地城市仿效的典范。

三、庞贝

庞贝（Pompeii）位于气候宜人的那不勒斯湾岸边，土地肥沃，雨水充沛，海陆交通便捷（图 2-2-6）。早在公元前 600 年，庞贝已成为一个基于农业和渔业的集镇，同时也是相当兴旺的港口，与周围的希腊人或者腓尼基人的殖民地有频繁的贸易往来。公元前 4 世纪以后，罗马征服意大利南部，庞贝开始纳入罗马统治体系，但仍保留相当程度的自治权。在罗马与迦太基人旷日持久的布匿战争中，庞贝始终坚定地支持罗马。但在布匿战争结束后，可能是由于分赃不均，庞贝于公元前 91 年开始加入其他反叛罗马的意大利城市队伍。这些城市的共同特点在于都是罗马在布匿战争中的同盟，因此被称为同盟者战争（Social War）。这场战争在几年后以罗马全胜而告终，庞贝于公元前 80 年正式成为罗马的一个殖民地，许多参与反叛的家庭被扫地出门，他们的土地、宅邸和其他财产被分配给迁入此地的罗马退伍老兵。庞贝从此进入最为繁荣昌盛的时期。

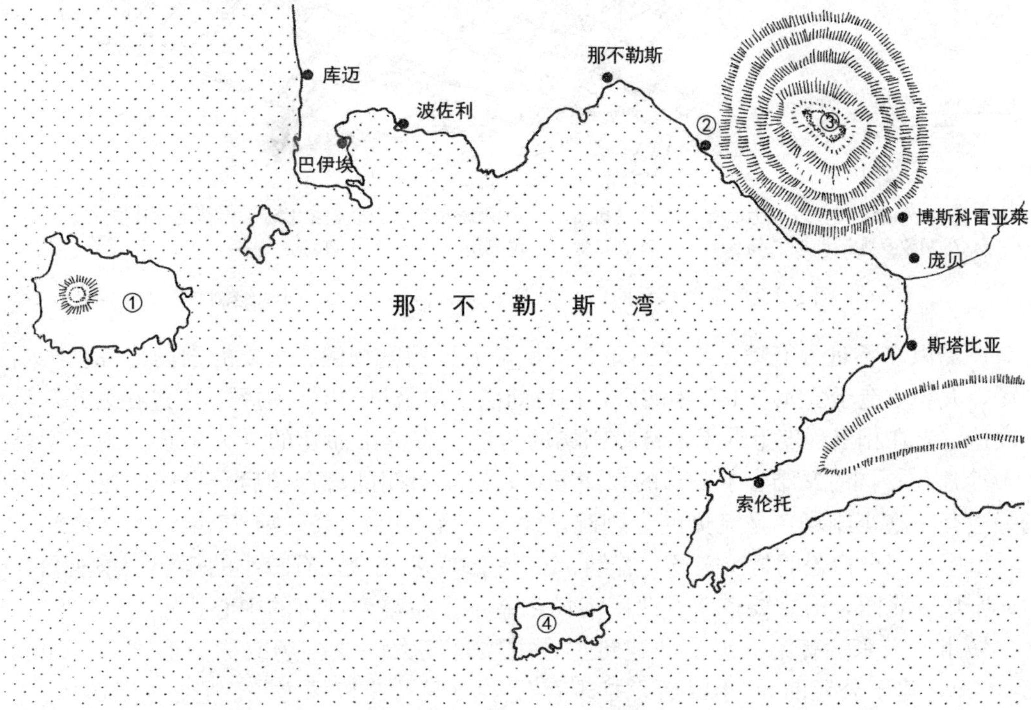

图 2-2-6 公元前后的那不勒斯湾（据 Ancient Cities 绘制）

到公元 1 世纪，庞贝已经成为意大利南部的农业、牧业、酿酒及外贸的重要集散地之一，人口在 1 万～2 万人之间。它主要的大宗产出包括羊毛、鲜花、香料和鱼露，后两种在当时都是高价值货物。按照罗马的标准，陆续建造了大量基础设施和公共设施。

庞贝的老城区面积只有大约 6 公顷，以广场为中心，道路不规则。大约在公元前 4 世纪向北发展，开始形成接近于方格网的道路布局。公元前 200 年前后，城市向东扩展，面积达到约 1.8 平方公里，形成了更加规范的方格网布局，南北东西各两条主要道路，宽 7 米，间距为 150～230 米；次要道路宽 4 米，东西间距为 40 米，南北间距为 90 米。从公元前 4 世纪开始，庞贝就筑有城墙，此后随城市扩展不断改造，最终在同盟者战争之前完成建设，据记载城墙开有 8 座城门，目前已发现 7 座（图 2-2-7）。

广场形状是狭长的矩形，南北长 142 米，东西宽 32 米，有柱廊围绕，北端建有朱庇特神庙（Capitoline）。广场周围是最早的公共建筑群，包括数座神庙、数处市场、巴西利卡、公共浴场和各种市政会所，大部分形成于公元前 2 世纪甚至更早。

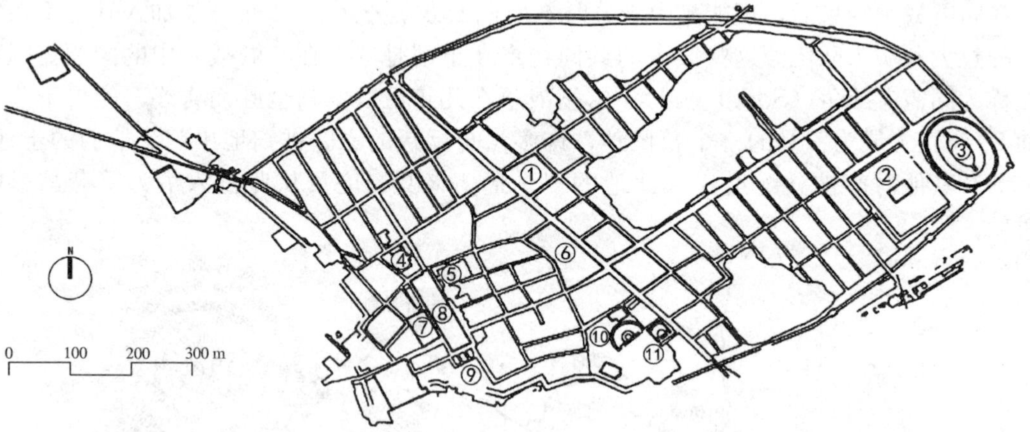

① 中央浴场　② 角力学校　③ 斗兽场　④ 广场浴场　⑤ 蔬果市场　⑥ 斯塔比亚浴场
⑦ 阿波罗神庙　⑧ 广场　⑨ 议事堂　⑩ 剧场　⑪ 喜剧院

图 2-2-7　庞贝总平面图（据 Pompeii：The Living City 绘制）

广场以东不远处有第二组公共建筑群，是庞贝的剧场区。主要的剧场是一座半圆形剧场，大约建造于公元前 140 年前后，是目前已知的最早的罗马剧场，不过在公元前后经过改造。它在相当程度上继承了希腊剧场的传统，有依山而建的露天半圆形观众席，约 5000 个座位；同时又结合了罗马的表演方式，有半封闭的舞台和后台设施。在这座大剧场旁边有一座小剧场，是庞贝的喜剧院，建于公元前 80—公元前 75 年，完全是罗马方式：由屋顶完全覆盖的封闭剧场，容纳 1000～1500 名观众，有较小的舞台、乐池和合唱席。剧场区北面，沿主要道路有两座浴场，差不多在整个城市的中心位置。

城市的最东端有第三组公共建筑群，主体是庞大的斗兽场或称圆形剧场（amphitheater），建于公元前 80 年以后，是现存最早的罗马斗兽场之一。它能容纳大约 2 万名观众，足以装下该城的全部人口。

公元前 20 年前后，庞贝建造了输水道，由于城市规模小，服务远比罗马城到位：

供应至少3座公共浴场、25个街头喷泉，并直供大量独立住宅和店铺。由于城市人口密度不高，相当部分的庞贝市民住在有中庭（Atrium）和围廊庭院（Peristyle）的大型独立式住宅（Domus）里，不仅装饰奢华，使用大理石和鲜艳的壁画，而且可以在家里用上自来水和水冲式厕所，达到了罗马城外少数巨富的生活标准。

城内沿道路开设有不计其数的大小店铺，已发现有水果摊、菜市、鱼市、肉店、奶酪店、橄榄油店、鱼子酱店、面包房、酒馆、漂洗行、织布房、陶器作坊、打铁铺、铜匠坊、玻璃作坊、金银作坊等多个种类，其经营方式大多为自产自销，前店后坊。

庞贝市民生活之奢侈丰富，代表了罗马帝国城市的文明水平，远远超过当时世界上其他任何文明。公元79年8月24日，庞贝西北9公里外的维苏威火山爆发，这座城市在18个小时内被最深处达19米的火山灰彻底埋葬，从此从世界上消失。直至1748年，庞贝才被考古学家重新发现。对庞贝的发掘和研究，至今仍在进行中。

四、提姆加德

提姆加德（Timgad）是罗马帝国时代在北非建立的殖民地城市，今天属于阿尔及利亚。

提姆加德原来是迦太基的天下。迦太基是来自地中海东岸的腓尼基人于公元前9世纪在北非建立的城邦，位置在今天的突尼斯。至公元前3世纪，迦太基控制了整个北非地中海沿岸和伊比利亚半岛中南部，舰队则统治着西地中海。当时，撒哈拉沙漠和地中海之间的北非还是一片极为肥沃的土地，风调雨顺，农业发达。迦太基因此成为地中海地区的强国，并先与希腊、后与罗马进行了长期战争。至公元前146年，罗马攻占并毁灭迦太基城，迦太基城邦灭亡。从此，北非落入罗马之手。在罗马统治下，这里成为仅次于埃及的罗马第二大粮仓，向意大利输出大量谷物和橄榄油之类的农产品。由于周围没有像样的军事对手，主要的安全威胁来自当地的少量游牧民族柏柏尔人（Berbers），因此在防务上的压力很小，罗马帝国长期在整个北非仅部署一个军团，约6000名军人。

尽管驻军很少，但是罗马帝国仍在北非建立了一系列要塞以保卫这座粮仓，同时作为交通站、贸易点和生产基地。这些要塞在拉丁文中称为Castra，复数形式为Castrum，中文文献中译法不一，称堡寨、城寨、兵营、营地、城堡等。要塞具有严格的几何形态，总平面通常为方形或长方形，由城墙环绕，四边各设一门，内部形成十字大街和严格的方格网道路体系，公共设施位于中部。罗马非洲军团几乎全由雇佣兵组成，兵源大量依赖罗马帝国各海外行省居民甚至当地土著，他们在军团服役16～25年后可获得罗马公民身份，授予服役地附近的一片土地，并从此定居。这样，一些要塞成为退役军人的定居点，并且兴建了更多的定居点。这些定居点按照罗马城市的方式发展和管理，具有一定的防卫能力和发达的公共设施。

提姆加德就是这样一座由要塞发展而来的定居点。它位于奥雷斯山脉北坡，平均海拔约1060米。该山脉是非洲西北部阿特拉斯山脉的一部分，是肥沃富庶的罗马北非与不毛之地撒哈拉沙漠的天然界线。从提姆加德往西约25公里，是罗马非洲军团的总部营地兰拜西（Lambaesis）；往东约100公里，是罗马非洲军团更早的总部营地泰贝萨（Thevestis）；往北约60公里，是罗马在这一带的中心城市锡尔塔（Cirta）。这些城市之间都有罗马公路连接，保证了人员、物资和罗马军团能够快速到达各地（图2-2-8）。

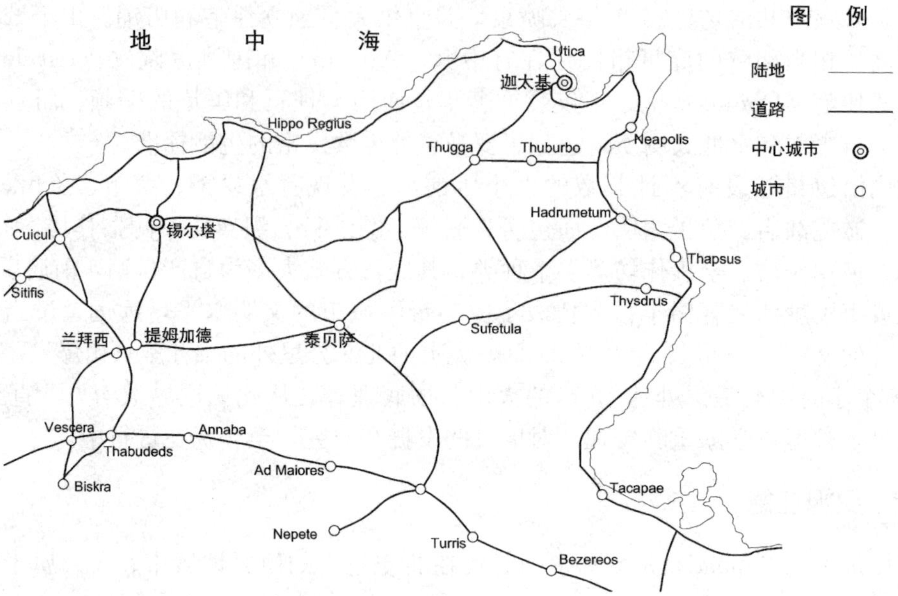

图 2-2-8 罗马北非中部（据 The Penguin Historical Atlas of Ancient Rome 绘制）

100 年，罗马皇帝图拉真下令建造提姆加德，赐予它正式的名称 Colonia Marciana Traiana Thamugadi，作为退伍军人的定居点。城址实际上是一片坡地，西南高、东北低，最大高差约 22 米。这座城市被按照一座理想要塞的方式进行规划，总平面是非常标准的正方形，边长约 355 米，周围设有围墙和 4 座城门。城内完全由方格网道路划分，东西南北各 13 条道路，将城内土地划分成 144 个正方形街坊。四座城门之间形成十字形干道，但南面的干道被公共设施打断，实际形成的是丁字形干道。道路宽约 6 米，每个街坊边长约 21 米。公共设施主要布置在城内中南部，包括广场、市场、神庙等，以及一座 3500 座剧场。主要作为一种生活服务设施的浴场则分布在城中各处（图 2-2-9）。

这座面积约 12.6 公顷的设防城市，预计将安置 1.5 万人。按照规划，人将主要居住在高密度的罗马多层公寓（Insulae）中，使得人口密度达到每公顷 1190 人。这座城市的发展，证明这个兵营式的规划不能适应实际需要，大量建筑越过城墙向城外扩张。大约在 2 世纪中期，在提姆加德西门外通往兰拜西的公路上建造了图拉真凯旋门，以纪念这位皇帝，尽管他早在 117 年即已去世。稍晚一点，到 160 年前后，由于城内已经找不到合适的场地，在西门外公路以南建造了尺度巨大的朱庇特神庙（Capitoline），作为城市的象征。

2 世纪末到 3 世纪初塞维鲁皇朝时期（193—235 年），提姆加德进入黄金时代。在城西建造了更多新的公共建筑，包括若干处市场。在城北，则兴建了两座大浴场和一座公共图书馆。城内有大量围绕中庭（Atrium）建造的小型独立式住宅，城外还出现了一些带有围廊庭院的大型独立式住宅，居住标准远高于公寓。在城西南，则出现了一片小作坊集中的区域，生产青铜器、玻璃器和陶器。

4 世纪以后，基督教传入提姆加德，这里成为一个主教区的中心。尽管罗马帝国的欧洲部分这时已开始动荡，但非洲仍保持着繁荣。城市建成区面积最终扩展到约 47.5 公顷，人口规模则始终未超过 1.5 万人，从而使人口密度达到每公顷最高约 315 人，在罗马帝国中算是高密度城市。

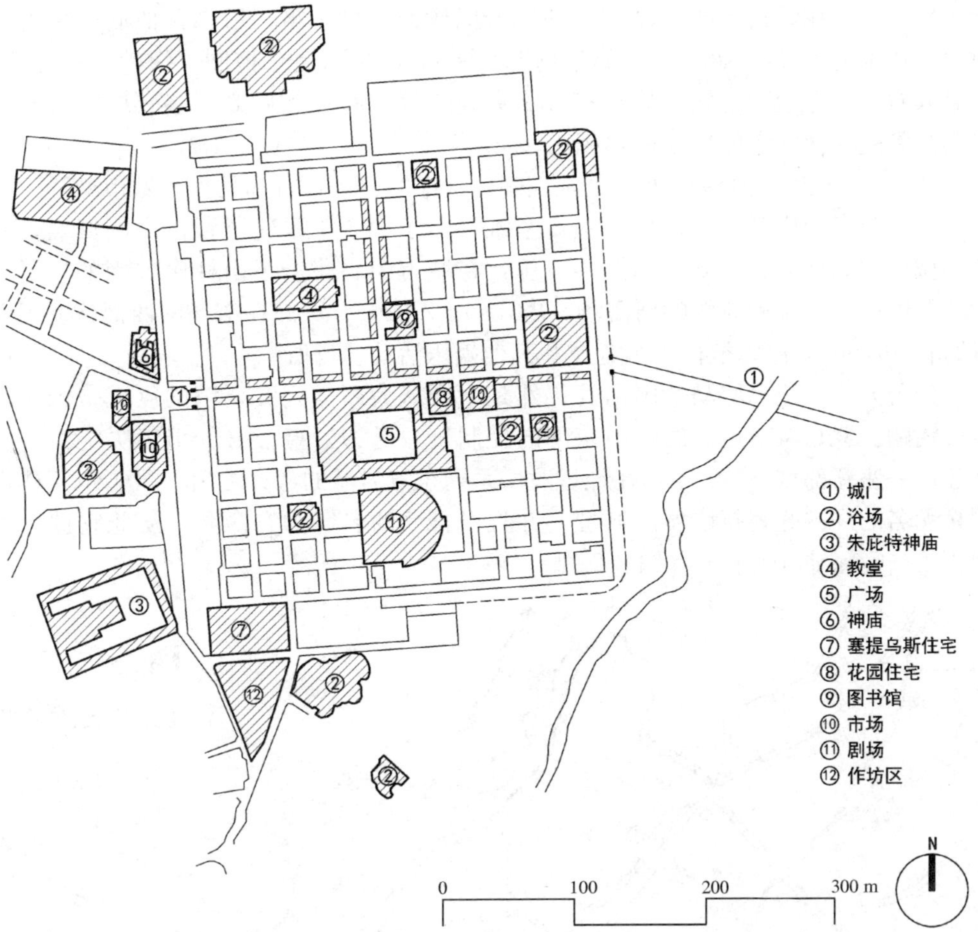

图 2-2-9　提姆加德总平面图（据 The Ancient Roman City 绘制）

5 世纪以后，随着罗马帝国逐渐崩溃，提姆加德的光辉历程结束了。430 年，汪达尔人入侵北非，提姆加德遭到严重破坏。至 5 世纪末，这座城市被完全放弃。6 世纪早期，东罗马帝国一度恢复了对这一带的控制，发现该城已经空无一人，所依托的农业体系也已经瓦解。8 世纪以后，随着阿拉伯帝国占领北非，这座城市消失在沙漠化的土地中，被沙砾覆盖，直至 1881 年被法国考古学家发掘出来。

五、君士坦丁堡

传说希腊人拜占斯（Byzas）在德尔斐得到阿波罗的神谕，率领一支队伍穿过爱琴海向北航行，于公元前 667 年在博斯普鲁士海峡（Bosporus Strait）的欧洲一侧建立了殖民地，并以他自己的名字命名，称拜占庭（Byzantium）。这个位置对希腊本土和爱琴海而言十分偏僻，但它南面是达达尼尔海峡（Dardanelles Strait）和博斯普鲁士海峡之间的马尔马拉海（Sea of Marmara），东面是博斯普鲁士海峡的南入口，北面有一个巨大的天然良港金角湾（Golden Horn）。这里是巴尔干半岛和小亚细亚半岛的连接处，是欧洲与亚洲之间的连接处，也是黑海通往地中海的门户。

希腊殖民者在指向博斯普鲁士海峡的岬角附近的山上建立了卫城，利用金角湾这个天然屏障，在岬角的西面建起了一道城墙作为防御工事。后来，他们又攻占了海峡对面小亚细亚半岛尽端的卡尔西顿（Chalcedon），从而完全控制了海峡。但尽管如此，希腊人对黑海那边的游牧民族没有什么兴趣，拜占庭在此后 800 多年中发展有限，根本不能和爱琴海两岸的繁荣城邦相比。

196 年，正值罗马帝国处于动乱期间，拜占庭遭到攻打和劫掠，城市遭受了很大破坏。在罗马帝国恢复和平之后，皇帝塞维鲁斯于 203 年重建了拜占庭的城墙，并且按罗马城市的标准重建了城市的公共设施：在城市中心建造了由柱廊包围的广场，在广场的西南面建造了宙克西帕斯浴场（Baths of Zeuxippus），在浴场的西面建造了竞技场（Hippodrome），作为举行战车竞技和其他娱乐活动的场所。

到公元 4 世纪，罗马帝国尽管仍然是一个从大西洋到波斯湾的巨大帝国，但已经步履蹒跚。罗马城对遥远的帝国东部的控制日益乏力。皇帝君士坦丁决定在帝国的东部建造一座新都城。324 年，在经过对一系列东方名城的考察之后，君士坦丁选定相对籍籍无名的拜占庭为新都城的城址，并且以自己的名字为它命名，从此它被称为君士坦丁堡（Constantinople）（图 2-2-10）。

①埃提乌斯蓄水池 ②阿斯帕尔蓄水池 ③狄奥多西城墙 ④君士坦丁城墙 ⑤瓦伦斯输水道 ⑥塞维鲁斯城墙
⑦卫城 ⑧莫休斯蓄水池 ⑨阿卡迪乌斯广场 ⑩公牛广场 ⑪狄奥多西广场 ⑫君士坦丁广场
⑬圣伊林娜教堂 ⑭圣索菲亚教堂 ⑮竞技场 ⑯大皇宫

图 2-2-10 君士坦丁堡总平面图（据 Ancient Cities 绘制）

这时的君士坦丁堡不过是一座兴旺的小城市，无论是公共设施还是基础设施都无法和罗马相比。君士坦丁从罗马帝国各地调动物资和其他资源进行建设。他拆除了塞维鲁斯重建的城墙，在它的西面 2 公里以外造了一道新城墙，从而大大扩大了城市面积。他扩建了塞维鲁斯的竞技场，长度达到约 450 米，宽度达到约 130 米，能够容纳 10 万名观众。在竞技场与海峡之间的小山丘上建造了大皇宫（Great Palace），由一系列相连的建筑组成，占地面积约 1.9 公顷。大皇宫的北端原来是塞维鲁斯的广场，被加以扩建，改名为奥古斯塔广场（Augustaion），作为大皇宫和元老院的入口广场，元老院就在这个广场的东南面。宙克西帕斯浴场得到了扩建和装饰。作为使基督教在帝国境内合法化的第一位皇帝，君士坦丁在奥古斯塔广场以北的卫城山脚下拆掉了一座神庙，在它的地盘上建造了君士坦丁堡的第一座教堂圣伊林娜教堂（Hagia Irene），作为君士坦丁堡的主教堂。从奥古斯塔广场出发，一条大道向西延伸，在原来塞维鲁斯城墙的位置建造了以皇帝名字命名的广场（Forum of Constantine），具有独特的椭圆形平面。所有这些建设，都用君士坦丁从帝国各地搬来的艺术品加以装饰。到 330 年，君士坦丁正式迁都于此。

此后的皇帝们继续推动建设活动，以使这座城市的面貌更符合其都城的地位。368 年，皇帝瓦伦斯（Valens）建造了瓦伦斯输水道，穿过整个城市直到大皇宫。

395 年，罗马帝国分裂成东西两部分，君士坦丁堡成为东罗马帝国的首都。西方人此后经常将这个帝国称为拜占庭帝国，以表示对它的鄙视。此后统治者加紧了防御工事和基督教堂的兴建。413 年，皇帝狄奥多西二世（Theodosius Ⅱ）将君士坦丁城墙拆除，在墙外 1 公里左右又建造了一道新城墙，长约 7 公里，从而将城市的设防面积增加到约 14 平方公里，与罗马的奥理安城墙设防面积非常接近。此时，君士坦丁堡人口约 50 万，和罗马一样，是密度非常高的城市。为确保居民用水，又陆续在新城区内建造了几个大蓄水池，总计可储水近百万吨。城墙经过后来的修补，大部分保留下来。

公元 6 世纪，皇帝查士丁尼（Justinian）统治时期，东罗马帝国达到鼎盛。查士丁尼最重要的建设是竞技场和圣伊林娜教堂之间的圣索菲亚教堂，它取代了圣伊林娜教堂成为新的君士坦丁堡主教堂，也是东方基督教会最重要的教堂，在建成后的一千年间都是世界上最大的基督教堂。

作为东西方交通要道上的关键城市、西罗马帝国崩溃之后丝绸之路的终点站，君士坦丁堡凭借羊毛、铁器、丝绸、香料和其他奢侈品贸易，在 6 世纪至 12 世纪间大量获利。在查士丁尼统治期间，他通过丝绸之路贸易设法从中国将蚕种走私到君士坦丁堡，从而建立了自己的丝绸工业，史称拜占庭丝（Byzantine Silk）。城市人口大约在 9 世纪达到峰值，超过 100 万人。除设防城区内，在狄奥多西墙以西和金角湾北岸也有大量人口居住。

1054 年，基督教大分裂，西部教会以罗马为中心，形成以罗马教皇为首的罗马天主教会；东部教会以君士坦丁堡为中心，形成以君士坦丁堡大主教为名义首脑的东正教会。1204 年，罗马天主教会在西欧组织的十字军伙同威尼斯商人洗劫了君士坦丁堡，大皇宫和其他许多重要建筑遭到严重破坏，这座城市从此走向衰落。海上贸易则落入威尼斯之手。到 15 世纪，君士坦丁堡人口已下降到 30 万人。东罗马帝国的疆域日渐缩小，最后变成一个只剩下君士坦丁堡及其周边地区的城邦国家。

公元 1453 年，奥斯曼帝国攻克君士坦丁堡，东罗马帝国灭亡。奥斯曼帝国将这座城市改名为伊斯坦布尔（Istanbul），作为他们的都城，直至1923年土耳其共和国成立迁都安卡拉为止。由于大皇宫已经非常破败，奥斯曼帝国在东北角卫城山上新建了宫殿，作为其首领苏丹的居住地。城内的基督教堂被纷纷改成清真寺，又增加了许多清真寺，包括著名的苏丹艾哈迈德清真寺（Sultan Ahmed Mosque）、苏莱曼清真寺（Süleymaniye Mosque）等。

第三节　唐　帝　国

一、从北魏到五代十国：汉化游牧民族帝国的兴起与衰落

386年，鲜卑族的一个部落拓跋氏在今内蒙古中部建国，自称魏国，史称北魏。398年，北魏建都平城，即现山西大同市北郊。在那里，北魏皇室创建了著名的云冈石窟。到5世纪上半叶，北魏基本统一了中国北方，结束了北方持续一百多年的混乱。

此前，北方诸游牧民族在汉地活动多年，已经深受汉文化熏陶。北方汉族居民为了生存，亦不得不大量采纳游牧民族风俗习惯。胡化的汉人和汉化的胡人混同一体，相互通婚，纠缠不清。基于定居农业的汉文化和诸游牧民族自身的传统的矛盾，一直是诸游牧民族发展的障碍。

493年，北魏迁都洛阳，皇帝拓跋宏决心彻底摆脱游牧传统，实行完全的汉化政策：禁穿民族服装，一律穿中原汉装；禁说鲜卑语，一律说中原汉语；随他一起从大同迁来的所有人员，一律将籍贯改为洛阳；最后改姓氏，皇室的拓跋氏改为元氏，拔拔改为长孙，达奚改为奚，乙旃改为叔孙，丘穆陵改为穆，步六孤改为陆，贺赖改为贺，独孤改为刘，贺楼改为楼，勿忸改为于，尉迟改为尉，等等。此外，又强力推行鲜卑族与汉族之间的通婚。

拓跋部落实行了最彻底的汉化政策，但并未解决北魏社会经济政治的各种矛盾，反而加剧了内部冲突。499年，拓跋宏在33岁时突然去世。524年，北魏北方的鲜卑族和其他少数民族军人发动叛乱，北魏政权陷于崩溃，北方再次分裂。权臣高欢、宇文泰将北魏辖区切割成东、西两块，高欢可能是鲜卑化的汉人，宇文泰则是汉化的鲜卑人。

534年，高欢立元善见为帝，以曹魏邺城为都城，史称东魏。535年，宇文泰立元宝矩为帝，以汉长安城为都城，史称西魏。

550年，高欢之子高洋代东魏自立，国号齐，史称北齐。557年，宇文泰之子宇文觉代西魏自立，国号周，史称北周。

577年，北周灭北齐，北方重新统一。

581年，北周外戚杨坚夺取了帝位，改国号为隋。杨坚史称隋文帝，另有一个鲜卑名字叫作普六茹那罗延。他的妻子独孤伽罗虽然有着鲜卑姓名，母亲却是北方汉人大族清河崔氏之女。

杨坚试图在一个残破混乱的基础上重建统一的大帝国，为此进行了大量改革。他设立内史、门下、尚书三省分掌国家大权，尚书省下又设吏、户、礼、兵、刑、工六部分管具体政务，从而重建了整个中央政府机构。他取消了秦汉以来的郡一级政区，以州县二级体系重建了整个地方行政区划。他完成了西魏开始的府兵制改革，

建立了一种兵农合一的兵役制度。他又实行均田，改革税赋，清查户籍，并统一了全国的度量衡和货币。这些改革不但迅速重振了隋朝的经济，而且对后世政权影响深远。

杨坚放弃长安汉城，在其东南另筑了一座超大的新都城，称大兴城。

589年，隋灭江南陈朝，中国中东部重新统一。

604年，杨坚去世，次子杨广继承皇位，是为隋炀帝。此人是中国历史上著名的坏皇帝之一，继位前谦虚谨慎，礼贤下士，成功夺得继承权；继位后则暴虐荒淫，好大喜功，三次征伐高丽均无功而返，又到处大兴土木，修建大运河，均大量消耗国力。但在他在位期间，中国版图达到有史以来最大的范围，大运河从此成为南北交通的大动脉，为后人留下了丰富遗产。

611年，以逃避征役的农民为主体，在山东、河北、河南一带爆发了起义。613年，杨广的堂弟、礼部尚书杨玄感在河南发动叛乱。此后，各地起义、叛乱一发而不可收，而杨广则乘坐龙舟，经大运河前往南方长江边的扬州。

617年，杨广的表兄李渊在太原发动叛乱，并随即攻克隋朝的正式都城大兴城。李渊自称出自汉人大族陇西李氏，不过在唐初已被怀疑为拓跋族人，后又据陈寅恪先生考证实为赵郡李氏破落户。其母独孤氏是独孤伽罗之妹，其妻窦氏出自鲜卑纥豆陵氏部落。

618年，在江都的禁军发动政变，杨广被杀。此后，李渊称帝，国号为唐，改大兴城为长安。至623年，各地的起义、叛乱基本被李渊平服，中国再次统一。

626年，李渊次子李世民发动政变，杀死兄弟，逼迫李渊让位，自己做了皇帝。他的妻子长孙氏是汉化的拓跋族人。

唐代通常被称为中国古代盛世，疆域也在隋代基础上进一步扩大，在李世民之子李治统治期间，版图曾一度北达西西伯利亚，西抵伊朗，南及中南半岛中部，东括大部分朝鲜半岛，面积超过1000万平方公里。但其实终唐朝之世，内乱外患始终不断。

755年，唐帝国在华北和东北一带驻军的最高指挥官安禄山在幽州（今北京）起兵造反，迅速占据北方大部地区，7个月后攻克长安。安禄山拥有粟特和突厥血统，手下的15～20万军队主要由同罗、奚、契丹、室韦、突厥等北方游牧民族组成，是当时帝国最强悍的军事力量。至763年，叛乱被平定。这场叛乱史称“安史之乱”，是唐代历史的转折点。在此之前，尽管宫廷政变和地方动乱几乎没完没了，稍有间隙时，统治者又好大喜功，奢侈浪费，税赋沉重，经济发展十分缓慢，但凭借各种游牧民族的武力，唐帝国仍不失为一个大国，尤其是在武则天执政中后期和李隆基统治期间；在此之后，唐帝国便一蹶不振，北方和东部基本被各地的军阀控制，西部和南方则由各种当地少数民族控制，唐帝国能够直接控制的地域大为缩小，已经形成实际上的割据局面。

875年，私盐贩子黄巢等人在河南、山东一带发动大起义。880年，黄巢攻克长安。由于他自己的将领叛变和各地军队赶来救援朝廷，黄巢在883年撤出长安，并在884年被消灭。但唐朝的统治已经受到致命打击，长安也遭受严重破坏。

907年，安徽人、前黄巢起义军叛将、汴州军阀朱温废黜唐朝皇帝，自称皇帝，改国号为梁，以他的大本营汴州州城为新的都城。由此开始了“五代十国”的分裂时期。北方经过一系列的军阀混战，先后有过梁、后唐、后晋、后汉、后周5个朝代。北方游牧民族契丹人趁机建立辽国，并占领了地处河北、山西北部的燕云十六州，从此成为中原的巨大威胁。在南方，则出现了十余个地方割据政权。

二、北魏洛阳

493年，北魏皇帝拓跋宏率领大军从平城出发，经两个月来到魏晋洛阳城。拓跋宏对北方各种游牧民族的都城形制一直心存疑虑，怀疑他们是否能正确反映汉族宫城传统，因此早在此之前，就已经派人考察洛阳，测绘宫殿基址，此后又派人参观南齐建康城，学习其宫殿制度。这时的洛阳已持续荒废了近150年，十分残破，不过拓跋宏仍下决心迁都至此。他派遣手下开工重建洛阳城，自己率军返回北方。495年，金墉城首先修复完毕，拓跋宏在这一年正式把他的后宫和全班文武大臣搬迁到洛阳。尽管他决意实行完全的汉化政策，但实际上他的行为仍具有典型的游牧民族特征：直到4年后去世，他一直在不停地旅行中，真正住在洛阳的时间并不多。

虽然金墉城首先修复并入住，但它实际上仍是一座城堡，偏在洛阳城的一角。正式的宫城仍是曹魏时期已经形成的洛阳宫，其位置范围大体相同，布局形制大致接近，直到503年才基本修建完毕，这时拓跋宏已去世3年，由他的儿子元恪正式迁入。宫城东西宽约660米，南北长约1400米，面积约0.92平方公里，被大城阊阖门与建春门之间的东西御道分割为南北两部分，南部为宫殿区，以太极殿为正殿。北部为禁苑，仍沿用魏晋华林园之名，各种殿堂园池的名称与位置也基本沿袭。

宫城以外的城市街道布局格式也基本仍然沿用魏晋时期的，从宫城阊阖门南至大城宣阳门的南北大街铜驼街仍然是全城的中轴线。由于将西明门北移至与东阳门相对，在宫城之南的横向大街得以贯通全城，与铜驼街一起形成丁字大街，使宫城处于其北端，正门正处于其交点，这种壮观的城市空间配置来自曹魏邺城，对后世影响极大。为从金墉城出入方便，在金墉城南新开一门，即承明门，使汉魏洛阳城成为13门。重要衙署都布设在铜驼街的北段，隔横街与宫城相望。铜驼街南端接近宣阳门两侧则建造了太庙和太社，以形成“左祖右社”的布局。

501年，宫城还没有修建完毕，皇帝元恪征发洛阳周围民夫5万人在城外新建了外城，从而将汉晋洛阳大城变成了内城，使整个城市的设防区域面积达到约50平方公里，是当时世界上最大的设防城市。据考古学家探明，外城略呈东西长方形，东墙距内城东墙3500米，西墙距内城西墙3500～4250米，北墙距内城北墙约850米，有三条东西大道贯穿全城，南墙由于洛河改道尚未探明。北魏外城的出现，是中国都城形制演变中的一次重要变化，出现了外城、内城和宫城组成的三重城形制。内城中除了宫殿禁苑、宗庙官署、显贵宅邸及其他重要设施外，一般官宅、寺院、民居、手工业作坊和市场都在内城之外的外城之内（图2-3-1）。

北魏洛阳的另一项重要变化，是在筑外城的时候，在内外城之间修筑了220个或320个里坊，实际上是将以往城外的居民区包了起来，从而既实现了全城设防，同时也实现了对居民的严格管理。将城市居民区划分为里坊进行管理的制度在西汉即已提出，其目的无非是方便维护社会治安，使“奸盗永止”。在邺城也已初步形成里坊格局，但直至北魏洛阳建造外城，将所有居民都包括在设防区域内，该制度才真正具有实际意义。北魏洛阳每个里坊均为封闭围墙围合，设里正若干人管理，制度严密。里坊形状为长方形，大小不一，面积大约在9公顷上下，开四门，内有十字形街道。住宅均在里坊内部，除少数勋贵宅邸外，不得向坊外的城市道路开门。外城以外，在南面隔洛水还有若干里坊，称四夷里，供外国人居住。

外城西部、东南各设有一处集中市场，依规模分别称大市、小市，另在城外洛水以南还设有一处四通市，共三个市场。大市在白马寺东，由 4 个里坊合并而成，是当时洛阳最繁荣的地区，周围里坊居民均为商人和手工业者。小市则只有一个里坊大小，时称牛马市，为牲畜交易市场。四通市既是水产品交易市场，同时因邻近四夷里，又是外贸交易市场。虽在城外，却是洛阳城南最繁华的所在。

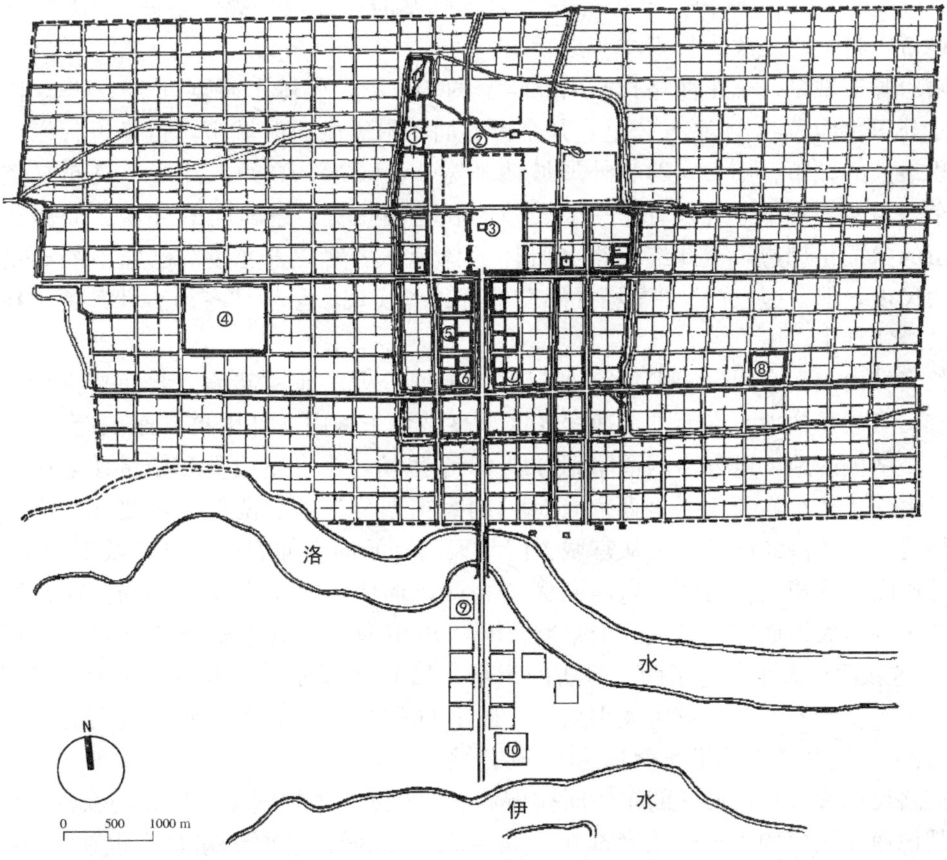

图 2-3-1 北魏洛阳总平面复原图（据《中国古代建筑史》第二卷绘制）

515 年皇帝元恪去世，第二年，他的遗孀胡氏在内城西南部建了一座巨大佛寺，即洛阳永宁寺。该寺占地超过 6 公顷，中心是一座巨大木结构佛塔，据记载高 90 丈，合 140 米左右，100 里外都能看见。古人记载或有夸张，但永宁寺遗址中央至今尚存极其壮观的塔基遗迹，塔身基座边长接近 40 米，中心柱基座边长约 20 米。此外，洛阳内、外城中还有大量佛寺，最多时超过 1300 座，占据了大量城市用地。北魏君主又在城南约 15 公里伊河峡谷中的龙门山上开凿石窟。

北魏洛阳成为北方最大、最著名的都市，人口最多时接近 50 万人，但它真正存在的时间很短。在北魏末年的混乱中，北齐于 534 年迁都邺城，洛阳宫殿于 535 年被拆除，城市其余部分于 538 年被焚毁。龙门石窟北魏时期最精美的雕刻《帝后礼佛图》，在 1935 年被纽约大都会艺术博物馆远东艺术部（Department of Far Eastern Art，Metropolitan Museum of Art）负责人普爱伦（Alan Priest）以 1.4 万块大洋雇佣不法商人和地方土匪，将其凿下偷运至美国，现在仍在纽约大都会艺术博物馆展出。

三、隋大兴——唐长安

582 年，隋文帝杨坚开始在汉长安城东南面的平地上修筑新都城，称大兴城。第二年宫城基本建成，工期仅 10 个月。相当部分的材料是从汉长安城里拆来的。由于工期过紧，规模又大到前无古人，外城施工仅具轮廓而已，后来不断修整。613 年隋炀帝杨广时、654 年唐高宗李治时、730 年唐玄宗李隆基时，都曾大规模整修。618 年李渊在这里称帝，将大兴城改为长安城。

隋唐长安城是一个东西略长、南北略窄的长方形，外城东西宽近 10 公里，南北长约 8.6 公里，面积约 84 平方公里，是全世界面积最大的设防城市，也是近代以前全世界面积最大的城市（图 2-3-2）。外城城墙基宽 9～11 米，高约 5.3 米。其布局整齐划一，东西对称。基本上可以看作一个大号的和更理想化、逻辑化的邺城。而周代人关于城市的象征化理想，至此终于得到具体的体现。虽然“方九里”已经不能满足长安的巨大尺度，但“旁三门”“九经九纬”等都得到实现，至于“左祖右社”更是在北魏洛阳已经实现了。

长安城由东面春明门至西面金光门的大街划分为南北两部分。北面是宫殿、衙署和皇室、贵族居住地，南面是普通居住区。皇城位于城内北部中央，面积近 10 平方公里。皇城两侧的地方以方格网道路划分成 24 个里坊，为皇室成员和亲贵住宅区。皇城本身又由一条从东面通化门至西面怀远门的大街划分为南北两部分，北部为宫城，南部为衙署。一条南北向的大街从宫城正门承天门开始向南伸展，穿过皇城正门朱雀门，直抵外城南门明德门。与两条东西向大街相交，形成双重丁字大街格局。在宫城、皇城前，东西向大街展宽，形成两个带状广场。城市南部全为方格网道路系统，划分成 85 个里坊和两个大小各等于两个里坊的市场，加上北部的 24 个里坊，共计有里坊 109 个。由于方格网不严格，里坊大小悬殊，最小的面积约 29 公顷，北部最大的里坊面积达 94 公顷，南部最大的里坊面积达约 50 公顷。

道路尺度惊人。宫城前的东西向横街宽达 220 米，中轴线道路朱雀门大街宽约 150 米，其他通往城门的主干道宽度都在 100～130 米之间，次要道路宽度也在 40～70 米之间，沿城墙根的顺城街宽亦有 25 米。道路断面情况目前尚不清楚，不过路面均为土筑。此种道路尺度完全是供骑兵部队使用的，而非一般的城市道路尺度。但道路密度很低，里坊间的城市道路距离大部分超过 500 米。

杨坚建造长安城的实际负责人宇文恺出身鲜卑族武将世家，时年 28 岁，能够规划建造这样一座前无古人的城市，堪称工程天才。不过，皇帝们难以遏止的建设欲望逐渐破坏了这座城市规划时的完美。

按照原始规划，宫城只有一处，就是皇城北部的太极宫，实际上是太极宫、东宫、掖庭宫的总称，东西宽约 2.8 公里，南北长约 1.5 公里，面积约 4.2 平方公里，约为现存北京明清故宫的 6 倍。宫城城墙高 10.3 米，墙基宽约 18 米，比外城城墙尺度大整整一倍。承天门为宫城正门，是皇帝举行大朝会之处。宫城内自南而北划分为三部分，南部为外朝，中部为宫寝，北部为禁苑。外朝以太极殿为中心，是皇帝每月朔望举行朝会之处，称中朝。宫寝又分前后两区，前区以两仪殿为中心，皇帝隔日在这里接见

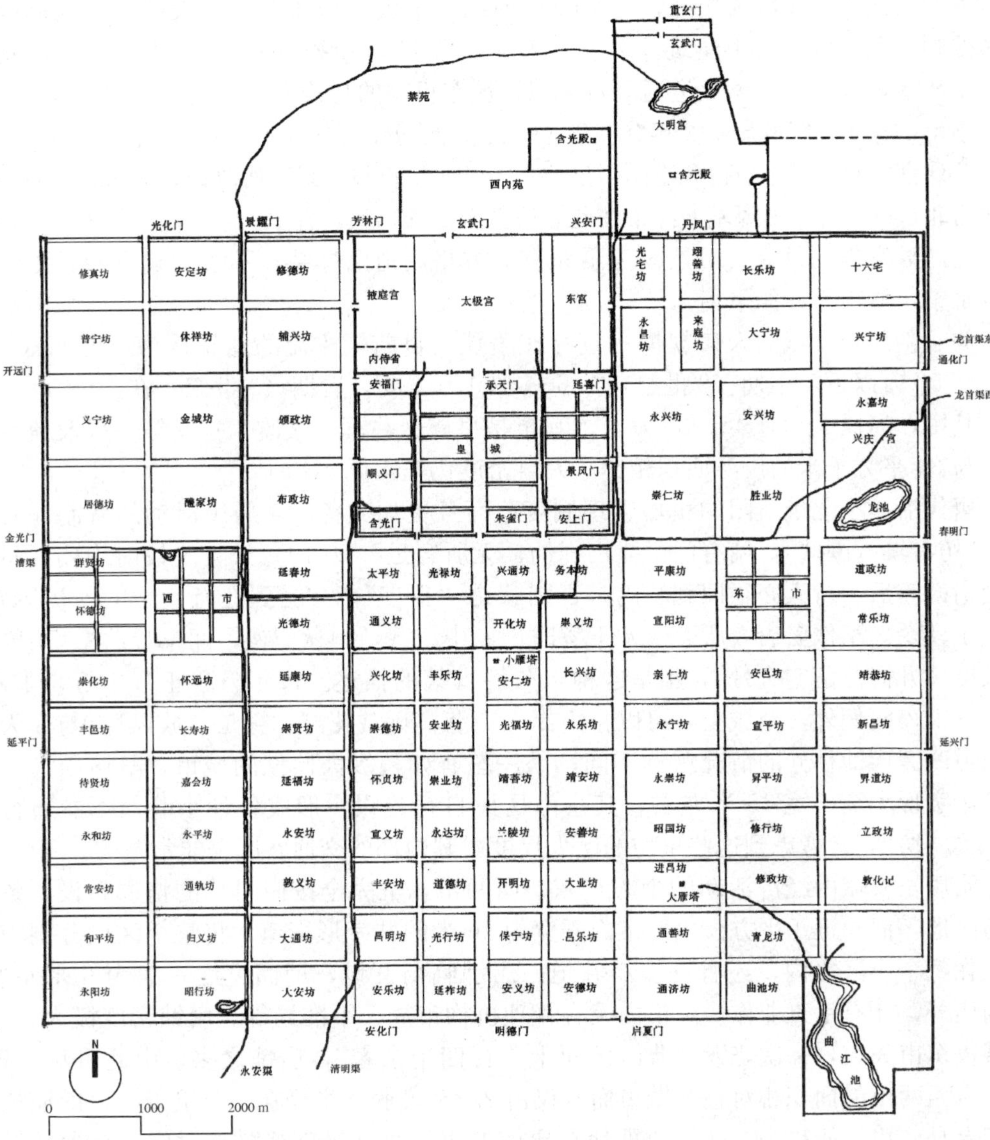

图 2-3-2　隋唐长安总平面复原图（据《中国古代建筑史》第二卷绘制）

群臣议政，称常朝。后区则为真正内宫，以甘露殿为中心，是皇帝寝殿。承天门、太极殿、两仪殿、甘露殿全在全城中轴线上，构成城市的核心。

唐太宗李世民在夺取皇位 6 年后于 634 年在城外东北角为太上皇李渊建永安宫，不过第二年李渊即去世，遂改名大明宫，但该宫似乎并未完成，亦未入住，此后即停工。649 年李世民之子李治继位成为皇帝，662 年，他声称太极宫过于潮湿，下令对大明宫进行大规模扩建，663 年入住。此后，虽然少数重要仪式庆典仍在太极宫举行，但是大明宫成为国家真正的统治中心，直至唐末长安城被放弃。

大明宫宫城是个南宽北窄的梯形，南北长约 2.2 公里，南面宽接近 1.4 公里，北面东西宽约 1.2 公里，面积约 3.4 平方公里。宫城南面在大城城墙上开若干座门，正门称丹凤门。宫内大致仍可分北、中、南三部分：南部以含元殿为中心，是举行大朝会之处；中部以宣政殿为中心，为中朝；北部亦分前后两区，前区以紫宸殿为中心，为常朝。后区以蓬莱殿为主殿，但实际上围绕一个大池塘布置，称太液池，池周围还有麟德殿、大福殿等大小建筑。由于大明宫成为主要宫城，因此对太极宫东面的里坊进行了改造，开辟了一条大道通向丹凤门。城东里坊的身价由此倍增。

李治的孙子李隆基于712年登上皇位，此前他的住所在大明宫南面的兴庆坊。他通过一系列宫廷政变迅速获得和稳固了皇位，于714年将整个兴庆坊改为兴庆宫，又打破道路网向北扩展。此后李隆基便经常在此居住甚至处理朝政，直至756年逃出长安。

这两处宫殿的设立，虽然改变了原有的方格网道路体系，不过影响有限，更大的影响是整个城市重心的平衡。

关于隋唐长安城的人口规模一直存在争议，目前较主流的意见认为，前期（7世纪）在50万以下，中期（8世纪）在60～100万之间，后期（9世纪）在50～80万之间。其中，居民大约有40～80万人，其余是皇族、驻军、太监、宫女等，以及流动人口。与84平方千米的设防面积相比，人口密度仍非常低。

唐代沿袭了北魏洛阳的里坊管理制度，而且更加完备，对居民活动的管制非常严密。“坊有墉（围墙），墉有门，捕亡奸伪，无所容足”。坊门每天早晚按时启闭，每天傍晚街鼓鸣后，行人必须回到坊内，否则就是“犯夜”，会受到巡行武士的严厉惩罚，甚至于杖杀。某佚名唐人所著《辇下岁时记》中记载，中秋望夜，闻鬼吟：“六街鼓绝行人歇，九衢茫茫空有月”，正是这种永久性宵禁的描述。每年只有正月十五、十六、十七三天夜间例外，全城士女可以自由出入街巷，玩赏花灯，算是“放风”。与今天城内街道两旁店铺林立的情况迥然不同，是一座有如超级大监狱的城市。里坊内部只有两条十字形大街，宽15米左右，其余由居民自行建设，形成各种小巷，不能通行马车，称“坊曲”。考虑到这些里坊的巨大尺度，其内部的交通状况是非常差的。

隋唐长安城内经济活动的中心是东、西两市，也完全按照对称的格局布设，各占两坊之地，面积近1平方公里。市内开宽约16米的井字形街道，将整个区域分割为九区，在每个小区之内，还有许多小巷道。店铺临街开设，铺面宽度一般为6米左右，除商店外，还有手工业作坊。市内设有管理机构市局、平准局等。店铺密度极大，843年某夜东市失火，一次烧毁“曹门已西十二行四千余家”，店铺之多，由此可见一斑。但东、西两市的面积相对整个城市而言仅占2.2%，服务半径在4公里以上，即使长安家家有马，也不能称为方便。故即使在唐前期里坊管理极其严酷的时候，在少数里坊内也已出现零星的工商业。安史之乱以后，里坊制度逐渐松弛，工商业活动即开始突破原有限制向市外发展，在东市周围形成了跨10个里坊以上的繁华商业区，在东、西两面城门外也形成了各种服务业。

城内建有大量宗教设施，其中有相当部分出自官府。宇文恺规划大兴城的时候，就在朱雀大街中段东侧建大兴善寺，占整坊之地，在它对面给道教建玄都观，占半坊之地，在城西南角又建大庄严寺和大总持寺。589年，在城南建无漏寺，648年李治做太子的时候出钱进行大规模扩建，占到半坊之地，改名大慈恩寺。652年僧人玄奘从印度取经归来，在这里建塔安置从印度带回的经像、舍利，即今日大雁塔。李治登基以后，将他原来的王府改成昊天观，占整坊之地。李治的儿子李显继承皇位前住在安仁坊，684年为纪念李治去世改建为寺院，取名献福寺，李显不久即被废，后来改名荐福寺，到李显第二次登基的时候为该寺建塔，即今日小雁塔。

城东南有曲江池，是一处公共绿地。这里地势较高，传说宇文恺不喜，因此没有安排成里坊，反而在这里挖了个大水池，引水灌入，形成约 0.7 平方公里的水面。水池以南隋唐都作为禁苑，但水池以北则为开放绿地，文人墨客多有题咏。安史之乱后日渐衰败，至唐末水源枯竭。

隋代和唐代前期长安的粮食供应主要依靠关中平原自身，但此时关中生态环境已经被破坏，自然灾害频发，农业产出极不稳定，因此长安的粮食供应常供不应求。杨坚在大兴城建成之后，于 584 年派人在东汉即已淤废的西汉漕渠基础上重新开挖疏通，称广通渠，以恢复从长安到黄河的漕运，但运输能力仍很有限。594 年关中发生饥荒，杨坚不得不率领百官“就食洛阳”，走 300 多公里去吃饭。因此杨广继位后即迁都洛阳，此后又移居江都，反正再也没有在大兴城住过，广通渠随即淤废。进入唐代以后，从唐高宗李治总章二年（669 年）至他儿子李显景龙三年（709 年）40 年间，关中发生 13 次大饥荒，李治因此死在洛阳，临死前犹以不得回长安为憾。武则天执政期间常住洛阳。李隆基在位的前半段也常去洛阳居住，其中开元十、十二、二十二年三次居留时间都在两年以上。742 年李隆基派人重开漕渠，第二年完工，称兴成渠，大大改善了漕运能力。但安史之乱后唐帝国中枢对地方的控制能力大幅降低，虽然 836 年对漕渠进行过修浚，长安仍时常断粮，包括皇帝本人的供应都不能保证。

长安城这座宏大无比的城市实际上始终没有完全形成。城南四排里坊，约占城市总面积 1/4，从未建成，除少数寺院等孤立建筑外一直空置，被居民开垦成耕地，号称阡陌连云。长安最为兴旺的年代，大约就是天宝年间的 15 年而已。安史之乱后，洛阳被毁，长安重新成为大唐帝国的唯一都城，但已开始衰落。880 年黄巢攻入，长安城遭到严重破坏。904 年由朱温挟持皇帝迁都洛阳，将长安拆为平地。此后，长安便永远失去了中国中心城市的地位。

四、隋唐东都

604 年，杨广继承隋朝皇位，随即下诏在洛阳兴建东都，声称这里水陆交通便利，有利于控制中原，并向关中转运物资贡赋。他又声称，北魏洛阳旧城已是废墟，不堪再建，要另行选址重新建设。第二年在原西周王城、汉洛阳县城的废墟上开工，工程实际负责人仍为宇文恺，每月动用二百万民夫，其中七十万负责造宫城。工期亦仅为 10 个月，相当部分的材料也是从北魏洛阳遗址上拆来的。到 606 年东都初步建成，杨广以全副仪仗正式入住。与此同时，杨广已经下令开凿通济渠，从洛阳经汴州到泗州进入淮河，从而开始了大运河工程。此后杨广仍到处巡狩，又北征高句丽，呆在洛阳的时候不多。616 年杨广最后一次离开东都，沿大运河前往江都，洛阳此后被叛军占领。

唐朝于 621 年攻克东都，之后一度将其降为洛州，并拆除部分宫殿，以表示对杨广奢侈浪费的谴责。但李世民在位期间，于 632 年派人修缮宫殿，此后多次入住。到李治在位期间，657 年又将其重新立为东都，此后对宫殿多有增饰。685 年后武则天长住于此直至去世，洛阳作为实际首都达 19 年，有多项重要建设。李隆基在位的前 25 年中，大约有接近 10 年的时间住在洛阳。在这前后近 80 年时间中，洛阳超出一般陪都，具有重要地位。

隋唐东都的格局大致可以认为是半个长安。整个形状和长安一样接近方形，不过更不规则，设防面积约 45.3 平方公里。洛水穿城而过，将其分为南北两部分。宫城、皇城都位于都城的西北隅而非居中。这是有意区别于京城的布局，同时又正好占了洛阳城地势最高的位置。宫城在皇城北部居中，北、东、西三面都做了各种夹城、重城以加强防守。皇城之南为宽阔的洛水，设有浮桥，称天津桥，长约 500 米，以铁链联结大船构成。天津桥南有大道直通外城南门定鼎门。从形式上看，东都戒备的坚固严密，还在长安之上；但西面洛水穿过的一段无法构筑城墙，等于没有设防，因此每次洛阳遭到攻击，必然是从这里攻入。安史之乱后唐朝即放弃了对外城的防守，设防区域实际上只是皇城部分，以后更缩小为宫城部分。

外城共设 8 个城门，城内主要道路均横平竖直成方格网式布局。定鼎门内大街最宽，接近 150 米，其余通城门的主干道宽 90～110 米，次干道宽 45 米左右。和长安一样，也是面向骑兵马队的设计，全为土筑道路，没有面层。道路密度同样非常低，里坊间的城市道路间距都在 500 米左右（图 2-3-3）。

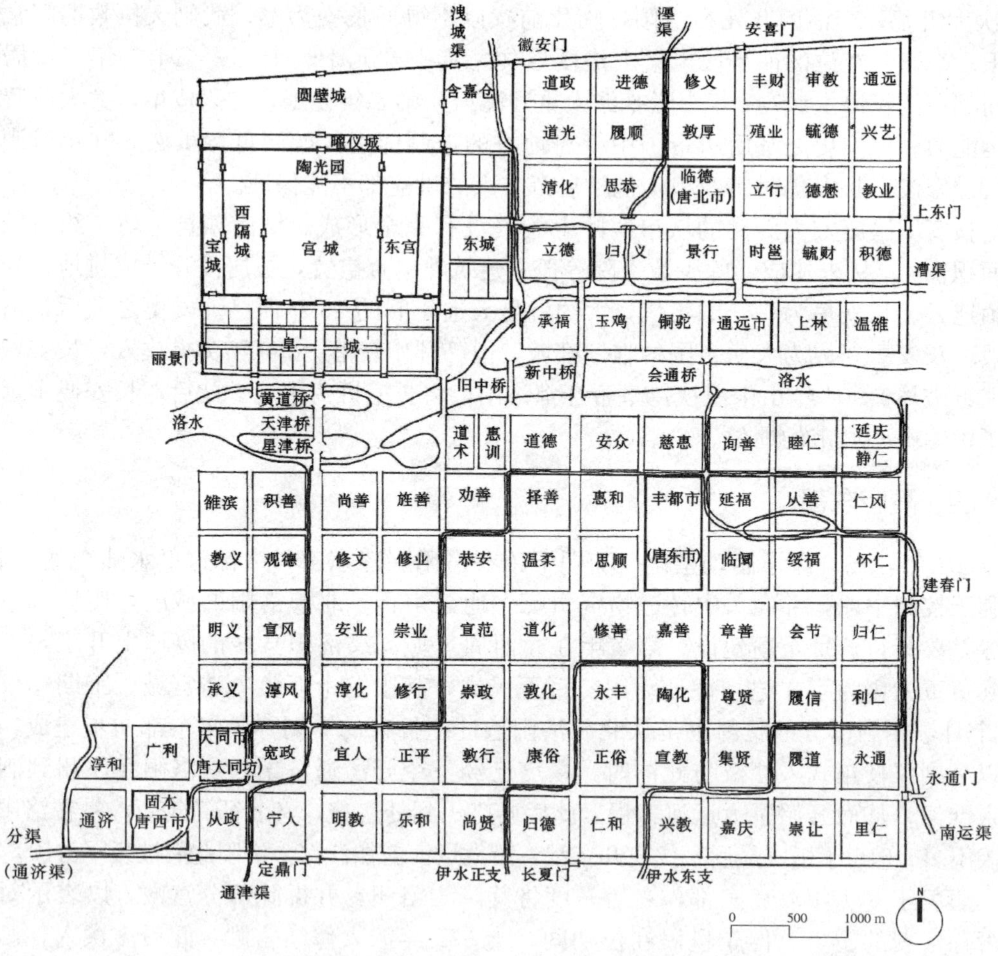

图 2-3-3　隋唐东都总平面复原图（据《中国古代建筑史》第二卷绘制）

由于战乱频仍，东都的人口规模一直在剧烈变动。杨广在位期间大量向东都移民，使东都人口达到百万以上，经过隋末大混战到唐初，人口减少至不足 5 万。李治统治时期恢复东都，又大量移民充实。到李隆基统治的巅峰时期，东都的人口规模达到 120 万以上。安史之乱之后，人口又剧减至仅数千人。此后人口缓慢恢复，但到元和年间（806—820 年）仍不足 13 万人。

洛水北岸东部和整个洛水南岸都是里坊区，共有 103 坊。里坊尺度较长安更标准，面积都在25公顷左右，管理制度也与长安相同，都是常年永久性宵禁的城市，每年仅元宵节前后解禁几天。由于洛水时常泛滥，两岸各坊居民较少。又因距皇城太远，以城东南角为中心向北、向西一带居民也较稀少。定鼎门大街两侧一带的里坊则为高官显宦居住区。

在安定和平的年代里，洛阳既是大运河的起点，又是丝绸之路的起点，聚集了大量外国人，是中国古代少有的国际大都市。这些外国人主体是商人，也包括大量宗教人士，如外国高僧、各种西亚宗教信徒、基督徒和穆斯林等，多半聚居在各市周围里坊，并建有多处宗教场所。

洛阳虽面积远小于长安的面积，但商业活动规模远超长安。隋代就已设有三个市，并且都傍可以行船的河渠：北市（通远市）南临洛河，北傍漕渠，又靠近皇城，是最重要、最繁华的一个市。南市（丰都市）亦靠近洛水，又紧邻运渠，是外城洛水以南居民主要的市场，亦相当繁华，规模超出其余两市一倍，面积达两个坊。西市（大同市）开张稍晚，最初是杨广专门招待外国人的“伪市”，里面所有铺面都整齐划一，各种货色全部非常精致，连蔬菜都用“龙须席”即上等细草席包装，还给外国人提供免费饮料。隋末洛阳陷入混乱，三市全都破败。进入唐代以后逐渐恢复，635年首先恢复了丰都市，改称东市，面积缩小了半坊。657年李治重立东都，又恢复北市，位置移至原通远市北面的临德坊，之后北市重新成为最繁盛的市场。武则天执政期间还曾重开西市，不过至李隆基在位的725年又重新废弃。最晚到武则天长住洛阳期间，里坊的管理已经松弛，北市、东市周边各坊都出现了许多商业、服务业的铺面。

755年，安史之乱爆发，洛阳几乎随即被叛军占领，第二年安禄山在此称帝。直到762年，唐朝军队才在回纥部族军队援助下收复洛阳。这座城市遭到严重破坏，虽然此后仍保留东都称号，也作了若干修复，但皇帝再也没有来过。洛阳的地位实际上并未降低，唐朝廷此后主要靠江淮地区的财赋物资支持，洛阳仍是运输线上的关键节点城市，也仍然保持一定的兴旺。

885年，军阀孙儒攻陷洛阳，烧毁宫室、官寺、民居，洛阳遭到彻底毁坏。888年，朱温部下张全义受命镇守洛阳，这时的洛阳人口规模可能不足万人。张全义在这里筑南北二城，劝课农桑，苦心经营20年，洛阳的人口恢复到数万之多。

904年，朱温挟持皇帝东迁洛阳，张全义缮理宫阙、府廨、仓库，洛阳又出现一些帝都气象。到907年朱温代唐，以汴州为都城，洛阳改称西都、西京，开始日益衰落。尽管洛阳后来还一度成为后唐的都城，又被北宋和金作为西京，但再也没有恢复往日的繁荣。金代时，因洛阳内城和外城全都破败，在城北部隋唐宫城东面另筑新城，设防面积已降至约2平方公里。

五、隋江都——唐扬州

公元前486年，吴国在今江苏省扬州市一带筑邗城，是这里最早的城市。此后这里归属楚国，公元前319年，楚在邗城旧址上建广陵城。秦代设广陵县。汉高祖刘邦封侄子刘濞为吴王，以广陵为其国都，从此成为长江下游北岸重要城市。刘濞后来造反被杀，以后广陵又封过几个王，不过都陆续被废，到西汉末年改为广陵郡城，属徐州刺史部。三国时由吴国占据。东晋设南青州于此，刘宋改为南兖州。南朝末年被北齐占领，又改为东广州，北齐不久变成北周，再改名吴州。隋文帝杨坚开皇九年（589年），改吴州为扬州，设总管府，此为今扬州地名之由来。

扬州的重要性与大运河关系密切。吴国筑邗城后，开挖邗沟，从邗城一路向北通达淮河岸边的山阳（今淮安），贯通了淮河和长江之间的水运。东汉末陈登为广陵太守，将邗沟裁弯取直，改变了过去的曲折线路。东晋穆帝司马聃在位期间（344—361年），又在陈登邗沟的西面开凿了另一条路程较短而又较直的新运河，称山阳水道。杨坚于587年筹备南征，又修复疏通山阳水道，称山阳渎。605年，隋炀帝杨广开挖大运河，又征发淮南10余万人，重修山阳渎，全长150余公里，水面阔40步，约合60米。大运河从洛阳入通济渠，经汴州、山阳，至扬州入长江，为大运河的江北终点，扬州由此成为控制江南的军事重镇和经济中心。

杨广于607年改扬州为江都郡，并建造江都宫。虽然没有明文立为都城，但其形制均符合都城规制。杨广在位总共13年，期间多次巡幸江都，逗留时间超过3年，最后死在这里，扬州实际上的确是隋朝最后的都城。

杨广的江都宫城沿用汉代广陵郡城的基础，位于城北部丘陵蜀冈之上，比周围高近30米。平面形状不规则，东西南北各开一门，以南门为正门，称江都门。门外建有朝堂，类似皇城衙署。宫城东有东城，为禁军驻扎之所；西有西苑，具体位置和形制现在已难以探明。目前的历史文献和考古发掘证据显示隋代在宫城以南筑有外城，称郭城，但其南部边界尚未探明，只能推测大概接近方形，面积约6平方公里，这样可以认为隋江都城是一个“小号”的东都城（图2-3-4）。

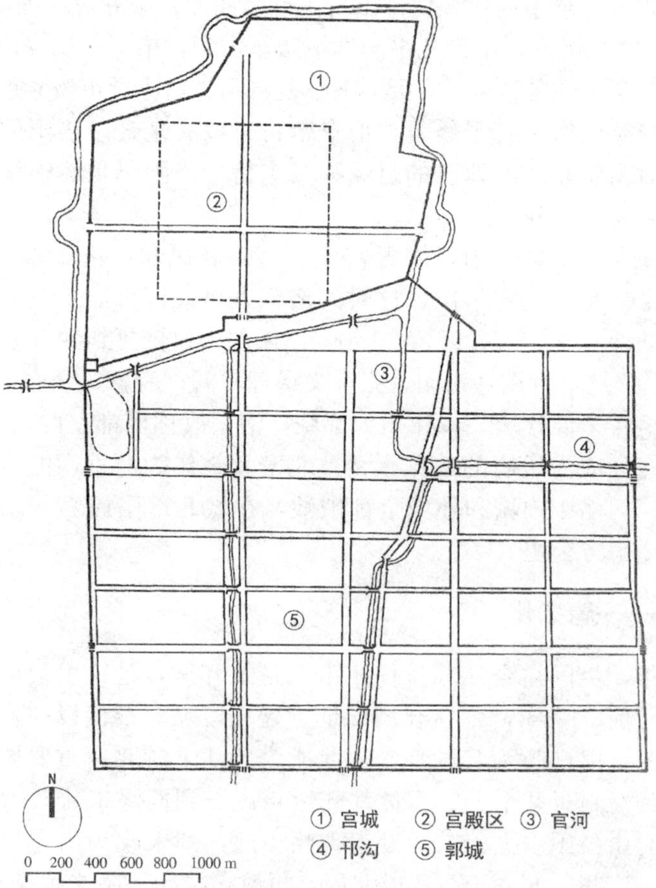

图2-3-4 隋江都总平面复原图（据《中国古代建筑史》第二卷绘制）

唐代再将江都恢复为扬州，宫城改为扬州州城，后通称子城。在扬州设大都督府，以后又改为淮南节度使府，各种衙署均设在子城内。随着经济的发展和繁荣，扬州的城市规模进一步扩大。

唐代中期，扬州段长江河道向南移动，江中的沙洲与北岸陆地连接成一体，称瓜洲并岸。此后将外城向南大大扩展，称为罗城，面积约 13 平方公里。罗城东、南、西三面各设有 4 座城门，北门则仅有 1 座。城内已探明南北向大道 3 条，东西向大道 4 条，分别与城门相连，大道间还发现若干小道。考古学家判断应该还有 1 条南北向大道与城门相连，从而形成方格网道路体系，道路密度远高于长安、东都（图 2-3-5）。

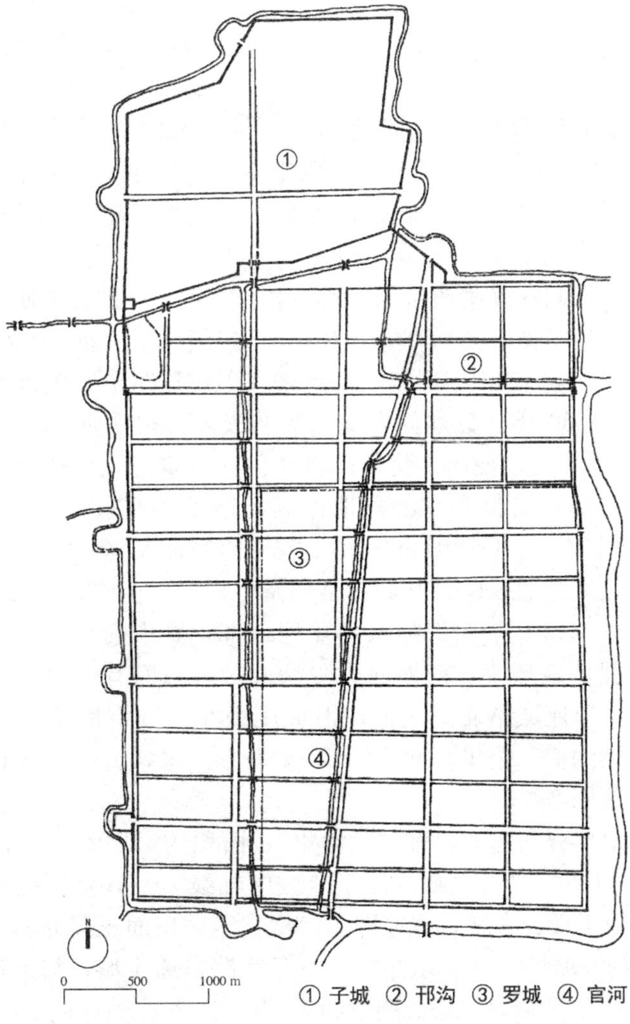

图 2-3-5 唐扬州城总平面复原图（据《中国古代建筑史》第二卷绘制）

到唐代中期，扬州人口接近 50 万，可能有相当部分人住在城外。罗城内约设有 53 个里坊，面积约在 20 公顷，远小于长安、东都的面积。目前亦未发现坊墙遗址，很可能是开放式的里坊。城中部有小市，城南部还有占三坊之地的大市，但各种证据显示，最晚到唐代中期，扬州已形成非常繁华的街市甚至夜市，有“十里长街”之称。朝廷官府又曾多次下令居民不得随意向大道开门甚至侵占道路，估计里坊制度已非常松弛。

扬州城内有丰富的水道，目前已发现南北向河道 2 条，东西向河道 1 条。其中，西侧的南北向河道直对子城南门，可能是杨广所开运河的一段。另一条南北向河道则可能是春秋时期吴国邗沟的遗迹，宽约 30 米。东西向河道为山阳渎的遗迹。河道以楠木板铺砌驳岸，以利停靠船舶。由于城内道路与河道频繁相交，大道上均设有桥梁跨越河道，如杜牧“二十四桥明月夜”的名句广为流传，为扬州著名风貌特征。目前已判明相当数量的桥梁位置。除河道外并发现若干暗渠与河道相连，亦以楠木板构筑，渠底铺黄沙，渠顶覆盖木板，可能是供水渠道。

唐末五代时期，军阀混战，扬州遭到严重破坏，直到宋代才重新成为富裕的商业中心。

六、平安京

793 年，日本桓武天皇决定在当时的都城长冈京东北 10 公里处建造新都城，称平安京，开工 21 个月之后于 794 年迁入，实际建设活动到 805 年基本结束。从此，直至 1868 年日本明治天皇迁都东京，平安京作为日本正式都城超过一千年，后来被简单地称为“京都”。

日本古代文明的兴起深受隋唐帝国的影响。600 年，一批日本使者到达大兴城，朝见隋文帝杨坚，称为遣隋使，此后在 608—609 年连续来了三批，其中部分日本使者就此留在洛阳求学。610 年、614 年还有两批到来，不过这时隋帝国已经陷入混乱，这两批人都不知所终。到 630 年，日本使者又来到长安，称遣唐使。此后直至 838 年，日本一共派出了 19 批遣唐使，使唐文化及佛教文化在日本广泛传播。从 7 世纪末到 8 世纪末的 100 年间，日本在奈良和京都盆地连续建造了藤原京（694—710 年）、平城京（710—784 年）、长冈京（784—794 年）和平安京等数座都城，平安京是最后一座，也是规模最大、建置最完整的一座，其城市格局基本模仿中国隋唐长安城。

平安京位于日本本州岛中西部的京都盆地北部，城市的东、西、北三面有丹波山地、比良山地和贵船山地环绕，南面向大阪湾开敞。东面有鸭川，西面有桂川，两条河流蜿蜒向南流去。整座城市北高南低，但坡度很小。城市形状亦接近方形，东西长约 4.5 公里，南北长约 5.2 公里，面积约 23.4 平方公里，约为隋唐长安的 1/4 强，不到隋唐东都的一半（图 2-3-6）。

城市北端的正中部分为宫城，称“大内里”，面积约 1.6 平方公里，但分区不严格。外朝称“朝堂院”，以大极殿为主殿，位于全城中轴线上。后寝则位于宫城东北部，称“内里”，以紫宸殿为正殿、常朝，清凉殿为寝殿。宫城南面正门亦称朱雀门，门外有朱雀大路直通外城南门罗城门，又有东西向的二条大路贯通全城，与朱雀大路一起构成丁字大街。朱雀大路宽约 84 米，二条大路宽约 50 米，其余的大路少数宽30～36米，大多数宽度在 24 米左右。平安京除了东西走向的各条大路仍按数字顺序称“某条大路”以外，南北走向的各坊大路模仿唐代都城，改为专有名词称呼，如东大宫大路、西洞院大路等。二条大路以北即宫城的东西两边，是上层贵族的宅第，还有官衙及其附属设施；二条大路至五条大路之间是一般贵族和官吏的住宅；五条大路以南是庶民的住宅及市场和寺庙。

城市除宫城外，其余基本按照隋唐长安城的里坊制布局，称“条坊制”，但似乎并未模仿其管理制度。街区虽按里坊进行划分，也照抄了隋唐长安和东都的若干坊名，如“淳风坊”“陶化坊”“宣义坊”等，但实际的基本街区称为“町”，为一坊的 1/16，是一个边长约 400 尺（日本平安时期 1 尺约合 0.2984 米，400 尺约合 120 米）的正方形，面积约 1.44 公顷，其宅地分割方式称为“宅地割”（图 2-3-7）。三位（“位”是日本 8 世纪以后仿照中国九品官阶制度建立的贵族、官员和神官品秩制度，五位以上均为贵族，六位以下为一般官吏，三位可以简单地理解为中国三品官，是非常高级的身份）以上大贵族的住宅可以占到一町，四、五位贵族的住宅最多只能占半町，六、七位官吏的住宅只能占到 1/4 町，一般平民每户给予 1/32 町（约 450 平方米），称为“一户主”。平安京把多数町分割为东西四列，每列称为“行”，南北八行，每行称为“门”，总称为“四行八门”。每一户大约东西 30 米，南北 15 米。每户通过南北向的町内小路（宽 3～4.5 米）或者直接从坊间路（宽 12 米）进入。除高官显贵以外不允许直接向大路开门。因此，道路密度大大超过隋唐的长安和东都。

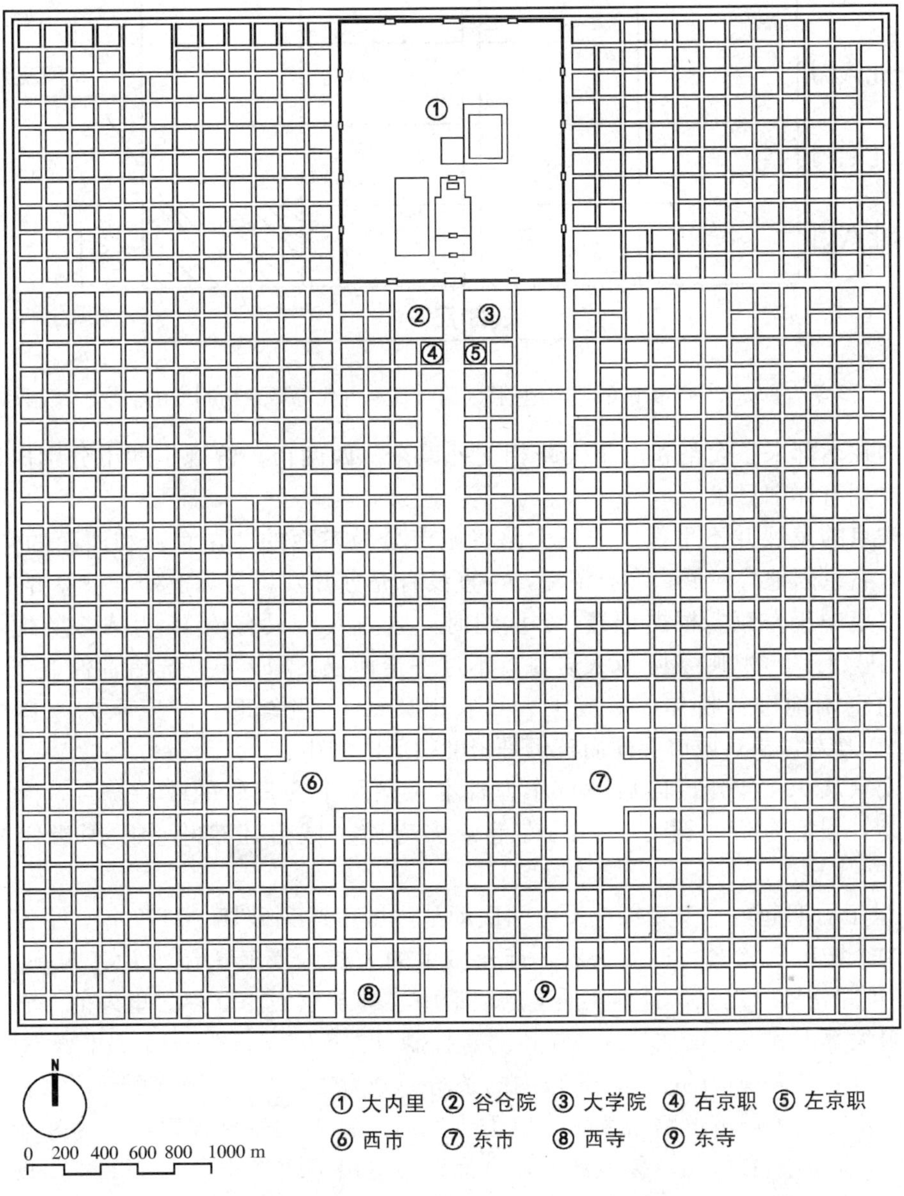

图 2-3-6 平安京格局示意图（据《日本建筑史图集》绘制）

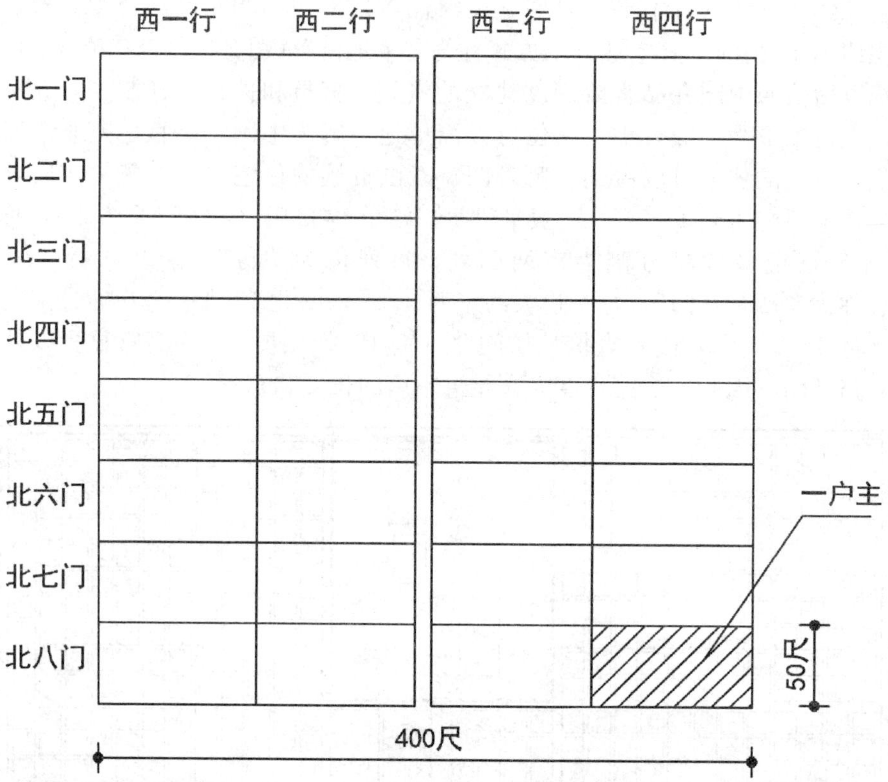

图 2-3-7 平安京一个街区的“宅地割”（据《日本古代都城条坊制度的演变》绘制）

城内在南部朱雀大路和七条大路相交处设东、西两市，曾规定两市分别出售不同物资，并列有详细目录。

平安京的发展并不平衡。朱雀大路将城市分为东面的“左京”和西面的“右京”两部分，右京因地势较低，多有沼泽，一直没有充分开发，实际上处于被废弃的状态，人口主要集中于左京。根据记载，9 世纪时，城内人口只有约 15 万人，所规划的约 1100 町中只有约 580 町实际有人居住，不过一半而已。819 年，统治者曾下令允许居民在城内空闲地进行耕作，形成了大片农田。到 11 世纪时，平安京的人口增加为 17 万～20 万人，相对城市规模而言仍是密度很低的城市。

平安京从 794 年建成以后一直作为日本天皇及平安贵族的政治舞台，同时也是佛教圣地，设有东寺、西寺、鞍马寺等众多寺院。城市建筑均受中国唐代文化的影响。

12 世纪后期起，平安京接连发生两次动乱，城市遭到破坏。1177 年，平安京发生大火，整个城市三分之一遭受火灾，连宫城里的大极殿及其周围大片建筑都被烧毁。到 1192 年镰仓幕府建立，日本实质上的政治中心移至东面 400 多公里外的镰仓，京都仍然是最大都市和天皇的居住地。丰臣秀吉控制日本期间（1586—1598 年），对京都实行了有史以来最大规模的改建，将市内的条坊一分为二，改成了“短册型”（长方形），从而进一步提高了城市道路密度。丰臣秀吉死后，日本大权落入以江户为基地的德川幕府之手，政治中心从此转移至江户，京都渐渐退出了政治舞台。1868 年，日本正式迁都江户，改名为东京，京都此后成为单纯的旅游城市。

第四节 阿拉伯帝国

一、伊斯兰世界的兴起

公元7世纪，在阿拉伯半岛兴起了伊斯兰教。在此之前，当地散居着各种游牧民族，有一些杂乱无章、互相之间很少关联的原始崇拜。

610年，穆罕默德在半岛上的主要城市麦加（Mecca）宣布他受到真主的启示，开始传教。至630年，他基本统一了阿拉伯半岛，建立起一个政教合一的阿拉伯帝国。632年，穆罕默德在麦地那（Medina）病逝，对身后的继承人没有做出安排。经过短暂的混乱，他的主要追随者们推选阿布·伯克尔（Abu Bakr）出任穆罕默德的继承者，称为哈里发（Khalīfat Rasūl Allah，意为真主使者的继承人），是政教合一的领袖和统治者。在他的领导下，阿拉伯半岛恢复了统一，并开始同时在东西两线对波斯和东罗马帝国开战。

634年，阿布·伯克尔去世，奥马尔（Umar）当选第二任哈里发，阿拉伯帝国进入高速扩张的时期。到8世纪中叶，阿拉伯帝国控制了整个地中海东岸和南岸、大部分伊比利亚半岛、伊朗高原和巴基斯坦、阿富汗地区，成为一个地跨欧、亚、非三洲的大帝国。首都起初在叙利亚的大马士革，后来在底格里斯河畔建造起新都巴格达。阿拉伯帝国占据了很大一部分希腊化世界，并继承了很多希腊文化，特别是在科学、工艺和医学方面。

阿拉伯帝国很快开始内战和分裂。伊斯兰教内部出现教派之争，分裂成逊尼派、什叶派和其他一系列小教派，从656年开始就互相攻打。756年，伊比利亚半岛上的阿拉伯政权宣布独立；800年，突尼斯宣布独立；868年，埃及宣布独立。此后，各地割据政权多如牛毛，此起彼伏。10世纪后，阿拉伯帝国的实际控制区域仅限于周边地区，已经名存实亡。1055年，突厥人控制了阿拉伯帝国，哈里发仅保留最高宗教领袖的地位，统治权转移到头衔为“苏丹”的突厥军人手中。

1252年起，蒙古西征军队进入阿拉伯帝国，横扫波斯、美索不达米亚和叙利亚，并于1258年攻克巴格达，1260年攻克大马士革。阿拉伯帝国就此灭亡。

二、大马士革

661年，麦加的倭马亚家族成员、叙利亚总督穆阿维叶一世（Muawiyah Ⅰ）成为哈里发，宣布以他当时统治的叙利亚中心城市大马士革（Damascus）为阿拉伯帝国的首都。他将哈里发的职位传承由协商选举改为世袭制，从而开创了倭马亚王朝（Umayyad Caliphate）。

大马士革本身是一座古城。考古发掘证明，它的历史可追溯到8000～10000年前，因此被认为是世界上最古老的持续发展的城市。从公元前1500年起，大马士革为埃及统治。公元前1100—公元前800年间，阿拉米人（Aramaeans）统治大马士革。在此期间，大马士革建起了由运河和管道组成的供水系统。大马士革成为一个相当强大的阿拉米国家的首都，该国时常与亚述人和以色列人作战。

公元前732年，亚述征服大马士革。亚述崩溃后，大马士革又被新巴比伦王国统治。公元前 538 年，大马士革被波斯征服。公元前 333 年，马其顿的亚历山大大帝部下占领了大马士革。从此，这座城市融入希腊化世界。公元前 64 年，罗马占领大马士革。它成为罗马的叙利亚行省的首府，有 5 万～6 万人口，在罗马帝国分裂后继续作为东罗马帝国的重要城市之一，直到 635 年被阿拉伯人占领。

在阿拉伯人到来之前，大马士革的城市格局已经形成，主体是一个东西长、南北短的不规则形状，由城墙围绕。城内有一个基于方格网的道路体系，有一条东西向主干道和两条南北向主干道。城市北部的东面有一个古老的市场广场，在希腊化时代成为柱廊广场；西面建有朱庇特神庙，在罗马时代发展成一个以神庙为中心的柱廊广场，形状接近矩形，仅西边为斜边。4 世纪，罗马帝国实行基督教化，朱庇特神庙被改造为施洗者圣约翰教堂。东西向主干道南面建有一座剧场和一座喜剧院。城市西北角有一座堡垒。其余部分为规则的居住街区（图 2-4-1）。

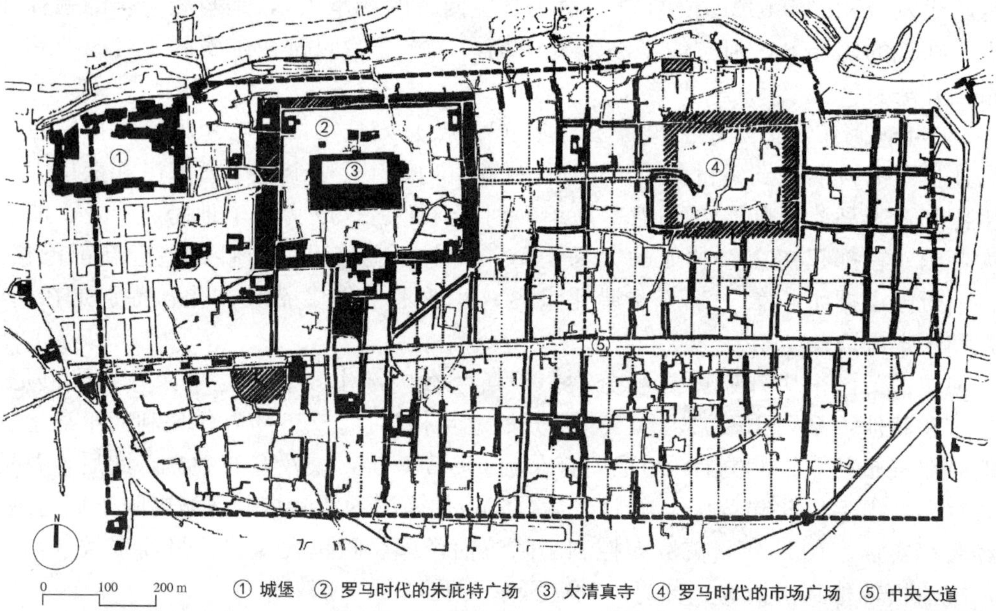

图 2-4-1　大马士革总平面示意图（据《世界城市史》绘制）

占领大马士革的阿拉伯军队都是来自麦加及其邻近地区的精英，是纯正的阿拉伯人，他们对城市的管制十分温和，没有急于改变这座古老的希腊化城市。他们占据了西广场南面东罗马帝国的总督和其他高官的府邸，把这里继续作为他们的统治中心。但大多数早期的阿拉伯移民根本没有住进城市，而是选择住在城市边缘甚至外围。他们甚至没有完全接管施洗者圣约翰教堂及其广场，只是在广场南侧的柱廊里开辟了一块伊斯兰教的祈祷区域，和基督徒们共享这个广场 70 年之久。直到 705 年，倭马亚王朝的第六代哈里发瓦利德一世（Al-Walid Ⅰ）才完全接管了整个广场，开始进行大改造，在广场南部建起了整个阿拉伯世界的第一座完全新建的大型建筑——大马士革大清真寺，从而开始了真正意义上的阿拉伯建筑史。

瓦利德一世之后的倭马亚哈里发们对这座城市的兴趣逐渐减少，他们很少住在这里，而是在叙利亚、巴勒斯坦和约旦到处巡游，在沙漠边缘建造了数十座城堡。750 年以后，倭马亚王朝结束，阿拉伯帝国的中心离开大马士革。这座城市重新变成一个地方中心，希腊罗马时代形成的城市肌理逐渐消失，建筑或者倒塌，或者被拆除改造，到现在只剩下一条东西向主干道。

三、巴格达

746年，先知穆罕默德的叔父阿拔斯（Abbas）的后裔阿布·阿拔斯（Abul Abbas）在什叶派穆斯林和伊朗地方势力的支持下起兵造反。750年，叛军攻克大马士革，推翻了倭马亚王朝，阿布·阿拔斯出任哈里发，建立了阿拔斯王朝（Abbasid Caliphate）。762年，阿拔斯王朝第二代哈里发曼苏尔（Al-Mansur）决定在叙利亚和伊朗之间的美索不达米亚建造一座新的都城，并尽量避开任何一座现有的重要城市，以确保它作为都城的独一无二的独立性。

曼苏尔亲自带队从底格里斯河的上游顺流而下，最后在底格里斯河中游西岸选中了一块地。这里往南大约35公里，就是大约100年前被阿拉伯帝国消灭的波斯萨珊王朝（Sassanid Empire）的古老都城泰西封（Ctesiphon），这时已基本荒无人烟，是一座无比壮观的废墟，正好可以为新城提供现成的砖头和其他材料。从泰西封再往南大约80公里，就是美索不达米亚古代最伟大的城市巴比伦，不过这时已基本湮灭。

根据群臣的意见，这座全新的都城被命名为“神赐之城”巴格达，但后来的居民们更愿意称它为“和平之城”（Madinat al Salam）。曼苏尔把它建设成一座理想城市，一座完全是圆形的城市，其原型来自伊朗。萨珊王朝（Sassanid Empire）的创立者，阿尔达希尔一世（Ardashir Ⅰ）大王，于3世纪在伊朗南部建造了一座城堡Gōr（或者Jūr），以对付北方的强邻安息帝国（Parthian Empire）。这个地方今天叫作菲鲁扎巴德（Firuzabad），位于今天的伊朗法尔斯省（Fars Province）。Gōr城的遗址今天仍清晰可见，是一个直径为1950米的正圆形，面积接近3平方公里，外部由底宽约35米的夯土城墙环绕，开有4座城门。城内中心为圆形内城，直径约为420米，面积接近14公顷，也由环形城墙包围，可能是官署所在。其余部分由12条径向道路和若干条圆形道路划分成20个街区，为居住区。该城在14世纪以后被放弃，详细情况仍不清楚。

曼苏尔从他的帝国各地调集建筑师、工程师和工匠来建造这座圆城。它的直径达到2.7公里，设防面积约5.7平方公里，由坚固的双重城墙围绕，外层墙高18米，内层墙更高，达32米，墙身有大量马面突出，墙顶设雉堞。城墙上沿十字轴线开有四座城门，分别为东北的霍拉桑门、东南的巴士拉门、西南的库法门和西北的叙利亚门，城门上建有高大的敌楼。城门是沉重的铁门，每次启闭都需要多人操作。从城门有大道通向城中心，大道两侧是店铺和市场。

但这个“城中心”可能非常巨大，而且和大多数人无关——城中心完全属于哈里发，是一个直径可能达到2公里以上的圆形区域，面积可能接近3.5平方公里，超过整个设防面积的一半，以第三道城墙围绕。这个区域的中心是哈里发的主要宫殿金门宫（Golden Gate Palace），面积超过3.5万平方米，旁边是御用的清真寺，面积可能有上万平方米，其他部分是哈里发的花园和各种次要宫殿。所有官署、商铺和住宅全都分布在周围的环形区域里。

766年，圆城建成。事实证明，这个异常完美的平面形式并不适合一座大城市。曼苏尔从帝国各地向都城移民，但圆城里只有最多2平方公里供他的臣民生活，显然不符合大城市标准。768年，曼苏尔决定开发底格里斯河的东岸，在那里建造了清真寺和皇宫，两岸间以一座正对霍拉桑门的浮桥连接。这一区域迅速发展和繁荣，被称为鲁萨法（Rusafa）。之后在底格里斯河上建造了更多的浮桥。773 年，曼苏尔又下令在圆城的南面重建萨珊王朝时代的城市卡尔克（Karkh），将主要的市场从城内搬迁到这里。此后，在圆城周围和东岸产生出了更多的区域，它们发展迅速，规模很快超过圆形城市。在圆城以外形成的这些区域和圆形城市的完美几何形状相比基本上是另一个极端，道路街巷迂回曲折，街区形状和大小千变万化，毫无规律可言。

公元 8 世纪后期至 9 世纪初，哈里发哈伦·拉希德（Harun al-Rashid）在位期间（786—809 年）是巴格达的鼎盛时期，人口超过百万（图 2-4-2）。东西方各国的商人和学者在这里荟聚一堂，既交换货物，也交流思想。著名的阿拉伯民间故事集《一千零一夜》即在这时开始形成。这时的长安和洛阳都已经衰落，巴格达成为世界上唯一的国际大都市。但这座伟大的城市不久就陷入麻烦。809 年，哈伦·拉希德刚去世，他的几个儿子之间就爆发了内战。812 年巴格达被叛军围困，一年后陷落，史称第一次巴格达之围，哈里发阿明（Al-Amin）被杀，城市特别是圆城遭到严重破坏。836—892 年，阿拉伯帝国的都城一度迁到底格里斯河上游的萨迈拉（Samarra），北距巴格达约 130 公里。892 年，哈里发穆塔迪德（Al-Mu'tadid）将都城迁回巴格达，将宫殿和主要官署全部设在东岸，从此东岸成为巴格达的中心，而圆城则逐渐消失了。

10 世纪后，阿拉伯帝国进一步分裂，巴格达失去来自帝国各地的补给，逐渐衰退。1258 年，巴格达毁于成吉思汗之孙旭烈兀率领的蒙古骑兵。以后，该城重建，但既没有按照原有的理想模式，也没有恢复之前的规模和繁荣。

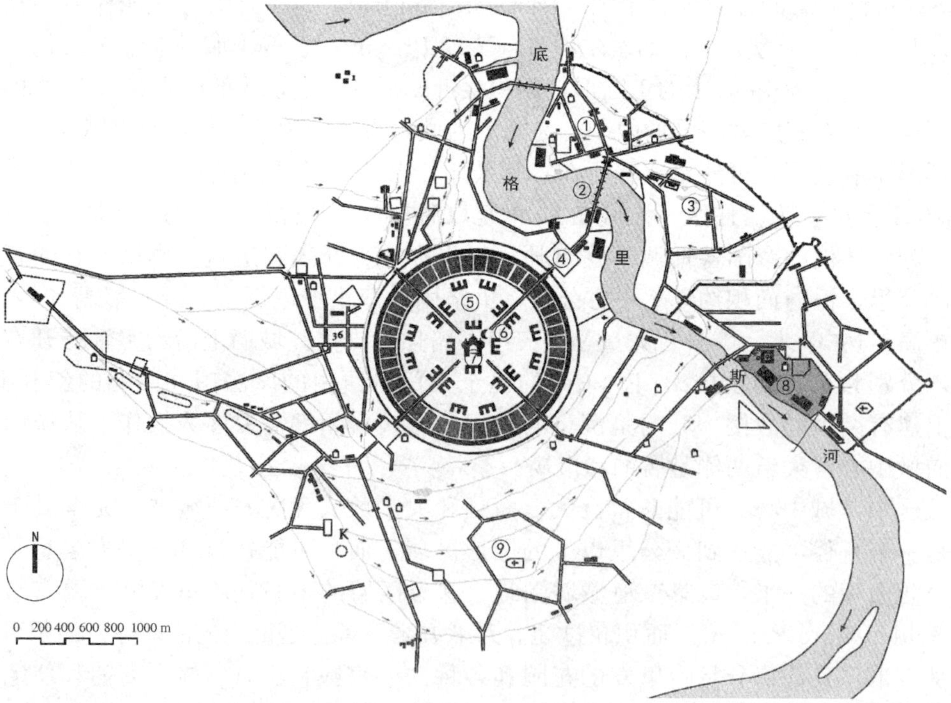

① 鲁萨法区 ② 浮桥 ③ 穆哈雷区 ④ 霍拉桑门 ⑤ 圆城 ⑥ 皇家清真寺 ⑦ 金门宫 ⑧ 哈里发宫 ⑨ 卡尔克区

图 2-4-3 鼎盛时期的巴格达（据 Baghdad：City of Peace，City of Blood 绘制）

第三章　商业城市

10—15 世纪中国宋元时期和西方中世纪商业城市的兴起和繁荣

进入 10 世纪后，中国终结了唐帝国崩溃以后的长期混乱，而西欧则建立了稳固的领主制和城市自治，东西方同时出现了经济的恢复和城市的繁荣。

第一节　宋代中国

一、华夏文明的顶峰

954 年，柴荣继承后周皇位，随即发动北方统一战争。至 959 年，基本统一了长江以北的中原地区。此时柴荣突然去世，他的年仅 7 岁的儿子继承皇位。960 年正月初三，后周大将赵匡胤发动“陈桥兵变”，“黄袍加身”，几乎是和平地接管了政权。正月初四赵匡胤接任皇帝，改国号为宋，史称北宋。

北宋用了 3 年时间稳定内政，从 963 年起继续发动战争，试图重建统一的中国。至 979 年，北宋灭北汉，重新统一中国中东部，最终结束了自安史之乱以来的藩镇割据和五代十国的分裂局面，实现了中国南北方主要地区的统一。但北宋继续向北攻击辽国、收复燕云十六州的努力接连遭到挫败。至 1005 年，北宋第三代皇帝赵恒发动的北伐再次失利，与辽国订立“澶渊之盟”，互约为兄弟之国，每年向辽国支付白银 10 万两、绢帛 20 万匹，不到当时北宋每年财政收入的 1%，从此实现了北方边境的长期和平。

1038 年，占据黄河中上游河西走廊一带的党项族人建立西夏，并随即与北宋发生战争。经数年冲突，于 1044 年达成和议，西夏向北宋称臣，北宋则每年向西夏支付白银 7.2 万两、绢 15.3 万匹、茶叶 3 万斤，名为赏赐。从此，西北边境亦实现了持续近半个世纪的和平。

北宋疆域远小于汉唐，版图最大时亦不过 280 万平方公里，但人口稠密，到北宋后期即已突破 1 亿人，大大超过唐代。宋代是中国历史上经济、文化、科技、社会发展最为繁荣的时代，是真正中华文明的顶峰时代。

北宋早期从南方引进占城稻，皇帝赵恒亲自试种，写了详细的操作手册在全国到处分发，大大提高了粮食单产。又兴修水利、鼓励开垦，耕地面积从北宋初年的不到 3

亿亩增加至5.2亿亩，大大提高了粮食总产。由于粮食供应充足，北宋因此可以大力发展工商业和文化产业。

北宋大量开采和使用煤，既作为民用燃料，也用于工业，特别是金属冶炼，已初步建立煤铁工业体系。北宋政府先后在全国建立了4个炼铁基地，到北宋后期11世纪末，每年产铁量大约在7.5～15万吨之间，而整个欧洲到18世纪初工业革命前夜的铁产量大约在14～18吨之间。北宋是中国陶瓷业特别繁荣的时期，几乎是全面开花，南北各地都有大量瓷窑生产，如定窑、汝窑、钧窑等均为天下名器，建窑、吉州窑等大量出口日本，景德镇的瓷业亦日益兴旺。北宋造纸业和印刷业均大幅度发展，在大量使用雕版印刷的基础上，11世纪中期毕升发明活字印刷术，进一步促进了印刷业的发展和文化的传播。指南针在北宋普遍用于航海和陆地定向，火药武器在北宋成为军队制式装备。

北宋后期全国年铸币500万贯，而唐朝极盛时期年铸币32万贯。庆历年间（1041—1048年），每年商税收入接近2000万贯。北宋商税甚轻，住税3%，行税2%，如以平均2.5%计，则一年纳税商品额即达80000万贯，平均每人8贯以上。在文化方面，北宋在教育、经学、史学、科技、文学等方面全都达到了新的高峰。宋代甚至建立了一定意义上的社会福利制度，每逢地方发生灾荒，官府就大兴土木，又招募地方厢军，以为受灾居民提供生计。

1069年，王安石发动“熙宁变法”，意在改善财政，促进生产，提高军队战斗力。但成效不彰，反而导致支持者与反对者各自结党，相互攻击，宋朝政治从此变得不稳定。

1115年，辽国东北部的少数民族女真族建立金国，随即与辽国发生冲突。北宋统治者以为有机可乘，于1120年与金国签订“海上之盟”，约定南北对进，共灭辽国。结果，北宋攻辽大败，金军却节节胜利，于1123年攻灭辽国。北宋因军事无功，只得用20万两银、30万匹绢、100万贯铜钱向金购买燕云六州（景、檀、易、涿、蓟、顺）及辽南京城。

1125年，金军大举南下，攻入宋国。至1127年攻克北宋东京，俘获北宋太上皇、皇帝及其后妃子女亲族无数。当时唯一不在汴梁城内的亲王赵构在河南商丘即帝位，随即一路南逃，最后定都杭州，改名为临安府。宋代国祚虽然得以延续，但版图、人口、财富都遭受大量损失，此后的宋朝称为南宋。

经过持续的战争，宋金在淮河一带形成僵持的局面。1141年，两国终于达成和议，以淮河一线为界，宋向金称臣，每年向金国纳贡银25万两、绢25万匹。1153年，金国迁都至中都，即前辽国南京，改北宋东京为金南京。

1206年，金国北方的游牧民族蒙古人建立大蒙古国，于1215年攻克金中都，金国被迫将都城迁至南京。南宋统治者再次以为有机可乘，与蒙古达成协议，约定南北对进，共灭金国。不过蒙古此时已开始西征，暂时无暇顾及。

1227年，蒙古完成第一次西征，最远到达基辅，回军灭西夏。

1234年，蒙古灭金，之后再次西征，最远到达威尼斯附近亚德里亚海东岸的达尔马提亚。从1235年到1259年，蒙古军队几乎持续攻击南宋，不过大体上仍能维持以淮河为统治分界线的局面。

1264年，蒙古头领之一忽必烈经过数年战争，夺取了首领地位。1268年，忽必烈下令发动灭宋战争。1271年，忽必烈决定将国号从大蒙古国改为元国。1276年，元军兵临临安，南宋皇太后率幼年皇帝出降，陆秀夫、张世杰等部分大臣另立皇子为帝，乘船出海逃亡。1279年，元军在广东新会附近的伶仃洋海上全歼南宋舰队，南宋亡。

南宋的版图尽管进一步缩小，但仍有约200万平方公里；人口虽不断遭到损失，但大致保持1亿规模。直至南宋末年之前，社会、经济、文化总体而言仍呈发展态势。整个宋代，十万户以上的城市由唐代的10余个增加到40个，汴京和临安先后成为超过百万人口的城市。南宋早期，仅广州、泉州、宁波3个市舶司每年关税收入即达200万贯。宋朝仅对进口商品征收7%～10%的关税，也就是说这3个市舶司每年进口的纳税货物价值即达2000～3000万贯，而南宋共有8个市舶司，这样南宋人均进出口额当在1贯以上。在经济和社会大发展的同时，宋朝的政局总的来说也比较清明，既没有宦官和外戚专权、后妃干政，也没有地方势力的割据，同时文化也得到了长足发展。

二、北宋东京

北宋东京位于今河南省开封市。开封市位于黄河冲积扇末端，附近有黄河、济水、淮河，其中淮河北岸支流又有汝、颍、涡、泗等水，开封位于泗水支流汴水的南岸。此地春秋时属卫国，名仪邑；战国时属魏国，称大梁。公元前361年，魏惠王将都城从安邑（今山西省夏县）迁到此处，这是开封建都之始。此后，魏国依汴水开凿运河，连接黄、淮两大流域，不但发展了农业灌溉，更使得大梁成为中原的水道中心。该运河体系统称为鸿沟，包括原有的汴水在内，又通称汴水。公元前225年，秦派大将王贲攻魏，引汴水灌大梁，大梁城坏，魏王假降，魏亡。开封城遭到有史以来第一次毁灭性破坏。

魏国亡后，秦朝在此置浚仪县，这是开封设县之始。此后，鸿沟运河体系逐渐淤塞崩溃，浚仪县地位日益降低。直至东汉末年曹操执政期间，才疏通汴水，逐渐恢复了南北交通运输的功能。

534年，北魏分裂为西魏和东魏，浚仪在东魏统治下，由于人口和经济逐渐恢复，在此设梁州，以浚仪为州治。576年，北周占领梁州，因城临汴水，改称汴州。隋代北周后，605年，隋炀帝为沟通南北交通，征发民夫100余万，修通济渠，亦称汴渠，从荥阳至江苏泗州（盱眙），再次沟通黄、淮两大水系，并经淮河连接春秋时期吴王夫差开凿的沟通淮河和长江的运河邗沟，从而使黄河水系与长江水系连通。汴州作为通济渠北部的重镇，又兴旺发达起来。

安史之乱开始后，唐朝在河南设立了一系列节度使管理地方，保护运输线。781年，永平军节度使李勉兼任汴州刺史，扩建汴州城。城周长20里155步，城门10座。784年，汴州转至宣武军管辖，节度使刘玄佐将治所从商丘迁到这里，自此汴州成为北方军阀割据的中心之一。

907年，汴州军阀、宣武军节度使朱温废唐自立，以他自己的大本营汴州州城为都，称东都开封府或东京（洛阳称西都或西京）。此后整个五代期间，除923～936年间的后唐定都洛阳，其他历代均定都汴州。

954年，柴荣继承后周皇位，次年着手扩大外城，将城外原有墓葬迁到所划范围7里以外，范围内划定街道、仓库、营房；街道改直放宽，最宽约45米。为日后开封代替长安、洛阳成为一个新兴的大城奠定了基础。他还大修水利，恢复以开封为中心的水道网，疏浚汴水，北入五丈河，与济水相接，东到泗水而直通长江，并掘开汴口，使黄河与淮水相通，江淮漕运粮船可以直达开封，这对开封的发展具有重要意义。

960 年，赵匡胤发动“陈桥兵变”，取代后周政权，自立为帝，改国号为宋，仍定都于此。这座城市从此进入了最辉煌的年代。

北宋时期的东京城分三重：外城、内城和宫城（图 3-1-1）。

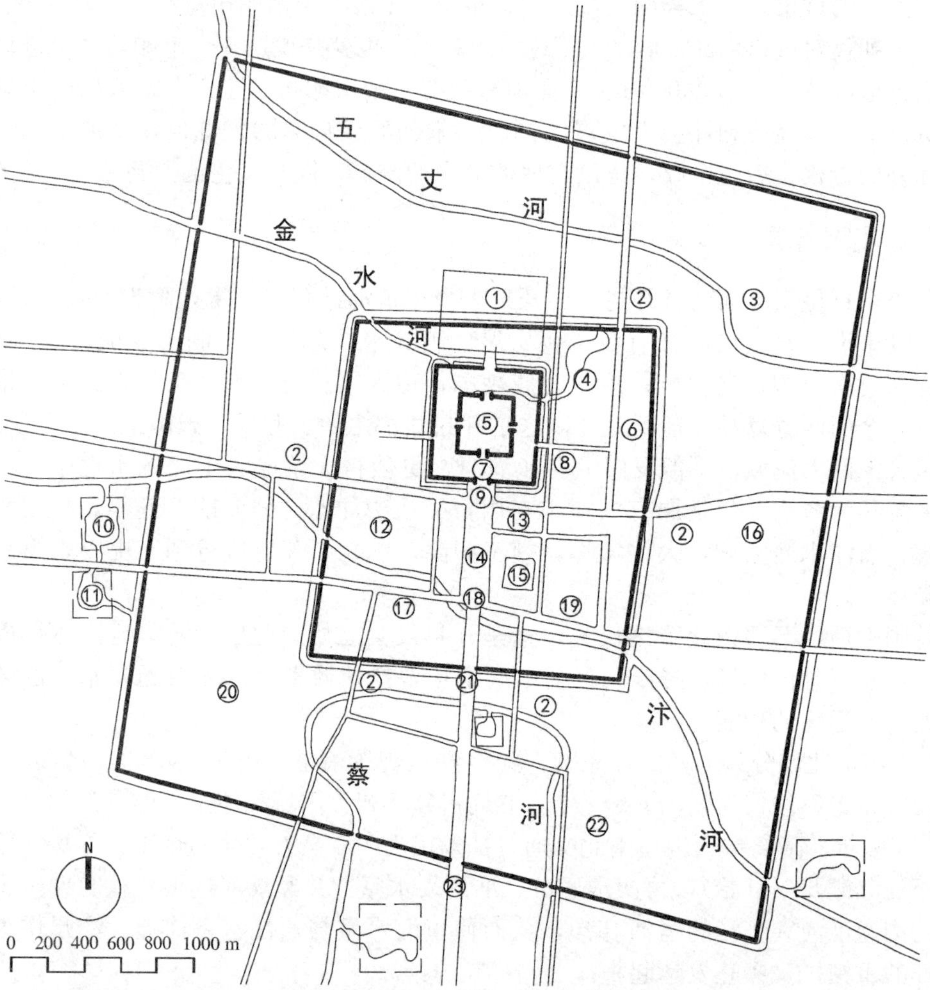

① 延福宫 ② 瓦子 ③ 开宝寺 ④ 艮岳 ⑤ 宫城 ⑥ 马行街 ⑦ 皇城 ⑧ 东华门
⑨ 宣德门 ⑩ 金明池 ⑪ 琼林苑 ⑫ 内城 ⑬ 潘楼街 ⑭ 御街 ⑮ 相国寺 ⑯ 牛行街
⑰ 西大街 ⑱ 州桥 ⑲ 汴河大街 ⑳ 外城 ㉑ 朱雀门 ㉒ 繁塔 ㉓ 南薰门

图 3-1-1 北宋后期东京城总平面示意图（据《中国古代建筑史》第三卷绘制）

宫城，又称大内、皇城，原是唐宣武军节度使治所，朱温称帝后改为皇宫。赵匡胤登基后开始扩建，面积约 1.27 平方公里。部分学者认为此范围应为皇城，其内还另有宫城。城墙辟有 6 门，其中南 3 门：中为宣德门，东为左掖门，西为右掖门；其余三面各 1 门，东为东华门，西为西华门，北为拱宸门。宫城城墙原为板筑土城，1012 年改为砖砌，成为三道城墙中唯一的一道砖墙。城墙四角设有角楼。宫城布局为前朝后寝式，前朝以大庆殿为尊，后寝以福宁殿为尊，两者不在一条中轴线上。著名败家皇帝赵佶在位后期（1111—1125 年），又在宫城北拱宸门外建延福宫，并在宫城东北侧建大假山，名艮岳，各地花竹奇石，都聚于此。

内城，又称里城、阙城，原是唐李勉所修州城，面积约 11.5 平方公里，有 10 座城门。南 3 门：中为朱雀门，东为保康门，西为崇明门（新门）；东 2 门：南为丽景门（旧宋门），北为望春门（旧曹门）；西 2 门：南为宜秋门（旧郑门），北为阊阖门（梁门）；北 3 门：中为景龙门（旧酸枣门），东为安远门（旧封丘门），西为天波门（金水门）。另外，有 2 个角门，一为丽景门南汴河南岸角门子，一为宜秋门北汴河北岸角门子。为了防御上的需要，内城外仍保留有城濠。真宗时，新旧城壕可以经广济河（五丈河）相通。

外城，又称国城、新城、罗城，原为后周柴荣所修，因为是东京城防御的主要屏障，北宋又多次修葺，设防面积约 52 平方公里。城墙为土筑，辟有 12 道城门。其中南 3 门：中为南薰门，东为宣化门（陈州门），西为安上门（戴楼门）；东 2 门：南为朝阳门（新宋门），北为含辉门（新曹门）；西 3 门：中为开远门（万胜门），南为顺天门（新郑门），北为金耀门（固子门）；北 4 门：中为通天门（新酸枣门），东为景阳门（陈桥门），次东为永泰门（新封丘门），西为安肃门（卫州门）。每个城门命名含有交通地理意义，反映出当时东京与附近州、县、市镇的交通联系。又设有 7 座水门，汴河、蔡河、五丈河上各 2 座，金水河上 1 座。外城四周筑有城濠，名护龙河，两侧种植杨柳。

在东京城，河道是城市的重要经济命脉。东京城有四条河流贯城而过（即汴河、蔡河、五丈河、金水河），史称“四水贯都”。四条河通过外城的护城河相互沟通并与城外水道连接，成为城内的重要运输线。金水河通往宫殿区，供给宫廷园林用水。四条河流上皆有桥梁，其中汴河上有 13 座，蔡河上有 11 座，五丈河上有 5 座，金水河上有 3 座。

东京城的布局就规则而言，仍然是隋唐长安宫城、皇城、外城的传统。但它没有预先的完整规划和设计，而是在一个旧城的基础上逐步发展而成，再加上地处交通要道，城市人口众多，商业经济空前繁荣，这些因素导致东京城的布局形式与隋唐都城完全不同，没有割城市一方形成独立的宫城、皇城区域，而是将宫城置于城市中心，逐层向外发展，形成城套城的模式。

东京皇宫居于城市中央，面积仅约 35 公顷，是中国历代中央王朝最小的皇宫。北宋第二代皇帝赵光义曾打算扩大宫城，但周围老百姓不肯被拆迁，只得作罢。皇城实际上根本就没有，内城和外城一样，大部分是商业区和居民区，许多政府衙门、王公大臣府邸都只能见缝插针，在内城甚至外城分散布置，杂处于居民和商业区之间。

东京城的道路不像唐代城市那么整齐划一，而是以较为复杂的坊巷为主体，显示了自然生长的形态。主要街道是通向各个城门的大街：从宣德门至南熏门；从宣德门外向东至土市子，折向北经封丘门延伸至新封丘门；从州桥向东经宋门至新宋门；从州桥向西经郑门至新郑门；这四条街道称为“御路”，为皇帝出入所经。其中，宣德门到南熏门大街称“御街”，为全城的中轴线，同时又与宫城中轴线重合，与东西向的汴河大街一西大街一起奠定了城市的丁字大街格局。宣德门前到朱雀门内的州桥一段宽达 300 余米，实际上是一个宫前广场，中央官署多分列在它的两边。每逢节日，多在这里举行庆祝活动。御街两旁建有东西两列千步廊，又称“御廊”。此外，宣德门前的东西街，东华门到景龙门的南北街也是重要的街道。这些街道宽窄不一，内城中的御路宽度一般宽约 45 米，外城内主要街道最宽可达 75 米，不过大部分仅 38～45 米宽不等。北宋中期以后，沿街店铺不断侵占街道，宽度逐渐缩小。

与隋唐都城相比，东京城最重要的变化在于坊市制度的崩溃。东京设有厢坊制度，城内 8 厢 120 坊，城外 9 厢 14 坊。但厢坊都是基层行政管理单位，不再是古代封闭式的里坊。里坊的围墙完全消失，代之以沿街开设的各种店铺，这些开放的商业街完全消灭了封闭的市场区域。宵禁制度被逐步取消，市民在街道中的活动不再受时间的限制。城市由此终于有机会显露出生气勃勃的本来面目，这是北宋东京与此前所有都城最大的不同之处：它是中国历史上第一座城市生活最丰富、城市开放空间最发达，最集中体现了那个时代的高度文明的城市。至此，完成了中国"城"与"市"的结合。

东京商业和服务业集中的街道包括御街、汴河大街至西大街、潘楼街至牛行街、马行街至相国寺以及东华门外市场。

宣德门—御街至州桥段两边的御廊，每逢皇帝出行时清场，平时则任人摆摊，热闹非凡。州桥以南则全为商铺。汴河大街至西大街横亘整个内城，在州桥与御街交会，使州桥成为东京最繁华热闹的城市标志性场所。潘楼街至牛行街，自宣德门前向东延伸，出内城旧曹门，至外城新曹门附近。马行街至相国寺在内城东部，几乎纵贯整个内城，北起内城旧封丘门，向南与潘楼街交会，再向南经过大相国寺，是一个非常发达的商业中心，称为"瓦市"，其"中庭、两庑可容万人"，"每一交易，动计千万"，再向南至汴河大街结束。马行街北段店铺与住宅混杂，至潘楼街以南则全为店铺。马行街"夜市直至三更尽，才五更又复开张"，有许多酒楼、餐馆通宵营业。东华门外市场，在皇城东门外形成，与马行街平行。

除上述主要商业街外，还有一种综合性娱乐休闲场所——瓦子，由各种杂技、游艺表演的勾栏、茶楼、酒馆组成，全城至少有 6 处大型瓦子，另外至少还有 4 处中小型瓦子。其他各种杂货店、小吃店、饭铺，以及茶楼酒肆等，分散在城内各处。

东京城外，除居民、店肆和手工作坊，还有许多皇家的别宫园囿和达官贵人的园林别墅，也可以说东京的城郊是东京城的游览区。皇家的别宫园囿主要有琼林苑、金明池、宜春苑、玉津园，宋时谓之"四园"。琼林苑、金明池在城西顺天门外，宜春苑在城西金耀门外，玉津园则在城南南熏门外。私人的园林别墅更遍布于东京城外的四郊。

东京在北宋末年 12 世纪初达到其繁盛的顶峰，城区居民合计 26 万余户，约 140 万人。同时期巴格达已经衰落，君士坦丁堡受到十字军和阿拉伯人的不断攻击，也开始走向衰落，故东京是当时世界上最大、最繁华的城市。

1126 年底，金军攻陷东京，几个月后将太上皇、皇帝、后妃子女以及大批宗室贵族和百工艺人统统掳回北方，北宋灭亡。东京一般市民纷纷南迁避难。开封从此一蹶不振。

1194 年，黄河于阳武（今河南原阳县）决口，主流经开封城北 20 里东流。从此，黄河成为开封的巨大威胁。1214 年，金国为避蒙古军进攻，迁都至此，称南京。1233 年，蒙古攻克开封，以开封为河南省治，沿袭至 1954 年。元朝建都北京之后，开始修建京杭运河体系，改经山东而非河南，汴河水系失去在国家运输网络中的地位，又被不断改道的黄河夺占和破坏，明代之后几乎完全淤塞废弃。

元末农民大起义中，开封曾短暂成为红巾军龙凤政权的都城。明代以后，黄河水患多次在开封形成大灾。其中又尤以明末李自成第三次攻开封时引河水灌城一次最为严重，城中原有 37 万人口，除少量外逃者外大部溺死，仅剩 3 万多人。大相国寺、州桥等少数自宋代以来屡经劫难幸存下来的遗迹也全部被毁。经过多次淹没，东京地面已在今日开封地面以下 8～10 米的深处。

1913 年，民国政府废开封府为开封县。1948 年，人民解放军占领开封，设立开封特别市，1949 年改称开封市，1954 年，河南省会由开封市迁往郑州市。

三、南宋临安

临安城位于今浙江省杭州市。春秋战国时初属越国，后成为楚国属地。公元前 222 年，秦灭楚，设钱唐县，属会稽郡，这是杭州历史上最早的行政建置。西汉时仍称钱唐，新莽时改为泉亭县，东汉时复置钱唐县，属吴郡。此时杭州农田水利兴修初具规模，并从宝石山至万松岭修筑了第一条海塘，西湖开始与海隔断，成为内湖。

六朝时期，钱唐县因有山川湖泽之利，南渡北人有不少在此定居。当时钱唐县已建有城郭，约当今杭州市区西北部中山北路与环城西路之间，范围虽较狭小，但已初具规模。梁太清三年（549 年），改钱唐县为临江郡，陈时改为钱唐郡，从此上升为郡一级的治所。

589 年，隋朝改钱唐郡为杭州，州治最初设在余杭县，591 年迁至凤凰山麓的柳浦，依山筑城。城周长 36 里 90 步，有城门 12 座，水门 5 座。城垣东临盐桥河（今中河），西濒西湖，南达凤凰山，北抵钱唐门，东划胥山于城外，西包金地山、万松岭于城中。其中见于前人记载城门的共有 4 座：钱唐门，至清犹存；盐桥门、炭桥新门，皆在盐桥河以西，至五代吴越时犹存；城之南门为凤凰门，其所在地无考。此次筑城，奠定了杭州城的基础。610 年，隋炀帝又开凿从镇江至杭州的江南运河，打算东巡，虽未能成行，但杭州自此成为江南运河和整个大运河体系的终点，东南交通的枢纽，其地位起了显著的变化，为日后杭州的繁荣奠定了基础。

唐初为避国号讳，改钱唐县为钱塘县。由于南方经济受北方动乱影响较小，杭州城日渐繁荣，人口也迅速增加。在一百多年间，户口增加了近五倍。当时城北武林门一带，由于大运河的通航，成为重要的货物集散地；城东南沿钱塘江一带成为海外贸易的码头。江中海舶云集，市区内商铺众多。到唐代中后期，杭州已是“户十万，税钱五十万缗”，占全国财政收入的二十四分之一。但在江浙一带，仍屈居扬州、苏州和越州（今绍兴）之下。

907 年唐朝亡，杭州军阀钱镠建立吴越国，为五代十国之一，定都杭州，称西府，亦称西都。杭州从州治上升为国都，一跃成为东南地区政治、经济和文化中心。吴越国统治江浙 71 年，社会相对安定，经济比较繁荣。

钱镠先后三次拓展与营建杭州城。第一次扩建了杭州城的西南部，形成一道五十多里的新夹城，并在西南部设置了龙山门、西关门，使原来防御薄弱的西南城得到加强。第二次拓展了隋朝杭州城的东北部，建造了外城，又称罗城。910 年筑从艮山门到六和塔的沿江堤岸“钱氏捍海石塘”，沿钱塘江边第三次扩建罗城，将杭州城墙的东界从盐桥河西侧的罗城向东拓至今东河西岸。至此，杭州城形成了“南北展而东西缩”的腰鼓形状（图 3-1-2）。

钱缪以凤凰山下隋唐州城为基础，建造子城（又称牙城），作为王宫所在地。至此，杭州城有子城、夹城和罗城三重，规模宏伟。城市东临钱塘江，南达六和塔，西至雷锋塔，北抵武林门外的夹城巷（长板巷）和艮山门一带，形成以凤凰山为制高点，以贯穿南北的盐桥河及与之平行的主干道为主轴线，“南宫北城”“前朝后市”的格局。

它奠定了古代杭州城的基本格局。在此期间，杭州的城市布局经历了从封闭的里坊制向开放的坊巷制的过渡，坊巷与官府、酒楼、茶馆、商铺、寺观杂处，促进了城市经济与文化的发展。

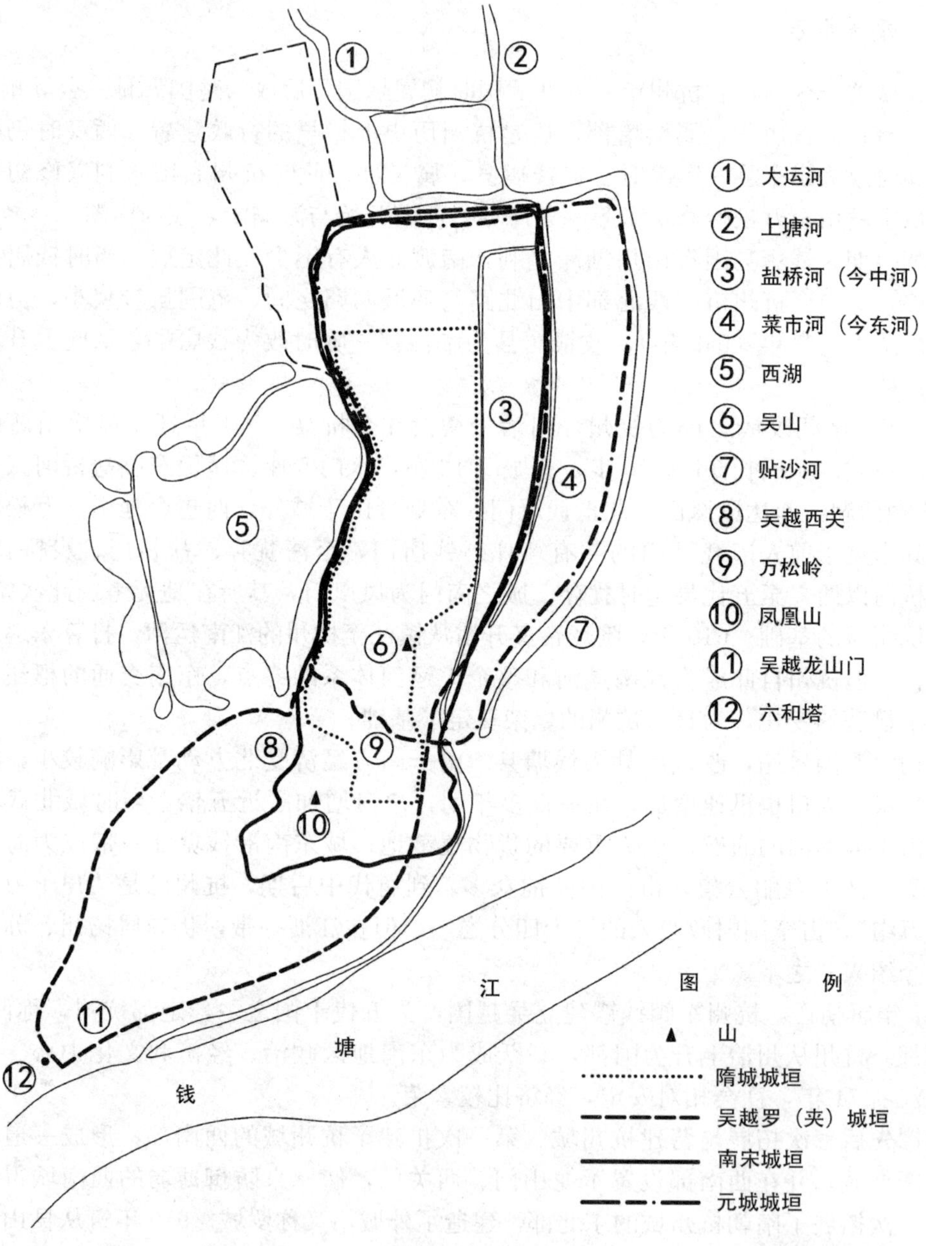

图 3-1-2 南宋临安城址变迁示意图（据《中国古代建筑史》第三卷绘制）

宋太平兴国三年（978 年），吴越国向北宋纳土入朝，成为北宋的一部分。此后，杭州为两浙路治所，号称“东南第一州”。这时期杭州的人口超过苏州，城市经济进一步繁荣，手工业有了更大的发展。丝织业成为江南丝织中心，设有官营的制造作坊。印刷业发展成为全国印刷业的四大中心之一。另外，瓷器业、造船业也都很发达，对外贸易更是因为两浙市舶司在杭州的设置而日渐繁荣。

北宋灭亡之后的 1129 年，皇帝赵构南渡杭州，改州治为行宫，并升为临安府。1138 年正式以临安府为都城，称为行在。从此临安城成为南宋全国政治、经济、文化的中心（图 3-1-3）。

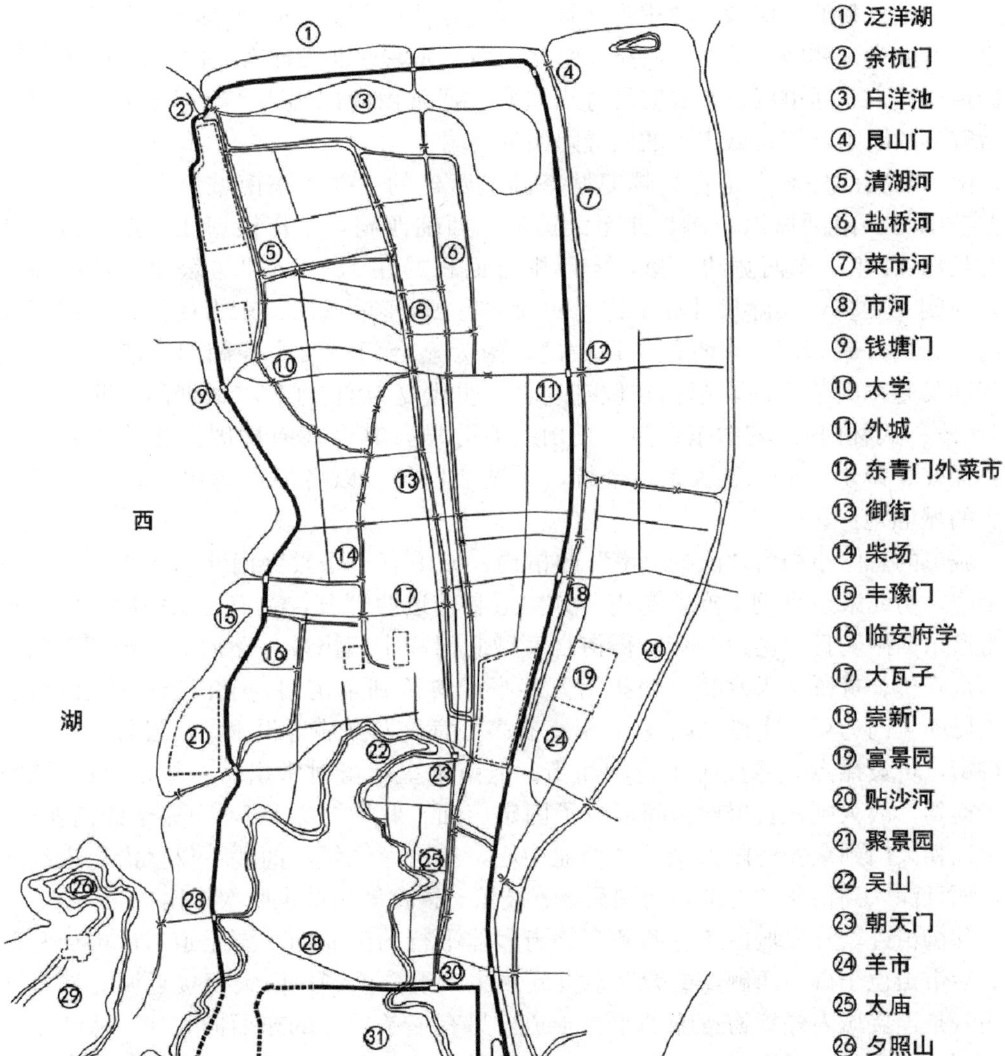

图 3-1-3　南宋临安府城总平面示意图（据《中国古代建筑史》第三卷绘制）

南宋建都临安后，增筑内城及东南的外城。内城即皇城，系在凤凰山东麓原吴越国子城的基础上扩建而成，记载为周长 9 里，实际面积可能在 50 公顷至 1 平方公里之间。南面有三门，正中为丽正门，通常只有在举行国家大典时文武官员才允许从此门进入。门外有两待班阁，又有左右两阙门。左阙门外为登闻检院，右阙门外为登闻鼓院。南面是外朝的大庆殿，殿东为祭拜祖先的钦先孝思殿，殿西为日朝的垂拱殿。北部主要宫殿为延和殿，其西为后苑，东北为太子东宫。北面亦有三门，正中为和宁门，与御街相接，北通市区，文武官员进出皇宫，通常由此门出入。宫殿布局仍遵循"前朝后寝"的原则，但在城市中的位置则偏于南端。

南宋临安的外城也是在吴越旧城基础上营建的，并将东南城垣向外扩展。城垣四至范围为：南到凤凰山脚，北至大运河，西临西湖，东依钱塘江。据记载，城区南北长约 14 里，东西宽约 5 里，实际围合面积约在 13～15 平方公里。城墙高三丈多，横阔一丈多，实际尺寸亦不详。四周共有 13 座旱城门：东为便门、候潮门、保安门、新门、崇新门、东青门、艮山门；南为嘉会门；西为钱湖门、清波门、丰豫门（即吴越国时涌金门，赵构在位时改名，明代复为涌金门）、钱塘门；北为余杭门（明代改称武林门）。其中东青门、艮山门有瓮城，其余建有楼阁。此外还有 5 座水门：保安、南水、北水、天宗、余杭。在城墙以外，以各城门为中心，形成了面积广大的城厢地区。

城市的总体布局为"前朝后市"的格局，城中有一条贯穿南北的大街，为城市的中轴线，仿北宋东京例，亦称御街。分主道和辅道两部分，主道位于中间，两条辅道在主道东西两侧且与主道相接。御街自皇城北门和宁门出发一路向北，经朝天门、官巷、众安桥、贯桥至天水桥，西折沿万寿亭经斜桥到余杭门，全长当在 4 公里以上。御街以朝天门为界，南称"南瓦"，沿街有多处官署及文庙等设施，又设红杈子，如东京御街，可设摊点，遇皇帝出行则净街。但南宋皇帝虽时常出宫，却多半都是微服，极少摆驾，故久则在官署设施间形成了固定店面。北称"界北"，为完全的商业街区。其中以朝天门到众安桥段为全城的商业中心，在这一区域，商业不仅呈沿街道线状延伸，而且深入到街坊的内部，周围瓦子、妓馆、饮食等店铺也鳞次栉比。

除御街外，临安城内还有两条与御街大体平行的南北向主要干道：后市街和西大街。后市街位于御街西侧，街旁皇亲贵族簇集，十分繁华；西大街接近城北部运河大码头，是连接城内外货物运输的主要干道。另有三条重要的东西向大街：从钱塘门至东青门、由丰豫门抵崇新门、由清波门抵新开门。它们都以御街为中心，向东西两边延伸，与城内诸城门相通。城中各厢坊之间，分布有形态不规则的南北向纵横交错的街巷，路面多以石板铺设而成。

城内还有四条南北向的河道：一是位于御街以东、沟通大运河和钱塘江的盐桥运河，二是位于盐桥运河之西的市河，三是流经城西的西河，四是流经城东的茅山河。这四条河道和城外的大运河、龙山河、下塘河、新开运河、城河等十余条河相通连，保证了临安城内外的航运畅通与物资供应。在这些河道上架设了大量桥梁，到南宋后期，竟多达 347 座。

由于城墙以内的面积不超过 15 平方公里，容量有限，在城外形成了大面积的郊区。1141 年，在城南北设立两厢，此后在城外逐渐形成了 15 个商业繁盛、居民集中的市镇。1167 年，在这两厢设立两处都巡检使司，下设 10 余处巡检司寨，分布郊区各地，负责治安。至南宋末年，临安城区人口为12.4万余户，60余万人，郊区人口大体相当，总人口超过120万。

早在隋唐时期，西湖已成为杭州城的标志。经过唐宋以来的长期疏浚和整治，到了南宋时，其繁华达于极点。西湖南北长3.3公里，东西宽2.8公里，水面面积5.66平方公里。其周围环布着皇家园林，包括西湖东岸的聚景园，南岸的庆乐园、屏山园，北岸的集芳园、四圣延祥园等。这些园林弥补了南宋宫廷狭小的缺陷，使皇家园林得以延伸至西湖边，其中有些园林还面向市民开放。湖畔建筑密集，据宋人周煇记载，“湖上屋宇连接，不减城中”。

1276年，元军进入杭州，一代名城遭到空前的洗劫。元统治者强令各地拆毁城墙，杭州城墙亦在此时被毁。西湖此后长期废而不治，湖区陆续被地主豪强支割围垦。城内诸河也因年久失修与江湖隔绝，以致西湖湮塞，城市萧条。

元代改临安为“杭州路”，为江浙行省的省会治所，沿袭至今。

四、平江府

平江府城即今江苏省苏州市。它位于太湖东北岸，周边为水乡平原，有长江横贯东西，娄江、吴淞江、东江纵流全境，连接太湖，水陆交通便捷。

苏州春秋时属吴国，后成为都城。吴王阖闾元年（公元前514年），命伍子胥在虎丘山下营建新都，称吴都、吴城，又称阖闾城或吴大城。《吴越春秋》载：“子胥乃使相土尝水，象天法地，造筑大城。周回四十七里。陆门八，以象天之八风；水门八，以法地八聪。”其中城西有阊、胥二门，城南有盘、蛇二门，城东有娄、匠二门，城北有齐、平二门。平时东门不开，表示绝越。同时城外有郭，周长68里60步；内有子城，周长12里，形成外郭、大城和子城三重城，以子城为其王宫。此后越国灭吴，后楚又灭越，城市经过多次破坏。

秦统一六国后，设吴县，为会稽郡治。当时吴县的疆域大致与今苏州市相仿，但人口仅1万户左右。东汉时分会稽郡东北部另置吴郡，以吴县为郡治，将会稽郡治迁往山阴（今绍兴）。三国时属孙吴政权。南北朝时期，随着北人南迁，吴郡的社会经济有了较大的发展。隋开皇九年（589年）改吴郡为苏州，这是苏州得名之始。610年，江南运河开通，使运河傍苏州城而过，这时期苏州筑罗城，城市有所扩展，此后再也没有大的变化。

唐代的苏州城水陆交通便利，城内河道纵横交错，和陆道并行。居民住宅，都是前街后河。受里坊制限制，全城被划分为60坊。市场被限制在东西两市，各占一坊。子城为苏州刺史府及属官衙署占据。距子城较远的南北两端仍然是空闲地和农田。

五代十国期间，吴越占据苏州，重修苏州城，以砖砌筑。新修的砖城高二丈四尺，厚二丈五尺，里外都有城濠，使苏州城曲折迂回，水环河绕，奠定了此后苏州城市的格局。

入宋以后，苏州作为江南经济中心之一，继续发展。1034年，范仲淹出任苏州知州，疏河排水，进行了大规模的城市建设。1113年升苏州为平江府。这时，全府人口超过15万户，约80万人。

南宋初期，金兵曾于1130年攻入平江，大肆劫掠，使苏州几成废墟。在此后一个世纪中，经过两次较大规模的修治，这座被毁的古城才逐渐恢复了昔日的壮丽风貌。到南宋末年，平江府人口已达约33万户，超过170万人，较北宋末年增长了一倍。南宋平江府城的情况被1229年刻制的一方大型石刻城市地图《平江图》碑记录下来（图3-1-4），该碑现存苏州文庙碑刻博物馆。

宋平江府城为长方形，面积约14平方公里，有内外两重。外城周长约70里，环绕宽约130米的护城河，西、南与京杭大运河重合。城门从春秋时期的8座减为5座，为阊、盘、葑、娄、齐五门，都设有水门，水陆两用。其中，齐、娄、葑3门今均已毁，仅阊、盘二门尚在，盘门保存较完整。

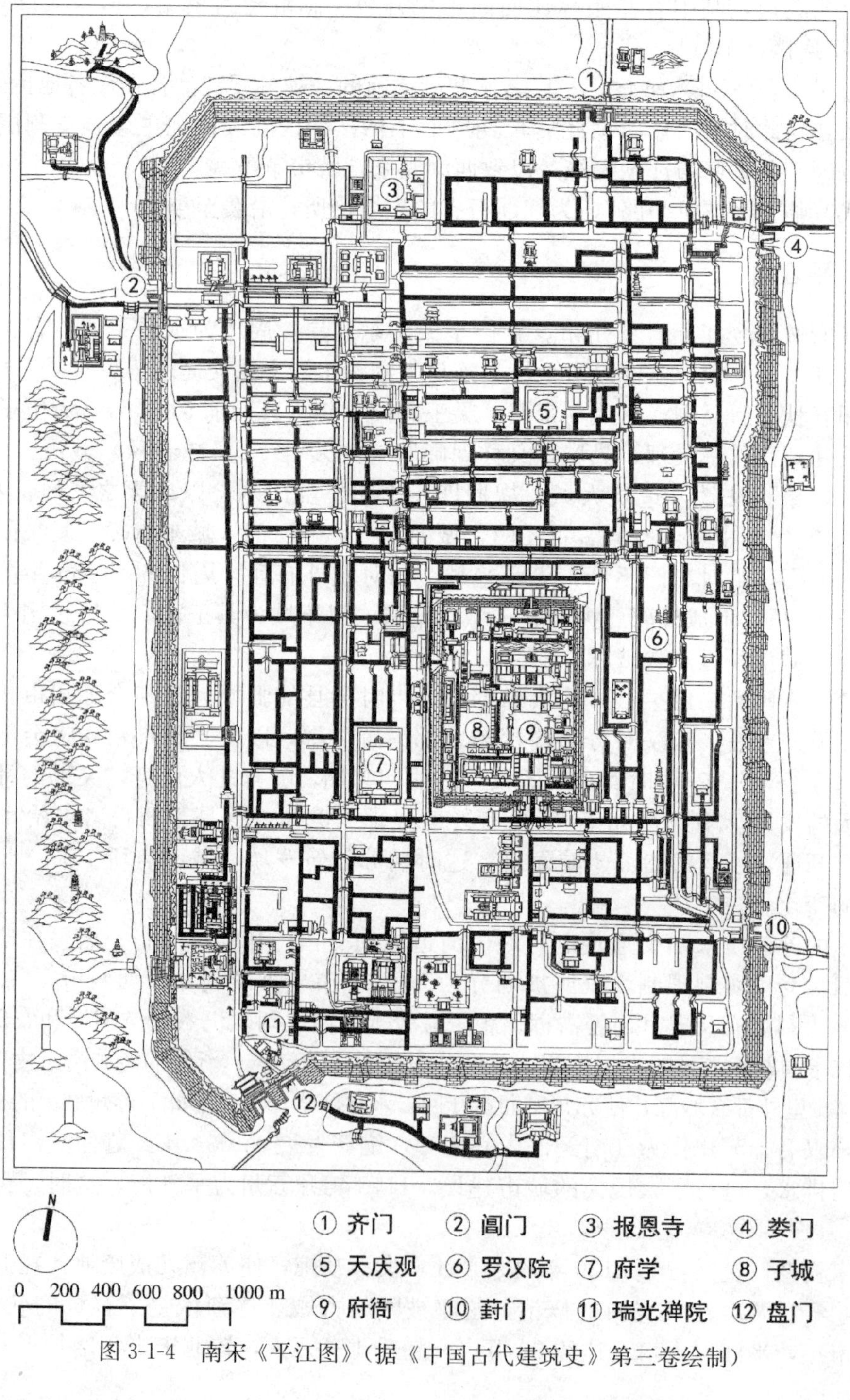

图3-1-4 南宋《平江图》(据《中国古代建筑史》第三卷绘制)

长江三角洲水系发达，苏州因此成为一座水网城市，设有水、陆两套交通系统，河道总长 82 公里。街道、河流布列成棋盘形，街、河并列，南北向 6 条，东西向 14 条。河流经过整治或开凿渠化后，河道变直，断面规则，与城市方正的街坊相得益彰，形成河街的格局。完整的城内水系既可通行船只成为交通线，又是城市给排水系统，并提供消防水源。以河为骨架来分隔街区的城市格局对苏州城址的稳定起了积极的作用。尽管战乱或天灾毁坏了建筑物，但是河道基础存在，只需修整，城市马上就得以恢复。

府衙位于子城，在城内偏东南位置。子城前形成丁字大街格局，但城市的骨干道路是府衙西面和北面的十字大街。

子城设有南、北、西 3 座城门，皆有城楼。南门为正门，有榜书“平江府”三个大字。门内分东西两路，东路为主体，建筑物依次排列，以“黄堂”为大堂，是知府举行正式仪式的场所。府署后为设厅，是知府举行正式宴会的场所。设厅后有小堂，为知府日常办公处。后有通廊通向知府住宅和花园。西路南部为属员办公处，北部为教场，是知府亲兵训练场，旁边还有作院，为府署直属的作坊。建筑相当密集，仅重要建筑即有 30 座以上。

城内居住区密集，以城北尤盛。居民住宅临水面街，夹岸相望，运输极为方便。与此相应，城内桥梁遍布，有名可考者 285 座，加上城外的桥梁，共计 314 座。唐代时，苏州的桥梁均为木质，宋代“叠石甃甓”，都改成了“工奇致密”的石桥。

1035 年，时任苏州知州的范仲淹在城内东南部子城以外兴建苏州州学（后来称府学），和祭祀孔子的文庙结合在一起，形成东庙西学、两轴并列的格局，又在庙前开挖泮池，在西边建造斋舍围合庭院，从此开创了中国官学庙学合一的体制，其建筑形制为各地普遍效仿，因此有“天下之有学自吴郡始”的说法。后来多次增修扩建。

平江府城内有相当数量的宗教建筑，城内外寺观庙宇多达 139 处，包括天庆观、开元寺、承大寺、报恩寺、普门禅院、瑞光禅院、万岁禅院、定慧禅院等。

城北的报恩寺，是苏州历史最悠久的寺院之一，始建于三国赤乌年间（238—251 年），始称通玄寺。唐初改称开元寺，五代末易名为报恩寺。报恩寺塔是苏州南北向主要大街的对景，始建于南北朝梁武帝中大通四年（532 年），原为 11 层，南宋绍兴二十三年（1153 年）重建，改为八边九层，高 76 米，为江南第一古塔，现称北寺塔。

城西南盘门内有瑞光禅院，建于赤乌四年（241 年），当时名为普济禅院，赤乌十年又建十三层舍利塔。现存的瑞光塔建于北宋景德元年（1004 年）至天圣八年（1030 年）期间，八边七层，高约 54 米。

天庆观位于城中心，创建于西晋咸宁二年（276 年），初名真庆道院，唐代称为开元宫。南宋初年毁于兵火，之后重建。正门前东西向街道称观前街，正对山门的南北向道路名为宫巷。元代改称玄妙观，清代曾经因为避讳皇帝玄烨的名字改名园妙观。观前街从唐代至今一直是苏州最繁华的商业街。

元代改平江府为平江路。元末动乱中，张士诚占据平江，自称吴王，以子城为其王府。1367 年朱元璋攻克平江，将子城摧毁，此后不曾重建，一直为荒地，民国时建为苏州公园。明朝改平江府为苏州府，为管理南直隶长江以南部分的应天巡抚驻地。清代为江苏巡抚驻地。1860 年，太平天国攻占苏州，城内外发生大规模火灾，数十万苏州市民逃往上海租界避难，从此江南经济中心从苏州转移至上海。

五、泉州

泉州地处晋江入海口北岸的泉州平原，北倚戴云山脉，南面晋江，东临泉州湾，西面丘陵起伏，物产丰富，北有武夷山作为屏障，气候温暖湿润。在自然地理条件上具有发展农业和海上贸易的优越条件。

泉州建置形成较晚。直至东汉时期，这里还以古越族居民为主。东汉末年孙权割据江东，经多次用兵，基本控制福建，260年前后在今南安市丰州镇设东安县，为整个闽南地区建立的第一个县，距后来的泉州城约5公里。280年西晋灭吴，282年改东安县为晋安县。至西晋末年，北方地区发生动乱，大批中原地区人民为躲避战乱，南下进入福建，主要有林、陈、黄、郑、詹、丘、何、胡八姓，史称“衣冠南渡，八姓入闽”，促进了当地的开发。隋代改晋安县为南安县。唐代于684年在南安县设立武荣州。711年改名为泉州。720年，州城从南安迁至今泉州城，并设晋江县为附郭。自此泉州城址终于固定下来。

泉州唐城呈四方形，里坊布局，前市后朝，南北大街为中轴线。泉州的建立是因唐代海上交通的需要，以此为契机，泉州开始走向繁荣，并成为唐代重要港口之一。

五代是泉州城发展的另一个重要阶段，这一时期泉州先属闽国，后属南唐，因地处偏僻，未遭大灾。到五代末期，泉州已有三道城墙。最内为州治所在的衙城，规模非常小，约200～300米见方；中圈为子城，即唐代外城；最外为罗城，设防面积约1平方公里。城池环植刺桐树，故有“刺桐城”之称。

泉州在宋代进入一个高速发展的时期。由于大量北方移民的迁入，人口不断充实，在980年到1080年的百年间，泉州及其所属各县人口由38万人增长至100万人，土地得以开垦，道路、桥梁等得以建设，为泉州海外贸易的发展提供了经济基础。与此同时，泉州逐渐成为通往日本和朝鲜的转运中心，虽然浙江明州（今宁波）与上述两地有更为长久的交通历史，但泉州当时还是边陲之地，商人们利用政府管理的松懈大量走私，形成了十分繁荣的非法贸易。至北宋后期1087年，终于在泉州设立市舶司，管理海外贸易事务并征收关税，泉州从此成为正规的海上贸易港口。

北宋时期，泉州子城大体沿袭了唐代格局，只是予以加厚增固，东南西北各开一门。另一方面，罗城成为泉州城池的主体，形态基本沿袭五代，形状呈不规则梯形，南边较北边为长。整个城池设有7座城门，即东门（仁风门）、西门（义成门）、南门（镇南门）、北门（朝天门）、东南门（通淮门）、新南门（通津门）、西南门（临漳门）。城外有城濠，与晋江连通，每个城门都有水关，可供运输。北宋宣和二年（1120年），郡守陆藻增筑罗城城墙，外砖内石，基横二丈，并有加高，自此泉州由砖城改为石城，后历有修缮加固（图3-1-5）。

城内空间结构以两个十字街作为基本骨架。城中心称为顶十字街，是唐代子城四街的延长，东西为东街和西街，南北从子城崇阳门至泉山门。中十字街紧靠城墙，东称涂门街，西称西门街，南北方向从崇阳门延伸至罗城镇南门外。元佑二年（1087年），在镇南门界外设市舶提举司，管理对外贸易事务，反映了当时这一区域海外贸易的繁荣。

北宋崩溃之后，又有大批北方人口进入泉州，仅皇室成员就有500余人，原在宋南京（今河南商丘）负责管理皇室成员的南外宗正司也迁至泉州。在失去北方港口后，泉州承担了更多的对外贸易业务，城市人口也随之增长。原有的城市不能满足居民日

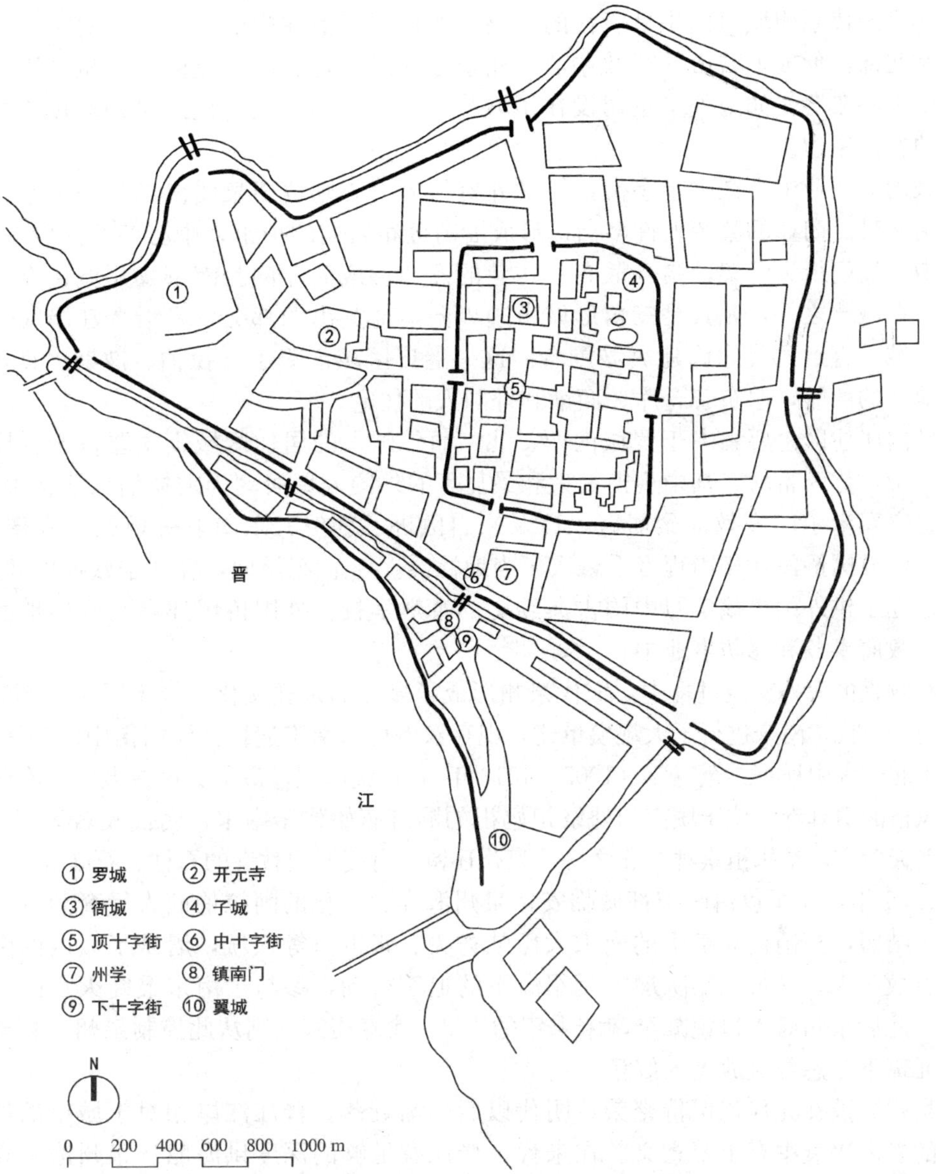

图 3-1-5 南宋泉州总平面示意图（据《中国古代建筑史》第三卷绘制）

益增长的生活、商业等需求，因此也随之扩张。南宋初年，为保护晋江与城市南部之间的商业区域，泉州城进行了自唐以来的第三次大规模扩建，从西南的新门起，沿江筑城，将城南部分包围起来。这次扩城将设防面积增加到约 6.2 平方公里，并进一步促进了城南沿江关厢的发展，在城外天后宫路、土地路交界处形成了下十字街，由此构成泉州城顶、中、下三个十字街的城市骨架。到南宋后期，泉州包括所属各县人口超过 130 万人。泉州城内设有 5 厢 80 坊，号称 50 万人口。

总体来看，南宋泉州城市继续朝南向晋江发展，扩建后平面呈略三角形，形态较不规则，其发展的逻辑是以原有方正子城为基础，内部十字街道向外延伸形成骨架，城市扩建时，沿着新发展的地区外围修筑城墙。由于城市是逐步扩建，加之地形限制，道路系统并不规整，城市轴线也不是严格的直线，道路系统以及旧有城墙将城市划分为不规则的方格网系统，形成各个区域。

尽管宋代泉州城垣面积是唐代的6倍，但包括府治在内的大多数政府机构仍集中在子城北部，形成了城市的行政中心，州学亦在其附近。新设立的行政机构则离开原有城市中心布置，如南外宗正司设在子城外，市舶司和征收商税的机构均设立在镇南门外的晋江岸边。

城内的商业中心在中十字街，而对外贸易的中心则位于泉州南部从中十字街到下十字街一带。商业的繁荣在许多街道形成沿街分布店铺的街市，中心商业区以东门街、南门街、涂门街为骨架，结合散布各坊巷的商肆形成商业网。南宋泉州城还有很大一部分都在城墙之外，尤其是三角形城市边界向南部突出的部分，是沿晋江岸线形成的港口区域，直到元代才修建翼城围合。这一港口区域汇集了阿拉伯、波斯、日本、南亚等地区的商船，遍布着仓库、商铺和外国人的住宅。

城内居住区主要集中于罗城内西、北，而外国人的居住区域则主要位于罗城南门内外一带，称为番坊，其中规模最大和最显著的外国人聚居区为阿拉伯穆斯林聚居区，其他也有泰米尔印度教徒聚居区，以及来自欧洲、朝鲜、东南亚等地的外商聚居区。在宋代，外国侨民在相当程度上融入了当地社会。12世纪早期，在北宋政府的要求下，泉州建立了供外国男孩学习中国古典经史的番学学校。外国侨民还参与到当地的城市建设、政府事务和海防事业中。

在频繁的海外交流过程中，宋代泉州形成了多元的宗教文化。位于罗城西部的开元寺始建于唐代，南宋进行了大规模重建，现存双塔均为南宋遗构。涂门街中段的清净寺，始建于北宋大中祥符二至三年（1009—1010年），是我国现存最早、最古老的具有阿拉伯建筑风格的清真寺。位于城南门外祭祀妈祖的顺济庙始建于南宋，明代改名天妃宫，清代改名天后宫，是妈祖崇拜祖庙之一。泉州还留存有婆罗门教寺的石柱、石雕等。

1276年，元军攻占南宋都城临安，泉州海商、汉化的阿拉伯商人后裔蒲寿庚据城与元军结盟，拒绝拥立皇子的南宋大臣陆秀夫、张世杰等入城，屠杀了城内的南宋皇室成员数千人，又带领船队加入元军海军的追杀行动，参与了南宋最终灭亡的伶仃洋之战。此后泉州府人口锐减至南宋末年的1/3，蒲寿庚家族则从此控制泉州，直至明初被朱元璋下令悉数流放充入奴籍。

泉州海港在元代仍保持繁荣，明代以后逐渐衰落。晋江江岸相对于城市的位置在泉州的发展兴衰中有重要意义。在宋代，晋江有足够的深度供海船从泉州湾一直航行到南安。由于上游山区的不断开发，晋江携带的泥沙量非常巨大，大约是福州闽江的2.6倍，是漳州九龙江的4.8倍，泥沙在晋江下游不断沉积，导致港口逐渐淤塞。从明代起，泉州港的地位逐渐由漳州、厦门所代替，而泉州城市的发展从此陷入停滞。

第二节　中世纪欧洲

公元800年，查理曼在罗马加冕成为“罗马人的皇帝”，自罗马帝国崩溃以来西欧的持续动乱至此基本结束，秩序逐渐得到恢复。西方城市进入了一个新的发展阶段。

一、中世纪

476年，西罗马帝国灭亡，西欧从此进入中世纪（Middle Ages）。

游牧民族在西欧持续近400年的迁徙、劫掠和相互攻击，使此前数百年积累起来的罗马文明几乎完全毁灭。在此期间，基督教会成为欧洲唯一的稳定因素，也是唯一传承了文化知识和技能的组织。

8世纪后，日尔曼蛮族的一支法兰克人逐渐控制了欧洲的大部分地区，他们由于较早接受了基督教信仰，得到了教会的支持和帮助，逐渐建立起自己的政治经济体系。法兰克王国成为变幻不定的蛮族诸王国中较强大和稳定的一个。

771年，查理曼（Charlemagne）成为法兰克王国的国王。在以后30年间，他基本统一了西欧和中欧，并协助教会使整个欧洲信仰基督教，又支持教皇建立对罗马城的控制。

在此期间，罗马天主教会建立了完整的组织制度：基本的组织单位为主教区（Diocese），设主教堂（Cathedral）一座，辖若干总铎区及/或堂区，管理者称主教（Bishop）。主教在其辖区内任命牧师（Priest）负责一个较小地方的传教，其服务范围称为教区或者堂区（Parish），在其中建立一座小教堂作为宗教活动的场所，这种最基层的教堂称为教区教堂（Parish Church）。当主教区人口或地域规模较大时，可以设若干位总铎（Dean）协助主教管理若干个教区。若干个主教区组成教省（Ecclesiastical province），管理者称大主教（Archbishop），通常为其中一个最重要的主教区的主教。少数最有声望的大主教组成红衣主教团（Cardinals），选举其成员出任教皇。罗马天主教会因此成为欧洲组织性最高的团体。

800年，教皇在罗马为查理曼加冕，宣布他为“罗马人的皇帝”（Emperor of Romans），即西罗马帝国的继承人和基督教的捍卫者。查理曼的帝国使西欧在西罗马帝国崩溃后第一次出现了普遍的和平，经济和文化开始恢复。

814年，查理曼逝世，他的帝国迅速瓦解。843年，查理曼的三个继承人签订条约，将帝国分为三部分：莱茵河以东、意大利以北称为东法兰克王国；帝国西部大致接近今天法国版图的地方称为西法兰克王国；两者之间从北海一直到意大利中部的狭长地带称为中法兰克王国。870年，中法兰克王国因为后继乏人，被东法兰克王国和西法兰克王国瓜分。查理曼的皇帝头衔起初由东法兰克王国和西法兰克王国的国王们轮流继承，到10世纪以后由东法兰克王国的公爵们选举产生，称为“神圣罗马帝国皇帝（Römisch-deutscher Kaiser）”，并不是完全的世袭职位。

尽管查理曼帝国存在时间很短，但由法兰克王国开始的政治经济体系已经由他推广到欧洲各地。这一体系的核心是领主制。

在领主制下，最重要的社会集团是贵族，大体可分为公爵（Duke）、侯爵（Marquess）、伯爵（Earl或Count）、子爵（Viscount）、男爵（Baron）五等，均为世袭贵族，拥有自己的领地、军队，故称领主。此外，尚有终身贵族骑士（Knight），法语称Chevalier，德语称Ritter，为贵族的战士，也有自己的土地，但不能拥有军队，只能拥有随从。公爵、侯爵、伯爵为大贵族，其领地基本等于一个独立国家，拥有完全的司法权，其土地又层层分封给下级领主，以为上级领主服兵役为条件。罗马天主教会在各地的主教和大主教也拥有数量众多的土地，因而也可以被视为一种领主。皇帝和国王则是最大的领主。领主之间时常发生战争，但战争的主要模式变成少数职业军人即贵族、骑士及其随从之间的较量，与普通人的生活几乎无关，反而为商人提供了商业机会。

领主制的延续、领主之间的遗产继承和婚姻继承关系导致欧洲在此后800年间的政治地图呈现出极度混乱的景象，以至于欧洲几乎可以认为是个统一体。领主土地上的经济是庄园制自然经济，几乎是自给自足的。领主制的底层是大批农奴、佃农，他们过着贫困的生活，因而经常有人逃亡。从 9 世纪开始，不属于任何庄园的人开始增加。他们在一些交通要道或者强大领主的城堡附近定居下来，为领主和过路人提供贸易或手工业的服务。一些这样的定居点规模逐渐扩大，形成城市。基督教会组织的朝圣活动带动了商路的发展，将城市连接起来，形成了陆地和海上的贸易网络（图 3-2-1）。

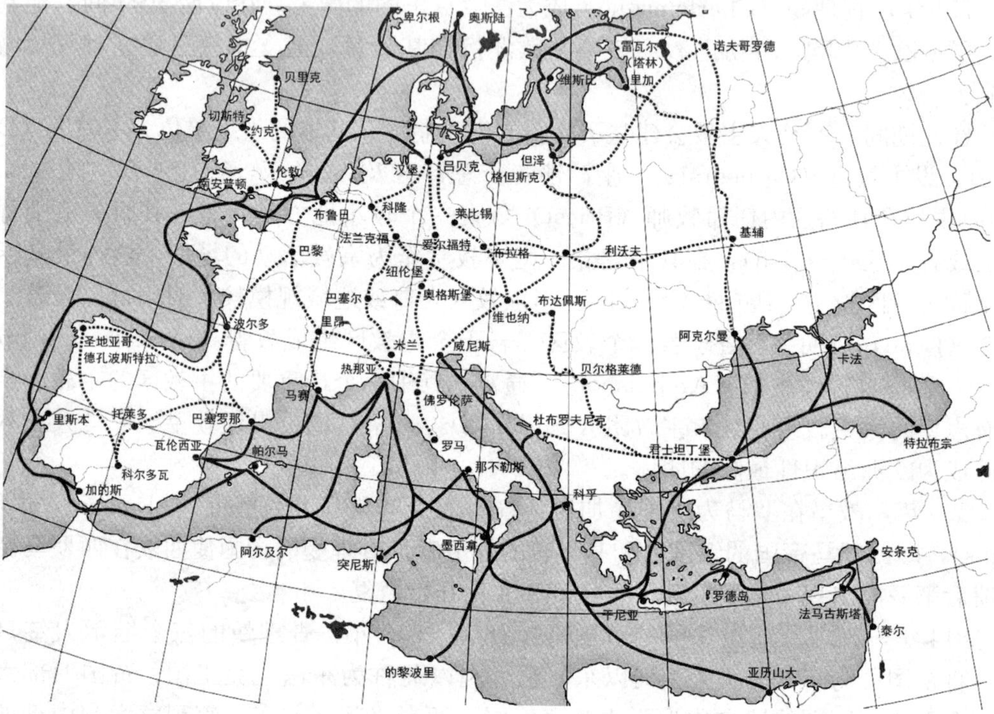

图 3-2-1　中世纪欧洲主要海上和陆地贸易线（据 A History of Western Society 绘制）

10 世纪以后，城市日益发达，城市里的商人和手工业者结成行会（Guild），以保护自己的社会和贸易利益。

在中世纪欧洲，成为一个城镇的标志是拥有自己的教堂，是一个教区的中心；而成为一座重要城市的标志是该城市驻有一名主教，是一个独立的主教区，管辖周围的其他城镇和农村地区。因而在城市里兴起了修建教堂的热潮。

11 世纪起，由于商业活动日益扩大，领主们的事务日益复杂，对知识的需求日益增加。1088 年，在意大利北部波河流域城市博洛尼亚（Bologna）建立了第一所并非为教会培养职业神职人员，而是面向整个社会的大学。1096 年，在英格兰的小城牛津（Oxford）开始了类似的教学活动，后来被当作牛津大学的起点。从 12 世纪开始，欧洲各地陆续出现了更多的大学。

1054 年，基督教会正式分裂为西方使用拉丁文的罗马天主教会（Roman Catholic Church）和东方使用希腊文的正教会（Eastern Orthodox Church）两部分。东方正教会不再承认罗马教皇的权威，以君士坦丁堡大主教为其名义首领，各地大主教分别组成“自主教会”，基本上自行其是。

1096 年，罗马天主教会以收复被穆斯林统治的基督教圣地耶路撒冷为由发动十字军东征。至 1291 年，一共发动了 9 次东征，主要来自西欧各地的贵族、骑士和农民远征至地中海东岸，一度在那里建立了耶路撒冷王国等 4 个十字军国家，途中穿过整个欧洲，并顺便劫掠了东罗马帝国，打击了东方正教会，获得了大量的财富，带回了海量的知识。西欧的庄园自然经济因此逐渐解体，城市中的自由民数量和自由民的权利不断增加，加速了城市的发展。

12 世纪以后，城市重新成为西欧各地的经济文化中心。行会头目成为城市的领导人和管理者，他们通过种种手段，从领主那里得到管理城市的部分甚至全部权力。同时，为确保他们对城市的领导地位，为城市提供公共服务成为他们的职责。城市的复兴使中世纪欧洲文明达到其高峰，同时也预告了中世纪的终结。

二、威尼斯

威尼斯（Venice）地处意大利半岛北部东侧，亚得里亚海北岸的潟湖上。它是一座水上城市，由 120 多个大小岛屿组成，四周的咸水湖为它提供了安全保障。

5 世纪时，罗马帝国衰微，亚得里亚海北岸沿海地区先后被各种游牧民族部落洗劫。一群从附近的帕多瓦（Padova）等地来的难民逃到这里，在一些露出水面的小岛和环礁上建起了最初的聚落。他们开始只能以捕鱼为生，不过很快发展起晒盐业，成为他们最初的经济支柱，并在此之上逐渐发展出手工业和航海贸易，成为威尼斯此后长期的支柱产业。

传说 421 年 3 月 25 日在威尼斯主岛上的高地利雅多（Rialto）建立了威尼斯第一座教堂，这个日子后来被认为是威尼斯建城之始。466 年，西罗马帝国已经摇摇欲坠，威尼斯诸岛上的居民同意结盟成一个政治体，以对付日益复杂的外部威胁，从而形成了最初的威尼斯城邦。535 年，东罗马帝国与当时占据意大利和巴尔干半岛东北部的东哥特游牧民族王国（Ostrogothic Kingdom）爆发“哥特战争”，539 年威尼斯人派出舰队加入东罗马帝国一方作战，之后成为东罗马帝国的一个省，在东罗马帝国羽翼之下站住了脚，并且获得东方贸易的权利。569 年，伦巴底人（Lombards）越过阿尔卑斯山入侵意大利北部，又有大批难民携带金银细软逃入威尼斯。随着财富的累积，威尼斯的市区逐渐扩大，由于水路繁复，船成为每家必备的交通工具。697 年，威尼斯人决定建立总督制，由 12 个社区联合选出一位有威望的人物作为他们的领袖。

810 年，威尼斯击败查理曼的次子、被封为意大利国王的丕平（Pepin of Italy）率领的法兰克王国军队。查理曼此后与东罗马帝国达成协议，承认威尼斯是东罗马帝国的一部分，与意大利统治者无关，并赐予威尼斯与亚德里亚海沿岸城市贸易的权利。从此，威尼斯成为一个独立的城市共和国，终于走上了和平发展的道路。828 年，一些威尼斯商人从埃及的亚历山大港将耶稣基督门徒、圣经新约《马可福音》的作者圣马可（San Marco Evangelista）的遗骨偷了回来，大大提高了威尼斯的声望。圣马可从此成为威尼斯的保护圣徒，威尼斯总督建造了一座新的教堂来供奉这笔神圣的赃物，命名为圣马可教堂（Basilica di San Marco），起初只是总督的私人礼拜堂，但此后经过多次重建，规模不断扩大，在 13 世纪成为威尼斯共和国的国家教堂，也是威尼斯最大的教堂。

为了保护海上的商路，自 9 世纪起，威尼斯人不断与各种势力的海军以及海盗作战，发展出精湛的造船技术。1096 年，威尼斯加入十字军，派出舰队担任作战和运输任务，并因此获得东地中海的大量贸易特权。1104 年前后，威尼斯在主岛东部建立兵工厂（Arsenale di Venezia），包括海军造船厂和军械厂，经过不断扩建，到 14 世纪占地达到 1.1 平方公里，成为整个西方世界在工业革命开始之前最大的工业联合体。威尼斯海军成为地中海上最强大的武力。

由于城市日益富强，威尼斯人担心独揽大权的总督会独断专行，在 1143 年成立“智者委员会”（Consilium Sapientis），作为威尼斯的最高权力机构，以制约总督。1172 年，这个委员会被改制为威尼斯大议会（Maggior Consiglio），具有立法权和总督选举权。

1164 年，威尼斯和其他一些意大利北部城市结成同盟，到 1167 年发展为约 20 个城市组成的“伦巴底同盟”（Lega Lombarda），共同对抗神圣罗马帝国皇帝控制意大利北部的企图。1172 年，威尼斯因为与东罗马帝国存在多种利益冲突，正式结束和东罗马帝国的隶属关系。1178 年，威尼斯打通阿尔卑斯山的布伦纳山口（Passo del Brennero），建立了与德意志地方的交通线，获得了开采德意志银矿的通道。1204 年，威尼斯与第四次十字军的头领们合谋攻占了君士坦丁堡，不但大发横财，而且从此完全打通了东方商路，彻底取代君士坦丁堡，成为丝绸之路和香料之路的终点站。这时，威尼斯共和国已经在亚得里亚海东岸、伯罗奔尼撒半岛拥有一系列领地，甚至控制了克里特岛，垄断了东地中海的海上贸易。此后，威尼斯逐渐进入其黄金时期（3-2-2）。

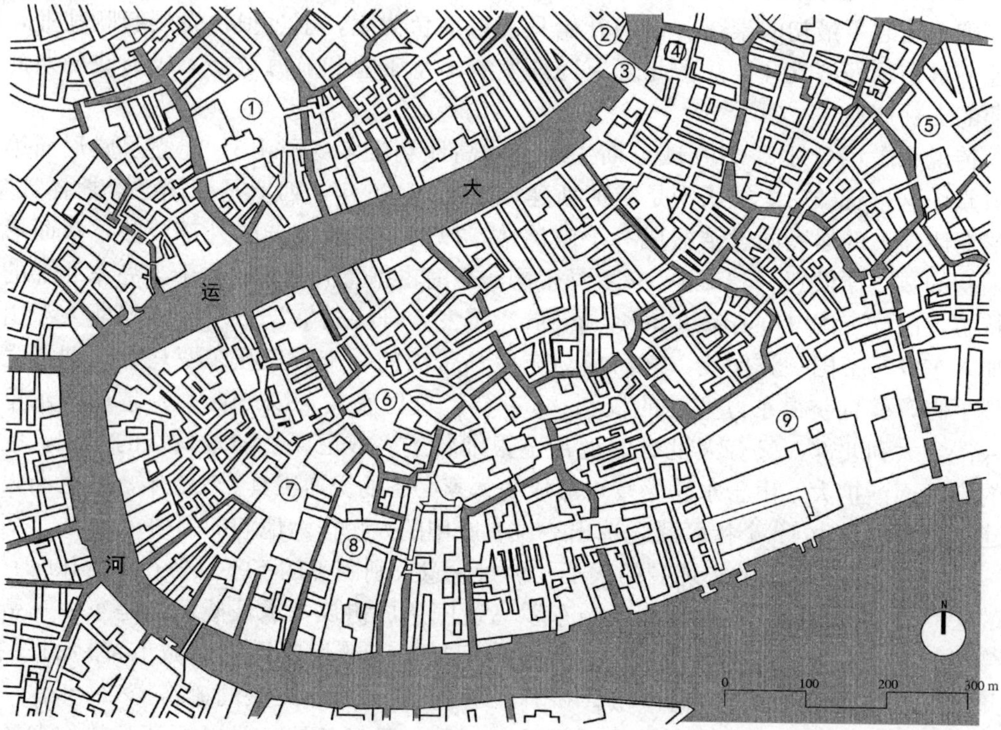

① 圣保罗广场 ② 利雅多市场 ③ 利雅多桥 ④ 德国商馆 ⑤ 圣母广场 ⑥ 天使广场
⑦ 圣斯德望广场 ⑧ 圣毛里佐奥广场 ⑨ 圣马可广场

图 3-2-2 威尼斯主城区总平面图［据 Venice（National Geographic Destination City Map）绘制］

至 15 世纪，整个亚得里亚海几乎成为威尼斯的内海，在陆地上也占据了维罗纳、维琴察、帕多瓦、乌迪内、布雷西亚等意大利半岛北部诸城，威尼斯共和国达到其发展顶峰。威尼斯主岛连同周围的岛屿，建成区总面积达到 6 平方公里，人口达到 15 万人，是当时西欧面积最大、人口最多的城市之一。主岛周围的岛屿，根据其面积大小和具体情况，被赋予适当的功能。如东北侧 9.5 公里外的托尔切洛岛（Torcello），主要功能是墓地；北侧 3 公里外的穆拉诺岛（Murano），13 世纪起主要功能为玻璃生产。

威尼斯主岛被分为六个区（Sestiere）：坎纳雷焦区（Ganareggio）、卡斯特罗区（San Marco）、圣马可区（Castello）、道索杜罗区（Dorsoduro）、圣保罗区（San Polo）和圣十字区（San Croce）。圣马可区是最重要的区域，大部分主要公共设施都在该区或其周边。威尼斯主城区被设计成一座水城，主要的交通线均为水道。其中有一条反“S”形的大运河（Canalasso），长约 3.8 公里，宽 30～90 米不等，平均深度约 5 米，纵贯整个市区，是城市的交通干线。

大运河早期只能乘船往返两岸。1097 年，在大运河左岸建立利雅多市场，成为威尼斯主要的生鲜食品供应地。由于市场生意日益繁忙，1181 年在此建造跨越大运河的浮桥。1255 年改成永久性木桥，很快被摊贩占领，之后出现各种违章搭建的店铺。到 1591 年建成新桥，跨度达 28 米，最大限度地保持了与原有木桥的连续性，桥上两侧建有拱廊，均为商铺。直至 19 世纪，利雅多桥仍是大运河上唯一的桥梁。

岛内还分布着许多小水道（Rio），如同陆地上的城市道路网一样形成水道网络。市内没有车辆的踪影，完全以船代车或步行。形如弯月造型，由穿着横纹衫、头戴草帽的船老大摇桨前行的船贡多拉（Gondola），现已成为威尼斯最具代表性的景观。

位于主岛南缘、紧邻大运河的圣马可广场被视为威尼斯最具代表性的场所，也是最具代表性的中世纪西欧城市自由生长而成的城市空间（图 3-2-3）。这里原是总督府西

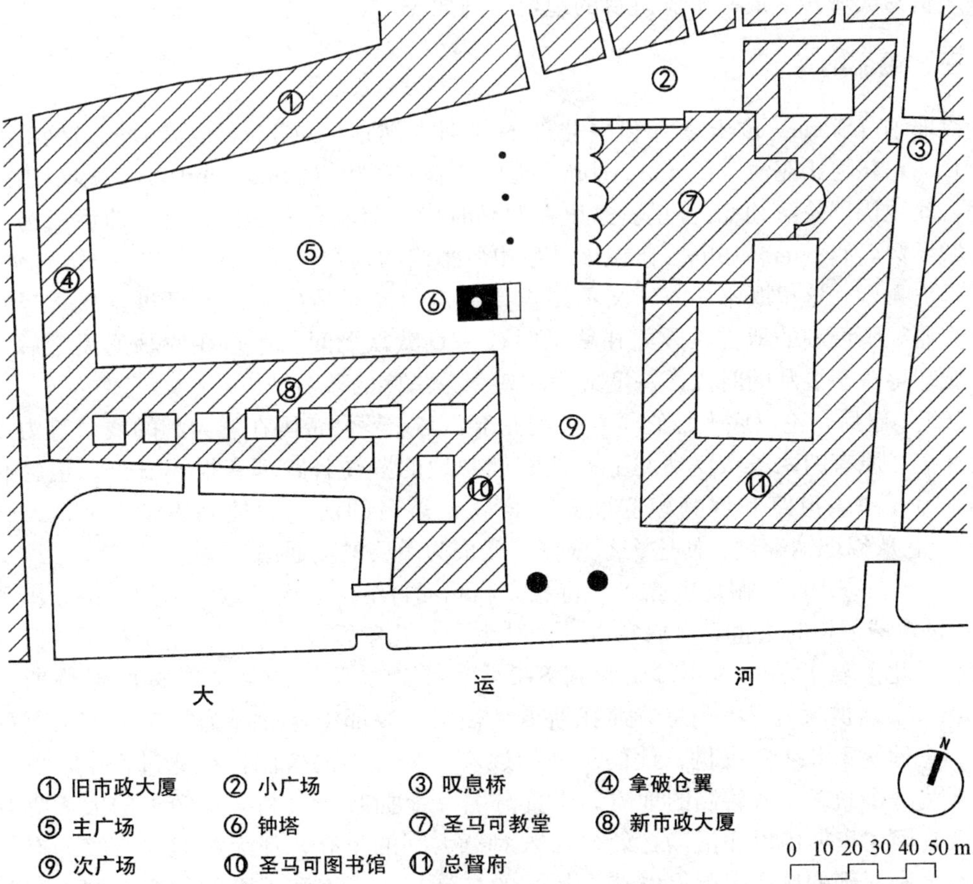

图 3-2-3 威尼斯圣马可广场总平面图（据《弗莱彻建筑史》绘制）

面的一块空地，9世纪末建立了圣马可教堂最初的钟楼。1073年圣马可教堂完成了大扩建，基本形成了今天的尺度，这块空地才成为它的入口广场。1120年在广场北侧建造了一座两层的长条建筑，作为威尼斯财政官及其职员的办公场所，奠定了广场的北部边界，16世纪加建为三层，现在称老市政大厦（Procuratie Vecehie）。1180年重建了钟楼；1309年开始对总督府进行大改造；1514年完成了钟楼的大改造；1553年建起了圣马可图书馆（Biblioteca Marciana）；1568年建造了新市政大厦（Proeuratie Nuave），基本完成了广场形态的构建。1653年完成了钟楼的再次大改造，基本形成今天的模样。广场西端的连廊直到1805年才最终完成。传说拿破仑称圣马可广场为"欧洲最美丽的客厅"，实际上它的形式和内容是历史上积累起来的各种城市目的和意图的产物，同时还加上了历代环境、功能和时间的影响。

1453年，奥斯曼土耳其攻占君士坦丁堡，东罗马帝国灭亡，威尼斯的东方贸易陷入窘境。1492年哥伦布到达美洲，开启了全新的贸易时代。当其他海上力量开始在大西洋激烈竞争的时候，威尼斯却仍在东地中海与土耳其人苦苦纠缠。一方面它在海上的属地不断落入土耳其人之手，另一方面又无法染指美洲贸易的巨额利润，威尼斯逐渐衰落，最终在欧洲历史舞台上销声匿迹。

1797年，拿破仑占领威尼斯，这个古老的城市共和国终于走到尽头。此后威尼斯一度成为奥匈帝国治下，直到1866年才正式归属现代意大利。在此期间，威尼斯逐渐从一座贸易大城转变成一个旅游目的地，直到如今。

三、锡耶纳

锡耶纳（Siena）位于意大利中北部的托斯卡纳地区（Toscana），埃尔萨河（Fiume Elsa）和阿比亚河（Fiume Arbia）之间，基安蒂山（Chianti hills）三座小山的交汇处，北距佛罗伦萨约60公里。这里在罗马时代之前就有人居住，公元前后成为一个罗马城堡，名叫Saena Julia。传说该城系由罗慕洛的两个侄子Senius和Aschius建造，不过于史无稽。这里既不靠海，又不靠重要河流，连罗马公路都不经过这里，当时是一个交通很不便利的地方，因此在罗马时代一直默默无闻。但是在罗马崩溃之后，这座小城却得益于混乱的时代，一度成为一座繁荣昌盛的著名城市。

569年以后，伦巴底人控制了意大利北部，与东罗马帝国在意大利的残余势力发生持续冲突，原有的两条从罗马北上通往欧洲腹地的罗马公路都变得不安全。伦巴底人不得不另开一条道路和罗马建立联系，这就是著名的法兰西捷纳古道（Via Francigena）。它从锡耶纳经过，使这个小据点一跃成为重要的交通站。

774年，查理曼征服伦巴底人，将意大利北部封给他的次子意大利的丕平。丕平在810年进攻威尼斯时去世，身后只有一个私生子，几年后被丕平的弟弟干掉了，意大利的王位因此空悬了一千多年。大约到812年，查理曼手下的某个大将博尼法斯一世（Boniface Ⅰ）被封为意大利总督兼托斯卡纳伯爵，锡耶纳从此成为托斯卡纳伯国的一部分。查理曼于814年去世，他的子孙们逐步瓜分了他的帝国，在此过程中，意大利日益成为一个缺乏有效管制的地方，大部分名义上拥有意大利某块领土的大人物其实都主要在阿尔卑斯山以北活动，偶尔加入对意大利的争夺，却无法建立持续的有效控制。意大利北部的城市因此得以获得较多的自治权，商人和工匠的行会在城市中的地位逐渐提高。

随着西欧恢复和平，贸易和基督教徒的朝圣活动渐渐兴旺起来，法兰西捷纳古道的重要性与日俱增。这条道路越过阿尔卑斯山延伸到法国境内，向东通往德意志，向西通往英吉利海峡，成为欧洲大陆和不列颠进入意大利特别是前往罗马朝圣的主要通道。

锡耶纳因此获得了宝贵的发展机遇，人口和财富都不断增长。锡耶纳人在8世纪就已经向查理曼输诚，后来又及时与托斯卡纳伯爵家族联姻，因此形成了一个古老的商业贵族集团。9世纪成为主教驻地，建立了主教堂。他们利用法兰西捷纳古道大做羊毛生意，又放高利贷，获取了可观的利润。

12世纪以后，托斯卡纳伯国因绝嗣解体，其境内的城市纷纷谋求完全的自治。锡耶纳在1125年前后宣布自治，成为一个由本地主教领导的城邦国家。贵族和大商人们随即联合起来逼迫主教逐步让出权力，1167年锡耶纳宣布脱离教会的管制，1179年制定了宪法，之后被称为锡耶纳共和国。13世纪，罗马教皇和神圣罗马帝国皇帝之间冲突加剧，各自在意大利寻找盟友。锡耶纳因为已经得罪了教会，只能坚定地加入到皇帝一边，从而和支持教皇的佛罗伦萨发生冲突。1260年，锡耶纳在东面大约15公里的蒙塔佩尔蒂（Montaperti）大败来犯的佛罗伦萨，杀敌过万，是中世纪意大利最血腥的战役之一，此后获得了较长时间的和平。1287年，商人和银行家联合组成了寡头统治，成立了9人委员会管理城市，称Noveschi或简单地以罗马数字IX表述。此后，锡耶纳进入其光辉时代。

锡耶纳至今仍保留真正的中世纪社区结构：这座城市由一系列区（Contrada）组成，最多时曾达到59个，至今仍保留17个。每个区都以动物或其他象征命名，在城市中各有地盘，边界大体清楚，把持着城里的某个行业。这些区的划分与教区教堂有一些关系，不过主要基于行会体系，同时也是中世纪组织民兵保卫城市的军事单位。每个区拥有自己的博物馆、喷泉、洗礼堂、格言以及同盟和对手。所有的重要事件，如洗礼、葬礼、婚礼、宗教节日、赛马节等，都以区为单位庆祝。例如著名的毛毛虫区（Nobile Contrada del Bruco），位于坎波广场北面，以毛毛虫为标志，以绿黄两色为旗帜，以丝绸生意为主业。这些区现已失去行政和军事功能，而是居民们引以为荣的街区，最重要的活动是锡耶纳赛马节（Palio di Siena）。

今天所知的锡耶纳城市格局完全是中世纪的，罗马时代的规划已经完全消失（图3-2-4）。作为一座建立在丘陵地区的城市，锡耶纳特殊的城市格局能够综合体现西方中世纪城市设计的特点，是一座逐渐生长而成的具备“有机”形态的城市。它由不同地形条件上的几个区块组成，整个城市的结构和布局显得有机而自由，与地形地貌条件紧密结合。城市道路呈现不同的弯曲状，而不是规则的直线。城市道路基本上是依山而建，主要道路有三条，从城市的中心坎波广场（Piazza del Campo）出发分别通往三个城门。

坎波广场没有罗马时代的基础，到13世纪之前还是一个相当纯粹的市场广场，但1297年起在广场的东南侧开始建造市政厅（Palazzo Pubblico），使它开始具备公共活动的功能。1325年开始在市政厅的北端建造曼吉亚塔楼（Torre del Mangia），1348年完成，高度达到102米，成为广场的视觉焦点和外部标志，当时是意大利最高的建筑。1349年对广场进行了铺装，以红砖铺地，灰白色石灰岩的放射线条将广场分成9块，象征统治城市的9人委员会。从此，广场正式成为整个城市的公共生活中心，这里成为各区进行各种大型比赛的场地，起初是拳击和比武，后来变成斗牛，到1633年才变成正式的赛马。围合广场的其他建筑都是锡耶纳最顶层人士的住宅，但底层面向广场

① 美第奇城堡　② 主教堂　③ 坎波广场　④ 市政厅　⑤ 市场广场

图 3-2-4　锡耶纳总平面图（据《世界城市史》绘制）

又全部开设店面，出租给商人们，以继续保持其市场广场的传统。曼吉亚塔楼则成为全城景观的控制点。在市政厅的东南面形成了新的市场广场（Piazza del Mercato）。

坎波广场西面隔一个街区是锡耶纳的主教堂（Duomo di Siena），1196 年开工建造，以取代 9 世纪建造的老教堂，体现城市的财富和力量。到 1215 年，教堂主体结构基本完成并祝圣使用，之后进行了持续的装饰，特别是从外地运来了大量的白色和黑色大理石以砌筑立面，到 1264 年基本完成。1339 年，为了和佛罗伦萨 1331 年开工的新主教堂相竞争，统治者又决定对它进行大扩建，将体量扩大一倍以上。不过开工未久，1348 年，锡耶纳开始遭到鼠疫袭击，这座计划中的大教堂因此始终未能完工。在鼠疫来临之际，锡耶纳的人口已经达到约 5 万人，鼠疫之后人口减少了一半，锡耶纳从此开始衰落，9 人委员会在 1355 年解散，以后再也没有建立稳固的政治体制。

1555 年，锡耶纳在与佛罗伦萨的战争中兵败投降，共和国从此终结。此后它成为佛罗伦萨美第奇家族统治的托斯卡纳大公国的一部分，美第奇家族在锡耶纳城区西北角建造了一座占地超过 2.5 公顷的城堡，长期驻军以监视锡耶纳人民，直到 19 世纪意大利统一。

四、纽伦堡

纽伦堡（Nürnberg）位于德国东南部的巴伐利亚（Bayern），地处中欧的地理中心，恰好处于巴黎-布拉格、伦敦-布鲁日-维也纳、奥斯陆-汉堡-米兰、柏林-罗马等城市间往来道路的交汇点上。佩格尼茨河（Pegnitz）从城中穿过，在城西 7 公里外汇入雷德尼兹河（Regnitz），再向北约 50 公里汇入欧洲最重要的河流之一莱茵（Rhein）河的最大支流之一美茵河（Main），从而在水路上也与中欧和西欧具有紧密的联系，是一个交通便利的地方。

德意志地区由于人口稀少，又没有罗马文明的基础，城市出现较晚。直到 1050 年，历史文献才第一次提到纽伦堡的名字。当时神圣罗马帝国皇帝亨利三世（Heinrich Ⅲ）在联系巴伐利亚、弗兰肯、施瓦本和波希米亚的道路交点处建立了一座皇家城堡，作为他在波希米亚地区作战的根据地。地点在靠近佩格尼茨河的一座小山上，因为此处能够控制河流和周边的丘陵。这座小山叫作城堡山，它是纽伦堡城的起始。此后沿城堡山形成居民点，并逐渐形成市场，从城堡山坡向山下发展出城市。

1070 年前后，传说 8 世纪时曾有一位叫作泽巴尔德（Sebaldus）的人隐居在纽伦堡附近，在这一带传播天主教，之后成为圣徒，有种种神迹，去世后埋葬在城堡山南面。从此，前来朝拜的人络绎不绝，城堡山下逐渐发展成居民区。1130 年，皇帝在佩格尼茨河对岸又建了一个居民点，称为洛伦茨城（Lorenz）。从 12 世纪中叶起，皇帝将纽伦堡作为一个犹太人的庇护所，允许他们在此定居。此后，在城市靠近佩格尼茨河北岸一带形成了犹太人聚居区。1219 年，皇帝赋予纽伦堡独立的帝国自由城市地位，仅对皇帝本人负有义务，享有自行铸币、除向皇帝交税外免征其他一切税收、可自行征收过境税等一系列特权。同时在城市里成立了市政委员会（Stadtrat），负责管理城市。由于处于南北贸易的交通要道，纽伦堡很快发展成德意志中南部地区最重要的贸易枢纽城市之一。

1230 年，在圣泽巴尔德墓地上开始建造圣泽巴尔德教堂（Sebalduskirche），它成为佩格尼茨河北岸的城市中心。1250 年起，在洛伦佐城建造了圣洛伦茨教堂（Lorenzkirche）。从此，奠定了纽伦堡城的南北中轴线的雏形：城堡山-圣泽巴尔德教堂-圣洛伦茨教堂。

被佩格尼茨河分隔的两个聚落起初相互独立，各自建有城墙。随着两岸各自的发展，联合的愿望日益强烈，而夹在两个聚落间的犹太人聚居区变得非常惹眼。1298 年，当地居民对犹太人发动大屠杀，有 698 人被杀害，占到当时纽伦堡犹太人的 90%以上，残余的幸存者被驱逐，从而消除了两岸联合的障碍。1320 年，纽伦堡和洛伦茨合并，形成了统一的城市，建造了一道新的城墙跨越佩格尼茨河，最终确定了城市的规模。城墙内的设防面积达到 1.6 平方公里，这时居民约有 2 万人。以后，城墙内的城市被称为老城（Altstadt），佩格尼茨河北岸的老城也被称为泽巴尔德老城（Sebalder Altstadt），南岸则仍然经常被当地人称为洛伦茨城（图 3-2-5）。

纽伦堡的城墙实际上是由两道相互平行的坚固石墙组成的双重城墙，墙外还有 15 米宽的护城河。设有五座城门：动物园门、信使门、圣母门、医院门和新门。此外还有两个步行通道：西面的 Hallertürlein 和东面的 Wöhrder Türlein。在佩格尼茨河穿过

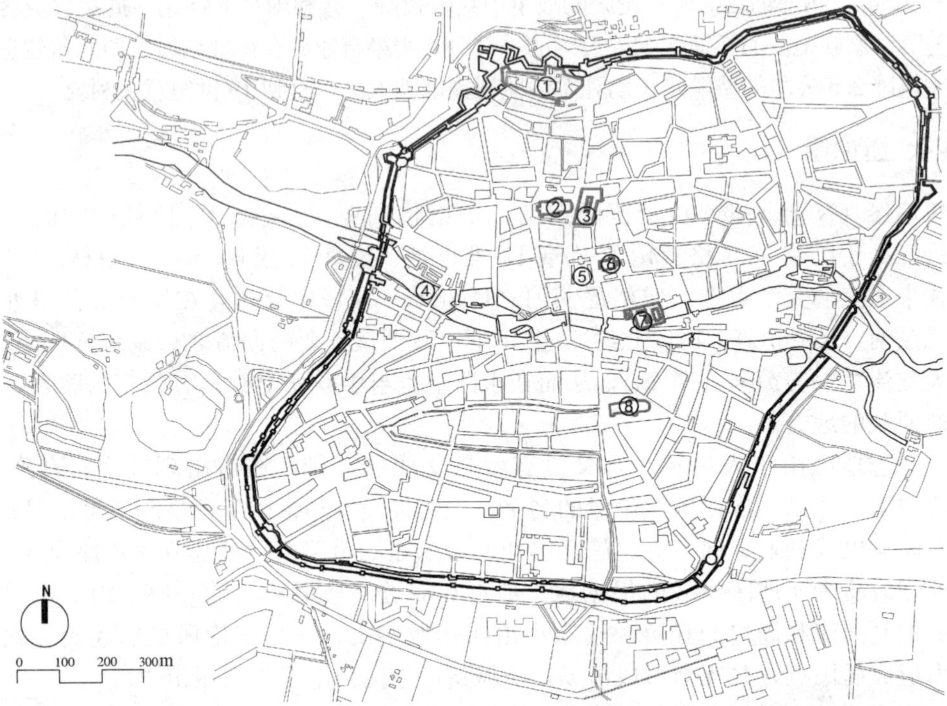

① 城堡山 ② 圣泽巴尔德教堂 ③ 市政厅 ④ 佩格尼茨河 ⑤ 市场广场 ⑥ 圣母教堂 ⑦ 圣灵医院 ⑧ 圣洛伦茨教堂

图 3-2-5 纽伦堡总平面图（据 Nuremburg Map 绘制）

城墙的位置建造了水门进行防卫。城堡北面另有专门的门进入。

纽伦堡的犹太人被杀光之后，原有的犹太人聚居区被荡平成空地，此后成为新的市场广场（Hauptmarkt），这块血腥的土地成为德国历史最悠久、最著名的城市广场之一。大屠杀若干年后，纽伦堡逐渐成为欧洲重要的玩具交易市场，每年圣诞节前在市场广场举办“圣婴市场”，即玩具交易会，影响逐渐扩展到整个欧洲，一直延续至今天。1331 年在犹太人聚居区的边缘，临佩格尼茨河建立了圣灵医院（Heilig Geist Spital），专门救助老人和穷人，它是中世纪建造的最大的慈善医院之一。1332 年，在市场广场北面建造了市政厅（Rathaus）。1355 年，在市场广场东面建造了圣母教堂（Frauenkirche），城市南北中轴线至此正式完成：城堡山-圣泽巴尔德教堂-圣母教堂-圣洛伦茨教堂。

1356 年，纽伦堡被定为神圣罗马帝国议会（Reichstag）的召开地，从此被认为是神圣罗马帝国的实际首都之一。1424 年，纽伦堡又被选为国宝保管城，保管象征皇权的冠杖等国宝，直至 18 世纪末。

15 世纪该城发展进入黄金时期，凭借优越的地理位置，贸易和手工业在这一期间得到迅速的发展。经济的发展也带来了文化的繁荣，纽伦堡逐渐成为欧洲文化的中心之一。

1517 年，马丁·路德发动宗教改革，纽伦堡在 1525 年宣布加入改革行列，成为新教城市。此后，它逐渐卷入欧洲由于宗教改革而引发的纠纷，并深陷到 1618—1648 年的三十年战争之中。加上大西洋航路的开辟对纽伦堡造成很大冲击，纽伦堡从此陷入衰退，成为一个地方性中心城市。

1803 年，神圣罗马帝国灭亡。1806 年，纽伦堡并入新诞生的巴伐利亚王国。此后，纽伦堡在 19 世纪德国工业化浪潮中迅速复兴，成为巴伐利亚的工业中心，并继而成为德国中南部重要的工业和贸易中心。1835年，德国第一条铁路在这里铺通。此时，纽伦堡的所有城市建设均在老城以外进行，保证了老城的完整性。

纳粹统治期间，纽伦堡成为纳粹党代会（Reichsparteitag）的举办地。第二次世界大战爆发后，纽伦堡几乎被完全摧毁。战争结束后，盟军在这里建立了欧洲国际军事法庭审判战犯，即著名的纽伦堡审判。此后纽伦堡得到重建，仅限于修葺重要的古迹和继续保持老城的历史格局。现在的纽伦堡是巴伐利亚州的第二大城市，仅次于首府慕尼黑。

五、吕贝克

吕贝克（Lübeck）位于德国北部波罗的海的岸边，是德国古老的重要港口，今天属于石勒苏益格-荷尔斯泰因州（Schleswig-Holstein）。它位于瓦肯尼兹河（Wakenitz）汇入特拉沃河（Trave）之处，由特拉沃河进入波罗的海。这一带原来是斯拉夫人的游牧地。1000年前后，德意志东北部的温德人（Wends）在特拉沃河北岸建立了一个定居地留比斯（Liubice），意为可爱之城，作为手工业市场的聚落。但1138年，斯拉夫人内讧，摧毁了留比斯。

随着德意志势力东进，这里成为荷尔斯泰因伯爵（Grafen von Holstein）阿道夫二世（Adolf Ⅱ）的领地，他看中了这个地方作为贸易港口的潜力。1143年，阿道夫二世在留比斯南面大约4公里的地方，特拉沃河与瓦肯尼兹河交汇处的一个叫作布库（Bucu）的小岛上重建城市，形成了如今城市的雏形。1157年，该城毁于大火。

1158年，阿道夫二世将城市废墟割让给萨克森公爵（Herzog von Sachsen）亨利三世（Heinrich Ⅲ）。1159年，亨利三世在原址重建了一座新城，定名吕贝克。城市经过亨利三世的重新布局，形成了鱼骨式道路结构，成为日后北欧城市布局的重要模式。1160年，在亨利三世的影响下，将原驻于吕贝克以北约50公里的奥登堡（Oldenburg in Holstein）的天主教会主教迁移至此，吕贝克从此成为独立的主教区。1181年，亨利三世垮台，他的继承者在1188年与城市订立宪章，规定了内容广泛的自治权利，组建了20人组成的市政委员会，委员由各个行会推选。这部宪章成为以后影响巨大的吕贝克法（Lübisches Recht）的基础。

1201—1206年，吕贝克曾短暂归属丹麦管辖。1226年，神圣罗马帝国皇帝赋予吕贝克独立的帝国自由城市的地位。吕贝克将原有的自治宪章进一步发展成城市自治的宪法和法律，成为城市的法典，直至1937年才被纳粹废除，对波罗的海沿岸和德意志内地城市产生了深远影响，是德国北部乃至整个北欧地区现代法律制度的基础。1227年，吕贝克进行第一次人口普查，人口为6000人。

1241年，吕贝克与汉堡结成汉萨同盟（Hanse），共同抵抗北欧海盗，开展波罗的海和北海间的贸易。很快，不来梅、科隆等北方城市陆续加入。此后，同盟逐渐控制了北欧的海上贸易。1356年，在吕贝克举行了第一次同盟大会（Hansetag），尽管很多城市并未参加，但吕贝克被推选为汉萨同盟的总部所在地，确立了它在欧洲的重要地位。1367年，由于商业利益冲突，汉萨同盟向丹麦国王宣战。在宣战的文书中，参加签字的有77座城市。1370年，丹麦战败，被迫求和。此时，吕贝克和汉萨同盟一起到达其繁荣发展的顶峰。至15世纪早期，吕贝克已成为德国北部仅次于科隆的第二大城市，人口接近2万人。

因为建在一个岛上，吕贝克的城市核心区规模和形状从一开始就被固定成不规则的椭圆形，南北长 1.75 公里，东西宽 1.12 公里（图 3-2-6）。城市空间结构非常清晰，中间有两条南北贯通并基本平行的道路，东侧的叫宽街（Breitestrasse），西侧的叫国王街（Königstrasse）。这两条路看似城市脊梁，但并不承担主要交通职能，其道路宽度和周边其他道路差别也不大。主要起到交通作用的是分成两支绕城而过的特拉沃河，通过东西向呈鱼骨状的道路和城市中央的道路相连接，负责城市货物的进出。市场广场（Markt）位于城市中心稍微偏西的位置。

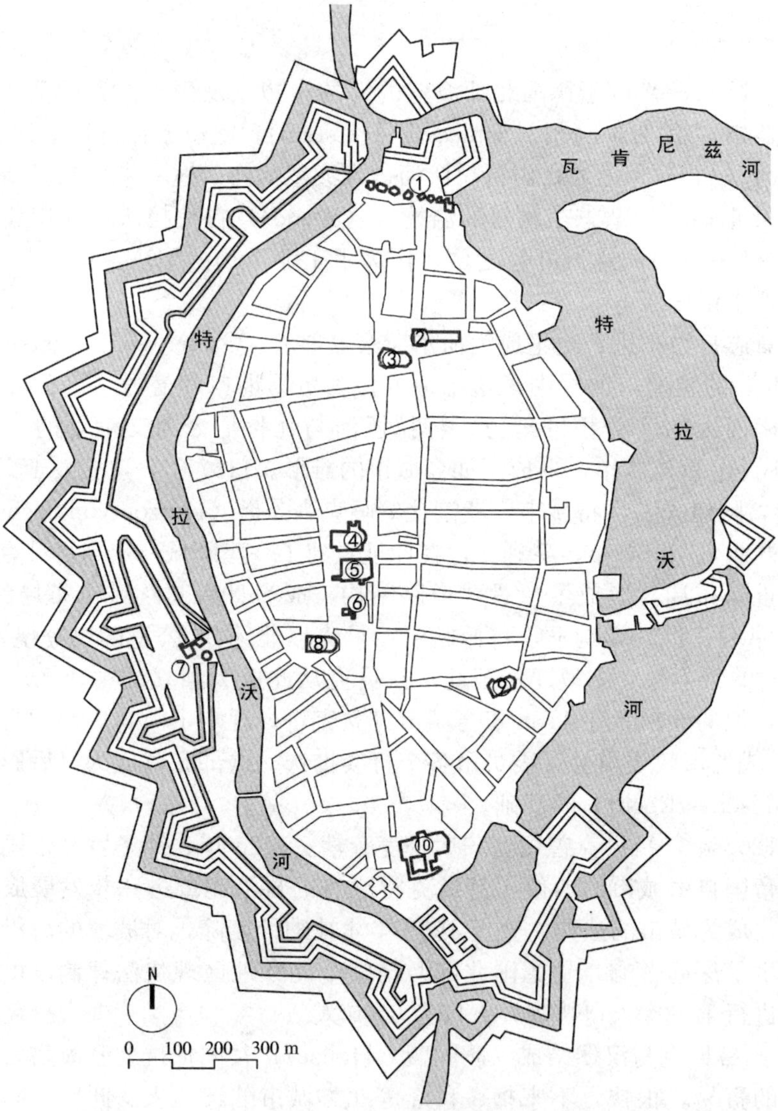

图 3-2-6 吕贝克总平面图（据 Reichs Freyen Stadt Lübeck 绘制）

吕贝克在 14—16 世纪进入黄金时代，城市中的重要建筑要么建于这一时期，要么在这一时期进行了重建或大改造。由于缺乏合适的石材，吕贝克的绝大部分建筑主要使用砖结构，包括那些体量巨大的教堂和高耸的钟塔，全部由红砖砌成，均采用这一时期北欧的主流建筑风格——哥特风格，因此被称为砖哥特（Backsteingotik）。

吕贝克的城防设施于12世纪开始建造，15世纪完善，以特拉沃河为护城河，沿河岸筑城墙，设防面积约1.5平方公里。城墙在19世纪拆除，原共有4座城门，现仅存2座：荷尔斯泰因门和城堡门。荷尔斯泰因门是吕贝克的西门，现存的城门建于1466—1477年，红砖砌筑，现为历史博物馆。城堡门建于1444年，是吕贝克的北门，原本只有一个门洞。19世纪，有人提议拆除该门，以改善对外交通，被市政委员会拒绝，代之以增加门洞数量。1850、1875年各增加一个，1929年又增加一个，目前共4个。

城中的第一座教堂叫作圣彼得教堂（Petrikirche），位于城市西部，靠近荷尔斯泰因门和市场广场，始建于1170年，1227—1290年进行了大改造。1172年，在城市南部已经形成的手工业者聚居区建造了圣吉尔教堂（Aegidienkirche），1227年后重建。大约与建造圣吉尔教堂同时，在城市北部水手和渔夫的聚居区开始建造圣雅各教堂（Jakobikirche）。

吕贝克成为主教驻地后，1173年开始在城市南端新建主教堂（Dom zu Lübeck），1230年完成。1266—1335年又对主教堂进行大改造，形成今天的模样。

城市的核心空间是市场广场。1226年，吕贝克成为自由城市后，在市场广场北面建市政厅（Rathaus），1308年建成，以后又经过多次扩建和改造。

13世纪中期，天主教会和地方商人的关系逐渐紧张。1250年，市政委员会决定在市政厅北面城市的中心位置建造圣玛丽教堂（Marienkirche），以矮化天主教会的主教堂。1350年圣玛丽教堂建成，中厅高40米，西立面的双塔高125米，无论是体量、规模或高度都超过主教堂，并从此成为吕贝克的主要教堂，同时也是城市作为汉萨同盟盟主的权力象征。

1260年，在城北圣雅各教堂的斜对面建造圣灵医院（Heiligen-Geist-Hospital），建造圣灵医院的大部分资金来自一位做波罗的海生意发了大财的商人。圣灵医院是欧洲最古老的医院之一，直到20世纪60年代仍在作为医院使用，现被用作养老院。

1530年，宗教改革传播到吕贝克，它随即变成一座新教城市，并加入了丹麦宗教战争。这时，大西洋航路已经开通，波罗的海贸易逐渐衰落，但直到16世纪末期，吕贝克依然是一座繁荣的城市，人口最多时接近3.5万人。吕贝克在17世纪上半叶的三十年战争中保持中立，没有卷入这场严重破坏了整个德意志地区的大战。但汉萨同盟和波罗的海贸易都不可挽回的日益衰退，1669年，汉萨同盟解体。此后，吕贝克逐渐发展成一座以制造业和地区性商业为主的城市。

1815年之后吕贝克成为松散的德意志联邦的成员州。1867年，吕贝克加入北德意志联邦，1871年，吕贝克并入德意志帝国。随着1900年连通易北河到吕贝克的运河开通，吕贝克的经济开始复苏。第二次世界大战时，历史悠久的吕贝克内城遭到英国大面积的轰炸，但在战后重建中得到修复。1987年，吕贝克的老城被联合国教科文组织列为世界文化遗产，是北欧第一座被列入世界文化遗产的城市。

第四章　古典主义城市

13—18 世纪中国明清城市和文艺复兴影响下形成的西方巴洛克—古典主义城市

第一节　元明清帝国的都城

一、传统帝国的复兴

1204 年，蒙古族领袖孛儿只斤·铁木真统一漠北草原各部游牧民族。1206 年，他建立“大蒙古国”(Yeke Mongghol Ulus)，被拥戴为大汗（Khan），又称“成吉思汗”(Genghis Khan)。他随即开始南下扩张，于 1215 年攻克金中都，金国被迫南迁。此后他继续扩张，1217 年灭西辽，1219 年开始西征，一直打到伏尔加河流域，于 1222 年在哈萨克斯坦南部至中国新疆一带建立察合台汗国（Chagatai Khanate），由铁木真的次子察合台统领。1225 年又在哈萨克斯坦东部、中国新疆北部和蒙古国西部一带建立窝阔台汗国，由铁木真第三子窝阔台统领。随后铁木真率大军东归，1227 年在回军途中顺道灭西夏，在银川城外去世。

1229 年，窝阔台继任大汗。1231 年征服高丽，1234 年灭金国。随后发动第二次西征，以铁木真长子术赤的儿子拔都为首。1237 年占领莫斯科，1241 年兵分两路入侵波兰、匈牙利，大败德意志联军，前锋直指维也纳，欧洲为之震惊。正当此时，窝阔台去世，军队东还。1242 年，拔都在伏尔加河下游一带建立钦察汗国，又称金帐汗国(Golden Horde)，统治东起西伯利亚、西至多瑙河、南至黑海和高加索山脉的广大地域，版图包括今日俄罗斯西部、乌克兰东部、哈萨克斯坦大部。

1246 年，经过数年的争执，窝阔台长子贵由继任大汗，1247 年与吐蕃诸部领袖达成协议，将青藏高原纳入版图。1248 年贵由去世，大汗位置再度空悬。经过又一番激烈斗争，铁木真幼子拖雷的儿子蒙哥于 1251 年继任大汗，但已经为铁木真家族的分裂埋下种子。1252 年，蒙哥派弟弟忽必烈南下云贵，1254 年灭大理国。1253 年蒙哥又派另一个弟弟旭烈兀发动第三次西征，1256 年占领伊朗高原并建立伊儿汗国（Il Khanate)，与此前已经建立的察合台汗国、窝阔台汗国和钦察汗国一起合称四大汗国。1258 年占领巴格达，灭阿拔斯王朝。1259 年占领大马士革，将伊儿汗国的疆界推进到地中海东岸和小亚细亚半岛。这时蒙哥在攻击南宋时去世，旭烈兀中止西征回军波斯。

蒙哥去世后，他的两个弟弟忽必烈和阿里不哥分别自称大汗，双方展开了四年的内战。1264年阿里不哥兵败投降，忽必烈成为唯一的大汗，但蒙古帝国已经完全分裂，四大汗国各自独立，忽必烈的版图仅限于中国北部与蒙古本土。

忽必烈试图将一个游牧民族帝国转型为中国传统帝国。他参考历史建置，逐步设立了中书省、枢密院、御史台等中央机构，又派遣官员在各地建立“行中书省”以加强对地方的控制，并从1268年起全力进攻南宋。1271年，忽必烈正式将其国号从“大蒙古国”改为“元”，并依托金中都建立新都城，称大都。

1276年，元军进入临安。1279年，元军在崖山海战中消灭了南宋朝廷的最后残余，南宋灭亡，元朝统一中国。

元朝统一时期的疆域达到1400万平方公里以上，如计算到北冰洋甚至达到2200万平方公里，但实际上蒙古对中国的统治给中国文明的发展造成了灾难性的影响。

从蒙古灭金开始，中国出现了巨额的人口减少，其规模在整个人类历史上绝无仅有：金国灭亡前的人口约5300万人；西夏灭亡前有人口约230万人；南宋灭亡前有人口约8000万人；忽必烈一统天下之后的总人口却只有5800万人，无论学者们如何绞尽脑汁计算，不可能超过7500万人。也就是说，在大约42年间，元朝的伟大版图内减少了6000～7700万人口，或者说减少了44%～56%的人口。

长期实行种族主义政策，将国内人口分为蒙古人、色目人（包括西域各族和西夏人）、汉人（原金朝统治下的人民）、南人（南宋统治下的汉人）共四等人。虽然由于元朝的混乱政治，并不曾颁布过专门的法令，但这种种族主义政策普遍存在于有关各族人民政治、法律地位以及其他权利和义务方面的诸多不平等规定中，是整个元王朝统治秩序的基础。

技术工人和手工业者被列为“匠户”，成为一种封闭的世袭下等职业，两宋时期达到的技术发展的高峰出现了严重的衰退。

对汉族地区实行野蛮的搜刮政策，所聚敛的巨额财富除了用于消费特别是进口消费，另外就是用于供养漠北地区，在少数中心城市和外贸口岸造成虚假繁荣局面，实际经济发展水平远远落后于宋代。

统治者始终无法放弃游牧民族身份，对一个巨大的农耕文明国家实行简单的家族式统治，使得政治秩序十分混乱。元朝一直未能建立有效的继承制度，在统治中国的97年中，宫廷政变、刺杀、叛乱持续不断，从开国之君忽必烈去世到亡国之君妥欢帖木儿登基之间一共39年，竟然出了9个皇帝。忽必烈及其继承人一方面确实有意成为中国传统帝国，一方面又坚持各种游牧民族传统，结果形成蒙汉两套体制并在其间持续摇摆，始终未能建立稳固的行政管理制度。

1351年，刘福通在江淮发动红巾军起义。很快，起义扩展到中国东南部的大部分地区。1354年起，朱元璋成为一支起义军的首领。1356年，朱元璋占领集庆路城（南朝建康，唐宋升州、江宁府），改为应天府。到1367年，朱元璋统一南方，开始北伐，于1368年攻陷元大都，妥欢帖木儿北逃，元朝统治结束。同年，朱元璋在应天府称帝，建立明朝，以应天为南京，开封为北京。又陆续将二十多个儿子统统封做藩王，各镇一方，握有军权，以拱卫中央，并相互监视。

1398年，朱元璋去世，皇太孙朱允炆继承皇位，随即“削藩”，解除他叔叔们的军权，废黜了若干位藩王。1399年，朱元璋第四子燕王朱棣发动叛乱，号称“靖难”。朱棣可能有一半的高丽血统或蒙古血统，封地在原元大都，明初称北平府。1403年，朱棣攻克南京，夺取皇位，朱允炆下落不明。朱棣升北平府为北京，于1421年正式迁都，改为京师顺天府，应天府仍为南京。

明代虽然恢复了汉人政权，但满足于控制中原，对东北、西北和西南的统治均十分薄弱，疆域最盛时曾经达到约1000万平方公里，但到明代中期之后就退化至650万平方公里以下，边疆处处危机四伏，最终导致明朝灭亡。明代的政治体制也没有继承汉人自汉代以来发展起来的成熟政治制度，而是在元代的混乱体制上稍作修订。名义上皇帝独揽大权，大臣成为秘书和办事员。实际上皇帝经常不理政事，依靠宦官制约大臣。这一体制成为明代始终的危机源泉。

明代分封藩王的体制，在各地制造了大量王府、王庄，成为社会的毒瘤。由于税赋和盘剥极为严重，明代经济恢复迟缓，直至晚明才重新达到宋代水平。

朱元璋对官僚制度完全不能理解，给各级文武官员的法定薪酬极低，基本仅够糊口，还经常欠发，或以各种外藩进贡的胡椒之类物资凑数。官员们因此从明代一开始就腐败，明代前期勋臣武官集团权势显赫，明代中期以后文官利益集团把持朝政，到明代后期，这个利益集团又因为利益取向不同出现严重分裂，形成所谓党争，诸如楚党、浙党、东林党之类，分别代表不同的腐败利益，导致正常的国家政治完全瘫痪。

明代中期，西方进入大航海时代，建立了跨越太平洋和印度洋的远洋航线，与美洲和亚洲建立了直接的贸易联系。通过向西方和日本大量出口丝绸、茶叶、瓷器等物资，换取大量美洲和日本白银，在中国逐渐形成了白银本位的货币体系。这一体系对经济的发展起了一定的推动作用，但由于中国并非产银国，白银的来源高度依赖于对外贸易，从而给后世留下了巨大隐患。

由于从海外引进了红薯、玉米等高产粮食作物，明代人口大为增加。农业水平在高产量的同时却不能提供更多的剩余农产品，对饥荒的应付能力削弱。

1615年，女真人努尔哈赤基本统一了东北女真族各部，将所有部民分成8组，称为旗，每旗供养一支军队，从而建立起八旗制度。1616年，努尔哈赤宣布建国，自称汗，国号大金，史称后金。都城为赫图阿拉（又名兴京，满语“横岗”之意，在今中国辽宁省新宾县西永陵镇老城）。此后，后金一面结好蒙古诸部，一面开始不断攻击明朝在东北的统治。1626年努尔哈赤去世，其子皇太极继承汗位，将族名改为满族，又效仿明朝政治制度和科举制度实施一系列改革，逐步将最初仅包括满族人的八旗制度扩展出蒙古八旗和汉军旗，有效加强了后金的实力。

1628年，陕西农民发动大起义。

1636年，皇太极改国号为大清，称帝。

1644年，李自成率领的农民军攻陷北京，明朝皇帝自杀。清军在吴三桂的带领下乘机进入山海关打败农民军，之后迅速接管了明朝疆域，继续以北京为其都城。

1684年，清军攻克台湾，明代统治残余被最终消灭。

1759年，清军完全控制新疆。

1771年，蒙古族土尔扈特部自俄罗斯回归内附，蒙古除少数偏远部落仍由俄罗斯控制外其余全部纳入清朝版图，使清朝疆域面积超过1300万平方公里。

1840年，鸦片战争爆发。1851年，太平天国起义爆发。

1911年，辛亥革命爆发，各省纷纷宣布独立，清朝统治瓦解。清帝于1912年退位，清朝正式灭亡，结束了中国的皇朝统治史。

二、元大都

元大都位于今北京市。这里位于华北大平原尽头，原为古渤海海侵后退却之地，又称北京小平原。地势西北高、东南低，东、西、北三面环山。东、北属燕山山脉，外接蒙古高原；东北经山海关通松辽平原；西为太行山余脉，外接山西高原；东南直抵渤海。地理位置恰好居于中原与蒙古高原和东北平原三大区域的交接地带，自古即为北方要地，有“形胜甲天下”之誉。

周武王灭商分封时，北京地区有燕、蓟两个诸侯国。燕位于房山琉璃河董家林村，蓟位于北京市区的西南隅广安门附近。后燕北上灭蓟，国都也迁至蓟国故都，称燕上都。今天的北京市房山区有燕国古城遗址，呈长方形，东西长850米，南北长约600米，面积约51公顷，城墙厚约4米，以土夯筑而成。

公元前226年，秦国军队攻占蓟城，燕国灭亡。蓟城虽失去都城地位，但从秦汉直至隋唐，仍保持北方重镇的地位，一直是所在州郡的治所。秦置广阳郡，东汉为渔阳郡，三国起至唐为幽州州城。608年隋炀帝杨广开凿永济渠，使南方船只可以通过水路北达幽州。后隋、唐两朝都以此为基地进攻高丽。唐时为悼念征高丽阵亡将士，在城东建悯忠寺，后改名法源寺。

作为中原王朝的北方重镇，幽州从东汉以来一直受到北方游牧民族的深刻影响。唐代前期，幽州成为北方军事中心，驻军大部分由北方游牧民族组成。755年安禄山于此起兵，发动安史之乱。这场叛乱虽在8年后被平定，但此后的幽州驻军仍与其他河北军队一起形成割据势力，政治、军事、财政等均与长安朝廷基本无关，社会文化亦与汉族主流文化有别。

唐代于907年灭亡，北方进入五代时期，朝代不停变换。938年，后晋皇帝石敬瑭将地处河北、山西北部的幽州、云州等地割让给北方游牧民族契丹人建立的辽国，称燕云十六州。辽国得幽州后，将其改名为南京，作为陪都，此后逐渐成为辽国经济文化中心，城市规模也不断扩大。据记载，南京有内外两道城，外城方36里，城墙高三丈，宽一丈五，设八门。内城不在中央而是在西南隅，周长5里。城内划分成26坊，人口最盛时接近20万。佛教在辽时大为盛行，1096年建妙应寺白塔，1119年建天王寺舍利塔（即今天宁寺塔），均幸存至今。

1125年，金国占领南京，辽亡。1153年，金迁都南京，改名为中都。在原有城市基础上又大加扩建，除北城墙外，东、西、南三面均向外扩展。城方37里有余，13座城门，分为大城、皇城、宫城三重。大城中部前方为皇城，为一长方形小城。皇城之内有宫城，居中偏东，开4门。左有太庙，右有衙署，西侧为苑囿。宫城南门外有一“丁”字形广场，从宫城至皇城到大城南门间有御道相连，两侧有千步廊和官署，形成全城轴线。扩建后城内居民增至62坊约40万人。郊外还陆续建造了多处离宫。为了将粮食等物资从南方运来，又开挖漕渠通至通州，与永济渠连接。

1215年，蒙古军队攻克中都，城市遭到破坏，宫殿或被焚毁，或被拆除。1260年，忽必烈到达北京，只能住在东北郊破坏不太严重的金代离宫大宁宫。1264年，忽必烈在夺位之战中最终获胜，一面下令赶紧重修大宁宫殿，一面着手建造都城。

1266年，忽必烈命汉人亲信刘秉忠、阿拉伯人亲信也黑迭儿等人主持建设事宜。刘秉忠等经过周密的勘察、规划之后，认为原都城过于残破，水源不足，“土泉疏恶”，不能满足大汗伟大都城的需要，遂决定放弃中都旧址，而在其东北以大宁宫为中心兴建新城，既节省了宫殿开支，又有较丰沛的天然水体可资利用，包括大小海子，即蒙古语中湖塘水潭。

1267年开工建设。1272年，忽必烈改中都为大都，蒙古语称为汗八里（Khanbaliq），意即汗城。1273年宫城先期建成，1274年正月初一，忽必烈在宫城正殿大明殿举行大朝会，接受皇太子、诸王、百官以及诸藩使节朝贺。不过这时计划中方圆60里的伟大都城还只有一个孤零零的宫城，外城及城内各种衙门寺庙等重要建筑直至1285年才基本建成，较之600多年前杨坚10个月建大兴城、杨广10个月建东都城，效率不可同日而语。

城市终于建成了，但是还没有居民。忽必烈下发诏书，命仍住在金中都城内的居民迁入，每户住宅占地8亩，官员和富人优先。至1294年，居民迁移基本完毕。此后城内仍有建设，但对城市格局没有重大影响。城市人口最多时达到110万人。此后，忽必烈下令平毁金中都旧城的城墙，但金中都作为大都的一座南城继续存在，终元之世未废（图4-1-1）。

虽然建造缓慢，但大都城的建设有着严密的计划和准备。在建设前，首先进行了详细的地形测量，然后制订了总体规划。在房屋建设前，先铺好下水道，再逐步按规划建造。城市建设有统一的领导和指挥，规划意图也得到了较好的执行和贯彻。

大都城坐北朝南，呈一个规则的长方形，由外城、皇城和宫城三部分组成（图4-1-2）。外城的南城墙在今东西长安街的南侧，北城墙在德胜门外八里的小关一线，东、西两侧的南段大体上与后来的城墙相合。北城墙长6730米，东城墙长7590米，西城墙长7600米，南城墙长6680米，城周长为28600米，面积约50余平方公里，共11门。正南中面为丽正门，其左为文明门、右为顺承门；北之东为安贞门，北之西为健德门；正东自南而北为齐化门、崇仁门、光熙门；正西自南而北为平则门、和义门、肃清门。城四角建有巨大的角楼，城墙外部还建有加强防御的马面，其外再绕以又深又宽的护城河。城墙全部用夯土筑成，基部宽达24米。

皇城在大城内南部中央地区，周长约20里。它的东墙在今南北河沿的西侧，西墙在今西皇城根，北墙在今地安门南，南墙在今东、西华门大街以南。皇城的城墙，称萧墙，也叫阑马墙。皇城城门都用红色，又称红门。皇城之内，以太液池为中心，围绕着三组大的建筑群，即宫城、隆福宫和兴圣宫，此外还有御苑。

宫城位于皇城东部，呈长方形，周长9里，有4门，东为东华门，西为西华门，南为崇天门，北为厚载门。宫城四角都有角楼，上、下三层，琉璃瓦覆盖。宫城内的主要建筑分为南北两部分，分别以大明殿和延春阁为主体。大明殿建筑宏丽，规模雄伟，皇帝的登极、庆寿、元旦、会朝等活动都在这里举行。大明殿内设有后位，依蒙古族的传统，帝后并坐临朝。延春阁比大明殿还要高敞，三重檐，阁前为寝殿。元朝统治者常常在这儿举行佛事和道教的斋醮仪式，有时也在这里举行宴会。

宫城以北为御苑。宫城以西为太液池，包括今天的北海和中海。太液池西边还有两组大型建筑群，南为隆福宫，北为兴圣宫。

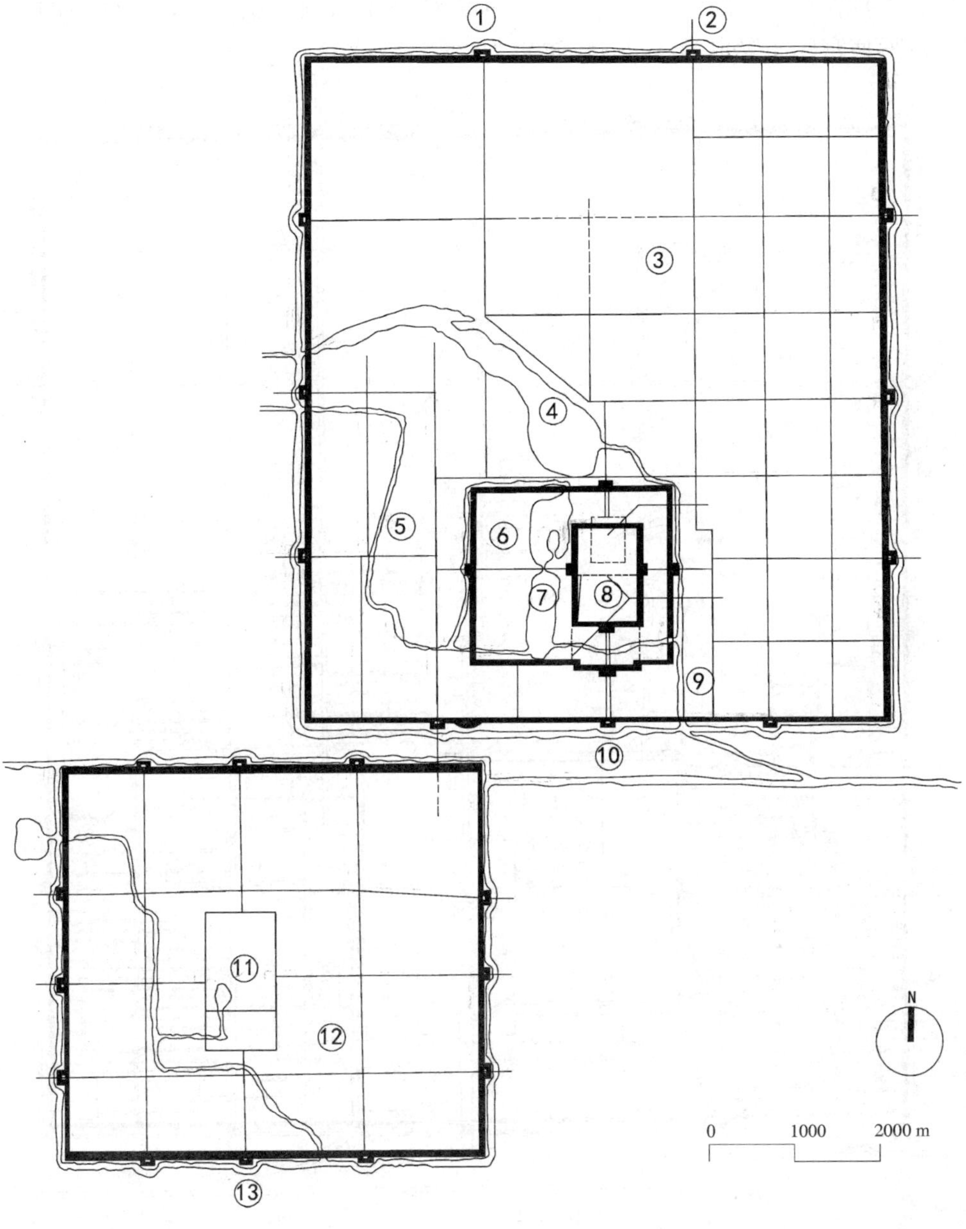

① 健德门　② 安贞门　③ 元大都　④ 积水潭　⑤ 金水河　⑥ 元皇城　⑦ 太液池
⑧ 元宫城　⑨ 通惠河　⑩ 丽正门　⑪ 金宫城　⑫ 金中都　⑬ 丰宜门

图 4-1-1　元大都和金中都关系图（据《中国古代建筑史》第四卷绘制）

在大都城以内、皇城以外，东侧设有太庙，为皇帝祭祀之所；西为社稷坛，是帝王祭祀土地和五谷神的地点，符合“左祖右社”的思想。从城南正门丽正门向北，经灵星门、崇天门、宫城内的大明殿、延春阁，出厚载门、御苑至大天寿万宁寺中心阁，为大都城的中轴线所在。中心阁内西十五步有中心台，这是全城的几何中心。中心台的正西和西北面，有鼓楼和钟楼，是全城的报时中心。在丽正门与灵星门之间，是宫廷广场，左右两侧为千步廊。在元代以前，宫廷广场一直处于宫城正门的前方，大都城却把它安排在皇城正门之前，它强化了从大都城正门到宫城正门之间建筑的层次和秩序，从而使宫阙布置更为突出，门禁更为森严。

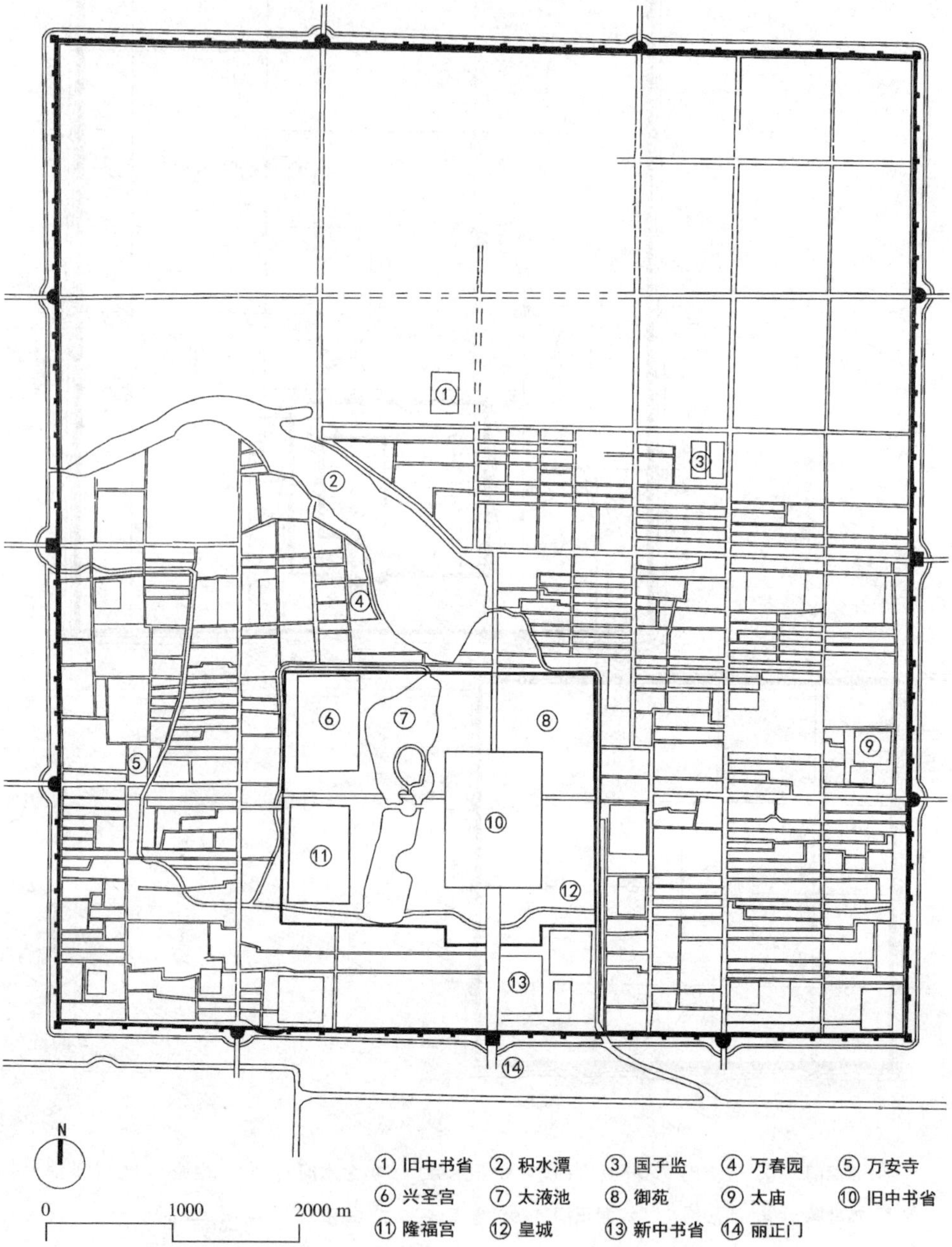

图 4-1-2　元大都总平面图（据《中国古代建筑史》第四卷绘制）

大都城继承发展了唐宋以来中国古代城市规划的优秀传统手法——三套方城、宫城居中、中轴对称的布局。使三套方城规整相套，中轴线对称也更加突出，凸显至高无上的皇权，反映了古老的“择中”传统。但同时，为了充分利用已经形成的湖泊和河流以及周边绿化，大都实际上是一座以湖泊为中心的城市，宫城并没有严格居中，而是位于城的南部正中。规则的宫殿与不规则的苑囿有机结合。

大都是一座水资源短缺的城市，特别是从大运河终点通州运送粮食至都城的漕运水道，始终难以维持畅通。最主要的水源——玉泉山诸泉之水，被元朝皇室据为专有，并修筑了一条专门的渠道，将水南引，经和义门、南水门引入宫城中，流经宫苑，注入太液池，其下游绕出宫城前方和运河相通，为金水河。在元朝，金水河一直是独流入城，不得与他水相混。在遇有其他水道的地方，都要架槽引水，横过其上，而且“金水河濯手有禁”。1292年，郭守敬开通惠河，引大都城西北60里外的神山（今凤凰山）下白浮泉水，从和义门北水关入大都城，汇入积水潭内，再从万宁桥流出，转至东南文明门外，与闸河相接。从而既为大都城开辟了新水源，又使大运河水上运输线直通城内。但由于通惠河上游经常发生山洪破坏水道，终元一代，通惠河作为水源虽无问题，作为大量运输的水道则始终不可靠。

大都城内道路系统大体按方格网布置，通向各城门的街道组成城市的干道，全城共有南北东西干道各9条，中轴线的大街最宽为28米，其他干道为25米。但由于城中间有皇城和海子相隔，南北城门又未对位，干道不能相通，形成很多丁字交叉。南北主干道两侧修有或明或暗的排水渠道，宽约1米，深约1.5米，经石砌涵洞穿过城墙排入护城河。在南北向的主干道之间，大体等距排列东西向的巷道，称胡同，为蒙古语水井之意。这种排列方式主要是为了日照和抵御严冬北风的侵袭。胡同宽5～6米，将用地划分成东西长、南北窄的狭长地带，由一些院落式的住宅并联而成。这些住宅坐北朝南，规整划一。这种院落式的住宅的分布，对于居民生活有着十分重要的影响，成为明清北京城住宅区的主要特点，并相沿至今。

大都城内划有50个坊。这些坊只是一个地段，并无坊墙、坊门等。城内发展并不平衡，南部皇城周围人烟密集，北部大约1/4的区域则始终人口稀少，不成气候。

大都城通过河道和排水渠道的组织，形成了较完善的上下水道。河道既满足人民引用水源，又使通航河道伸入城内，便于商旅及城市供应。水面与绿化相结合，丰富城市景色。给排水系统的规划设计与城市本身的规划设计同步，排水基础设施的建造不晚于城市道路、宫殿、城墙的建设。

大都为满足统治者生活需求，商业十分繁盛。城内主要市场分布，集中在三处：一处在积水潭北岸的斜街，称斜街市。这里在通惠河开通后成为大都城内水旱两路码头，交通便利，是全城商业最繁华的地区。另一处在今西四牌楼附近，名为羊角市，是羊、马、牛、骆驼、驴、骡等集中交易的市场。还有一处在今东四牌楼西南，名旧枢密院角市。这三处商业中心，一在西城适中的地方，一在东城适中的地方，第三处在北城，都在城市的要冲之地。

1368年，明军进入大都，元朝皇帝弃城而逃，城市未受破坏，连宫殿都被完整保留下来，后改造为朱棣的燕王府。

三、明南京

明南京城三面环山，一面临江，秦淮河从中穿过。春秋战国时期，这里起初为吴国占据，地处其地盘边缘。传说吴国在这里筑有冶城，可能只是一处冶炼作坊，位置可能在今朝天宫附近。公元前473年越国灭吴国，在今中华门外西南的长干里筑城，称越城，是较为可靠的南京建城开端。公元前333年楚国灭越国，占领这里。直至此时，这里还是一个不重要的地方，但不知为什么，总有人觉得这里有“王气”，对君主不利，需予处理。公元前321年，楚威王派人在这里埋金（不一定是黄金，可能只是铜）镇王气并筑城，因此称为金陵邑。公元前 222 年秦国灭楚国，开凿秦淮河向西入长江以泄王气，又改金陵邑为秣陵县，以表明这里只是个草场。

东汉末年，孙权控制了长江中下游，于 212 年将其统治中心自京口（今江苏省镇江市）迁到秣陵，改名为建业，取其建功立业之意。同年在原楚国金陵邑基础上，修建石头城，为东吴沿江军事重镇。南京旧有石城或石头城之称，即因此得名。229 年孙权称帝，国号为吴，以建业为都城，终于开始了南京的都城史。280 年吴亡，西晋改建业为建邺、秣陵两县，以秦淮河为界。西晋末年，因避皇帝司马邺的讳，改建邺县为建康县。

311 年"永嘉之乱"爆发，西晋解体。317 年，西晋皇室成员琅琊王司马睿在建康称帝，国号仍为晋，因建康在洛阳以东，故称东晋。其后被称为南朝（420—589 年）的宋、齐、梁、陈四个王朝，也都建都于此，加上东吴，史称"六朝"，计 322 年。

六朝建康城的情况在文献中有丰富记载，都城城墙开有 12 座城门，设防面积约 4.3 平方公里。城内北部为宫城，宫城南面又建小城两座，东面称东府城，为丞相府，西面称西州城，为扬州刺史府。都城外又设有"外篱郭"，未筑郭墙，只以篱为界，设有 56 个篱门，面积约 33 平方公里。城中居民有 28 万户，人口在 100～200 万之间，是当时世界上最大、最繁华的城市。这些记载一直没有获得考古学证据的充足支撑。2000 年以后，南京六朝城市考古取得了一些重要进展，与这些记载存在矛盾。有关六朝建康城的确切位置、方位、配置等，目前仍在继续研究中。

589 年隋灭陈，荡平建康城市宫殿为耕田，只保留石头城，设为蒋州州城。隋炀帝改蒋州为丹阳郡。唐初置江宁郡，后又改为昇州。五代南唐在此重新建都，改为江宁府，设上元、江宁两县为其附郭县，以秦淮河为界，河北属上元，河南属江宁，直至清末未变。974 年北宋灭南唐，仍为江宁府，是江南东路的首府。南宋建炎三年（1129 年）改称建康府，是宋朝南渡后的行都，称"东都"。元代为集庆路治所。

1356 年，朱元璋占领集庆路，改为应天府。1368 年，朱元璋在此建立明朝，以应天府为京师，开始大规模城市改建，至 1386 年基本完成，历时 20 余年，形成的面貌延续至今。

朱元璋鉴于六朝和南唐全都短命，决定完全另起炉灶，在城东钟山余脉龙广山（今称"富贵山"）之南建造宫城，其轮廓接近方形，南北长约 850 米，东西宽约 807 米，面积约 68 公顷。宫城外又筑皇城，形状更接近长方形，面积约 3.2 平方公里。都城本身则向西北展开，城东墙距皇城仅 200 余米，城北沿玄武湖西南岸向北延伸，在金川门处绕过狮子山一路向南，经清凉山、莫愁湖与原集庆路城墙连接。最终设防面积达到约 41 平方公里，为南京建城史上最大规模，但围合形状非常不规则，宫城偏于城市东隅，与中国历史上其他伟大都城均非常不同。

明南京城墙的不规则形状主要依据周边江河湖泊山丘等地形要素形成，是古代军事防御工程的杰出代表。城墙周长约 33.67 公里，城墙高约 14～20 米，顶宽约 4～10 米，环绕皇城东、北两面约 5 公里长的一段是砖石砌筑而成，其余均为土墙外包砖石。全城共有 13 个城门，门上均建有城楼马道，并有相当规模的敌楼，有数道木城门和千斤闸。其中又以城南的聚宝门、三山门、通济门最为坚固，设有三重瓮城，四道城门。

在都城城墙外还设有外郭，其范围西北直达长江，南过聚宝山，东包钟山，设有十余座郭门。城西有一段并未完成，因此没有完全封闭，所包围的范围大约 200 平方公里（图 4-1-3）。南京因此和北宋东京城一样一共有四重城墙——宫城、皇城、都城、外郭。外郭与都城之间，仍为耕地及村落。

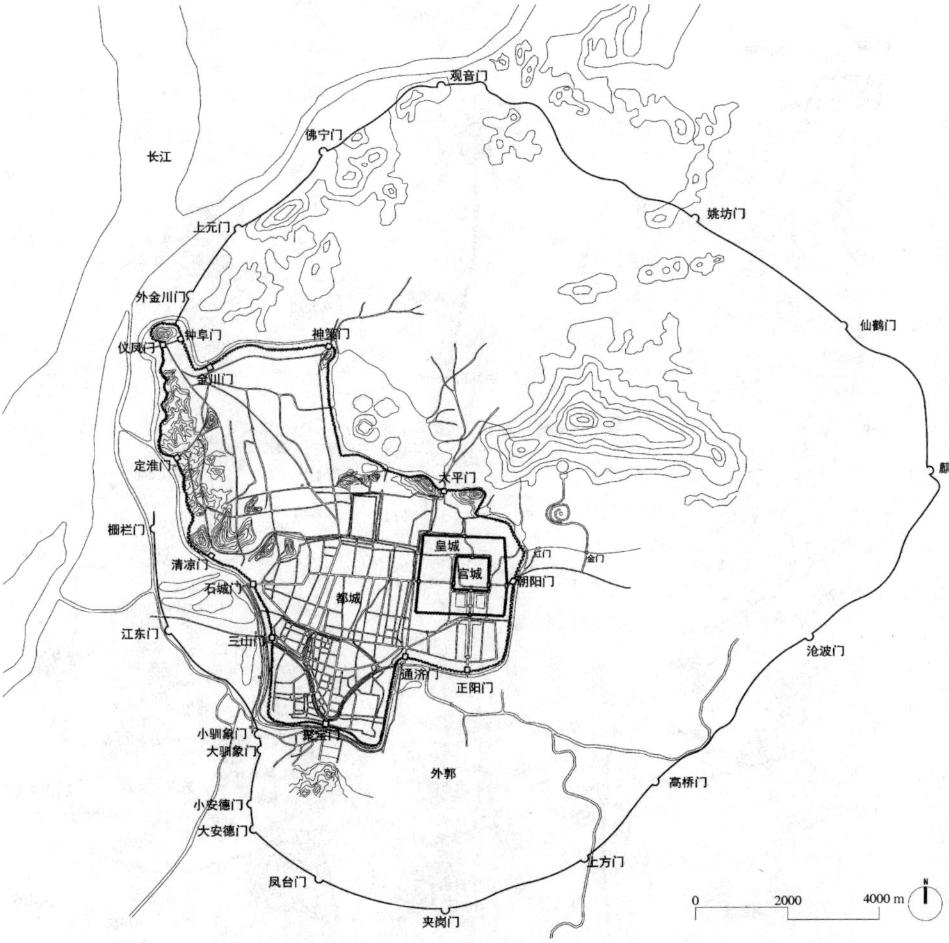

图 4-1-3 明南京外郭图（据《中国古代建筑史》第四卷绘制）

南京城紧邻长江，水系丰富。除秦时开凿的秦淮河外，孙吴时东凿青溪、西凿运渎，五代时开凿城濠和宫城护城河，宋元时开凿新开河连接长江。明代因城市规模扩大，为满足运输和排涝需求，又进行了大量新开、疏浚水利工程，主要有御河、城濠、上新河、龙湾、玄武湖、内秦淮等，形成了遍布全城的水系网络。城外又在西面与长江之间开凿中新河、上新河，作为沟通长江的运输通道。上新河在江东门外，是江西、湖南、湖北各省木材运进南京的水道，也是重要的商业航道。中新河与上新河相通，为官舟和装运朝廷贡品的快船港口。城西还依托长江设有龙江船厂，为郑和下西洋的"宝船"建造基地。

都城内大致分为三个区。城西北地势较高，专设屯兵军营，为军营区。城南为宋元旧城区，大部分居民仍居此处，人口稠密，街市繁华。城东则为皇城和中央政府衙门所在。三区交界的中央高地建有钟、鼓楼。城市道路分官街、小街和巷道三等，官街为都城营建新修，路面宽阔，可容九轨（约 24 米），左右皆缭以官廊，以蔽风雨，如长安街、洪武街。但三区依其历史及功能，布局及道路体系各具特征（图 4-1-4）。

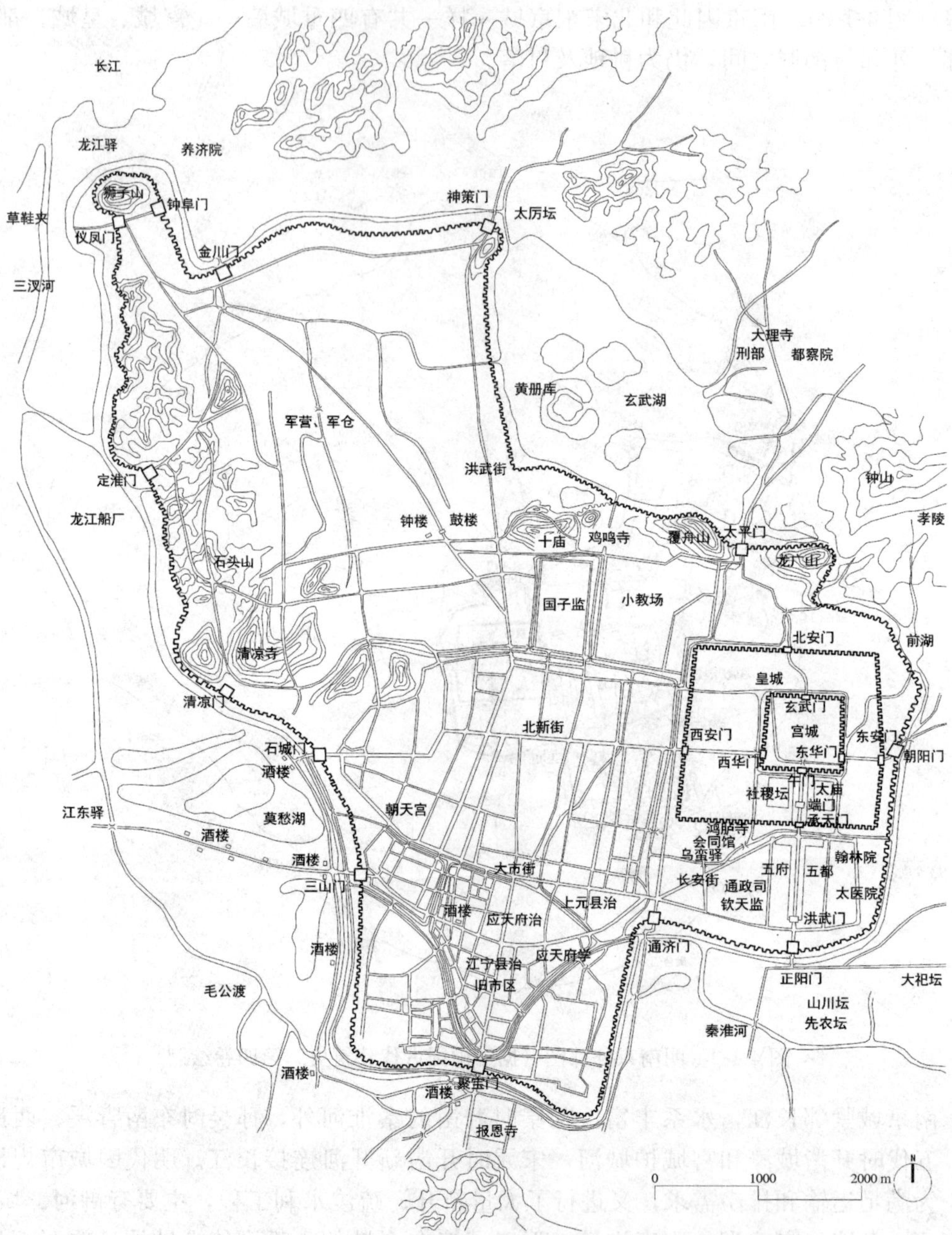

图 4-1-4　明南京城复原图（据《中国建筑史》绘制）

城北军营区，依山傍湖，据险而设，占全城面积约三分之一，道路稀疏，主要为营房、军仓、操场，供约 20 万军队建营驻扎。

城南道路结构沿袭宋元旧城，但居民变动很大。朱元璋将原有南京居民部分迁往云南，之后先后调集全国各地约 6～7 万户居民迁入京师居住。朱元璋沿袭元代制度，将居民按其职业分别编户，分军、民、匠、灶户等，又按行业分编于各街坊，如鞍辔坊、银作坊、铁作坊、弓匠坊等。为打造繁荣市面，官府还沿官街成批建造“廊房”（铺面）和“塌房”（货仓）出租给商人。城中部是南唐宫城故址和六朝宫城故址。应天府、江宁县、上元县衙门均在城南。娱乐休闲场所如勾栏、旧院均位于此区。酒楼除少数位于此区，大多位于城西、南城门外对外交通要道上。

城东皇城区，北枕龙广山，南临秦淮河，位置处于宋元时城外燕雀湖位置。系挖三山的土石来填平地势低洼的燕雀湖，而获得宫城及皇城建设的完整基地，地势南高北低，道路体系相对方正。皇城及宫城布局继承历代都城营造法则并加以发展，如“左祖右社”“三朝五门”之制等。皇城正门洪武门与都城城门正阳门直对，正阳门外东隅设有祭祀天地的大祀殿和山川坛、先农坛等礼制建筑。洪武门内御道以东为吏、户、礼、兵、工五部等文职部门，御道以西为五军都督府等军事部门。宫城居皇城之中略偏东，宫城南部正门为午门，午门之南，东为太庙，西为社稷坛。午门以北轴线上依次为内五龙桥、奉天门、奉天殿、华盖殿、谨身殿，是为前朝部分；其后为乾清门、乾清宫、省躬殿、坤宁宫，为后寝部分。这种布局大部分被以后北京皇城和宫城布局沿袭（图 4-1-5）。

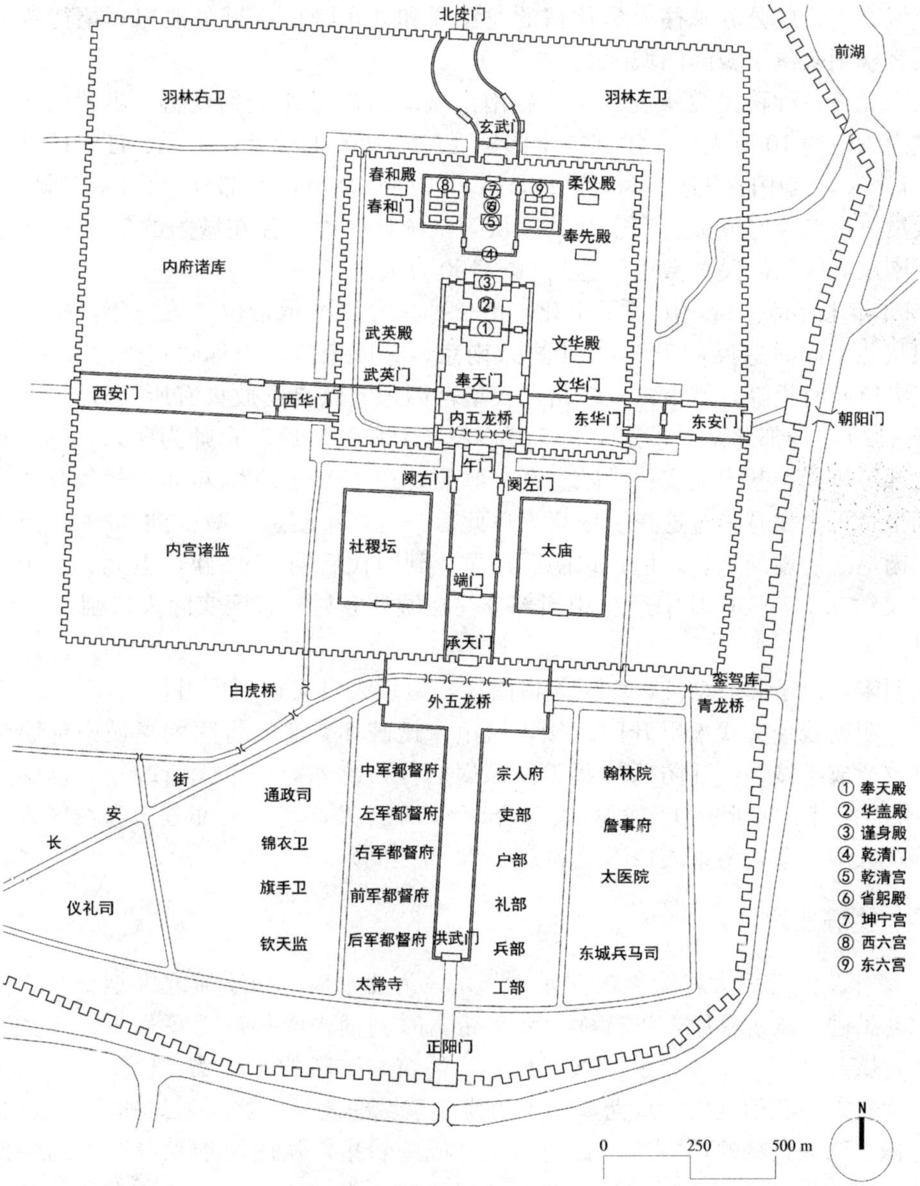

图 4-1-5 明南京皇城宫城复原图（据《中国古代建筑史》第四卷绘制）

新建及迁建城中部分庙宇，立十庙于鸡鸣山南，广集本朝功臣和历代帝王、圣人庙，形成表彰武功、宣扬忠孝礼仪道德的场所。城内原有寺观大部分迁到城外，到朱元璋死后才在城内新建了一些寺观，而且多是皇帝敕建。

学校分为社学、府学、县学和国学，社学每坊每厢各建一处；应天府学和上元、江宁两县县学位于城南，即今天夫子庙；国学位于鸡鸣山下，占地逾1平方公里。

市场主要位于城外渡口，如江东门外的江东市，主要经销米麦等货物；或位于城门口，如三山门内的三山街市为时鲜蔬果所聚，聚宝门外的来宾街市为竹木柴薪等物所聚；或位于城南旧城区，如位于大市街的大市，商品种类最为丰富，位于洪武街口的北门桥市则多卖鸡鹅鱼菜等物。

馆驿则依其性质分布在城中不同位置。招待四方进贡使客所居的会同馆、乌蛮驿位于皇城之南；供公务来往人员住宿的龙江驿和江东驿位于城外渡口；招待普通四方客旅的客栈则多位于城南旧城区。

在朱元璋各种移民政策支持下，新南京城的格局迅速达到全盛。洪武四年（1371年）城内人口约10万人，至洪武二十四年（1391年）的统计，上元、江宁两县人口已达47万余人，其中匠户达45000余户，富户10000余户，大部分当为城市居民。还有皇宫人员、皇族家庭成员、官宦及其随从等未统计在内。驻在城内的禁卫军士尚有20万人。南京城区的居民总数可能达到90～100万人。

1398年朱元璋去世，因长子早死，由长孙朱允炆继承帝位。第二年，朱元璋第四子朱棣从北京起兵造反，于1402年进入南京，夺取帝位，史称“靖难之役”。由于南京诸王大臣及时投降，城市未受攻击，仅皇宫因朱允炆自己放火有所损毁，亦不严重。朱棣于1420年迁都北京，带走了2.7万户民匠人口。之后改京师为南京，称留都，仍设有六部等机构，基本无实权。除皇帝朱厚照曾在1519—1520年间短暂驾临之外，其他明朝皇帝再也没有来过这里。南京人口此后一度严重衰退，减少到20～30万人。到朱厚照南巡之后逐渐恢复，但户口隐匿严重。到明代后期1592年，上元、江宁两县户籍人口仅约5.1万人，其中还有相当部分住在城外乡村。城区实际人口则可能有40～50万人。

至明末，由于北方动乱，大量人口南迁，南京人口又重新回升。清军于1645年占领南京，明朝残余文武大臣开门迎接，城市未遭破坏。清朝将明朝皇城南部原留守衙署区域改造成满城，供驻防八旗兵丁及家属居住，此外对城市无所改动。据康熙五年（1666年）统计，上元、江宁两县人口合计约18万人，其中大部分当为城区人口。太平天国攻入南京前，南京人口恢复到50～90万之间。

四、明清北京

1368年朱元璋派大将徐达攻占元大都，改为北平府。由于城北人烟稀少，加之妥欢帖木儿虽逃入蒙古草原，仍自称大元皇帝，时刻伺机南侵，明军为了便于防守，进城后即将城北纵深约2.8公里的城区放弃，另筑一道新的北城墙，仍开2门，并分别重命名为安定门和德胜门，从而奠定了明代北京城的北界。这段新筑的北城墙的西段，在穿过积水潭最狭窄的地方后，转向西南，成一斜角，从而把积水潭西端的一部分隔在城外。东、西城墙，基址没有改动，城门位置也没变更，只是名称有所改换。原来东城墙的崇仁门、齐化门改为东直门、朝阳门，西城墙的和义门、平则门改为西直门、阜成门。南城墙当时也未改动。城市设防面积从原来的约 50 平方公里降至约 30 平方公里，人口由原来约 100 万人降至约 16 万人，其中大部分为驻军及其家属。明军又为了清除前朝王气，将元朝的宫殿尽行拆毁。

1370 年，朱元璋封当时年仅 10 岁的第四子朱棣为燕王，镇守北平。1380 年，朱棣 20 岁时来到北平就藩，以太液池西岸的元隆福宫旧址为燕王府。1398 年朱元璋去世，第二年朱棣发动“靖难之役”，至 1402 年攻克南京，夺取帝位。虽然如此，朱棣鉴于北平是他的根据地，又有利于控制北方，防御蒙古，决定迁都。于是升北平府为北京顺天府，辽南京终于变成了中原帝国的“北京”。1406 年朱棣下诏修建北京城池宫殿，开始了北京城的大规模重建，1420 年正式迁都北京（图 4-1-6）。

朱棣时代的北京城体制和元大都一样，分为宫城、皇城、外城三重。宫城沿用了元代的旧址而稍向南移，呈长方形，南北长 960 米，东西宽 760 米，城高 7.9 米。设 4 门，正南为午门，东为东华门，西为西华门，北为玄武门。过午门为金水桥，在桥北面，新建了奉天门，为外朝正门，内为奉天殿、华盖殿和谨身殿，称外朝三大殿。之后为内廷，以乾清门为正门，内为乾清宫、交泰殿和坤宁宫，称后三宫，在元大明殿的旧址上修建，其名称一直沿用到清代不曾改变。后三宫的东、西两侧分设东、西六宫，是嫔妃、王子们的住所。后三宫的北面为御花园。宫城周围有护城河，一律用条石砌岸，俗称筒子河。河水从宫城西北角通过暗渠引入城内，然后沿西墙南流，绕行午门内，再由东南角暗渠注入护城河，称“内金水河”。内金水河的下游经过太庙东墙外南流，与“外金水河”相汇，再转而东流入通惠河。内金水河起到防洪、防火的作用。

宫城外为皇城（图 4-1-7），近似长方形，其西南隅缺一角。明皇城在元皇城的基础上向南、北、东三面拓展，扩大了宫城与皇城之间的距离。南城向南移动约 760 米，接近原大都外城南墙。城垣周长约 18 里，设 4 门，南为承天门，北为北安门，东为东安门，西为西安门。拆元文明门与顺承门之间的城墙辟为路，取名长安街。两侧按“左祖右社”的规制，修建了太庙和社稷坛。在社稷坛以西、元太液池以南，开凿了南海，形成了北、中、南三海水体。在宫城北门玄武门外，将挖掘筒子河和南海所取出的泥土堆筑成一座土山，名万岁山，成为北京城的新几何中心和全城制高点。皇城正门承天门前开辟丁字形宫廷广场，东、西、南三面均以城墙封闭，各开一门，东为长安左门，西为长安右门，南为大明门。大明门内沿东西城墙的内侧，修建千步廊，外侧按“左文右武”的规制排列着中央政府的主要官署，东为文官六部即吏、户、礼、兵、刑、工六部，西为武官五府即中、左、右、前、后五军都督府，改变了元大都城内中央衙署分散设置的局面。

皇城外为外城，东、西、北三面均沿用北平府城墙，仅将南城墙南移 2 里，设防面积增加到约 36 平方公里。筑 9 门，东、西、北三面均沿用北平府城门，南城墙新建三门，中为正阳门，东为崇文门，西为宣武门。每个城门都有城楼，门外又立牌楼，城四隅另设角楼。在北侧万岁山后重建元代设置的钟楼、鼓楼，并调整位置使之与宫城中轴线重合，从而在北京形成了自正阳门至钟楼的城市中轴线。又在城南郊修建了天地坛和山川坛。

1530 年，皇帝朱厚熜发动“大礼议”，重订了一系列礼仪。按照新的标准，将原设在南郊的天地合祀改为四郊分祀，原天地坛改名为天坛，专事祭天、祈谷和祈雨，另在北郊觅地建地坛，东郊建日坛，西郊建月坛。又将宫内主要建筑名称改了一遍，诸

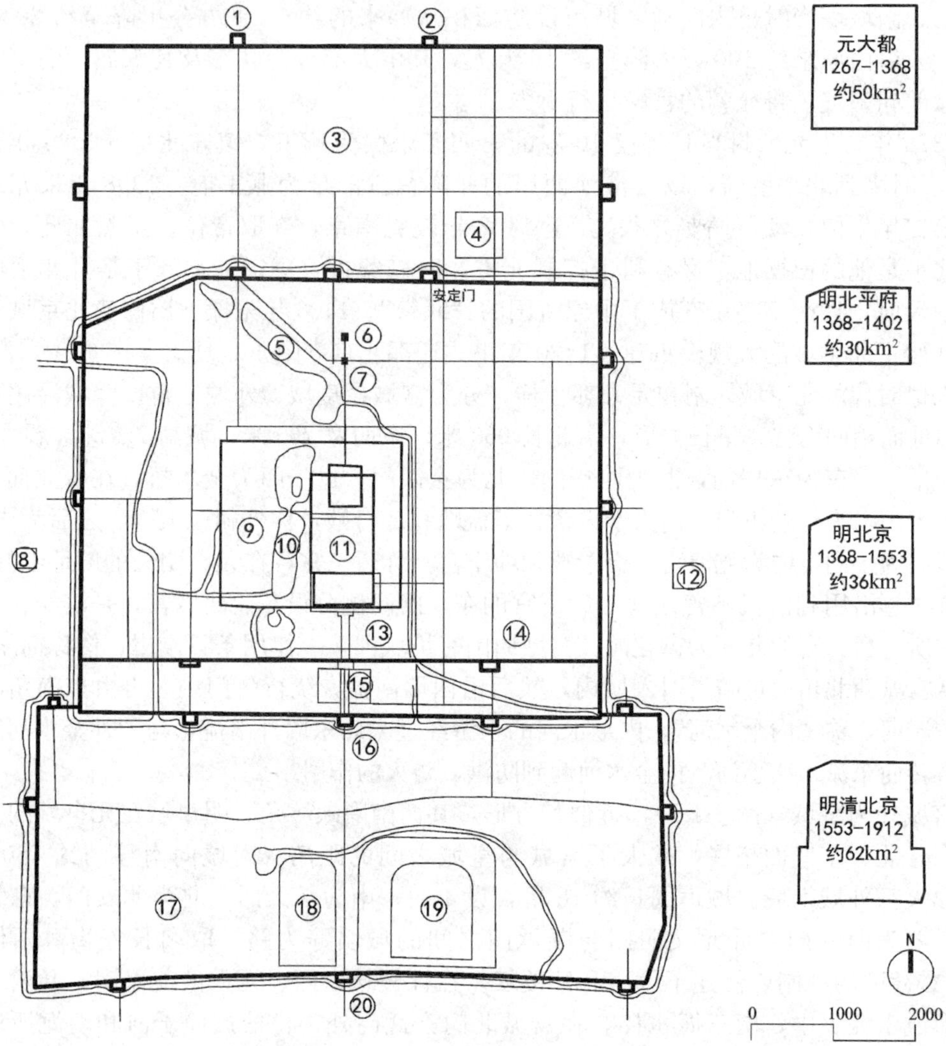

① 元健德门	② 元安贞门	③ 元大都北城	④ 地坛	⑤ 积水潭
⑥ 钟楼	⑦ 鼓楼	⑧ 月坛	⑨ 西苑	⑩ 三海
⑪ 明清宫城	⑫ 日坛	⑬ 明清皇城	⑭ 明清内城	⑮ 元丽正门
⑯ 明清正阳门	⑰ 明清外城	⑱ 先农坛	⑲ 天坛	⑳ 明清永定门

图 4-1-6　元大都、明清北京变迁示意图（据《中国古代建筑史》第四卷绘制）

如奉天门改为皇极门、奉天殿改为皇极殿、华盖殿改名中极殿、谨身殿改名建极殿等。

由于蒙古骑兵多次南下，骚扰京城近郊，威胁北京安全，1553 年，皇帝朱厚熜下令加筑外城，以加强北京的防卫。原计划把北京内城整个围住，但因财力不济，至 1564 年仅建成环抱南郊的外城即停工。自此，城市设防面积达到约 62 平方公里，直至 20 世纪城墙拆除为止，不曾变动。外城又设七门，东面为东便门、广渠门，南面为左安门、永定门、右安门，西面为广宁门（清代后期改名为广安门）、西便门。并从正阳门向南修有一条笔直大道穿过东西并列的天坛和山川坛之间，直抵外城南门永定门。外城的修筑使北京城在平面上呈“凸”字形轮廓，将天坛和山川坛纳入了外城的范围里，城市的中轴线也延长至永定门。至此，北京城的中轴线建设最终完成（图 4-1-8）。

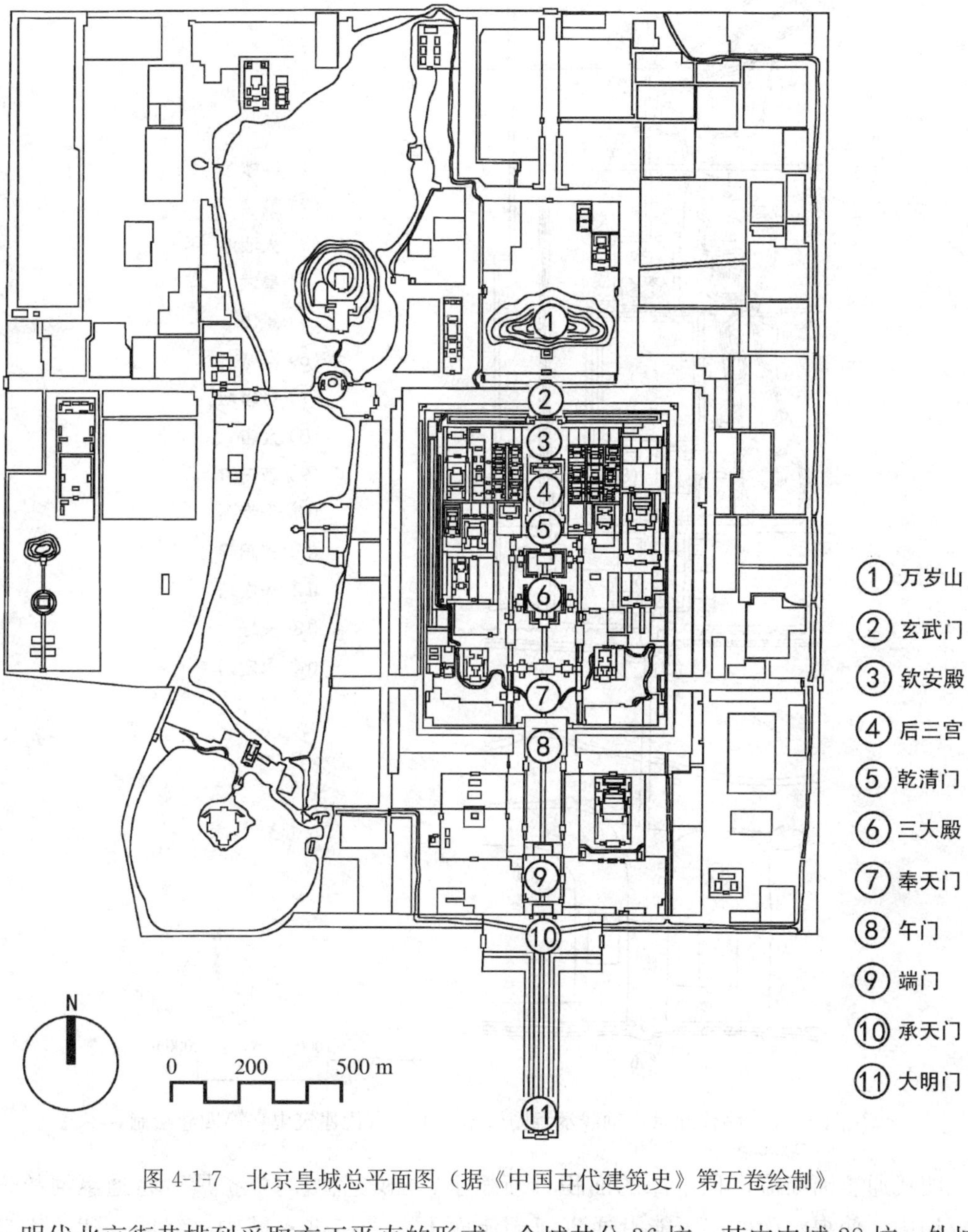

图 4-1-7 北京皇城总平面图（据《中国古代建筑史》第五卷绘制）

明代北京街巷排列采取方正平直的形式。全城共分 36 坊，其中内城 28 坊，外城 8 坊，分属东、西、南、北、中五城管辖。明代中期全城人口已经达到约 100 万人，明代后期达到约 120 万人。内城街道从长安街以北，仍沿元大都城之旧；长安街以南，以及外城街道则大都沿用旧路，或在已废沟渠上改建新路。其中外城街巷因修筑时未做规划，多是曲折狭窄的街巷相互交错，并形成一些自西南向东北通往正阳门前的斜街。

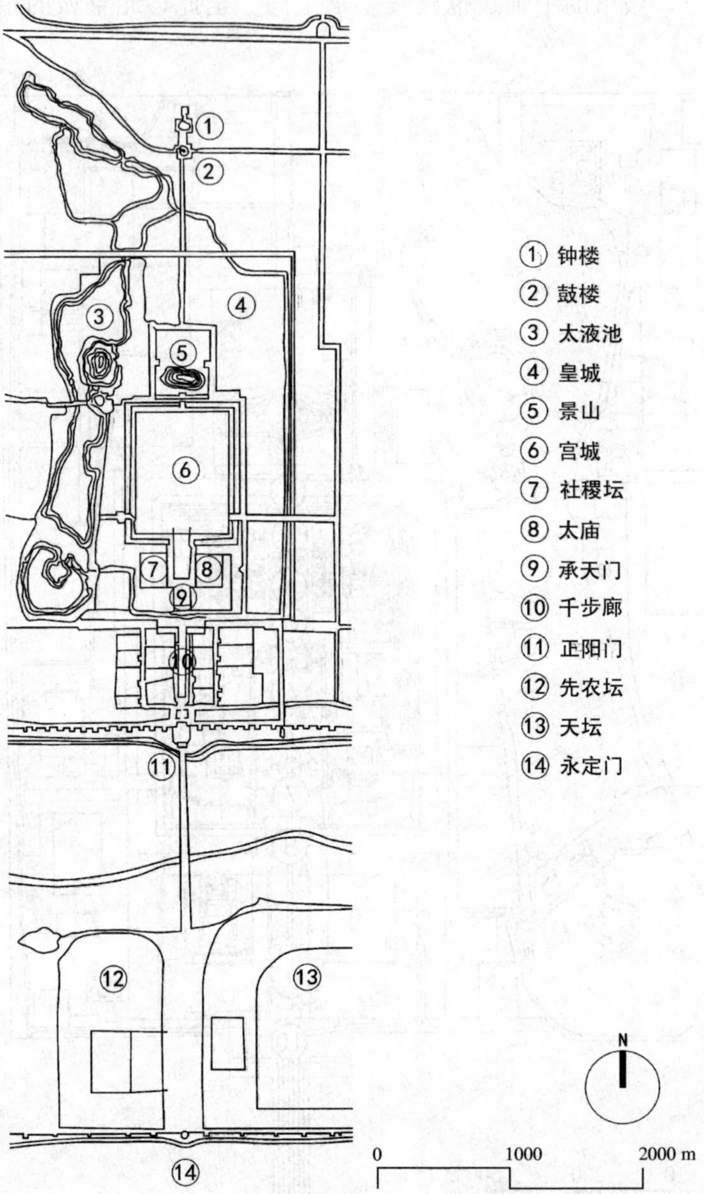

图 4-1-8 明代北京中轴线示意图（据《中国古代建筑史》第四卷绘制）

明代通惠河断流，积水潭的面积日渐缩小。加之皇城向外扩展，将通惠河故道包入皇城中，使得江南的船不能沿通惠河溯流而上，直接进入城中。终明一代，南来的漕粮、货物多先由水运集中到张家湾和通州的码头，然后再转陆运到北京。有的从朝阳门入城，更多的则集中到内城南门外，因而在正阳门、崇文门以南，逐渐形成了新的商业区，人口骤增，商贾荟聚，而其中最热闹、最繁华的市街是“朝前市”，分布在正阳门内外。正阳门内至大明门前的棋盘街，是东西城来往的要冲，同时明代的五府六部也集中在两侧，因此棋盘街百货云集，热闹非凡。除此之外，东四牌楼、西四牌楼、钟鼓楼等东西、南北干道的十字路口一带，也形成了繁华的市场。城内还有米市、猪市、骡马市、驴市、羊市、果子市等专门经营某一种商品的商业区。在隆福寺、护国寺、东岳庙、城隍庙、白云观等寺庙定期举行的庙会，也成为物资交流的中心。东华门外每逢上元节有灯市，东华门皇城范围内，还有专为勋戚、宦官、皇室设置的内市。

1644 年 4 月，李自成率起义军进入北京，明朝灭亡。同年 6 月，清军进入北京，李自成退走。同年 10 月，6 岁的清朝皇帝福临从沈阳迁来，清朝从此定都北京。

清朝统治者在定都北京后，因北京城没有遭到大的破坏，故完全沿用了明朝的北京城作为都城，局部作了一些重修和改建（图 4-1-9）。清军进驻北京后，统治者最关心"和""安"二字，希冀长治久安。如 1645 年重修皇极殿、中极殿、建极殿后，依次将

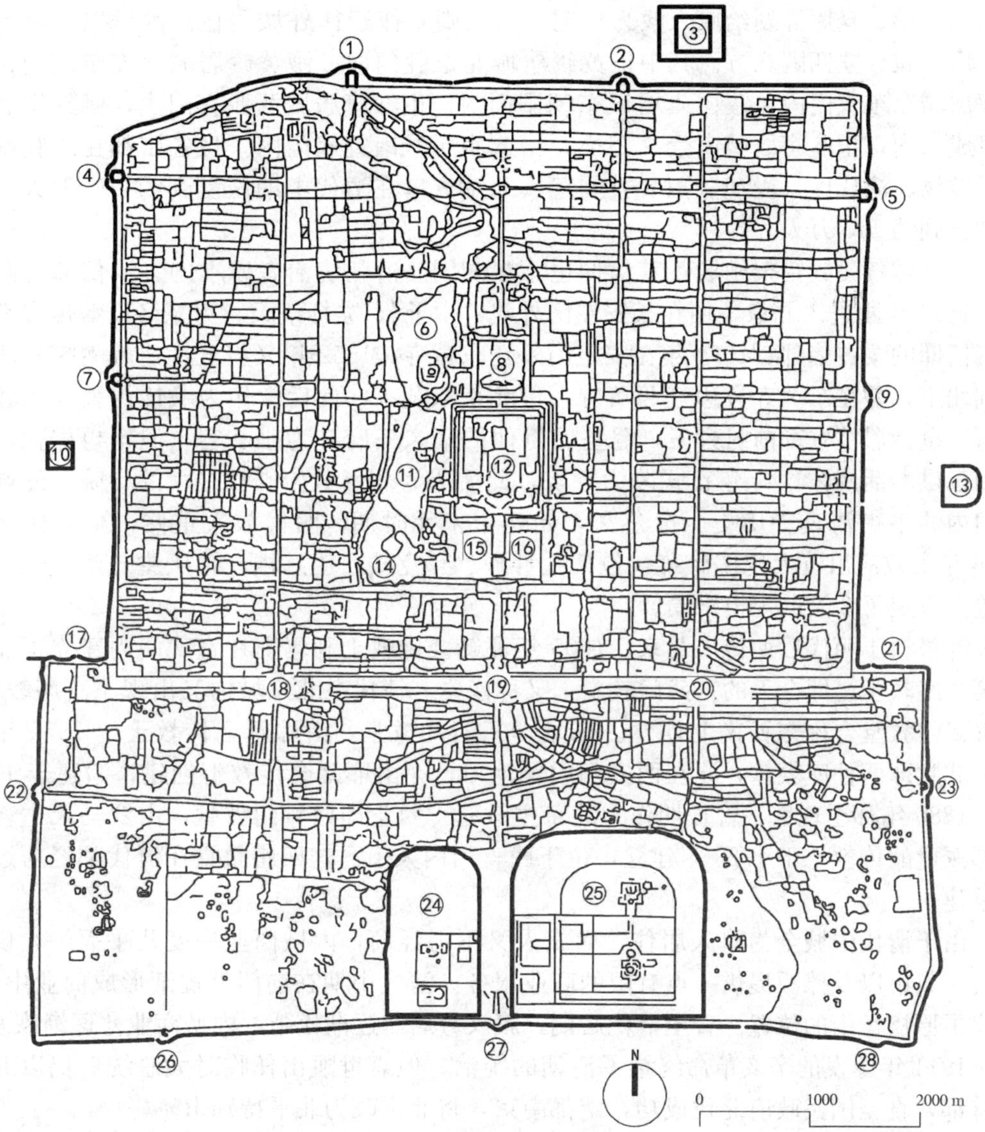

① 德胜门 ② 安定门 ③ 地坛 ④ 西直门 ⑤ 东直门 ⑥ 北海 ⑦ 阜成门 ⑧ 景山 ⑨ 朝阳门
⑩ 月坛 ⑪ 中海 ⑫ 宫城 ⑬ 日坛 ⑭ 南海 ⑮ 社稷坛 ⑯ 太庙 ⑰ 西便门 ⑱ 宣武门
⑲ 正阳门 ⑳ 崇文门 ㉑ 东便门 ㉒ 广宁门 ㉓ 广渠门 ㉔ 先农坛 ㉕ 天坛 ㉖ 右安门 ㉗ 永定门
㉘ 左安门

图 4-1-9 清代中期的北京城示意图（据《中国古代建筑史》绘制）

其名改为太和殿、中和殿、保和殿；1651 年重修承天门，改称天安门；1652 年改北安门为地安门，等等。

清代虽未对北京城大兴土木，但在开发和营造皇家园林上投入了巨大的人力和财力。除继续修建北、中、南三海外，还在北京西郊海淀一带修建了大批皇家园林，以“三山五园”为代表，包括香山的静宜园、玉泉山的静明园、万寿山的清漪园、畅春园和圆明园。

清定都北京后，将内城划为八旗驻地，实行旗汉分城居住的制度，将内城的大量衙署、府第、仓库等划给旗人改为住宅，汉人则一律迁往外城居住。内城以皇城为中心，由八旗分立四隅八方。其中正黄旗居城北德胜门内，镶黄旗居城北安定门内；正白旗居城东东直门内，镶白旗居城东朝阳门内；正红旗居城西西直门内，镶红旗居城西阜成门内；正蓝旗居城南崇文门内，镶蓝旗居城南宣武门内。且各旗都在所驻城门外设教场、演武厅，操演骑射、技勇等。北京人口在清代中期恢复到约 100 万人，清末增长到约 113 万人。

北京城各民族错杂相居，其信仰也不尽相同。清朝统治者原本的主流信仰是萨满教，1644 年刚进入北京，便在长安左门外建“堂子”，立杆祭天。为笼络以藏传佛教为主流信仰的蒙古诸部，1651 年在安定门外建东黄寺，1652 年又将五世达赖喇嘛从西藏请到北京，并在东黄寺旁边建西黄寺，称北京双黄寺，此后常作为藏传佛教高僧驻锡场所。皇帝胤禛登基前封雍王，登基后将他的雍亲王府升为雍和宫，但不再居住，主要用于供奉活佛，1744 年正式改为寺院，此后成为北京藏传佛教最大的寺院。外城广宁门内的牛街清真寺历史十分悠久，始建于宋元时期，明代数次重修，至清代又于 1696 年由政府出资大规模修葺，包括礼拜殿、邦克楼、望月楼、善庆堂、阐一堂、碑亭等，奠定了今天的规模格局。

基督教于明代后期传入北京，1605 年耶稣会传教士利玛窦在宣武门内建立了北京的第一座教堂，即今天的宣武门教堂，又称南堂。清代在北京城内又出现了三座教堂，与宣武门教堂合称东西南北四堂。东堂即王府井教堂，由耶稣会传教士于 1655 年建立。北堂即西什库教堂，原在西安门内蚕池口，亦由耶稣会传教士创建，始建于 1703 年，1886 年移至现址，曾长期作为北京主教堂。西堂即西直门教堂，由罗马天主教会总部派遣的传教士于 1723 年建立，位于西直门内大街。这四座教堂在清代都经历过多次重建。

由于清代内城全为旗人居住，而旗人又不得经商，内城商业一度几乎灭绝，仅靠庙会、集市以及摊贩提供一点有限的商业服务。清代中期在前门外逐渐形成商业中心，取代了原棋盘街的位置。直至清代后期，旗汉分居制逐渐松弛，内城商业才逐渐恢复。

1911 年爆发的辛亥革命终结了清朝的统治，但袁世凯出任临时大总统后仍以北京为首都，直至国民政府北伐成功，定都南京，将北京改为北平特别市。

北京城中轴线全长 7.8 公里，从最南端永定门起，至北端钟楼止。

永定门，外城南门，由城楼、瓮城、箭楼组成。城楼始建于明嘉靖年间，后在城楼外增建瓮城，1766 年重修永定门时增建箭楼，并将城楼规制提高，成为外城七门中规格最高的一座。1950—1957 年间将瓮城、箭楼和城楼陆续拆除，2004 年又复建城楼。

天桥，位于永定门至正阳门之间，为单孔汉白玉石拱桥，三梁四栏，桥身很高，桥北的东西两侧各有一亭子。因是皇帝去天坛、先农坛祭祀时的必经之路，故得名。1906 年修正阳门至永定门间的马路时，高桥身被拆除，改成低矮的石板桥。1934 年拆除。

正阳桥牌楼，又称五牌楼，它是内城九门外最大的牌楼，位于正阳门外跨越护城河的正阳桥头，始建于明正统年间。牌楼为木制结构，五间六柱，柱下有汉白玉基座。1955 年拆除牌楼，1970 年代拆除正阳桥。1996 年在牌楼原址偏南造“前门大街”牌楼，2006 年又被拆除，在原址按民国样式复建牌楼。

正阳门，俗称前门，内城南门，亦由城楼、瓮城、箭楼组成。城楼始建于明永乐年间，明正统年间重修时，修建了瓮城及箭楼，并在箭楼外挖护城河。河上架有并排的三座汉白玉石桥，称正阳桥，正中一座又称御路桥。正阳门瓮城内有两座对称的庙宇，东侧为观音庙，西侧为关帝庙。

大明门，仿明南京城洪武门建制建造，为皇城南门，清改称大清门。门前左右各有一石狮、一下马碑，门前百步远为棋盘街，门后是通向承天门的御路。御路两侧为千步廊，廊外两侧集中了中央衙署。民国改名为中华门，1954 年拆除。

外金水河，流经皇城正门，河上架有五座汉白玉石拱桥，与身后天安门城台中的五个门洞对应。正中一座亦称御路桥，供皇帝行走。

承天门，皇城正门。始建于明永乐年间，明末毁于战火，1651 年重建，改称天安门。下为城台，上有城楼。城台开五门洞，中间最大，两侧依次缩减。城楼明代时为五间三进，清代改为九间五进。在天安门及金水桥前后有汉白玉制石狮、华表各一对。

端门，位于承天门与午门之间，形制同承天门。其功能为皇帝出巡或出宫举行各种大典时的正式出发地，平时则作为收藏相关卤簿仪仗的库房。

午门，宫城正门，平面呈“凹”字形。它沿袭了传统宫城正门的建制，整座建筑高低错落，左右呼应，形若朱雀展翅，又有“五凤楼”之称。午门南面正中开三方门，两侧各有一门（称左掖门、右掖门），北面开五圆门，形成“明三暗五”“外方内圆”的布局。城台上有城楼，两翼有廊庑，尽端为方亭，左置钟，右置鼓，在重大典礼时钟鼓齐鸣。它既是举行盛大庆典的活动场地，又是颁朔、宣旨之门，还有很强的防守功能。

内金水河，东西向，水源来自护城河，上架五座汉白玉石桥，又称金水桥。中间最宽，为主桥，两侧为宾桥。

奉天门，也称“大朝门”。嘉靖时改称皇极门，清代改称太和门。它是紫禁城中最大、也是最重要的一座门，明代皇帝常在这里“御门听政”。门建筑在石台基上，台基上有丹陛、汉白玉石栏板、望柱，雕刻精美，门前有铜狮一对。

奉天门内为奉天、华盖、谨身三大殿，1562 年改称皇极、中极、建极殿，1645 年改称太和、中和、保和殿。三大殿座落在“工”字形三层台基上，台基层层递高。每级都绕有栏杆，布满精美浮雕，栏杆下有向外伸出的排泄雨水的石雕螭兽。太和殿是皇帝坐朝召见文武百官的地方，每逢重大节日、隆重庆典，皇帝都在此接受朝贺，并举行盛大仪式。中和殿是皇帝出席庆典前休息和做准备工作的地方，保和殿为皇帝举行殿试的场所。

乾清门，位于谨身殿后，系宫城内廷南大门，也是前朝后宫的分界线。乾清门又称“御门”，为清朝“御门听政”的地点。门两侧有八字墙的琉璃影壁，中间有团龙图案。门前有铜狮子和防火用的铜缸。

乾清门内，为后三宫：乾清宫、交泰殿、坤宁宫。它们也建筑在“工”字形台基上，但比前三大殿的台基要低。后三宫是皇帝、皇后的居所。

坤宁门，是进入御花园的大门。出坤宁门有松柏相交的连理树，以寓家庭和睦。

御花园，位于紫禁城中轴线的北端，正南由坤宁门同后三宫相连，左右分设琼苑东门、琼苑西门通往东西六宫，北面是集福门、延和门、承光门围合的牌楼坊门和顺贞门，正对着紫禁城最北面的玄武门。中路是一个以钦安殿为主体建筑的院落。

天一门，为钦安殿前大门。它是中轴线上建筑体积最小的一道门。每年立春、立夏、立秋、立冬四个节气皇帝要在钦安殿设道场，同时在天一门内设坛焚香，祈祷玄武大帝，保佑皇宫消除火灾。

钦安殿，位于御花园正中。殿内为祭祀道教之神的场所，供奉的主神是玄武大帝。

顺贞门，在御花园北面，为北宫墙正中上开三门的形式，正对玄武门门洞。

玄武门，为宫城北门。后因避清康熙皇帝玄烨之讳，改称神武门。清朝时，皇帝外出去西苑、皇后去先蚕坛、皇帝迎娶嫔妃和备选秀女均走此门。

北上门，位于神武门和景山南门之间，其位置为金代大宁宫内廷的紫宸门，元代时为宫城大内和禁苑分界，明代也延续了这一规划思想。

景山南门，是景山皇家禁苑的正门。南对北上门，北对绮望楼，两侧为红色宫墙相连。

绮望楼，位于景山向阳面山脚下，明代为山前殿，1750 年拆除另建二层楼阁。

景山，即明代万岁山，清初改名。由五座人工山峰组成。清乾隆时，山脊上建有亭子。其中主峰上为万春亭，它是北京城的制高点。

寿皇殿，始建于明万历年间，是供奉皇室祖先的场所，在每月初一和先皇忌日，皇帝要亲自来此处祭祀。殿址原在景山的东北角，1749 年移到景山北面，坐落在中轴线上。

北安门，是皇城北门，1652 年改称地安门。中间开三门，为方形门洞，1954 年拆除。

万宁桥，位于地安门外大街到鼓楼的中间位置，为单孔汉白玉石拱桥，始建于元代，因在大庆寿万宁寺前而得名。

鼓楼，1420 年在元代建筑基址上建造，不久因雷击被毁。1539 年重建，留存至今，只在 1800 年和 1894 年进行过部分修整。

钟楼，1420 年与鼓楼一起建造，不久亦被毁。直至 1745 年才重建，两年后竣工。这次为了防止火灾，建筑全部采用了砖石结构。它成为北京中轴线的终点。

第二节 文艺复兴时代的西欧

一、文艺复兴

文艺复兴是 14 世纪至 16 世纪在欧洲兴起的一次思想文化运动。它发端于 14 世纪的意大利，以后扩展到西欧各国，16 世纪达到鼎盛。1550 年前后，意大利语 Rinascimento 被普遍作为新文化的名称，它的字面意思是“重生”。此词经法语转写为 Renaissance，17 世纪后为欧洲各国通用。到 19 世纪，历史学家们进一步把它作为 14—16 世纪西欧文化的总称。在这一时期，欧洲发生了一场思想、科学与艺术的革命，中世纪从此结束，现代欧洲的历史从此开始。

14 世纪的意大利仅是一个纯粹的地理名词，其处于权力真空状态。这个地方理论上算是神圣罗马帝国的一部分，但 1187 年皇帝和伦巴底同盟签订的威尼斯条约已经给予意大利北部城市高度自治。13 世纪上半叶的皇帝们一度在意大利与教皇发生激烈冲突，但 1250 年起神圣罗马帝国皇位长期空缺，直到 1312 年才产生新的皇帝，使得神圣罗马帝国几乎完全失去了对意大利的控制。罗马天主教会起初试图全面控制意大利，将这里完全变成教皇国，但 1303 年，法国国王腓力四世（Philip Ⅳ）派军队进入罗马，将教皇殴打致死，另外扶植了一个法国人做教皇，并于 1309 年将天主教会总部搬迁至法国南部小城阿维尼翁（Avignon），直至 1377 年才迁回罗马。紧接着，天主教会又发生大分裂，1378 年起，有两个人同时宣称自己是教皇，各自得到一伙红衣主教的支持。直到 1417 年，罗马天主教会才终于选出一位得到普遍承认的教皇。因此，14 世纪的意大利处于完全的分裂状态，由一系列城市共和国、大贵族和大主教分别控制各地（图 4-2-1）。

在另一方面，14 世纪是意大利经济、文化高速发展的时期。随着手工业和贸易的发展，特别在意大利北部，兴起了许多繁荣的城市。除本书第三章已经述及的威尼斯和锡耶纳之外，伦巴底地区的米兰（Milan）和都灵（Turin），波河南岸的博洛尼亚（Bologna），托斯卡纳地区的比萨（Pizza）和佛罗伦萨（Firenze），利古里亚海岸边的热那亚（Genova），都成为当时著名的手工业和贸易中心。这些城市的政治体制五花八门，权力架构各不相同，但掌权者全都致力于确保城市的独立地位，增强城市的经济和军事力量，拓展城市的势力范围。在天主教会势力日渐式微的同时，城市的独立意识和民族意识却日益增强。

意大利城市在日益兴旺的时候遭到了可怕的打击：1348 年，比萨爆发鼠疫，并迅速通过贸易线路传播到意大利北部诸城市，又传播到欧洲各大城市。14 世纪主要意大利城市全都遭受鼠疫袭击，造成了人口大规模的减少。祈祷、善行以及其他的传统宗教祈福手段全都无用，生命的脆弱和短暂显得格外真实。尽管宗教本身未遭怀疑，但教会的威望在这些城市中进一步下跌。城市的领袖们希望摆脱宗教的束缚，大力保护艺术家对世俗生活的描绘，歌颂自然的美和人的精神价值，人文主义由此兴起。和基督教强调人对上帝的卑微服从相反，人文主义强调要认识作为个体的和集体的人的自身价值。

为躲避鼠疫，许多学者离开拥挤的城市，前往郊外和乡间的修道院居住。西欧的修道院里一直保存着大量的罗马帝国时代文献，数百年来乏人问津。12 世纪以后，十字军运动又将大批东方的文献典籍带回西欧，包括古代希腊文献、使用希腊语写作的基督教文献以及希腊语和阿拉伯语的自然科学文献，大部分都交给了各地的修道院。学者们迅速发现，他们正在宣扬的人文主义正是古代的传统。通过对古代文献的大量阅读，学者们发现曾经存在过一个辉煌的古代文明，相形之下中世纪的文化更像是一种倒退，而希腊、罗马古典文化才是光明发达的典范。由此兴起了对古代文化的寻求和研究的热潮。他们力图复兴古典文化，以完全自由探索的精神打破基督教神学的枷锁，从而形成了对知识和精神的巨大的解放与创造。

一般认为文艺复兴运动开始于意大利北部城市佛罗伦萨。佛罗伦萨诗人但丁（Dante Alighieri）原本是这座城市活跃的政治领袖之一，因在政治斗争中失败遭到放逐，在1307—1321年间写下了他的代表作《神曲》(La Divina Commedia)。这部长诗没有使用中世纪以来唯一的通行文字拉丁文写作，而是采用佛罗伦萨的方言，从而创造了意大利语文，是欧洲的第一种民族语文。但丁因此被称为文艺复兴的开创者，被恩格斯称为“中世纪的最后一位诗人，同时又是新时代的最初一位诗人”。

图 4-2-1 文艺复兴时代的意大利（据《钱伯斯历史地图集》绘制）

另一位佛罗伦萨人彼特拉克（Francesco Petrarca），比但丁晚整整一代，他的父亲是但丁的政治盟友，和但丁一起遭到放逐。彼特拉克在14世纪成长起来，在欧洲各地漫游，成为著名的诗人和学者，和但丁一样，既使用拉丁文写作一些严肃作品，同时又用佛罗伦萨方言写了大量的以十四行诗为形式的抒情诗歌。他在1330年代提出，历史分为两个时代：古代希腊和古代罗马的古典时代，是人性最完善的时代；以及目前所处的时代，压制人性、违背自然，可以被称为“黑暗时代”。这样的批判与基督教传统观念正好相反：天主教会一向宣称基督降临之前的时代才是黑暗时代，只有对基督的信仰才能带来光明。人文主义者相信终有一天，罗马帝国将会再度崛起并且复兴那个纯正的古典文化。到15世纪以后，越来越多的人认为他们已经进入了一个新的时代，也就是现代。彼特拉克所谓的黑暗时代因此成为一个介于古典时代和现代之间的时代，由此形成了“中世纪”(Middle Ages) 的概念。

1453年，奥斯曼土耳其帝国攻陷君士坦丁堡，东罗马帝国灭亡。大批深受东罗马帝国和东正教文化传统影响的人才逃到意大利，带来希腊文原版圣经和大批其他古典文献，又在各地开办教授希腊语的学校，促使了文艺复兴运动的深入。

1450年以后，教皇稳固了在罗马的统治，决定重建这座当时已经极其凋敝的伟大城市。这一愿望被接连数代教皇坚持实施，从而在罗马逐渐聚集起一批文艺复兴艺术家，在15世纪后期罗马成为新的文艺复兴中心，并在16世纪前期进入盛期文艺复兴(High Renaissance)。但教皇的努力在1527年遭到重大打击：神圣罗马帝国皇帝的军队在这一年洗劫了罗马，尽管时间仅有3天，损失以现代标准而论只能称为轻微，但天主教会摇摇欲坠的威望再次遭到沉重打击，艺术家们开始离开意大利，将文艺复兴的精神带到欧洲各地。

1455年，德意志西部城市美因茨（Mainz）的金匠、商人古登堡（Johannes Gutenberg）使用活字印刷术成功印制了圣经，标志着知识传播的新时代的来临。这种新技术迅速流传到欧洲各地，极大地促进了欧洲科学、文化和艺术的进步。

1492年，出身热那亚共和国的海员哥伦布（Cristoforo Colombo）得到西班牙女王的支持，率领两条船进入大西洋向西航行，试图到达印度。哥伦布最终到达了中美洲的加勒比海群岛，大航海时代从此开始。

1517年，德意志北部城市维滕贝格（Wittenberg）的一名天主教会教士马丁·路德（Martin Luther）发表《九十五条论纲》，第一次系统地批驳了天主教的仪礼、理论和组织制度，引起了巨大震动。路德的思想一望而知是人文主义的：只承认上帝的权威而不是教会的权威；人人都有权直接与上帝沟通而无需专职神职人员的中介。宗教改革运动从此开始。路德的思想既得到广泛支持也遭到强烈反对。罗马天主教会于1540年成立耶稣会（Societas Jesu）组织针对新教徒的恐怖活动，1542年又建立罗马宗教裁判所（Congregatio pro doctrina fidei）镇压各种不同意见。此后开始了断断续续持续百年以上、遍及欧洲各地的宗教冲突和宗教战争，尤以神圣罗马帝国的三十年战争为祸最烈，直到1648年才基本结束，德意志地区许多地方的人口减少了一半或更多。欧洲从此分裂成信奉罗马天主教的地区和信奉各种新教的地区，许多人由于信仰不同被迫迁徙。现代欧洲在此基础上开始形成。

1543年，波兰东部小城弗龙堡（Frauenburg）的教士、医生、数学家和天文学家尼古拉斯·哥白尼（Mikolaj Kopernik）出版著作《天体运行论》，完全改变了西方世界对宇宙的传统认识，而且动摇了基督教神学的理论基础。科学革命从此开始，它成为文艺复兴最重要的遗产。

二、佛罗伦萨

佛罗伦萨位于意大利中部，是托斯卡纳区的首府。东、南、北三面环山，西侧有阿诺河（Fiume Arno）流过，经比萨注入利古里亚海。罗马时代，这里有一条沿亚平宁山脉西侧由南向北蜿蜒而行的公路Via Cassia，是从罗马通往北方的重要通道之一。在阿诺河的最窄处建造了桥梁，作为公路跨河的通道。公元前59年，凯撒在阿诺河畔建立了一个定居点，用以安置退伍军人。它被取名为Florentia，来自拉丁文“花”(flos)，后来在意大利语中改写为Firenze，英文为Florence。和其他罗马定居点一样，它被建成一个基于方格网道路的长方形，几乎是正南北向的，与从东南流向西北的阿诺河形成大约30度的夹角。城市面积约19公顷，人口最多时达1万人。它被两条主路分成四块基本等大的区域，中心为市场广场 Piazza del Mercato，广场周围布置公共建筑。

4世纪时基督教传入佛罗伦萨，在城东北角建起基督教堂，7世纪又建造了洗礼堂。

5世纪以后，罗马帝国崩溃，佛罗伦萨和意大利的其他城市一样，先是反复遭到蛮族部落的洗劫，之后又成为东罗马帝国和东哥特王国不断交锋的战场。城市完全衰落，公共建筑全部颓败，市场广场被棚屋占领，人口一度减少到约1000人。

9世纪后，佛罗伦萨和锡耶纳一样成为托斯卡纳伯爵的封地，由于和平逐渐恢复，依靠交通的优势，恢复了传统的手工业和贸易。12世纪以后托斯卡纳伯国解体，佛罗伦萨成为一个神圣罗马帝国特许的自治城市，建立了由地方小贵族领导的市政府。此后，城市经济继续增强，城市规模也缓慢扩大。佛罗伦萨商人逐渐垄断了丝绸、羊毛、珠宝、颜料等货物的交易，并开始发展金融业。1253年，佛罗伦萨从皇帝那里得到铸造货币的特许权，随即铸造一种金币，称佛罗林（Florin）。因为成色、重量十分标准而且稳定，佛罗林此后逐渐成为欧洲大陆和近东、阿拉伯地区进行交易使用的标准货币，使得佛罗伦萨成为欧洲的金融中心。

13世纪以后，佛罗伦萨的工商业行会权势日益膨胀，逐渐掌握了城市的权力。1284年，建造了一道新的砖石城墙，大大扩展了城市规模，设防面积达到4.8平方公里。1293年颁布“正义法规”（Ordinamenti di Giustizia），确定了佛罗伦萨的政治体制，政权由富商、银行家和部分手工工场主所掌握。最高权力机关称“执政团”（Signoria），由9人组成，7个大行会各派1名代表，其他14个小行会联合选出2名代表。此后，城市公共建筑的建设大大加速。

1296年起在城市北部老洗礼堂旁开始建造新的主教堂，称 Duomo。为和锡耶纳等竞争城市攀比，教堂在建造过程中规模一再扩大，直至1419年才完成主体部分，成为罗马帝国崩溃后西欧建造的最大建筑，在教堂周围形成的空地称为教堂广场（Piazza del Duomo）。1298年又在城市南部空地建造执政宫（Palazzo della Signoria）［现称韦基奥宫（Palazzo Vecchio），意即老宫，相对皮蒂宫（Palazzo Pitti）而言］，作为市政会议厅和执政官的官邸，至1310年完成。在韦基奥宫周边开辟出空地，称为贵人广场（Piazza della Signoria）。这样，在罗马老城的边缘出现了两个带有宏伟建筑的新中心：北部为主教堂代表的宗教中心，南部为执政宫代表的政治中心。在这两者之间，古老的市场广场在这时也逐渐恢复了开放空间和传统的商业功能，重新成为城市的商业中心［1861年意大利统一后改名为共和国广场（Piazza del Repubblica）］。

到14世纪初，佛罗伦萨已成为全欧毛纺工业贸易和银行业的中心，全欧洲最富裕的城市。全城人口约12万人，其中有近3万人从事毛纺织业，有手工工场约300家，年产呢绒10万匹，价值约60万佛罗林。从事银行业务的有80个家族。伴随着新兴市民阶级的兴起，市民的独立自由意识高涨。他们对中世纪式的超现世的兴趣淡薄，转而开始关注现实的生活，对世俗生活的乐趣有着强烈的渴望。他们肯定人世生活本身的价值，要求自由地发展人性，并从古代希腊和古代罗马的文化宝库中发现了其理想的源泉。在这些市民中，产生出了但丁、彼特拉克等伟大人物，从而开启了文艺复兴时代。

15世纪，美第奇家族（Famiglia di Medici）控制了佛罗伦萨。该家族主要的产业是银行业，在中世纪晚期积累了巨大财富，在文艺复兴时期介入政治生活，长期掌握佛罗伦萨权力，并进而涉及意大利和欧洲政治。家族中一共产生了4位教皇，2位法国王后，超过10位大主教和红衣主教，以及其他欧洲王室成员。该家族以其巨大财富和权势长期赞助艺术家的创作活动，多位文艺复兴时代的伟大艺术家长期为该家族服务。从1420年代起，佛罗伦萨进入其文化上的黄金时期，城市与建筑中的文艺复兴运动由此开始（图4-2-2）。

① 安农齐阿教堂 ② 安农齐阿广场 ③ 主教堂 ④ 教堂广场 ⑤ 市场广场 ⑥ 贵人广场
⑦ 执政宫 ⑧ 老桥 ⑨ 乌菲兹宫 ⑩ 圣克罗齐广场 ⑪ 圣十字教堂 ⑫ 波波里花园

图4-2-2 文艺复兴时代的佛罗伦萨（据《世界城市史》绘制）

1415年，成长于佛罗伦萨的学者、教皇秘书波吉奥（Poggio Bracciolini）在佛罗伦萨发表了一份经过他修订的古代文献《建筑十书》，作者为公元前后的罗马工程师维特鲁威（Vitruvius）。该书完整地论述了古代罗马建筑的形式、建造的理论和方法。此书迅即成为当时知识分子研究的对象，与书中的论述和罗马时期的遗迹相对照，中世纪建筑成为批评的靶子。

1419年，佛罗伦萨丝绸行会会员、建筑师伯鲁乃列斯基（Filippo Brunelleschi）被委托负责继续主教堂的建设。此后，他又获得了其他重要的委托。1427年，位于城市东北部的育婴院（Ospedale degli Innocenti）首先建成，并和它旁边始建于13世纪的安农齐阿教堂（Basilica della Santissima Annunziata）一起围合成安农齐阿广场（Piazza della Santissima Annunziata）。该建筑与中世纪自由立面完全不同的经过严谨组织、具有复杂比例关系的立面，使其成为第一座建成的文艺复兴建筑，并且以其轻巧而严谨的柱廊为广场形成了一个完整的边界和界面。

1420年代中，伯鲁乃列斯基发明了最初的透视法，该发明迅即被画家们首先推广，以后又在舞台设计师中普及，最终在15世纪成为建筑师的基本技术，极大地影响了以后的城市和建筑发展。

1436年，伯鲁乃列斯基完成了佛罗伦萨主教堂的穹顶。该穹顶直到19世纪末，是仅次于罗马万神庙的世界第二大跨度建筑，其无比丰满巨大的体量成为佛罗伦萨城的象征，其虽然基于中世纪的建筑技术，但与中世纪建筑完全不同的建筑形象却使其成为文艺复兴的标志。

阿尔伯蒂（Leon Battista Alberti）在1435年至1464年间出版了三部著作：《论绘画》《论建筑》和《论雕塑》。此人和佛罗伦萨有着血脉上的联系，虽然出生和受教育都不在佛罗伦萨，但是在大学毕业后进入佛罗伦萨度过青年时代，从而成为文艺复兴时代的杰出代表。他是一位全能型人物，既是骑手和运动员，同时又是诗人、哲学家、画家、剧作家、音乐家和建筑师。他因此和通常仅精通一种技艺的中世纪工匠或其他行会成员完全不同，被称为“文艺复兴式人物”（Renaissance Man）的代表，也是第一代知识分子建筑师的代表。在《论建筑》中，阿尔伯蒂提出：美建立在数字之间的比例关系以及几何学规定的基本形状之上，根据适当的比例确定某些基本形状，然后再加以重复、叠加和镜像组合，就能够创造出优美的形象；建筑中的美建立在各部分之间的比例均衡之上，一座美的建筑，应当是对它的任何部分进行任何增减都必然损害它的整体的美的。从而建立了艺术和建筑的理性主义原则，此后一直是西方艺术的核心理论之一。

1452年，达·芬奇（Leonardo da Vinci）在佛罗伦萨西面约40公里的芬奇（Vinci）出生，并在1466年进入佛罗伦萨城学习。

1475年，米开朗基罗（Michelangelo Buonarroti）在佛罗伦萨西面约100公里的卡普雷塞（Caprese）出生，几个月后全家迁入佛罗伦萨城，他因此成为一名佛罗伦萨人。

1483年，拉斐尔（Raffaello Sanzio）在佛罗伦萨东面100多公里的乌尔比诺（Urbino）出生，并在1504年进入佛罗伦萨城，从此受到这座城市的深刻影响。他在1509年画的《雅典学院》成为透视法运用的经典。

16世纪，美第奇家族对佛罗伦萨的控制日益强化。在镇压了若干反叛行为后，亚历山德罗·德·美第奇（Alessandro de'Medici）于1532年被教皇和皇帝封为佛罗伦萨公爵（Duca di Firenze），佛罗伦萨共和国因此终结。1569年，他的继承人科西莫一世又被封为托斯卡纳大公爵（Granducato di Toscana），从而成为意大利最有权势的人之一。美第奇家族保持这一头衔直至1737年。

此后，在经历了几代人、几十位建筑师和艺术家的创造性工作与精心设计，佛罗伦萨人完成了城市中心的最后两个端头节点：北端的安农齐阿广场和南面的乌菲兹广场（Piazzaledegli Uffizi），从而确定了城市中心区域的最后造型。

安农齐阿广场的空间在中世纪时便已存在，但1427年伯鲁乃列斯基的育婴院建成的时候，还只有教堂和育婴院两个面形成了完整的围合。约百年后，建筑师大桑加洛（Antonio da Sangallo il Vecchio）在1520年代建成了托钵修会柱廊（Loggiadei Servi di

Maria），形式与它对面的育婴院柱廊几乎完全一致。1601 年，安农齐阿教堂朝向广场的立面也进行了改造，增加了一排类似的柱廊，从而完成了广场周边界面的建设，形成了风格统一的建筑形式。1629 年，从安农齐阿广场到主教堂的道路被完全打通，从而建立了广场与大教堂的视觉联系，将中世纪式的城市虚轴转化为实轴（图 4-2-3）。

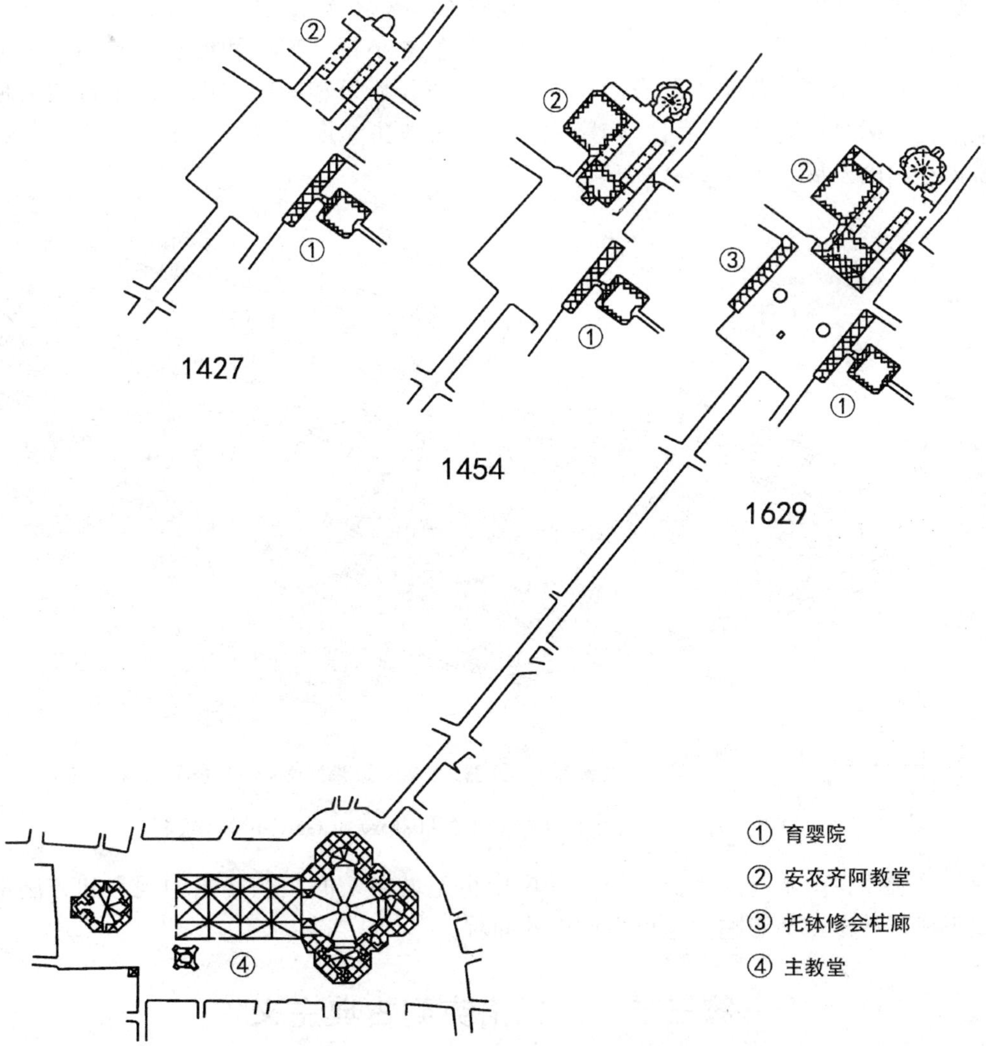

图 4-2-3　安农齐阿广场的演变（据 Filippo Brunelleschi 绘制）

1581 年，执政广场南端的乌菲兹宫建成。它实际上是一条宽街两侧的建筑群，三层，平面呈 U 形布置，南端向阿诺河开敞。两边的建筑都是城市行政机构的办公室。所围合的空间又被称为乌菲兹广场。通过这条狭长的空间，将贵人广场与阿诺河连接起来，既是一条便捷的从广场通向河边的通道，同时又是一条强烈的视觉轴线。

1549 年，美第奇家族从银行业同行皮蒂家族（Famiglia Pitti）手中购入位于佛罗伦萨城南、阿诺河南岸山丘的皮蒂宫（Palazzo Pitti），将它作为一处正式的接待场所。为此对建筑进行了一番扩建，并在它背后的波波里山（Collina Boboli）的山坡上开始营造波波里花园（Giardino di Boboli）。16 世纪建成的部分沿主体建筑的轴线向山上延伸，地势陡峭，在不到 300 米距离中拔高了近 50 米，主要由较低的、紧邻主体建筑的露天剧场（Anfiteatro）和更高的海神喷泉（Fontana del Nettuno）两部分组成。到17世纪初，开始从已建成的两部分之间的连接处向西拉出第二条轴线，长约700米，高度逐渐降低，两侧沿轴线布置了各种形态的种植、场地和小品，轴线端头布置了一个椭圆形水池，池中还有小岛，称Isolotto，作为收头。至1620年代波波里花园基本建成，总面积约23公顷。此后，其他建筑师和艺术家继续在花园里增加各种景物景观，包括雕塑、水池、喷泉等。由于地形有变化，各种小径、铺地和形态各异的植物形成了非常丰富的景观。花园中既有对称的阶梯步道、喷泉和雕塑，也有富于自然情趣的林地小径和树林。它成为以后影响巨大的西方古典主义园林的一个重要起点，并影响到城市空间的发展（图4-2-4）。

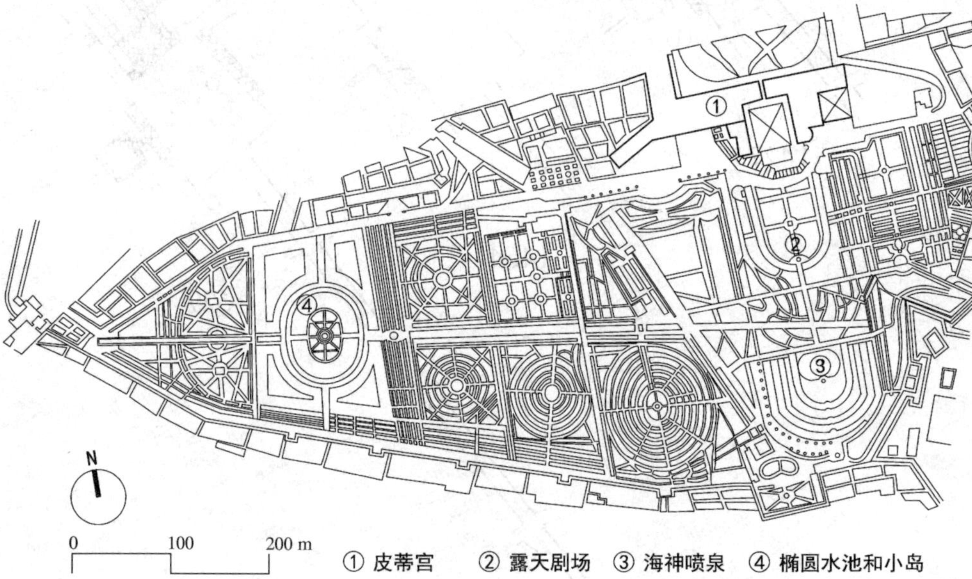

图4-2-4 波波里花园总平面图（据A History of Garden Art绘制）

尽管佛罗伦萨本身总体而言仍是一座中世纪城市，但文艺复兴的观念和方法都在这里形成，并深刻地影响到全世界城市的面貌。

第三节 从巴洛克到古典主义

一、巴洛克时代

Baroque一词原指形状不正常的珍珠，可能来自葡萄牙语barroco或者西班牙语barrueco，确切的来源至今未明。18世纪以后，有人用这个词比喻一些精心制作但凌乱琐碎的艺术品。1888年，当时还十分年轻的瑞士艺术史学家沃尔夫林（Heinrich Wö- lfflin）首次用这个词描述17世纪至18世纪中期欧洲尤其是天主教地区的一种文化现象。

自马丁·路德1517年发动宗教改革运动以后，到17世纪，西欧社会已经完全分裂为信奉罗马天主教的地区和信奉各种新教的地区两部分。为回应宗教改革运动，罗马天主教会自1545年起，在意大利北部城市特伦托（Trento）和博洛尼亚先后举行多次普世主教会议，经历三任教皇共18年时间，到1563年最终形成了一系列决议，史称特伦托会议（Concilio di Trento）。这些决议内容包括天主教会的自我改革，取消了一些弊端丛生的职位如主教执事等，废除了一些臭名昭著的措施如出售赎罪券等，并要求包括主教和大主教在内的所有神职人员均以耶稣基督之清静生活为道德标准，反对奢侈浪费。不过更多的是重新确认天主教会的各项基本原则及纲领，例如确认了教皇的唯一领袖地位，确定了唯一官方圣经版本，规范了重要宗教活动的礼仪，宣布所有要求宗教改革的观念、行为及其相关人员都是异端应予消灭，并鼓励艺术直接表达宗教主题，等等。这些决议确定的原则一直执行到1960年代，在很大程度上延缓了天主教地区的社会进步。

在特伦托会议精神指引下，罗马天主教会开展了反宗教改革运动，在继续接受罗马天主教会管制的地区实行严格的精神控制。这些地区主要是欧洲南部地区，包括意大利、法兰西、伊比利亚半岛、德意志南部等地，均为当时经济文化相对发达的地区。在这些地区，中产阶级已经成为社会中的重要力量，需要更加丰富多彩的精神生活。但教会的反宗教改革运动却对社会施加严格的精神禁锢，文艺复兴以来的人文主义精神受到强大压制。因此，需要一种新的艺术形式，既不触犯教会的忌讳，又能满足中产阶级对更丰富多彩的精神生活的追求。

总体而言，巴洛克艺术是一种追求快乐和刺激的艺术，运用夸张的运动、扭曲和复杂的细节以获得戏剧性的张力、恢宏的场景和繁琐的装饰性，代替了文艺复兴艺术追求的伟大、崇高和简练。

巴洛克时代的城市受到一个特别因素的影响：由于制造技术的发展，马车的性能不断改善，乘坐日益舒适，终于在16世纪进入城市成为一种载人交通工具，在17世纪成为普遍的市内交通工具，从而使西方城市进入车辆交通时代。自从古代以来一直到文艺复兴时期的步行城市传统因此终结，城市尺度和城市空间因此变得完全不同。对城市而言，“运动”从来没有在巴洛克时代来得如此刺激，为适应车辆交通的特别需求，所有城市都先后拓宽和拉直了道路，增加了供车流交会的城市广场，从而开始了一个持续不断的城市为满足交通工具的需要而发展的时代，直至今天。

巴洛克艺术包括绘画、雕塑、建筑、音乐、文学、工艺美术等各个领域，在每个领域中都产生了伟大的大师。在巴洛克精神和马车影响之下出现的巴洛克城市空间，最终导致古典主义城市的出现。

二、罗马

到15世纪中叶，威尼斯、佛罗伦萨甚至锡耶纳都已经成为欣欣向荣的壮观城市，古老的光明之城、永恒之城罗马却沦落成了一个偏僻小城。罗马时代建立的奥理安墙依然巍然矗立，保护着接近14平方公里的城区，但城内只有一些破败的废墟和中世纪早期建造的教堂，人口不足4万，大部分城区处于荒芜状态。

1420年，罗马教廷重新迁回罗马，起初连住的地方都没有，只能住在一些教堂里。到1453年，教皇尼古拉五世（Nicholaus Ⅴ）终于确立了对这座城市的全面控制。这位教皇年轻时曾在博洛尼亚和佛罗伦萨学习，深受人文主义影响，给罗马带来了新的思想。他决心将罗马城建设成世界天主教的首都，为此提出了宏伟的规划。他以后的一系列教皇努力实现他的规划，其中有许多和他一样受到人文主义的影响，罗马因此在16世纪成为文艺复兴的最后一个中心。此后数百年中进行了长时间的建设（图4-3-1）。

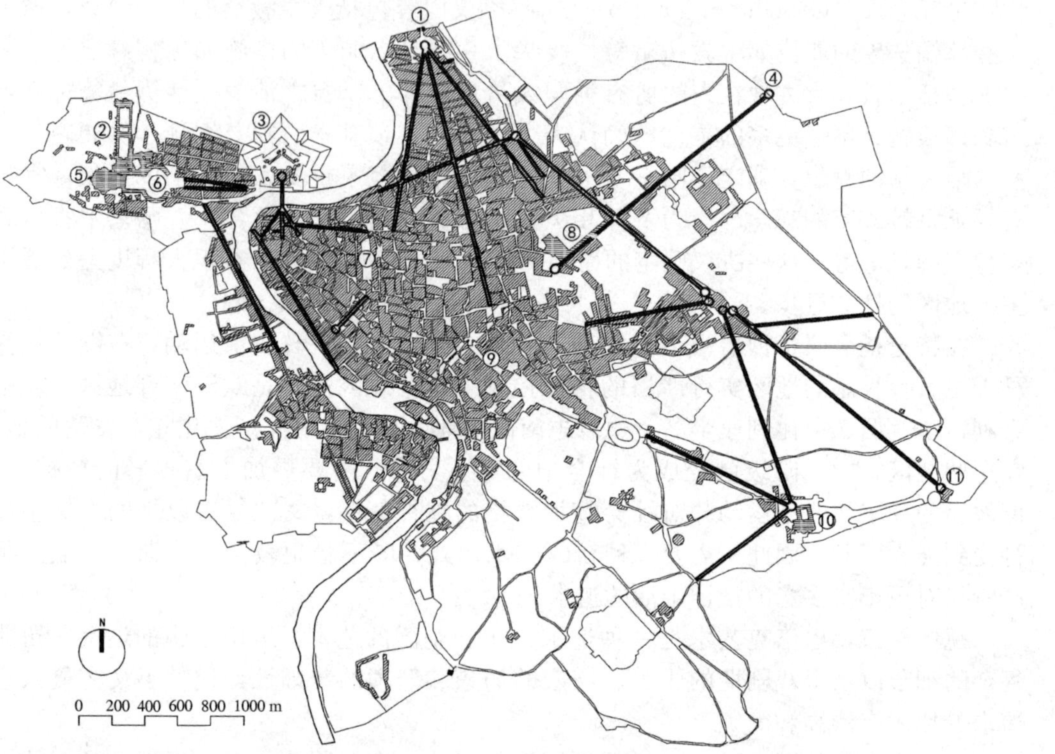

① 波波罗门 ② 梵蒂冈宫 ③ 圣天使堡 ④ 庇亚门 ⑤ 圣彼得教堂 ⑥ 圣彼得广场 ⑦ 纳沃纳广场 ⑧ 奎利那雷宫
⑨ 罗马市政广场 ⑩ 拉特兰圣约翰教堂 ⑪ 耶路撒冷圣十字教堂

图 4-3-1 巴洛克时代的罗马（粗线为新开辟的大道）（据《世界城市史》绘制）

尼古拉五世首先重新加固了罗马的城墙，并逐步恢复街道、桥梁、输水道和下水道等基础设施。他修复了罗马帝国初期阿格里帕建造的维戈输水道（Aqua Virgo），请阿尔伯蒂在奎利那雷山下造了一个大水池，将水引入其中，作为罗马的公共水源之一。这个水池后来几经改造，到 18 世纪最终成为今天罗马赫赫有名的特雷维喷泉（Fontana di Trevi）。他也修缮了一些重要的教堂，包括教皇的宗座教堂圣彼得大教堂（Basilica di San Pietro）在内。他重建了已经破败不堪的梵蒂冈宫，为此从差不多同样破败的大斗兽场那里拆来了几千大车的大理石。他还有其他更宏大的设想，包括建造新的道路系统，将各处宗教的和世俗的主要标志性建筑连接起来，以形成城市的视觉走廊。不过尼古拉五世在 1455 年即去世，其实教皇当时拥有的资源根本不足以启动这样的庞大建设。

1471 年，另一位具有远大理想的教皇西克斯图斯四世（Sixtus Ⅳ）登上了圣座，开始了新一轮的建设活动。他修缮了超过 30 座教堂，并且新建了 7 座。他在台伯河上建造了一座新桥，是罗马崩溃以来的第一座。1475 年，他重建了罗马的北城门波波罗门（Porta del Popolo），改善了从北方进入罗马的交通。1477 年，他清除了卡比多山上的市场，修复了中世纪在山上建造的参议院（Palazzo Senatorio），继续作为罗马市政管理之用。商贩们则被赶到台伯河附近罗马时代的图密善竞技场（Stadium of Domitian）的废墟，在那里形成了新的市场，称纳沃纳广场（Piazza Navona），继续保持着当年竞技场的大致平面形状。

1503年，西克斯图斯四世的侄子朱利亚二世（Julius Ⅱ）当选为教皇，此人是一位更彻底的人文主义者，有着更大的抱负，决心实施尼古拉五世拟定的规划。他设法从意大利和德国的银行家们拉来资助，将当时最有影响的艺术家和建筑师召集到罗马，包括米开朗基罗、拉斐尔、大桑加洛、伯拉孟特（Donato Bramante）等人。他拆除了已经存在超过一千年的圣彼得大教堂，委托伯拉孟特建造一座全新的大教堂。他按照尼古拉五世的设想，试图在罗马内外开辟一些笔直的大道，这些新的大道包括台伯河东岸的朱利亚路（Via Giulia）和西岸的龙加拉路（Via della Lungara），从而打破了这座城市自从古代以来一直保持的不规则的空间结构。

在1527年的罗马之劫之后，米开朗基罗于1539年被教皇保罗三世（Paulus Ⅲ）请到罗马，开始了罗马新一轮的建设。米开朗基罗首先被委托改造卡比多山上的罗马市政广场，他将参议院的正面正式朝向西北，避开了北面的教堂和东面的大量罗马遗迹，又利用南侧的档案馆和参议院之间成一角度，在档案馆对面新建了一座博物馆，与改造后的档案馆完全对称，从而形成一个全新的广场。这个广场形状呈梯形，以改造后的参议院为对称轴，入口为短底边，元老院一侧为长底边，从而形成近小远大的变化的纵深感，称为“反透视”。广场入口处沿参议院轴线做了一条漫长的坡道通向山下，形成了深远的轴线效果。广场周围的建筑全部为严谨对称的文艺复兴式风格，面貌高度一致。广场中心做了椭圆形下沉广场及其旋转铺地，产生了变化的动感。因为旋转铺地具有东方神秘色彩，历代教皇和以后的意大利统治者均未付诸实施，直至1940年才由墨索里尼下令完全按照米开朗基罗的设计完成。这个广场的空间形式对巴洛克城市空间具有深刻的影响，但还是一个传统的步行广场（图4-3-2）。

1546年，米开朗基罗受命接手已经数次烂尾的圣彼得大教堂工程，凭借他的巨大热情、威望和高超的技艺，部分恢复了已经被反复篡改的伯拉孟特的原始设计，使工程以前所未有的高速推进。到1564年他89岁高龄去世时，工程已接近完成，成为罗马城内最大的建筑物，以巨大穹顶为中心的建筑体量超过任何一座古代遗迹，内部空间无比壮观。此后，新任的教皇继续对它进行修改。至1626年，将它改造成传统教堂形式，因为教堂前场地有限，看不见米开朗基罗设计的巨大穹顶，受到强烈批评。

1644年，潘菲利家族（Pamphili family）的红衣主教英诺森十世（Innocentius X）当选为教皇。该家族的府邸潘菲利宫（Palazzo Pamphili）恰巧位于纳沃纳广场的西南角。这时，这个广场已经因为生意繁荣和交通混乱而著称。英诺森十世决定扩建府邸以体现家族新获得的威望，并改善府邸的交通条件，为此对纳沃纳广场进行了大改造，以解决它同时作为市场和交通节点的矛盾。广场的形状仍然保持原来的长圆形，并在周边设置环形道路，从而形成了最早的交通环岛之一。广场中央设有喷泉和一座方尖碑，长圆形的北端和南端又各设一座喷泉。改造后的广场有多条道路从不同方向进入，但在广场上没有形成任何轴线关系。1655年英诺森十世去世的时候，改造已基本完成。此后它仍然保持着罗马重要市场之一的功能，直至19世纪后期才被完全搬迁至南面不远处的鲜花广场（图4-3-3）。

1655年起，雕塑家伯尼尼（Giovanni Bernini）得到新任教皇亚历山大七世（Alexander Ⅶ）委托，为圣彼得大教堂设计一个适当的入口广场。伯尼尼被称为最后一位全能的艺术家：一位英国旅游者声称，他在罗马听了一场歌剧，该歌剧系由伯尼尼编剧、作曲、设计服装、绘制布景、装置机械并建造剧场。此说法可能有所夸张，伯尼尼的音乐天分没有什么正式记载，而且也没有建造过剧场，但他至少是一位伟大的雕塑家兼建筑师。广场至 1667 年亚历山大七世去世时建成，获得普遍的赞扬，并最终完成了圣彼得大教堂的建设（图 4-3-4）。

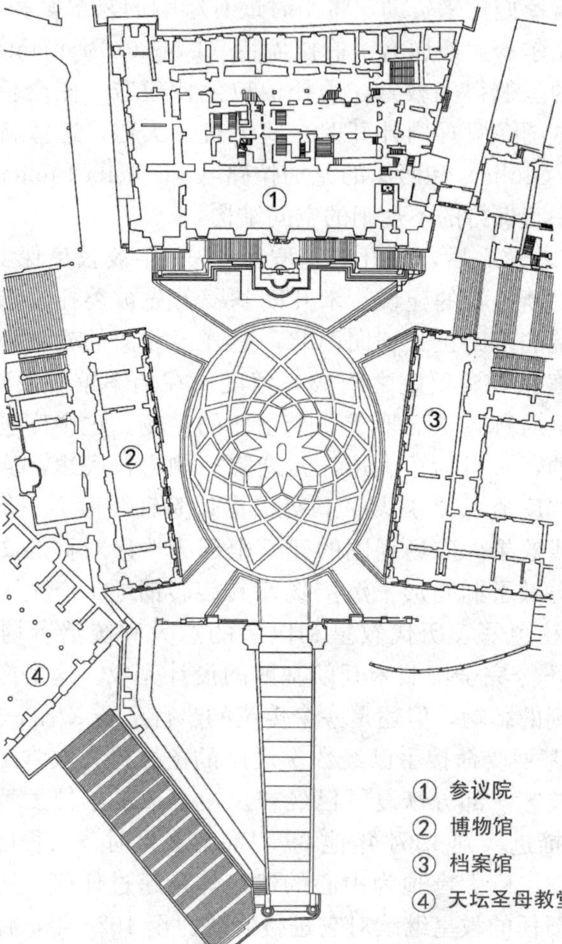

图 4-3-2　罗马市政广场总平面图（据《世界城市史》绘制）

此项工程难度极大，教堂前在 16 世纪末已经竖立了一座方尖碑，位于教堂轴线上；方尖碑以南在 15 世纪末已经造了一座喷泉，到 17 世纪早期又经过更新改造；教堂北面还有梵蒂冈宫殿，因为地势较高，显得格外庞大。伯尼尼把广场设计成一个复合广场。靠近教堂一侧是一个梯形广场，以反透视效果突出教堂入口大平台，地势略高，当教皇在教堂前举行宗教仪式时，全场都能看到居于高位的教皇。梯形广场外侧是一个椭圆广场，用于人流疏散，以方尖碑为对称中心，微调了已有喷泉的位置使其正好位于椭圆的焦点，并且在北面的另一个焦点上又做了一个喷泉。广场尺度非常大，椭圆广场的长轴长度接近 200 米，但周围的柱廊沉重、简单、厚实，将梯形广场和椭圆广场联为一体，像“教堂伸出的母亲般的手”。在广场入口处，可以看到较完整的穹顶。它的空间形式成为巴洛克广场的典范。

16 世纪以后，随着罗马作为天主教首都的地位不断恢复，从欧洲大陆来到罗马的朝圣者不断增加，波波罗门的地位日益重要，交通也日益繁忙。这里在古代罗马时代已经形成了两条道路，都是罗马城内罕见的笔直大路，和城市其余部分蜿蜒曲折的道路非常不同。当中的一条叫作拉塔路（Via Lata），是罗马通往北方的主要公路弗拉米尼亚大道（Via Flaminia）在城内的延伸段，与波波罗门垂直，向南偏东方向一直通到卡比多山北侧山脚下的威尼斯广场（Palazzo Venezia），中世纪以后改名为科尔索大道（Via del Corso）；一条叫作莱昂尼娜路（Via Leonina），后来改名为里佩塔路（Via di Ripetta），向南一直通到台伯河边的码头区。这两条道路在 16 世纪都经过修整，为疏解罗马城北部日益拥挤的交通发挥了重要作用。

① 海神喷泉　② 圣埃格尼斯教堂　③ 四河喷泉　④ 潘菲利宫
⑤ 摩尔人喷泉　⑥ 圣心圣母教堂

图 4-3-3　纳沃纳广场总平面图（据《世界城市史》绘制）

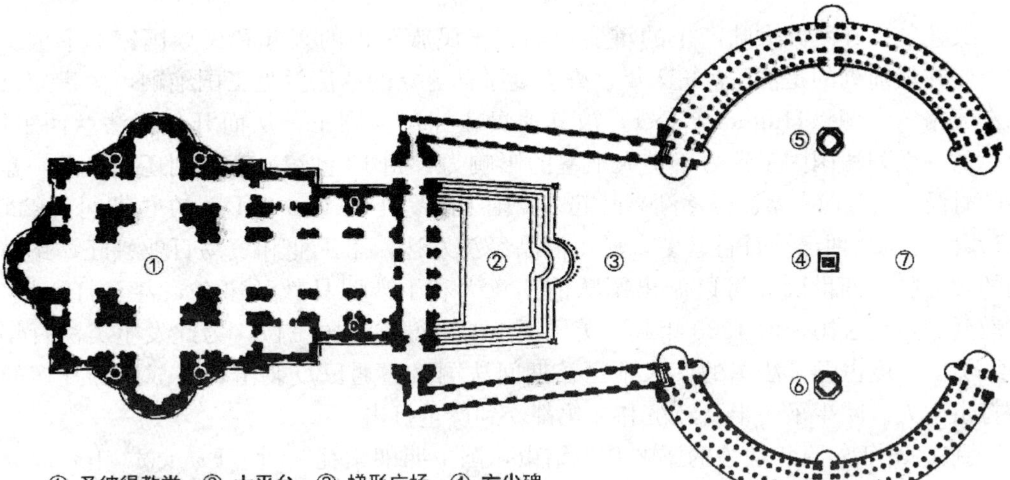

① 圣彼得教堂　② 大平台　③ 梯形广场　④ 方尖碑
⑤ 伯尼尼喷泉　⑥ 老喷泉　⑦ 椭圆广场

图 4-3-4　圣彼得广场总平面示意图（据《世界城市史》绘制）

1525年，教皇克莱门特七世（Clemens VII）又下令开拓了第三条大路，从波波罗门向东南方向笔直通往奎利那雷山，以他自己的名字命名，称克莱门特路（Via Clementina）。不过这位美第奇家族的第一位教皇命运不济，1527年就遭遇了罗马之劫，这条大路直到1540年才由教皇保罗三世建成，此后改名为巴比诺路（Via del Babuino）。这样，从波波罗门出发，一共有三条对称的大路：科尔索大道居中，巴比诺路居左，里佩塔路居右，形成了这个时代极为壮观的城市空间，号称“三叉戟”（Tridente）。波波罗门和三条道路之间开辟为空地，逐步形成广场形态，成为进入波波罗门之后的交通集散空间。1589年，在三条大路轴线的交点竖立了一座方尖碑作为标志。1662年，在三条道路的交会处建造了两座一模一样的教堂，形成了广场端部界面，像凯旋门一样成为道路入口的标志，提高了广场的封闭性，强化了空间转化的戏剧效果。最终在1816年将波波罗广场建成椭圆形态，完成了这个经典的巴洛克城市空间的建设。

在巴洛克时代，花园的建设有进一步的发展。红衣主教埃斯特（Ippolito Ⅱ d'Este）自1550年起成为罗马东面约30公里处的山区古镇蒂沃利的统治者，这里从古代罗马时代起就是罗马富豪传统的休闲地，罗马帝国时期伟大皇帝之一哈德良曾在这里建有规模极为宏大的别墅。埃斯特从1560年起在蒂沃利城东的山上建造他的花园府邸，请了一位古代罗马花园别墅的研究专家利戈里奥（Pirro Ligorio）作为总顾问，从哈德良别墅遗址上拆来了大量的雕塑和大理石充作建筑材料。他将原有高低错落的自然地形整成一系列台地，将主体建筑放在最高处，花园则向下展开。整个花园面积仅4.5公顷，形状近似方形。全园分为6层台地，上下高差接近50米。大致以30米为模数的方格网园路将花园分割为八个部分，两侧为阔叶树林，中央四块为花坛草坪，设有圆形喷泉。由于工程浩大，到埃斯特1572年去世时仍未完成。17世纪他的继承者们继续花费大量精力和金钱进行建设，增加了大量喷泉水景，包括著名的水风琴、水剧场等，使它成为最具代表性的意大利文艺复兴-巴洛克花园之一。它的依轴线分台地组织绿地空间的手法对以后的欧洲花园发展有巨大影响。

三、古典主义

文艺复兴在欧洲大陆产生的重要影响在于民族意识的兴起和民族国家的形成。其中，走在最前列的是法国。987年，查理曼子孙建立的西法兰克王国绝嗣，大贵族巴黎伯爵于格·卡佩（Hugues Capet）被其他贵族拥戴为国王，从而开创了法兰西王国。此后的一系列法国国王致力于扩大王室的影响力，到13世纪，意大利还完全是一盘散沙的时候，法兰西王室已经逐渐兴旺起来。国王路易九世（Louis IX）在位期间（1226—1270年），法兰西经济日益繁荣，城市商品经济发达，手工业和贸易百业兴旺。路易九世的孙子腓力四世因此可以派出军队前往意大利干涉罗马教廷事务，甚至打死教皇，将教廷搬迁到法国。但1328年起，英国国王要求继承法国王位，为此发生英法百年战争，英国一度占领了法国的广大地区。期间法国又遭遇鼠疫袭击，在战争和疫病的双重打击下人口减少了一半，经济和文化都受到严重打击。

到1515年，百年战争的影响基本结束，国王弗朗索瓦一世（François Ⅰ）成为法国既强有力又受人爱戴的领袖。他开始了法国文艺复兴，从意大利聘请包括达·芬奇在内的大批艺术家和学者来到他的宫廷，并积极鼓励文化艺术的发展。为应对马丁·路德的宗教改革运动和罗马天主教会的反宗教改革运动，他颁布了《维莱科特雷法令》

(Ordonnancede Villers-Cotter êts)，实施了一系列改革，限制了教会和城市行会的权力，并宣布法语为唯一正式的官方语言。此后法国虽然也发生了严重的宗教冲突，但规模和持续时间均远远低于德意志地方。到 16 世纪末国王亨利四世（Henri IV）即位以后，法国维持了近二百年的和平统一，成为欧洲第一个民族国家（Nation State)：不只是一个政治及地理的单一实体，在文化与族群上也是一个完整共同体，国民均自认为法国人，均信仰天主教，但教会不参与管理国家，国王通过其政府掌握国家唯一的最高权力并成为国民公认的领袖，从而建立起稳定的中央集权统治，成为欧洲最强有力的国家。

1643 年，亨利四世的孙子路易十四（Louis XIV）继承法国王位。在他长达 72 年的统治期间，法国的政治、经济、文化发展均登峰造极，法国成为欧洲的霸主，在美洲、非洲和亚洲都拥有辽阔的殖民地。法语成为欧洲上流社会和学术界的通用语言，直到 20 世纪才逐渐为英语取代。巴黎成为整个西方世界最重要的文化中心。

1648 年，一批画家、雕塑家和艺术批评家、鉴赏家以及赞助人在巴黎成立了一个喝鸡尾酒的俱乐部，号称"皇家绘画与雕塑学院"（Académie Royale de Peinture et de Sculpture)。学院又开办艺术学校，旨在将学生培养成具备高雅艺术能力的绅士，而非靠手艺养家糊口的匠人。1663 年，路易十四授权该学院对法国的美术作品进行评价，以提倡"健康有益的"艺术风格。该学院从此成为法国唯一的艺术权威机构，对艺术家的风格和作品掌握了生杀大权。学院成员称为院士，由其他的院士推选产生，由国王任命。路易十四又创立了学院大奖（Grand Prix de I'Académie Royale)，每年颁发一次，获奖者由学院资助在罗马游逛 3～5 年，因此通称"罗马大奖"（Grand Prix de Rome)。1666 年，学院在路易十四支持下租下了罗马万神庙附近的卡普拉尼卡府邸，成立法兰西罗马学院（Academie de Frameea Rome)，作为罗马大奖获得者在罗马的落脚点。

1667 年起，皇家绘画与雕塑学院在卢浮宫的卡利沙龙（Salon Carrée）举办半公开的美术作品展览，参展作品以学生作品为主，必须得到至少一位院士的鉴定和推荐。此后成为该学院的长期传统，称沙龙展览，逐渐成为整个西方世界最受尊敬的艺术展览，在沙龙展出作品成为艺术家的最高荣誉。

1671 年，皇家建筑学院成立。最初仅有 7 名院士，以后缓慢增加。院士们每周在卢浮宫四合院北翼聚会一次喝茶聊天，并开办讲座。学院也开办了建筑学校，培养掌握高雅风格的建筑师。从 1720 年起，学院加入罗马大奖选拔，占有 2 个名额。

尽管这时意大利的艺术风尚已经完全变成巴洛克，在法国成立的这些学院几乎完全笼罩在意大利文艺复兴的影响之下，也完全以继承和发扬文艺复兴的精神为标榜，以"将罗马带到巴黎"为口号。为此，学院提倡理性主义精神，并试图将阿尔伯蒂提出的理性主义原则变成若干具体的规则。一方面，他们批评意大利巴洛克的复杂、运动和装饰，要求清晰、端庄和简洁；另一方面，他们也大量吸收巴洛克的具体做法，特别是巴洛克的放射形的、深远的城市空间，此种空间特别适合于体现君主统治。在法国形成的这些与文艺复兴和巴洛克均有所不同的艺术风格被称为古典主义（Classicism)。

四、巴黎

巴黎位于法国北部巴黎盆地的中心地带，法国第二大河塞纳河自东向西蜿蜒穿过盆地，注入英吉利海峡。早在公元前 3 世纪，这里已经是一些游牧民族的聚居地，在塞纳河中的一个岛上建立了聚落，就是今天巴黎城中心的城市岛（Ile de la Cité）。罗马人将今天的法国、瑞士、卢森堡和莱茵河以西的德国统称为“凯尔特高卢”（Gallia Geltica）。公元前52年，凯撒率领的罗马军团征服高卢，将这里变成罗马的高卢行省，在城市岛的东部建造了神庙，西部则建立了城堡，后来变成罗马行政官员的官署。因为岛上空间有限，罗马人将城市发展到塞纳河南岸的山丘上，称鲁特西亚（Lutetia）。罗马人以其远超原住民的文明将它发展成一座繁荣城市，人口最多时接近8万人，陆续建立起桥梁、输水道、浴场、露天剧场和竞技场，今天的国立中世纪博物馆周围还有它们的遗迹。不过高卢行省的首府并不在这里，而是一直设在南方靠近意大利的卢格杜努姆（Lugdunum），也就是今天的里昂（Lyon）。

3世纪以后，高卢北部陷入北方游牧民族的骚扰之中，鲁特西亚的地位因此提高，成为罗马帝国西北方向的战略据点之一，并在360年前后改名为巴黎（Paris）。

在罗马帝国崩溃以后，巴黎曾经在6世纪初被定为法兰克王国的都城。不过这些游牧民族这时仍保留着四处流窜居无定所的传统，因此并没有什么实际意义。罗马时代的城市建设全都逐渐破败颓废，城市岛由于便于防守，又重新成为城市的核心。查理曼时代，西欧逐渐安定下来，但他主要以今天德国西北部的亚琛（Aachen）为都城。查理曼的帝国被他的继承人瓜分之后，西法兰克王国的历代统治者仍在各地流动。巴黎在9世纪多次遭到其他游牧民族的攻击，城市岛曾经三次被焚毁，人口降低到2万人以下。直到987年巴黎伯爵于格·卡佩成为法兰西国王以后，巴黎才真正成为法国的首都。

11世纪以后，于格·卡佩的继承人大体有效地保护了巴黎的和平，这座城市进入新的发展时期。城市岛仍是城市的中心，它的西部城堡经过重建，成为法国国王的正式宫殿。它的东部神庙则早已被基督教会占领改为巴黎主教堂，从1160年开始重建为著名的巴黎圣母院。在王宫和教堂之间是巴黎主要的市场 Marché Palu，向国王和主教们供应食品和其他货物。由于地方有限，居民区又重新向岸上发展，不过这时罗马巴黎的南岸已被许多修道院占据，因此更多的居民选择了北岸，在这里建立了码头和磨坊，并逐渐发展成工商业和金融中心。1183年，鉴于北岸已成为城市主体，国王腓力二世（PhilippeⅡ Auguste）在北岸为商人们建造了有顶的市场 La Halles，就是后来赫赫有名的巴黎中央商场，它成为巴黎新的商品交易中心。南岸则在1200年前后建立了第一所大学，以后发展成赫赫有名的巴黎大学城。北岸此后被称为右岸（Rive droite），因为面向塞纳河流去的方向它在右手边；南岸则称为左岸（Rive gauche）。

从1190年到1215年，巴黎建造了第一道完整的城墙，将北岸和南岸已经形成的城区包围，设防面积约2.53平方公里。这时巴黎人口已经超过10万人。在城外西面塞纳河右岸岸边建造了一座坚固的方形城堡，占地接近6000平方米，作为防御的要点，称卢浮塔（Tour du Louvre）。

14世纪开始的时候，巴黎不仅已经成为整个法国的手工业和商业中心，甚至开始成为整个西欧的文化教育中心。到1330年代，人口接近30万人，是当时西欧人口最多的城市。但1337年，英法百年战争爆发。此后，巴黎陷入长期的战乱之中，法国的权力中心离开巴黎，转移到巴黎南面法国中部的卢瓦尔河谷。在战争期间，鼠疫袭击巴黎，人口减少至20万人。在塞纳河右岸修建了一道新的城墙，将卢浮塔包进墙内，使它失去防御作用，巴黎的设防面积因此达到4.4平方公里。不过，英国人在1420年占领巴黎，1431年，英国国王亨利六世在巴黎圣母院加冕成为法国国王。

1436年法国夺回巴黎，但直到16世纪早期弗朗索瓦一世即位后，王室才从卢瓦尔河谷迁回巴黎。此后，这座城市开始受到意大利文艺复兴的影响（图4-3-5）。

① 中央商场　② 孚日广场　③ 旺多姆广场　④ 圆点广场　⑤ 王家广场　⑥ 杜伊勒里宫
⑦ 卢浮宫　⑧ 城市岛　⑨ 巴黎圣母院　⑩ 圣热内维埃教堂　⑪ 卢森堡花园
⑫ 残废军人院　⑬ 战神广场

图4-3-5　18世纪的巴黎（据《世界城市史》绘制）

弗朗索瓦一世下令拆除原来的卢浮塔，并在其基址上建造一座文艺复兴风格的王宫。至1551年建成了一座正方形的四合院，称卢浮宫（Palais du Louvre），这时弗朗索瓦一世已去世数年。他的继承人从城市岛上的宫殿迁入卢浮宫居住，城市岛上的宫殿则改为财政部、法院和议会使用。

弗朗索瓦一世的儿子国王亨利二世（Henri Ⅱ）的皇后是佛罗伦萨美第奇家族的女儿凯瑟琳·德·美第奇（Catherine de Médicis），在16世纪后半期长期以太后身份摄理法国国政。她下令在卢浮宫西侧的城外建造新宫殿，称杜伊勒里宫（Palais des Tuileries）。杜伊勒里宫以西沿塞纳河建造巨大花园，均仿照意大利文艺复兴的建筑和花园格局。此后杜伊勒里宫和卢浮宫一起成为法国国王的主要宫殿，杜伊勒里花园则成为法国著名的中轴对称的花园。

到17世纪，波旁王朝（Maison de Bourbon）开始，法国进入鼎盛时期。波旁王朝的第一位国王亨利四世（Henri VI）的妻子就是佛罗伦萨美第奇家族的第二位法国王后玛丽·德·美第奇（Marie de Médicis）。亨利四世在位期间，建造了新桥，整治了塞纳河的河岸，修建了河边长廊将卢浮宫和杜伊勒里宫连接起来，在城市岛的西端开辟了王储广场（Place Dauphine），是一个三角形建筑围合的庭院。在右岸修建了王家广场（Place Royale），以庆贺他的儿子路易十三（Louis XIII）和奥地利公主安娜（Anne d'Autriche）结婚。

王家广场是一个边长140米的正方形，周围全以建筑围合。它是在中世纪不规则的密集的城市肌理中开凿出来的一个崭新的开放空间，建造者并未刻意寻求与原有环境的关系，而是将造型的重点放在了空间的完整塑造上，使它成为阿尔卑斯山以北最早的基于完整几何形态的纪念广场。围合广场的三层半高的建筑物界面非常连续而且相似，建筑的底层是连续的拱形回廊，只有东南角开口，其余入口均以过街楼的方式建造，保证了广场的封闭性。这里迅速成为巴黎的奢侈场所。法国大革命期间，它被改名为孚日广场（Place des Vosges）。

路易十三统治时期，巴黎人口增长到40万人。他的母亲玛丽·德·美第奇仿照家乡佛罗伦萨皮蒂宫和波波里花园的样式为自己修建了卢森堡宫（Palais du Luxembourg）及其花园，一度成为法国和整个欧洲富豪府邸的样板。他扩建了右岸的城墙，将杜伊勒里宫及其巨大花园全部包入城内。他在塞纳河上建造了4座新的桥梁，大大改善了两岸的交通。他还和他的首相红衣主教黎塞留（Cardinal de Richelieu）一起将巴洛克建筑风格引入法国，将巴黎的一系列教堂改造成巴洛克式样。

1643年，路易十三的儿子路易十四（Louis XIV）继位成为法国国王。在他的长期统治下，巴黎的规模日益膨胀，人口超过50万人，建成区突破城墙的边界向外扩张。路易十四认为在他的治下，巴黎不可能遭到进攻。因此他下令拆除了右岸的全部城墙，使巴黎成为一座不受限制的发展的城市。在原来城墙的位置建成了宽阔的环城林荫大道，包括圣殿大道、圣德尼大道等，共计8条。此种做法——无论是否是在城墙的遗址上建造，从此成为欧洲城市乃至世界城市的样板。

1667年，皇家园艺师勒诺特（André Le Nôtre）为拓展杜伊勒里宫花园的视野，把这个皇家花园的东西中轴线向西延伸至今天的圆点广场，形成一条树荫覆盖的大道，两侧布置了整齐的树阵和花坛。当时这一带还是荒野和沼泽。1698年，在大道北侧建造了旺多姆广场。1709年，这条大道被命名为香榭丽舍大道（Avenue des Champs-Élysées）。1710年，它继续向西延伸到今天的戴高乐广场（Place Charles de Gaulle）。

旺多姆广场是一个类似于王家广场的纪念性广场，平面为切掉了四个角的矩形，边长分别为140米和126米，面积1.73公顷。广场基于明确的对称轴，并通过南北两侧短边的开口和广场中央的构筑物予以强化。广场周边的建筑物完全雷同，造型厚重、严密、连续，加强了空间的围合性与庄重感。但由于对称的开口方式，过境交通将广场空间一分为二，破坏了其整体性。广场中央原设有路易十四的骑马雕像，但在1789年法国大革命时遭到摧毁。现在广场中的拿破仑纪念柱建于1806年。

1670年，路易十四下令在塞纳河左岸西面的荒凉地带建造一所医院，以收容在几乎无休止的对外战争中伤残的军人。1676年医院建成，命名为残废军人院（Hôtel des Invalides），是由总共15个庭院组成的一个庞大建筑群，占地面积接近6公顷，是当时巴黎规模最大的建筑，面向塞纳河形成巨大广场，此后又加建了礼拜堂和路易十四自己专用的小礼拜堂，到1708年最终完成。这个小礼拜堂的穹顶成为当时左岸最辉煌的地标。

18世纪路易十五（Louis XV）统治时期，在残废军人院旁边建造了军事学院，朝向塞纳河形成了更加巨大的广场，名为练兵场，今天称战神广场。在右岸，建筑师加布里埃尔（Ange-Jacques Gabriel）在香榭丽舍大街和杜伊勒里宫花园之间建造了协和广场（Place de la Concorde），当时名为路易十五广场（Plale Louis XV）。它位于两条轴线的交点处，东西方向从卢浮宫经过杜伊勒里宫花园进入香榭丽舍大街；南北方向从玛德兰教堂经过皇家路通向塞纳河，并延伸至波旁宫。协和广场是一个结合自然景观的壮丽的纪念广场，平面为矩形，东西短，南北长，中央有国王塑像。其空间向三面开敞，仅以围合能力较弱的绿化作为边界。广场周边原有环绕一圈的深5米的水沟，上面架有六座桥梁作为广场的出入口。1854年，环绕的水沟被填平，广场进一步扩大。此后，人们在广场上不断增设装饰品：埃及方尖碑替代了国王塑像，在南北轴线与两条斜轴线的交点上分别安置了喷泉。

五、凡尔赛

路易十四对巴黎的建设较为有限。这座具有悠久历史的城市可能使他感到无法放开手脚，因此，路易十四开始建设凡尔赛（Versailles），而它对欧洲乃至世界城市空间的影响是难以估量的。

路易十四建造凡尔赛的灵感来自其财政大臣富凯（Nicolas Fouquet）。1657年起，富凯在巴黎东南面约50公里处的小镇曼西建造府邸及花园，称维康府邸（Vaux le Vicomte）。他雇用了建筑师勒沃（Louis Le Vau）、园林设计师勒诺特（André Le Nôtre）和画家勒布朗（Charles Le Brun）组成设计团队为他建造府邸，由勒沃总负责。勒沃是石匠出身，这一年45岁，1654年获得“首席王家建筑师”头衔，已经是巴黎著名的建筑师。勒诺特比勒沃小1岁，世代都是王室的花匠，1637年继承了他父亲杜伊勒里宫首席花匠的位置。因为勒诺特就住在杜伊勒里宫，所以常在卢浮宫游玩，在那里结识了勒布朗并成为好友。勒布朗1619年出生，从小就以艺术天份受到许多权贵的赏识，在1642年得到资助前往罗马，进入长住罗马的法国画家普桑（Nicolas Poussin）门下学习4年，1646年返回巴黎，立刻成为有影响的画家和装饰艺术家。

富凯首次把这三位专家组合到一起，发挥出了前所未有的巨大合力。通过建筑、绿化和装饰的通力协作，他们建造了一座惊人的花园府邸。花园总面积达到约4.5平方公里，完全按中轴线对称配置，南北长轴长约3200米。在中轴线两端都布置了放射形道路，北端的一组放射路指向入口，南端的一组成为远景。府邸位于靠近入口的北部，坐落在一个矩形水池中，体量适中，与花园融为一体。周围全部都是精心设计的花坛和草坪，并沿轴线向南部延伸，以一条东西向的宽阔水池“运河”作为收头，以大面积的树林作为背景。所有轴线附近的植物全部按几何形态配置，甚至连树木本身也修剪成几何形态。由于花园府邸的尺度远远超过诸如波波里花园等意大利花园，同时又位于近乎平整的地形，因此充分体现了中轴线对称布置和放射形道路的气势，成为所谓“法国式花园”（Jardin à la Francaise）的第一个典型实例（图4-3-6）。

维康府邸于1661年建成，富凯随即请国王、王室成员和其他大臣前往聚会，得到了一致赞扬。聚会结束3周后，富凯被捕，以贪污罪被监禁直至1680年去世。路易十四没收

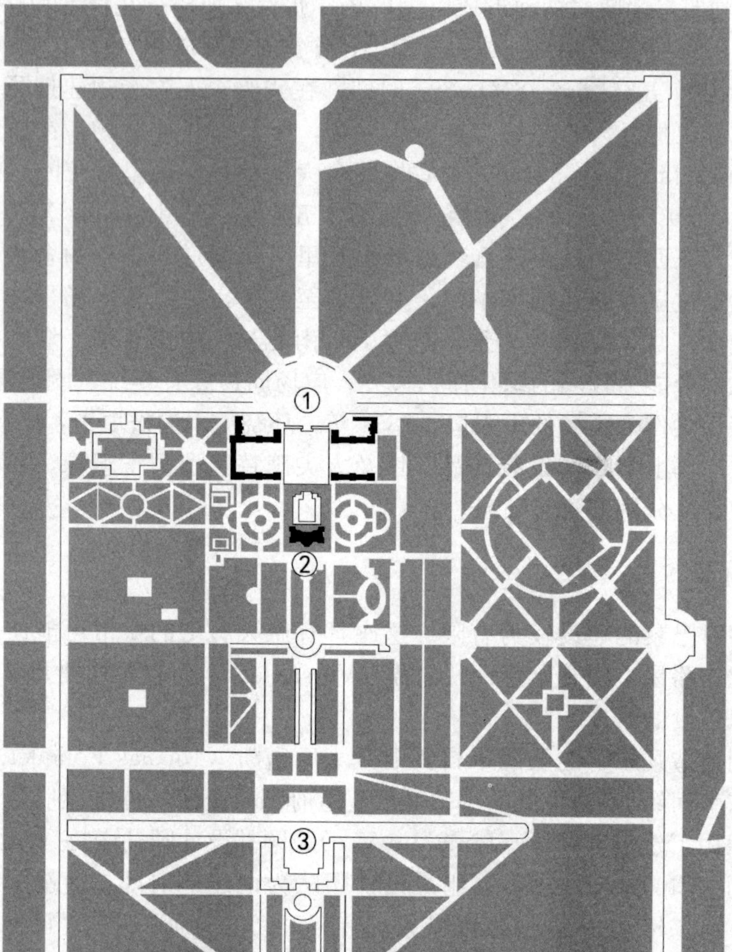

图 4-3-6 维康府邸及花园总平面图（据《世界城市史》绘制）

了他的府邸，接管了该府邸的全部设计班子，并且随即开始在凡尔赛建造自己的花园。

凡尔赛原是巴黎西南郊约20公里处的一个村庄，1620年代，路易十三买下了这里的地产，建造了一座方形城堡，作为他的猎庄。此后还在猎庄西面建造了一片花园，基于几何形状和轴线布置，不过较为简单。富凯被捕后不久，勒沃、勒诺特和勒布朗受路易十四委托，开始筹划对猎庄进行大规模改造和扩建，并建造比维康府邸更大、更壮观的花园，第二年开始施工。到1672年，完成了第一期工程，建成了大约1.8万平方米的宫殿，并初步形成了约1平方公里的花园。期间，勒沃已经于1670年去世，由他的助手完成建筑，勒诺特成为实际上的总负责人。

路易十四对工程的初步效果极为满意，下令进一步扩大工程规模。他希望大臣们在自己眼皮底下生活，以便更好地控制他们；他还希望保护王室，远离反复无常、喜欢闹事的巴黎市民。于是他决定将整个宫廷和政府都永久性地迁到凡尔赛。1675年，他委任29岁的建筑师于·阿·孟莎（Jules Hardouin Mansart）为王家建筑师，经过3年的筹备，于1678年正式开始大规模的扩建。1682年，尽管工程还在继续，路易十四已经迫不及待地将宫廷搬了进来。1684年第二期工程竣工，政府机构也搬到了宫殿外围的各种辅助建筑中。除1715—1722年的7年外，它作为法国实际上的都城一直持续到1789年法国大革命爆发（图4-3-7）。

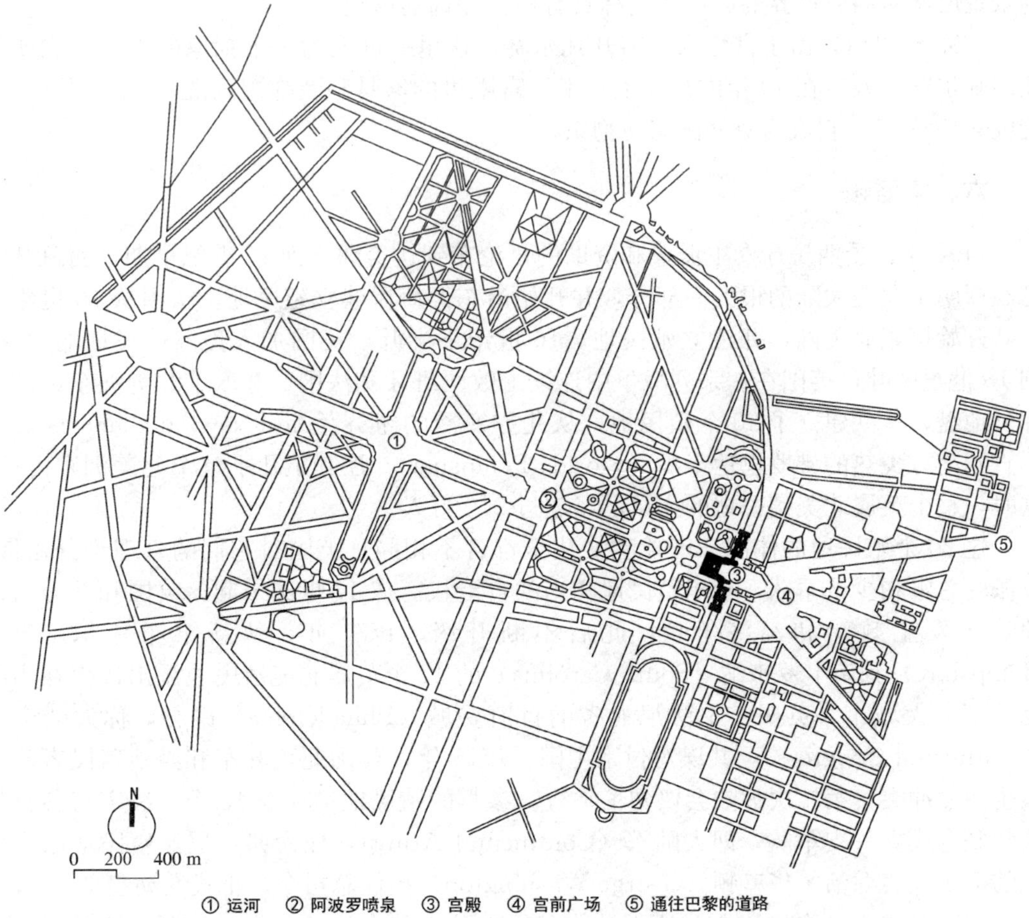

① 运河 ② 阿波罗喷泉 ③ 宫殿 ④ 宫前广场 ⑤ 通往巴黎的道路

图4-3-7 凡尔赛宫及其花园总平面图（据 A History of Western Architecture 绘制）

由于宫殿是在原有猎庄基础上改造而成，面积极大，功能复杂，无法像维康府邸一样将府邸融于花园之中，凡尔赛的宫殿位于花园的东端，与景观的融合程度不如维康府邸。在宫前做了一组三条放射式大道指向入口广场，作为景观轴的起点。其中两条当时并未通向任何地方，纯属装饰，只有左边一条通向巴黎。宫殿本身经过两次大规模扩建，总建筑面积超过 11 万平方米，包括马厩、礼拜堂、剧场等各种功能。花园总面积达到 15 平方公里，中轴线长度若从宫殿起算也是 3200 米，若加上宫前广场则达到约 3700 米；若再加上广场前的放射路则超过 5 公里。花园以十字形“运河”为主轴，十字的长轴长达 2800 米，短轴也有 1200 米。宫殿周围建有大量树阵、花坛和喷泉，外围有大面积的自然形态的树木。花园里有多组放射路，但主要的是阿波罗喷泉前的一组和运河远端的一组。原设计有 1400 座喷泉，现仅存 607 座。水源自附近的山上引来，由于水量有限，至今仍无法保证所有喷泉日夜不停喷水。

路易十四去世以后，他的继承人又进行了一些扩建，特别是在花园中增加了更多的景点建筑。到法国大革命爆发前夕，凡尔赛宫成为欧洲最豪华的王家宫殿。尽管极尽豪华，但和当时所有的欧洲城市和建筑一样，没有起码的卫生设备和管道系统；由于建筑体量过大，采暖设施配置不足，在冬季也无法保证室内温度。即使如此，它一直是欧洲各地大小君主不顾一切仿效的对象。它深远的空间配置、壮观的透视和丰富的景观层次对西方世界的城市和园林具有极为深远的影响。

1789 年以后，由于宫廷永久离开凡尔赛，这里一度成为一个荒凉的地方，它所依托的凡尔赛镇人口在 40 年内减少了一半。宫殿里的家具和装饰遭到洗劫，花园则完全荒废。1837 年，它成为一处国家博物馆。

六、华盛顿

1492 年，受西班牙女王派遣和资助的哥伦布到达美洲。到 16 世纪早期，西班牙人已经探明了北美大陆的很大一部分，并开始沿东西海岸建立殖民地。法国从 16 世纪上半叶开始探索北美洲，并建立殖民地。16 世纪下半叶，英国加入美洲殖民地的争夺。到 18 世纪中叶，英国在一系列战争中连续击败西班牙和法国，夺取了北美洲东部的大部分地盘，一共建立了 20 个殖民地，从北方寒冷的纽芬兰岛（Newfoundland Island）一直到南方炎热的佛罗里达半岛（Florida Peninsula），控制了几乎整个北美洲东海岸。这时，整个英属北美殖民地的人口已经超过 200 万人。

这 20 个殖民地的体制、产业和文化全都各不相同。英国对它们的管理十分松散，仅派驻总督和少量军队，赋予殖民地相当的自治权。从 17 世纪末起，英国和部分殖民地陆续发生政治和经济争议，此后不断升级。1774 年，从新罕布什尔（New Hampshire）到南卡罗来纳（South Carolina）的 12 个英属北美殖民地派出代表在当时北美第一大城市、英属宾夕法尼亚省的首府费城（Philadelphia）聚会，称大陆会议（Continental Congress），共谋对付宗主国。1775 年，英国北美驻军和当地殖民者武装发生激烈冲突，第二次大陆会议匆忙举行，参与的殖民地增加至 13 个，决定将各自的武装联合成立一支军队，即大陆军（Continental Army），任命弗吉尼亚殖民地派出的大陆会议代表乔治·华盛顿（George Washington）担任总司令，正式发动起义。

1776 年初，大陆会议派出康涅狄格殖民地驻大陆会议的代表赛拉斯·迪恩（Silas Deane）充当密使前往法国活动，随即获得法国的强力支持，通过法国著名剧作家博马舍（Pierre Beaumarchais）在西班牙成立的一家空壳公司（Roderigue Hortalez and Company），向起义军紧急运送了大批军火。当年 7 月，大陆会议公布《独立宣言》，宣布 13 个殖民地脱离英国统治而独立。这一年年底，尽管起义军还没有来得及组成一个国家，仍然派遣在法国享有声望的 70 岁老人本杰明·富兰克林（Benjamin Franklin）前往法国，出任首任驻法国大使。1777 年夏天，20 岁的法国富豪、陆军骑兵上尉拉菲特侯爵花巨资买了一条战舰，招募了一批志愿者到达北美参战，虽然没有什么实际的军事意义，至少大大鼓舞了起义军的士气。这一年稍晚，大陆会议制定了《邦联条例》（Articles of Confederation），宣布成立名为"美利坚合众国"（United States of America）的邦联（Confederation），至少在名义上组成了一个政治实体，通过邦联议会（Congress of the Confederation）行使权力。但 13 个殖民地改称为 13 州，各自仍保留高度的独立性。

1778 年初，英军在多处战场获得有利地位。在富兰克林的强力斡旋下，法国宣布正式承认美国，并与之结成军事同盟，向英国宣战。法国派出陆军中将罗尚博伯爵率领一支 6000 人的陆军前往北美，迅速成为作战的主力，后来扩充到 12000 人；在海上则派出海军中将埃斯坦伯爵率领一支以 28 艘战舰为核心的舰队前往北美沿海，后来也得到不断增援。西班牙和荷兰在接下来的两年中陆续加入同盟，罗尚博伯爵成为实际上的最高军事指挥官。至 1781 年，英国在陆地和海洋全都被打败，战争结束。1783 年，美国和英国签署《巴黎条约》，美国正式成为独立国家。

这个新国家虽已初步形成，但还没有都城。大陆会议倒是一直在费城召开，可是 1783 年驻费城的大陆军士兵因为长期欠饷，发生哗变，宾夕法尼亚州州长拒绝出兵镇压，美国的统治者只得逃往大约 70 公里外的普林斯顿避祸。1785 年，邦联议会决定以纽约为首都，但南方各州对此十分不满，纽约居民也不欢迎。1787 年，各州决定举行会议修改邦联条例，最终却制定了宪法，强化了国家权力。1789 年 2 月，一个由各州派员组成的选举人团一致选举华盛顿为第一任美国总统。邦联议会本来决定首届总统任期应从这一年的 3 月 4 日开始，但因为国会还没组成，华盛顿直到 4 月才在纽约市政厅宣誓就职。

1790 年，国会通过法案，决定以 10 年时间建立新首都，在此期间以费城为临时首都。新首都的地址被确定在美国南北方之间，弗吉尼亚州和马里兰州交界处的波托马克河（Potomac River）与阿纳卡斯蒂亚河（Anacostia River）交汇处。两州分别贡献一块土地，凑成一个边长 10 英里（约合 16 公里）的正方形，面积为 100 平方英里，合 260 平方公里，称为哥伦比亚特区（District of Columbia），缩写为 D. C.，不属于任何一州，直属于美国中央政府。不过弗吉尼亚人不久就反悔，后来终于把波托马克河西岸的土地讨了回去，哥伦比亚特区因此现在面积只有 177 平方公里。在这片特区当中，这时已经有两座小镇，一座在原属马里兰州的东岸北部，称乔治城（Georgetown）；另一座在原属弗吉尼亚州的西岸南部，称亚历山德里亚（Alexandria）。其余部分这时还是一片荒地和沼泽。

1791 年，国会决定在特区中新建一座城市作为都城，以华盛顿的名字命名。华盛顿委任了三名官员负责此事，委托 37 岁的法国人朗方（Pierre Charles L'Enfant）编制规划。朗方出生于巴黎的一个画家家庭，在皇家建筑学院设在卢浮宫的学校上学，1777 年 23 岁时追随拉斐特侯爵作为志愿者来到北美，担任大陆军的军事工程师。在独立战争中长期担任华盛顿的参谋，曾经受伤被俘。战后在纽约开业，从事建筑师和工程师业务。与此同时，美国国务卿杰斐逊（Thomas Jefferson）则委托朗方的同龄人、大陆军退役少校埃利科特（Andrew Ellicott）对场地进行测量。朗方接受了委托，在1791年3月到达乔治城开始调查，6月向华盛顿提交了首轮方案图纸。

朗方认为这座城市应当仿效罗马共和国的罗马城，同时具备凡尔赛的壮丽和规整。这个规划由此成为真正古典主义城市的样板（图4-3-8）。他将国会大厦布置在乔治城东南唯一的高地詹金斯山（Jenkins Hill）的山顶，将它命名为卡比多山（Capitol Hill），中文后来通称国会山。朗方以这里为基准点，向波托马克河拉出一条纬线，将其规划成一条长约1.6公里、宽约120米的林荫大道，两侧布置各种公共建筑。这条大道后来几经改变，今天称为美国国家广场（National Mail）。在国会大厦纬线与波托马克河相交处附近向北拉出一条经线，形成更加宽阔的广场向北延伸。从国会大厦向西北、西南分别拉出一条放射路，西北放射路与经线广场相交的位置布置总统官邸。波托马克河岸边的经纬线交点规划为宏大广场的中心，在交点位置布置巨大的华盛顿雕像。由此形成的三角形成为整个城市格局的基础，构成一个方格网道路和放射路相互叠加的道路网。

图4-3-8 朗方的华盛顿规划平面图（经过埃利科特修订）（据 Plans for Washington D. C. 绘制）

朗方规划的城市具有深远的轴线和丰富的巴洛克式空间。国会大厦和总统官邸分别构成一条轴线和组织一组放射路；两条轴线互相垂直，在波托马克河畔相交。两组放射路形成城市的斜向网格，产生出其他斜向道路；两条轴线形成城市的正交网格，产生出正交道路。两组道路形成互相延伸、互为对景的城市空间体系。多条放射路的交叉点成为重要的公共场所，包括大量大小不等的广场和若干公共建筑。地块内部的支路则主要依靠正交道路。

朗方将整个城市分为 4 个区，分别称为西北、东北、东南和西南区，以国会大厦为原点按象限划分。所有东西向道路均以字母命名，南北向道路以数字命名，并加上显示其所在区的后缀。放射路则统统以州命名，当时美国一共只有 13 个州，有人担心不够命名，不过朗方表示不用担心，“你们以后会有很多个州”。

朗方对这座城市的未来做出了具有高度预见性的判断。当时全美国的人口不过 400 万人，但朗方规划华盛顿远景城市人口为 80 万人。朗方规定，城市中心区所有建筑物的高度均不得超过国会大厦。朗方又预留了大量绿地和公园，总计超过 30 平方公里。他规划了大量广场，为国会大厦提供了设计方案，规模比今天的国会大厦小很多；他也为总统官邸提供了设计方案，规模远远超过今天的白宫。

1792 年，埃利科特声称朗方无力完成规划图纸，他自己重新绘制了朗方的平面图，并提交给国会。朗方不久即被解雇，没有得到任何报酬，最后在贫困中去世。此后的建设大体仍按朗方规划进行，不过作了许多简化。微妙的是，朗方为避免出现过长的笔直放射路，对所有的放射路在延伸过程中均做了一点角度的微调；而埃利科特将所有的放射路都拉成笔直。至 1800 年，政府搬迁至新首都。这时华盛顿已于 1797 年卸任总统，并于 1799 年去世。华盛顿的人口在 1800 年仅有 8000 余人，1860 年南北战争前夕增长到约 7.5 万人，南北战争结束后的 1870 年增长到约 13 万人，第二次世界大战结束后终于达到朗方规划的 80 万人，不过此后人口就缓慢回落，2010 年人口约 60 万人。朗方完全没有预料到汽车交通，他规划的那些位于放射路交点的广场，今天全都成为华盛顿上下班时最拥堵的地段。

第五章　近代城市

西方工业城市的兴起，明清时期中国城市的发展和近代化

18世纪中期开始，首先在英国，然后在欧洲大陆开始了工业革命。人类的生产逐渐以机械动力取代了畜力和人力，以大规模的工厂生产取代了小规模的手工生产。由此开始了人类历史上一个人口从分散的广袤农村快速向少数工业城市集中的过程。

第一节　工业革命及其后果

一、工业革命

工业革命的爆发，在今天看来既必然也偶然。16世纪后期，在大航海带来的殖民事业的召唤之下，西方世界的航海业和城市都获得长足发展。木材作为造船、建筑和其他各种行业的重要材料的消耗与日俱增，欧洲部分国家的森林遭到过度砍伐，开始出现木柴短缺。1709年，英国开始使用焦炭炼铁。煤从此成为一种重要的燃料，煤矿开采和煤炭的运输都日益兴旺。

作为殖民时代的海外贸易的一种副产品，棉纺织业到18世纪的时候在英国十分发达。它的一端在美洲从弗吉尼亚到加勒比海的使用黑奴的棉花种植园，一端在西非的达喀尔之类的黑奴出口港，而最终的一端则在英格兰。棉布因为既足够舒适又足够廉价，成为一种新兴的大宗商品，从种植、生产一直到销售的各个环节都获得了丰厚的利润。因此，从18世纪开始，在最关键的棉布纺织领域，开始出现大量的技术变革。1733年约翰·凯伊（John Kay）发明飞梭，大大提高了织布效率。1767年詹姆斯·哈格里夫斯（James Hargreaves）发明珍妮纺纱机，大大提高了纺纱效率。1769年理查德·阿克莱特（Richard Arkwright）发明水力纺纱机，实现了纺织行业的机械化生产。但水力限制了工业的发展，于是蒸汽机被发明出来。

蒸汽动力在18世纪上半叶已经用于煤矿矿井抽水，但效率过低，还不是一种能够普遍推广的动力机械。1769～1782年间詹姆斯·瓦特（James Watt）在已有技术的基础上经过不断改进，终于使得蒸汽机成为一种简单而稳定的动力源，从而正式开始了机械动力时代，极大地推动了工业革命的发展。

煤炭业和机械制造业需要更多的铁和其他金属材料，因此冶金业特别是冶铁业也

蓬勃发展起来，铁矿、铁厂和铁器的生产和运输日益广泛。

煤、铁、棉花等大宗物资的运输量日益巨大，要求新的交通工具。1765 年英国开始使用铁轨铺设马拉货车轨道。1779 年在英国最早使用焦炭炼铁的地方，一个叫作寇布鲁克代尔（Coalbrookdale）的小镇，架设了第一座铁桥。到 19 世纪初，人们开始探索机械动力的交通工具。1807 年，在欧洲大陆和英国居住多年的美国人富尔顿（Robert Fulton）利用各种在英国制造的机器，在纽约发明了汽船。到 1838 年，一条排水量约 2000 吨的英国汽船“塞琉号”在从爱尔兰到新泽西的跨大西洋航行中超过一切帆船，创造了 8.03 节（14.87 公里/小时）的平均航速记录，不过仅保持该记录一天，即被另一条排水量更大的英国汽船“大西号”以 8.66 节（16.04 公里/小时）超过。1814 年英国工程师史蒂文森（George Stephenson）发明蒸汽机车“布吕歇尔号”（以拿破仑战争中英国的重要盟友，普鲁士将领冯·布吕歇尔的名字命名），它具有以后蒸汽机车的一切要素，能够在轨道上牵引 30 吨重的货车以 6.5 公里/小时的速度前进。到 1844 年，英国铁路已经长达 3500 公里，火车的速度已经接近 100 公里/小时。

生产力的迅速爆发和财富的迅速增加导致了人口的高速增长。1750 年至 1850 年，在工业革命开始后的 100 年内，英国和欧洲其他当时进入工业化的国家的人口规模全都不断膨胀。英国在此期间总人口增长了一倍多，从不足 700 万人增长到超过 1500 万人，是英国历史上空前绝后的人口高速增长期。

新型交通工具的出现，使货物和人员以前所未有的规模流动，进一步加速了人口向少数中心地区集中。在上述时期，上述国家出现了高速的城市化过程。曼彻斯特在 100 年内人口从 1.2 万人增长到 40 万人；伦敦从 70 万人增长到 250 万人，成为全世界有史以来最大的城市；整个英国的人口城市化率，即城市人口占总人口的比例，从约 25%增长到 50%。

上述情形，导致欧洲城市发生深刻的变化。

二、曼彻斯特

曼彻斯特（Manchester）位于不列颠岛中部，英格兰西北部，靠近爱尔兰海。艾威尔河（River Irwell）在此汇入默西河 River Mersey，经利物浦入海。周围还有其他很多小河，地势平坦，气候温和。

79 年，入侵的罗马人在此建立了一个堡垒，称 Mamucium。该城堡经过若干次重建，成为罗马不列颠行省北方的一个交通枢纽。407 年，罗马军团撤离，该城堡被遗弃。此后这里被来自北欧的游牧民族撒克逊（Saxons）人占领，大约在 7 世纪在此建起了一个村庄。

1066 年，来自法兰西北部的诺曼人（Normans）征服英格兰，此地成为兰开夏郡（Lancashire）的索尔福德百户区（Salford Hundred）的一部分。该百户区在 1086 年面积接近 1000 平方公里，人口则只有 3000 人，是英格兰极不发达的地区之一。1184 年，某个诺曼贵族的后裔被封为曼彻斯特男爵（Baron of Manchester），在艾威尔河拐弯处一条小河汇入的地方建造了一座简易城堡，当时被认为既无政治价值也无军事价值。至 13 世纪早期，该地成为男爵的庄园中心，城堡被拆除，代之以一座庄园住宅。在庄园住宅以南建立了一座教区教堂，教堂南面逐渐发展出一个集市，每周六开市。

14 世纪，一些纺织工人从欧洲大陆的法兰德斯（Flanders）移民到这里。法兰德斯相当于今天比利时的西部、荷兰南部加法国北部的一部分，当时已经成为欧洲大陆的纺织业中心。这些纺织工人在曼彻斯特纺织羊毛和亚麻，由此开创了曼彻斯特的纺织业，并迅速推动它的发展。曼彻斯特在14世纪上半叶甚至一度获得自治市镇的地位，不过很快又被取消。

15世纪，曼彻斯特庄园的拥有者决定在庄园住宅里兴办一所神学院，将教区教堂的身份转变为学院教堂，改名为圣玛丽、圣丹尼斯和圣乔治教堂（St Mary，St Denys and St George Church），不过作为本地唯一教堂，仍起着教区教堂的作用，由远在60多公里以外的切斯特（Chester）的主教管辖。

无论确切的法律地位如何，16世纪以后，曼彻斯特在羊毛产业支持下已经成为一座繁荣的商业市镇。有更多的法兰德斯纺织工人来到这里，新的技术发展更新了曼彻斯特的毛纺织产业。圣玛丽、圣丹尼斯和圣乔治教堂被一再扩建，又于1578年改名为基督教堂（Christ's Church）。原来的集市则形成了兴旺的市场广场。从1653年起，在纺织品巨商切泰姆（Humphrey Chetham）资助下，曼彻斯特庄园的主体建筑被用于兴办一所慈善小学，通称切泰姆学院，1969年后成为了一所音乐学院。附属建筑用于兴办切泰姆图书馆（Chetham's Library），为英国最古老的公共参考图书馆（public reference library），沿用至今。

虽然在中世纪晚期和文艺复兴时期，曼彻斯特已经取得了长足的发展，直至18世纪早期，曼彻斯特仍然是一个规模有限的聚落，依托庄园、教堂和市场形成，人口约1万，实际建成区面积不到1平方公里。18世纪著名的英国作家、《鲁宾逊漂流记》的作者丹尼尔·笛福（Daniel Defoe）将这里描述成一个“英格兰仅有的伟大乡村”，意思是这里没有地方政府，只有一些保守地主担任的地方法官，即太平绅士。但从这时开始，利用周围的许多河道，在曼彻斯特的北部和东部发展起无数的水力推动的棉纺织厂，从而开始了纺织业的工业化，使曼彻斯特成为工业革命的发源地。

原棉从美洲进口，因此促成了曼彻斯特和最近的港口城市利物浦的密切联系。1734年，经过必要的改造，默西河-艾威尔河航道被打通，内河货船可从利物浦直航至曼彻斯特。

曼彻斯特成为原棉、棉纱和棉布的批发中心和市场。为了扩大生产能力，摆脱对各种小河的依赖，瓦特蒸汽机首次在这里直接应用于驱动纺织机器。至18世纪末，曼彻斯特形成了包括纺织、漂白、印染、机械在内的完整产业链，被称为“棉花之都（Cottonopolis）”或者“棉花王（Cotton King）”。1792年，建立了棉花交易所，同时建立了警察局。这时，曼彻斯特的人口已接近7万人，在不到100年中增长了几乎6倍。建成区向东面和南面大量扩张，甚至越过艾威尔河向西发展，与河对岸的另一个小镇索尔福德（Salford）完全连成一体，总面积超过5平方公里，增长了4倍以上（图5-1-1）。尽管曼彻斯特仍属于切斯特主教管辖，但在建成区内又陆续新建了多所教区小教堂，以为日渐增多的工人及其家眷提供福音。

在18世纪下半叶，这个大村庄的教育、科学和文化事业也获得长足进步。1781年，一些学者和商人成立了曼彻斯特文学和哲学学会（Manchester Literary and Philosophical Society），旨在提升曼彻斯特的学术水平。当时，“哲学”一词主要指自然哲学，也就是科学。1783年，该学会开始出版会刊，成为英国仅次于《皇家学会会刊》（The Philosophical Transactions of the Royal Socitey）的第二种科学期刊。1786年，曼彻斯特学院（Manchester Academy）成立，提供包括科学、现代语言和历史等方面的高等教育。18世纪末至19世纪上半叶的英国著名科学家、原子论的发明者约翰·道尔顿（John Dalton）长期担任曼彻斯特文学和哲学学会的会长以及曼彻斯特学院的教授，直至去世。

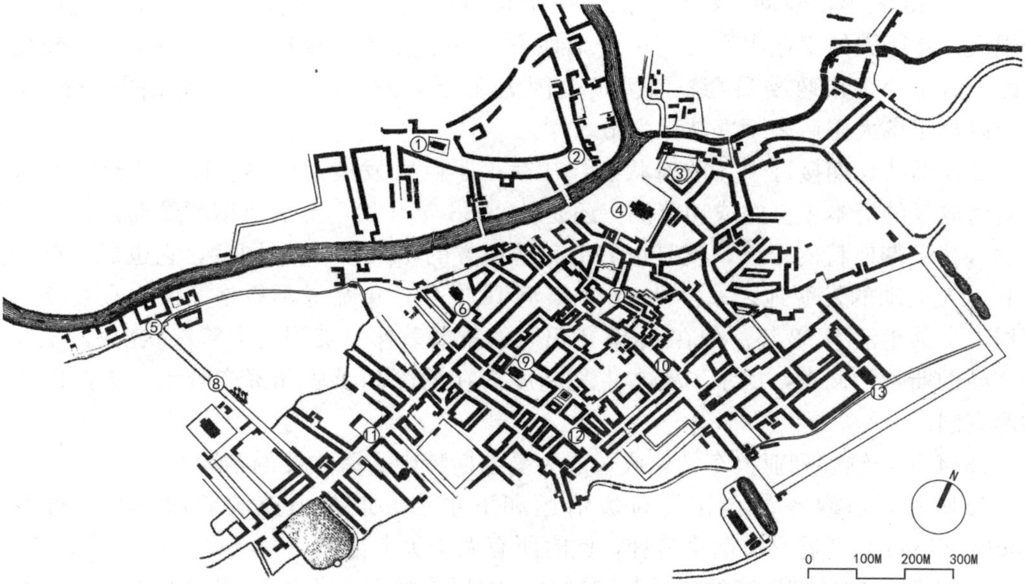

① 圣三一教堂 ② 索尔福德 ③ 切泰姆学院 ④ 基督教堂 ⑤ 码头 ⑥ 圣玛丽教堂 ⑦ 市场广场 ⑧ 码头街
⑨ 圣安妮教堂 ⑩ 市场街 ⑪ 丁斯盖特街 ⑫ 国王街

图 5-1-1 1772年的曼彻斯特（据 T. Tinker，A Plan of Manchester and Salford 绘制）

尽管科学和工业技术都日益昌明，但曼彻斯特在高速发展的同时，仍成为早期工业城市经济社会发展不平衡的典范。到19世纪早期，曼彻斯特开始出现最早的现代市政基础设施。1816年，一家公司开始使用铸铁管向企业和富裕家庭供应自来水。1820年代开始在街道上安装煤气路灯。但与此同时，曼彻斯特也充满可怕的贫民窟，许多街道没有铺装路面，垃圾堆积如山，间隔一段时间才会被清理作肥料。人们使用的粪坑，偶尔才清理一次。最糟糕的贫民窟是地下室，整个家庭住在一间潮湿、不通风的房间里，没有任何家具，睡在草垫上。

直到这时，曼彻斯特就法律地位而言还只是一个村庄，没有任何正式的政府机构。1819年，约6万人在城市南部的圣彼得广场（工人住宅区和贫民窟的中心）聚会，要求改革。地方法官召集民兵驱散人群，发生了冲突。法官随即要求驻扎在附近的第15轻骑兵团前来镇压，造成15人死亡，超过600人受伤。此事被称为“彼得卢惨案”或“曼彻斯特大屠杀”，在英国引起巨大反响。此后，当地士绅决定加强地方警察力量以应付类似事态，1825年建成了全新的警察局大楼。

尽管环境恶劣，由于工业革命创造的大量就业机会，仍吸引了大量人口不断向曼彻斯特迁移。起初只是英国和爱尔兰，之后扩展到中欧和东欧。1828年，曼彻斯特的人口已经接近14万人，市内公共马车开始在曼彻斯特街道上行驶。

1830年，利物浦和曼彻斯特铁路公司开始运作，采用史蒂文森制造的“火箭号”蒸汽机车作为动力，是世界上第一条蒸汽机车驱动的客运铁路。在曼彻斯特南部，建成利物浦路火车站（Liverpool Road railway station），1830 年 9 月 15 日开放使用，是世界上第一座火车站，也是利物浦-曼彻斯特铁路的终点，幸运地保存至今。1838 年，曼彻斯特开通了至伦敦和伯明翰的铁路。铁路的发展进一步促进了曼彻斯特工业的发展。

同在 1838 年，曼彻斯特重新成为一个自治市镇（Municipal Borough）。此前，这个规模日益巨大的工业中心一直由若干地方治安法官负责管理。从这一年起，曼彻斯特终于有了一个市政委员会。该委员会因为无处可去，在警察局大楼内办公长达 39 年，以至于该大楼后来一度被称为市政厅。

曼彻斯特长期接近于无政府状态，却获得了巨大发展，使得它被一些经济学家视为自由放任的资本主义的成功范例。还是从 1838 年开始，形成所谓“曼彻斯特学派经济学”，“曼彻斯特的今天，就是世界上其他地方的明天。”与此同时，它也成为社会主义和工人运动的发源地之一。从 1842 年至 1870 年，革命导师恩格斯两次在曼彻斯特定居，一共生活了 22 年。他在 1845 年出版的重要著作《英国工人阶级状况》，主要基于在曼彻斯特的调查，揭示了资本主义制度内在的深刻矛盾和资产阶级对无产阶级的残酷剥削。

1844 年，维多利亚火车站建成，成为曼彻斯特中心区主要的客运站。

1845 年，市政委员会接管垃圾清运和下水道。道路上充满粪尿，晚上有专人（nightsoilmen）驾着马车前来清理，此时所有人均关上窗户。

1846 年，在曼彻斯特的首任英国国会下院议员马克·菲利普斯（Mark Philips）推动下，筹集了 6200 英镑，购买了霍顿夫人（Lady Hoghton）位于曼彻斯特市区东面距市中心约 3 公里的一块地产，建成曼彻斯特市区第一个公园——菲利普斯公园（Philips Park），供工人阶级活动。这是世界上最早的市政公园（Municipal Park）（产权属于地方政府，由地方财政维持，免费向市民开放的公园）之一。

1847 年，基督教堂成为主教堂。

1851 年，市政委员会接管自来水供应，此时市区人口达到 18.6 万人。

1853 年，曼彻斯特终于获准成为城市（City）。此时，曼彻斯特的棉纺织厂达到 108 家，为历史峰值，已经完全是一座现代化城市（图 5-1-2）。

1868 年，英国工会联合会在曼彻斯特成立。同一年，曼彻斯特终于决定为自己建造一座真正的市政厅，为此举行了方案竞赛，出生于利物浦、在曼彻斯特从业的建筑师阿尔弗雷德·沃特豪斯（Alfred Waterhouse）的方案中选，1877 年市政厅建成。该建筑外表为哥特复兴式，但内部完全按照当代功能要求和技术标准建造，甚至有一个空气供暖系统。该建筑从此成为曼彻斯特的一个新地标。

1878 年，一些铁路工人在所属的铁路公司 Lancashire and Yorkshire Railway 的支持下成立牛顿西斯足球俱乐部（Newton Heath L&YR F. C.）。1894 年该俱乐部成为一个独立运作的公司，与铁路公司脱钩，并加入英格兰足球联赛，1902 年改名为曼彻斯特联队（Manchester United F. C.）。

1894 年，曼彻斯特运河（Manchester Ship Canal）开通。该运河使曼彻斯特成为内陆海港，海轮可直航至此。

1898 年，特拉福德工业园区（Trafford Industrial Park）开张，号称世界上第一个工业园区。福特公司和西屋电气公司在 1910 年在该工业园区落户。

① 维多利亚火车站 ④ 主教堂 ⑦ 市场 ⑩ 医院 ⑬ 利物浦路火车站 ⑯ 骑兵军营
② 奥尔德姆路火车站 ⑤ 煤气厂 ⑧ 监狱 ⑪ 曼彻斯特学院 ⑭ 伦敦路火车站
③ 庄园住宅 ⑥ 棉花交易所 ⑨ 警察局大楼 ⑫ 圣彼得教堂 ⑮ 步兵军营

图5-1-2 1860年的曼彻斯特(据J.Rapkin，Manchester and Its Environs重新绘制)

至19世纪末，曼彻斯特成为世界上第9大城市，市区人口达到约40万人，市域人口超过200万人。它在不到200年间，完成了从一个大些的村庄到国际大都市的转变。

三、伦敦

从18世纪初到1925年，伦敦（London）作为大英帝国的首都、世界贸易和金融中心、重要的加工工业城市，一直是世界上人口最多的城市。

伦敦本身是一座非常古老的城市。

公元前43年，罗马军队登上不列颠岛并占领了它的南半部，在岛上最大的河即泰晤士河河口附近的北岸建立了一座城堡，称“Londinium”。此后这里迅速发展成聚落，公元50年前后建造了一座跨泰晤士河的桥梁。到140年前后，该城有约4.5万人口，是罗马不列颠行省的首府。在190—225年之间建造了城墙，使它成为一座设防城市，面积约2.3平方公里。5世纪中叶，随着罗马帝国的衰败，该城被放弃。7世纪后，来自北欧的盎格鲁·撒克逊人（Anglo-Saxons）控制了不列颠岛南部，伦敦由于其重要的地理位置，重新成为不列颠南部的商业和交通中心。9世纪晚期，统治不列颠南部的盎格鲁·撒克逊人首领阿尔弗雷德大王（Alfred the Great）修复重建了罗马人的城墙，从而完全恢复了这座城市的活力，此后通称这个设防区域为伦敦城（City of London）。跨泰晤士河的桥梁在罗马人撤走之后曾经一度废弃和损坏，在这一时期也得到了修复，称伦敦桥。以桥的北端为中心，沿泰晤士河北岸形成了伦敦城的码头区，称伦敦池（Pool of London）。桥的南端形成了一个基于罗马公路遗址并沿河岸伸展的聚落，称萨瑟克（Southwark）。

11世纪中期的英格兰国王忏悔者爱德华（Edward the Confessor）下令在伦敦城以西大约3公里的泰晤士河岸边建造一座修道院，称威斯敏斯特修道院（Westminster Abbey），1065年落成，爱德华随即去世。第二年也就是1066年，诺曼人征服不列颠岛，从而正式揭开了现代意义上的英国和伦敦的历史。

诺曼人的首领征服者威廉（William the Conqueror）与伦敦城的商人们达成协议，宣布伦敦城成为一座自治城市，保留各种特权和习惯法，而伦敦城则宣布向他效忠。征服者威廉在这一年圣诞节进入威斯敏斯特修道院，加冕成为英格兰国王。他在伦敦城东面城墙外的高地建造了一座城堡作为居所，并屯驻军队以监视这座城市。这座城堡被称为伦敦塔（Tower of London），起初只是一座木头建的塔楼，不过后来不断重建和扩展，到13世纪时已经成为一座完全以石材建造的坚固堡垒，后来曾经作为军营、监狱、军火库以及皇家动物园等。

征服者威廉的儿子，继承了英格兰王位的威廉二世（William Ⅱ）不喜欢伦敦塔和伦敦城，下令在威斯敏斯特修道院与泰晤士河之间建造新的宫殿，称威斯敏斯特宫（Westminster Palace），从此作为英格兰国王的主要宫殿直至1530年。以威斯敏斯特修道院和威斯敏斯特宫为核心，逐渐发展出一个新的聚落，通称为威斯敏斯特，以王室和大贵族的宫殿宅邸群为主体。从伦敦城到威斯敏斯特之间形成一条大路，称河岸街（Strand），部分基于罗马时代的一条公路，将两个独立的聚落连接起来。

至1100年，伦敦大约有2万人口；至1300年，人口增长至10万，大部分在伦敦城内及周边。伦敦城设防范围略有扩大，面积约2.6平方公里，此后不曾变动。伦敦和威斯敏斯特之间基本上还是空地，大部分地产属于一些修道院和其他各种宗教组织。

萨瑟克则仍是泰晤士河南岸唯一成规模的聚落。

1173年，统治者决定对伦敦桥进行大改造，建造石桥以取代原有木桥，至1209年建成了8米宽的19孔石拱桥，两端均有城门。此后，国王为获得维护经费，同意在桥上建造房屋。桥面迅即被店铺占领，逐渐达到200家之多，建筑高达7层，桥上的实际通行宽度只有4米。步行者往往宁愿乘渡船过河，只有车辆过河时才不得不使用桥梁。

12世纪时，圣殿骑士团（Knights Templar）在伦敦城和威斯敏斯特之间，河岸街以南的泰晤士河岸边拥有一块地产，建有一座教堂。1312年这个骑士团解散，地产转移给医院骑士团（Knights Hospitaller），但实际控制权则落入伦敦城之手。此后该地区逐渐划分成外殿（Outer Temple）、中殿（Middle Temple）和内殿（Inner Temple）三个区域，加在一起被简单地称为坦普尔或者圣殿区域（Temple）。中殿和内殿从1320年开始就被律师们占据，开设了大量事务所。到16世纪初，骑士团的影响日益式微，这里接连开设了两所律师学院，至今仍然是英国法律制度的核心地区。

1530年以后，英格兰国王亨利八世（Henry VIII）因为个人婚姻问题，又受到欧洲大陆当时正轰轰烈烈的宗教改革运动的鼓舞，决定退出罗马天主教会，成立英格兰国教会并自任首领，解散了所有修道院并没收其财产，史称英格兰宗教改革。亨利八世没收了威斯敏斯特北面规模巨大的约克大主教官邸，改名白厅宫（Palace of Whitehall），作为他的主要宫殿，并随即开始进一步扩建和重建。差不多同时，亨利八世又看中了白厅宫西面的一所教会兴办的麻风病院，将其没收改造为宫殿，称圣詹姆斯宫（St. Jame's Palace）。白厅宫以大而混乱著称，1698年遭火灾烧毁绝大部分，此后未进行重建，至18世纪下半叶，场地的大部分被租出去用于建造连排住宅。圣詹姆斯宫此后成为英国王室的主要宫殿，以低矮简陋著称，根本无法与法国的凡尔赛宫相比，成为欧洲大陆贵族中的笑柄。亨利八世还将威斯敏斯特修道院在威斯敏斯特以西拥有的大片土地没收，建成为他的猎场。这片土地后来被他的继承者们逐步向公众开放，成为今天的海德公园（Hyde Park）。

1558年，伊丽莎白一世女王继承英格兰王位，英格兰进入文艺复兴的高峰时代，建立了皇家海军并在海上战胜西班牙，从而成为海上霸主。伦敦作为整个不列颠群岛最大的港口所在地，从此成为世界贸易的枢纽之一。

直至16世纪末，伦敦城仍然是一座高密度的中世纪城市，威斯敏斯特则是一些宫殿和大小府邸的集合体，两者之间以及周边地区大部分仍被农田和荒地占据，整个区域有大约20万人口。但从这时开始，由于海外贸易带来的丰厚收益使伦敦地区人口逐渐集中，原来属于各种宗教组织的大片地产转入贵族和大富商之手，伦敦城周边出现了更多的定居点。威斯敏斯特以西聚集了更多的贵族和富裕商人，所谓“伦敦西区”（West End）开始形成。伦敦城以东则形成了成片的贫民聚集区，被称为“伦敦东区”（East End）。

1640年英国爆发内战，史称英国革命，伦敦城的商人们坚定地支持议会一方反对国王，因而获得了可观的收益。1642年至1643年间，在伦敦周围建造了城墙和堡垒，称Lines of Communication，将伦敦城、威斯敏斯特和萨瑟克全部包围在内，形成了广阔的设防区域。尽管这些城墙和堡垒到1647年即被完全拆除，但仍为这个区域提供了足够的安全保障，使得人口进一步集中，在伦敦城和威斯敏斯特之间出现了更多的聚落，将这两片原本独立的建成区逐渐连接起来（图 5-1-3）。

科文特花园（Covent Garden）是其中一个典型的例子。1552 年，亨利八世的儿子，国王爱德华六世（Edward Ⅵ）将威斯敏斯特北面的大片土地赏给他的首席大臣贝德福德伯爵（Earl of Bedford），这些土地原来是威斯敏斯特修道院的田地，不过早已被亨利八世没收。贝德福德伯爵在这里建造了府邸和其他一些建筑，不过大部分土地仍然完全空着成为绿地，被称为科文特花园。1631—1637 年，第四代贝德福德伯爵在科文特花园的绿地上建造了大量住宅用于出租，只在南面留下一个小广场。这些住宅几乎立刻就吸引了大量富人，特别是在革命造成的混乱期间，许多富人从乡下逃到这里来避难。革命结束以后，大约在 1654 年前后，小广场发展成一个市场，因为地处伦敦城和威斯敏斯特之间，迅速变得热闹非凡，逐渐成为伦敦最大的蔬菜、水果和鲜花市场，周围的住宅纷纷变成咖啡馆、酒馆以及其他商铺，富人们只好搬走。第五代贝德福德伯爵十分体贴地把他的地产和住宅开发及时向北延伸到布卢姆斯伯里（Bloomsbury），成为新的富人居住区。

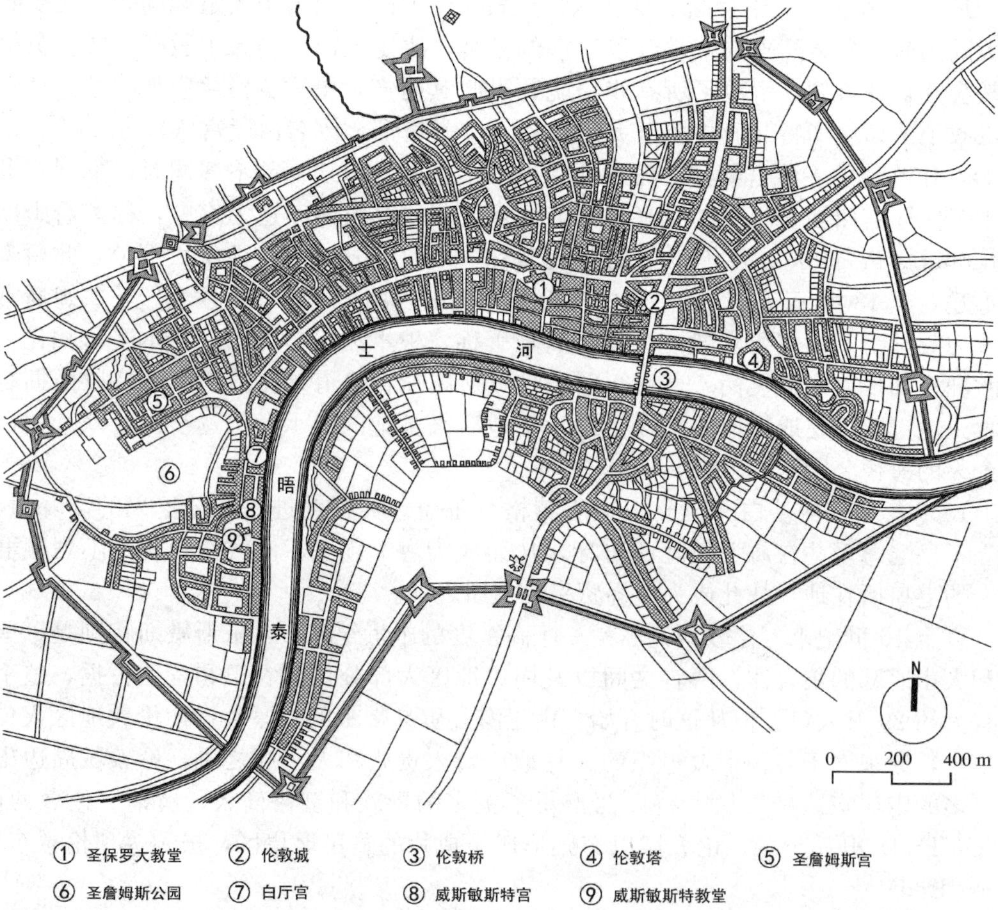

① 圣保罗大教堂 ② 伦敦城 ③ 伦敦桥 ④ 伦敦塔 ⑤ 圣詹姆斯宫
⑥ 圣詹姆斯公园 ⑦ 白厅宫 ⑧ 威斯敏斯特宫 ⑨ 威斯敏斯特教堂

图 5-1-3 1643 年的伦敦（据 A Plan of the City and Environs of London as Fortified by Order of Parliament in the Years 1642 & 1643 绘制）

1665 年，伦敦地区爆发大规模鼠疫，造成超过 6 万人死亡。英国王室逃离伦敦暂住牛津。1666 年 9 月 2—5 日伦敦城发生大火，烧毁约 3 平方公里范围的几乎全部建筑，包括60%的城区。由于大火烧死了数量庞大的老鼠，鼠疫自此结束。大火之后重建伦敦城的迫切要求强有力地拉动了内需，许多科学家改行成为建筑师，包括物理学家胡克、园艺学家伊夫林和天文学家雷恩。大量工程建设使英国的经济出现大发展。园艺学家伊夫林（John Evelyn）提出规划方案，意在将伦敦完全重建成巴洛克式城市。由于此规划需要重建整个道路系统，牵涉到复杂的地产纠葛，未能实现。

大火之后，许多人迁居至伦敦城周围，特别是伦敦城和威斯敏斯特之间的地段，这两个独立的聚落的建成区在此期间终于完全连为一体。至1700年，伦敦地区总人口达到约60万人，其中大约14万人仍然住在城内。在此时，伦敦地区包括伦敦城、威斯敏斯特和其他共计20多个居民点，实际上是一个以伦敦城为商业中心、以威斯敏斯特为中央政府所在地、跨泰晤士河两岸的由一系列城市和小城镇混合而成的一片连续的建成区。尽管伦敦已经是整个西方世界最大的城市和最重要的政治经济中心之一，但没有一个政治实体或机构对整个区域负责。在进入18世纪以后，伦敦面临一系列问题，首当其冲的就是各个区域之间的交通系统，尤其是跨泰晤士河的交通。

到这个时候，在整个伦敦地区仍然只有伦敦桥这唯一一座跨越泰晤士河的桥梁。17世纪后半期，英国内战结束以后，已经开始讨论在威斯敏斯特一带建造桥梁跨过泰晤士河，以缓解威斯敏斯特和伦敦城之间以及伦敦桥的交通压力，但是遭到伦敦城政府和泰晤士河渡船工人的反对。1736年，英国议会终于同意建造此桥，并于1750年建成此桥。1760年，伦敦城政府又在伦敦桥西面约1.2公里处建造了第三座大桥，称黑修士桥（Blackfriars Bridge），名称来源于北岸一座中世纪修道院，至1769年竣工。

19世纪在泰晤士河上建造了更多的桥梁。1817年滑铁卢桥（Waterloo Bridge）建成，位置刚好在黑修士桥和威斯敏斯特桥之间的中点，为一座收费桥梁，建筑师为约翰·雷尼。该桥为9跨，每跨36.6米，包括引桥总长748.6米。为纪念1815年的滑铁卢战役胜利而命名。1819年又在伦敦桥和黑修士桥之间建成了女王街桥（Queen Street Bridge），采用铸铁结构，跨度达到73米，也是收费桥梁。1921年拆除重建，改名为萨瑟克桥（Southwark Bridge）。18世纪末，伦敦城政府终于决定重建伦敦桥，直到1831年才终于建成，长283米、宽15米。老伦敦桥随后拆除。到19世纪下半叶，伦敦所有收费桥梁均停止收费。

与此同时，伦敦的对外交通压力也日益巨大。在大航海时代到来之后，远洋航行的船舶日益巨大，伦敦桥的存在使得这些船舶无法通过，原先遍布伦敦桥两侧的码头逐渐集中到伦敦桥以东，并不断向泰晤士河下游延伸。到18世纪，伦敦池的发展登峰造极，伦敦桥以东的泰晤士河两岸帆樯林立，拥挤程度据说可以从一条船走到另一条船，从而走过泰晤士河。由于伦敦池已经过度拥挤，地主们此后在下游的码头区（Docklands）建造封闭的坞港，具有比伦敦池更好的设施，也更安全。

1836年，伦敦地区建成了第一条铁路，从伦敦桥南岸萨瑟克通至格林威治。起点站在伦敦桥南端附近，因此被称为伦敦桥火车站（London Bridge Station），是伦敦地区第一座火车站。1848年，在滑铁卢桥的南端附近建成滑铁卢火车站（Waterloo Station），通往英格兰西南部。1852年，在伦敦西北部建成国王十字火车站（King's Cross Station），名称来源于13世纪建造的某座早已不存在的纪念性建筑，它成为从不列颠岛北部进入伦敦的主要入口。

1837年，维多利亚女王继承英国王位，英国进入历史上最繁荣的时期。她登基后的第一个重大举动是将住所搬迁到圣詹姆斯宫西面隔着整个圣詹姆斯公园的白金汉宫（Buckingham Palace），这座宫殿原本是王室的一座非正式府邸，之后又对它进行了扩建和改造。她以这一举措表示与过去的告别，此后推动了一系列影响深远的改革。

1845 年，总面积 1.7 平方公里的王室花园摄政公园（Regent's Park）每周向公众开放 2 天供游乐，由此开创了伦敦皇家公园传统。同一年稍晚，王室在伦敦东区的一片面积约 86 公顷的猎场也向公众开放，改名维多利亚公园（Victoria Park）。在整个 19 世纪下半叶，它是该地区唯一的绿色开放空间，并因此成为社会主义者和其他改革人士发表政治演讲和组织政治集会的重要场所。

同在 1845 年，特拉法尔加广场（Trafalgar Square）终于基本建设完成。这里位于威斯敏斯特和科文特花园之间，原系王室马厩。东北面中世纪时建有教堂一座，称原野圣马丁教堂（St. Martin in the Fields），因当时该地还基本上是一片荒野。南部称查灵十字（Charing Cross），名称同样来源于 13 世纪建造的某座纪念性建筑，早已不存。1820 年代，这里开辟成广场，以纪念 1805 年奠定 19 世纪大英帝国海上霸权的特拉法尔加战役，但尚未形成确切的形态。1827 年，在广场西面建成联合俱乐部（Union Club），后来变成加拿大高级专员公署（High Commission of Canada in London），通称加拿大宫（Canada House）。1832 年，在广场北面开始建造国立美术馆（National Gallery），至 1838 年建成。1845 年完成了广场的建设，包括纳尔逊纪念柱和两座喷泉。1864 年，在东面不远处建成查灵十字火车站，通过同时建成通车的亨格福德桥（Hungerford Bridge），从南岸引入铁路线。这里迅速成为英国最著名的广场和政治集会地点。

到 1850 年，伦敦已经成为世界上独一无二的超级大都市（图 5-1-4），整个伦敦地区的人口达到 250 万人。1851 年，在伦敦举办了“万国工业成果大展览”（The Great Exhibition of the Works of Industry of all Nations），以展示工业革命的伟大成果，后来被视为第一次“世界博览会”（World Expo）。为举办该大展览，决定在伦敦的海德公园建造大型临时建筑，结果建成了一座完全以预制铁件和平板玻璃建造的大棚，称“水晶宫”，成为世界上第一座工业化建筑。

直到这时，这座大城市仍然是在毫无计划之下，由一系列互相无关的聚落联合而成。各聚落均竭力保护自己的独立性，没有一个一般意义上的对整个伦敦建成区实施管理的伦敦市政府。城市的新增人口大部分是贫困的工人及其家属，居住条件极差，形成了大规模的贫民窟。大规模的人口流动则使传染病的扩散速度比以前更快。整个伦敦地区完全没有相应的基础设施，供水几乎完全依靠泰晤士河，污水也主要靠明沟排入泰晤士河。由于严重的水污染，伦敦在 19 世纪先后爆发 4 次大规模霍乱疫情，共造成大约 4 万人死亡。

这一切迫使政府必须实施控制和提供公共服务。1848 年英国议会通过“公共卫生法”（Public Health Act 1848），第一次明确了政府对其管理的聚落的卫生条件、状况负有责任，但并未明确如何负责，因此基本上是一纸空文。其中提出的各种目标和要求，在第一次世界大战后才得到较好的实现，有的至今还在努力之中。

1855 年英国议会通过法案，成立都市工务局（Metropolitan Board of Works），负责规划和建设整个大伦敦地区的基础设施，辖区包括伦敦城和威斯敏斯特等，共计多达 39 个市镇，均有自己的市政委员会和市政厅。该工务局迅速雇用专业人士制定了各种工程规划方案，不过立刻陷入无休止的讨论之中。

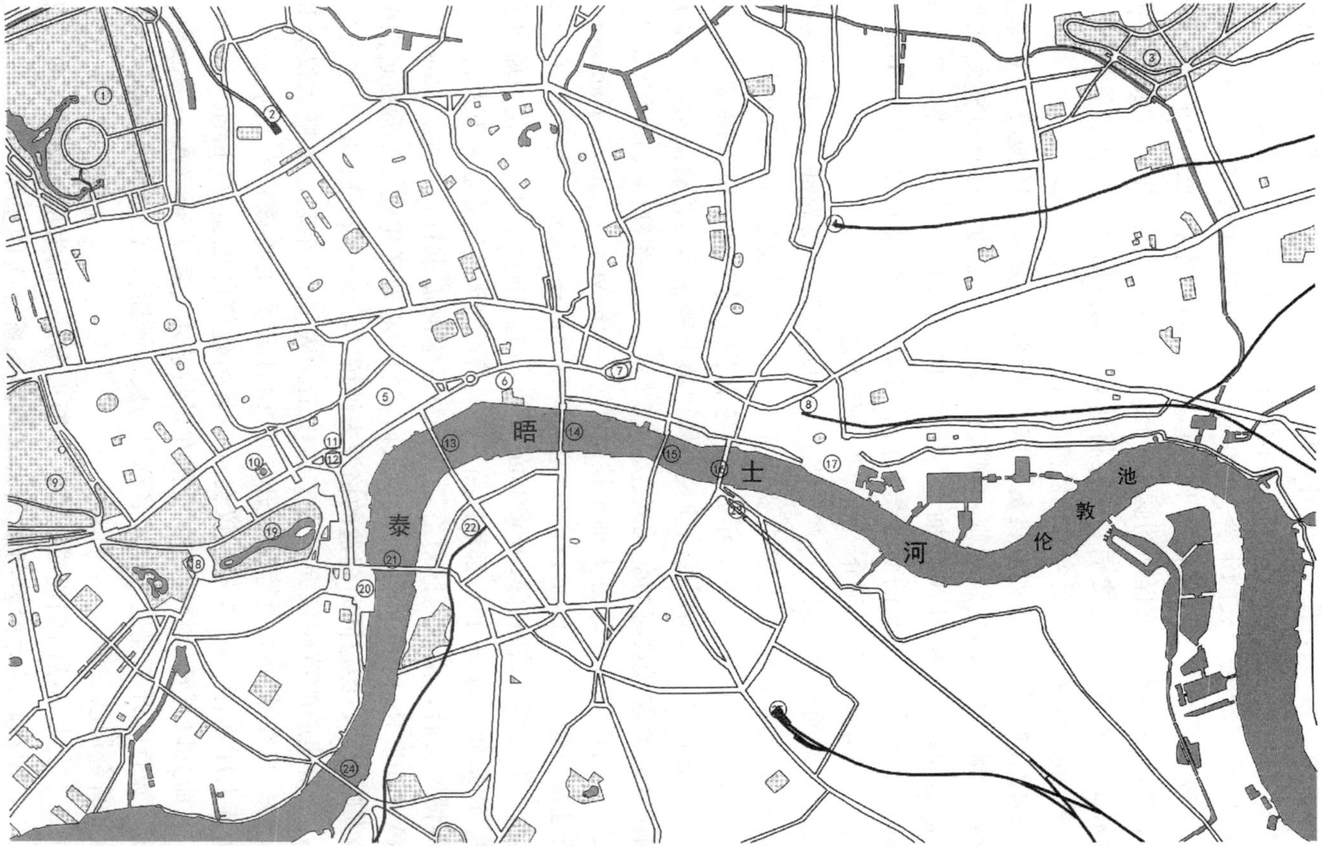

① 摄政公园
② 尤斯顿火车站
③ 维多利亚公园
④ 毕晓普斯盖特火车站
⑤ 科文特花园市场
⑥ 圣殿
⑦ 圣保罗大教堂
⑧ 芬丘奇火车站
⑨ 海德公园
⑩ 圣詹姆斯宫
⑪ 国立美术馆
⑫ 特拉法尔加广场
⑬ 滑铁卢桥
⑭ 黑修士桥
⑮ 萨瑟克桥
⑯ 伦敦桥
⑰ 伦敦塔
⑱ 白金汉宫
⑲ 圣詹姆斯公园
⑳ 国会大厦
㉑ 威斯敏斯特桥
㉒ 滑铁卢火车站
㉓ 伦敦桥火车站
㉔ 沃克斯霍尔桥
㉕ Bricklayer's Arms火车站

图5-1-4 1850年的伦敦(据Cross's New Plan of London 1850重新绘制，仅绘出主要道路)

1858年夏天，由于气候和其他各种因素的作用，伦敦泰晤士河段及周边相关水体爆发“泰晤士河恶臭”（The Great Stink），严重影响了居民生活甚至政府运作。工务局无计可施，只能以高价雇人拼命往明沟和泰晤士河里撒石灰，每周开销1500镑（当时1英镑可兑换7.1克黄金），共计撒了250吨，持续时间超过1个月。议员和大臣们大发雷霆，以最快速度批准了工务局的伦敦下水道建设方案。第二年开始施工，至1865年完成，总共建造了132公里长的干管、1800公里长的街道主管和2万公里长的支管，从而为整个伦敦地区建立了一体化的下水道系统，将污水排到泰晤士河下游。整个设计和施工都由工务局的首席工程师约瑟夫·巴泽尔杰特（Joseph Bazalgette）负责，他在测量和计算了当时的污水量之后，决定将所有数据全部加倍，作为管道设计的依据，这一举动使得伦敦下水道直至今日仍然满足需要。

1860年代后，英国开始进行一系列改良贫民窟的计划，大规模拆除或改建不符合卫生条件的建筑物，也制订了新的建筑规则，规范街道的最小宽度，以保证建筑物拥有基本充足的空气流通和日照。在1870年抽水马桶发明之前，每一栋房子背后必须建有分隔在外的盥洗室。尽管资本主义的萌芽与自由放任的市场学说相伴而生，但城市规划自此成为政府这个“守夜人”必须介入和负责的任务之一。

至1850年，伦敦对外的铁路交通已经颇为发达，但均为放射型路线——都是从伦敦出发通往各地。伦敦的内部交通仍然主要依靠马车，公共交通则依靠出租马车（Cub）和公共马车（Omnibus）——1855年成立了伦敦公共马车总公司。1852年，伦敦城的律师皮尔逊（Charles Pearson）提出建议，修建地下铁路连接伦敦周边各主要火车站，但无论英国议会或伦敦城政府均毫无兴趣。1853年，在一家铁路公司的推动下，国会终于通过了法案，同意建造“北方大都市铁路”（North Metro politan Railway）。1854年，国会批准建造自帕丁顿（Paddington）至法灵顿（Farringdon），经过国王十字车站的地铁，并且命名为大都市铁路（Metropolitan Railway）。1860年开工，伦敦城政府被迫给予资金支持。1863年1月10日大都市铁路开通运营，当天运输旅客4万人。

在1851年世界博览会后，伦敦西区对舒适的铁路运输的需求日益增加。1860年，维多利亚火车站（Victoria Rail Station）在威斯敏斯特的中心地区建成，非常接近白金汉宫。铁路线跨越泰晤士河，经过同时建造的格罗夫纳桥（Grosvenor Bridge）引入。

同在1860年，全新建造的英国议会大厦主体竣工。从1295年起，英格兰议会和后来的联合王国议会一直在威斯敏斯特宫召开，但1834年大火将该宫殿几乎完全烧毁，仅余威斯敏斯特大厅幸存。1836年，议会选中著名建筑师巴雷（Charles Barry）设计的平面方案，并命其以哥特风格建造。巴雷在哥特艺术专家普金（Augustus Pugin）的协助下完成了设计并开工建造，正式名称仍为威斯敏斯特宫。到1870年该工程完全建成时，巴雷和普金均已去世。

1868年，在国王十字火车站西侧建成圣潘卡拉斯火车站，成为从不列颠岛西北部进入伦敦的主要入口，现在则成为伦敦与欧洲大陆铁路系统连接的主要入口。铁路公司花费19500英镑买下土地，另外花了200英镑请地主将贫民窟里的居民赶走。该火车站号称“铁路大教堂”，以宏伟奢华著称，是火车繁荣时代的见证。

至19世纪下半叶，伦敦东部需要更多的桥梁。但此处恰恰是伦敦池的中心区域，建造普通桥梁势必将阻断泰晤士河的航道。1884年决定采用开启桥设计方案。为此，设计了两座桥塔，每座高65米。桥的中部长61米，分南北两段，每段可以竖向旋转升起至83度，以便船只通过。每段均重达千吨，由蒸汽机推动的液压驱动。1894年该桥建成，因紧邻伦敦塔，被命名为伦敦塔桥（Tower Bridge），自建成以来即成为伦敦的标志之一，直到1990年代之前，此桥都是乘船从海上进入泰晤士河逆流而上见到的第一座桥。由于伦敦池的传统，水上交通在伦敦桥具有优先权。1997年美国总统克林顿的车队在此遭遇船只通过，不得不在桥头停下等候。

伦敦虽然在缺乏一个系统有效的管理系统方面是个特例，但其他工业城市的情形基本大同小异。城市的规模迅速膨胀，但其中大部分是穷人；城市的财富快速增长，但分配极不平均；城市的管理者不知所措，未能做出及时的反应，为新时代的城市提供足够的公共服务。以至于工业城市中，虽然有气派非凡的大型新型建筑和高雅舒适的富人居住区，但同样集中了大规模的贫穷、肮脏和混乱，需要政府在此后的年代里承担越来越多的责任。

第二节　古代中国的衰落

一、明清时期的中国社会

1368年1月朱元璋称帝建立明朝，9月明军攻入元大都，基本统一了中国中东部。同一年，法国国王查理五世在巴黎城外的一座猎庄建立王家图书馆，以响应已在意大利开始的文艺复兴运动。这座猎庄后来被改造成卢浮宫，这个图书馆后来发展成法国国家图书馆。1627年，明末农民起义爆发。同一年，荷兰殖民事业的开拓者，第一位完成环球航行并到过中国的荷兰船长范诺特（Olivier van Noort）去世，享年69岁，在那个时代足称高寿。1644年，李自成攻入北京，明朝灭亡。同一年，西方现代哲学的奠基人、数学家、物理学家笛卡尔出版了他的伟大著作《哲学原理》。1683年，清朝占领台湾，重新统一中国。同一年，欧洲联军在维也纳击败奥斯曼帝国军队，结束了奥斯曼帝国在欧洲的扩张势头。1840年，第一次鸦片战争爆发，清朝从此逐步陷入半封建半殖民地社会。同一年，英国邮轮“不列颠尼亚”号首航，用12天多一点的时间从英格兰的利物浦到达加拿大的哈利法克斯，从此使蒸汽动力邮轮成为大西洋航运的主力。

从明朝建立到鸦片战争爆发共计472年，除1627—1683年明清交替之际出现了持续56年的全国性战乱，其余416年中，中国中东部大体维持了和平统一的局面，其中有多个阶段号称大治：洪武之治、永乐盛世、仁宣之治、成化新风、弘治中兴、嘉靖中兴、隆庆新政、万历中兴、康雍乾盛世等，加在一起达到312年之多，占到总共416年当中的3/4。按理说，如此长久的盛世，必然带来经济文化的巨大进步，但事实是到这些盛世通通结束的时候，中国已经完全脱离了世界的发展大局。最后一个也是最长的一个盛世，康雍乾盛世结束之后才过了40几年，大清帝国就惊讶地发现自己面对一支只有几十条船、总共不到2万人、自万里之外劳师远征的军队，竟然完全没有招架之力，只能割地赔款。

这些盛世并非完全都是假象，在明清两代的和平岁月里，中国多个方面取得了可观的进展。托欧洲大航海之福，红薯、玉米等高产作物在明朝后期来到中国，在清朝得到大规模推广，大大改善了粮食供应。棉花、甘蔗等经济作物在明朝后期已经在中国南方广泛种植，形成了相当规模的产业。炼铁、纺织、造纸、造船等行业都出现了数百人乃至上千人的作坊，手工作坊内部的劳动分工有了进一步发展。明代中后期和清代的中期，商品经济十分繁荣，出现了以徽商和晋商为代表的地域性商人集团，各地发展出以景德镇、汉口镇、朱仙镇、佛山镇这“天下四大名镇”为代表的大量工商业市镇。清代还出现了办理汇兑、存款的票号和钱庄，形成了原始的银行业。明代后期全国人口规模诸说不一，较为主流的意见是在1～1.6亿之间，清朝鸦片战争前夕人口约4亿人，反正不管什么时候，都比面积相当的欧洲人口规模大1倍左右。因为元朝勒令各地城市拆除城墙，明代还开展了一次大规模的建城运动，各地城市都建造了新的城墙，很多城市还建造了砖城。尽管总体而言，明清时期生产力发展水平仍然很低，生产活动主要靠人的体力劳动，商品经济规模在整个经济规模中仍是少数，但这些进步表明了明清时期的中国经济社会发展水平已明显超越了前代。

另一方面，在获得这些进步的同时，中国的社会矛盾一直非常紧张。明代后期农村严重的贫富两极分化是明朝灭亡的主要原因之一，核心是土地所有权的两极分化。明代中叶起，皇族成员占夺民田，遍立庄田，不少农民从此失去土地，陷入贫困。到明代后期，兼并土地的主力军又变成文人官僚集团，大肆争夺土地，积聚财富。清朝社会管制尤为严厉，君主集权、官僚体系、宗族制度都发展到巅峰，但与此同时，文官体系和武装力量往往被贪污腐化败坏，使得这些控制流于表面，而且在社会底层一直存在大量民间教派、社团和流民，成为社会的不安定因素，待时而发。

同一时期的西方社会已经开始发生质变，文艺复兴运动改变了普遍的思想观念，促进了科学技术的进步和社会改革。大航海时代带来了殖民时代，参与其中的欧洲各国全都获得了巨额的收益。欧洲和中国之间的贸易到明代后期已经达到相当规模，虽然在工业时代到来之前，此种贸易主要体现为欧洲人以美洲白银购买中国瓷器、茶叶和丝绸，使得中国作为一个缺乏白银的国家竟然形成了实际上的白银本位货币体系，但西欧国家毕竟走上了发展的快车道，到工业时代之后，即完全获得了相对中国而言的经济和技术优势。鸦片战争的爆发，正式宣告了中国传统的发展进程被彻底打断，中国古代史至此终结，然而其结果不是使中国迈向了近代社会，而是逐步沦为了殖民地半殖民地国家。

在鸦片战争结束9年后的1851年，太平天国运动在广西爆发，两年后太平天国军队占领南京，定都于此，并派出分遣部队分别北伐和西征。在河南、安徽一带爆发捻军，响应太平天国的北伐。尽管内斗不断，太平天国和捻军仍在此后10余年内反复横扫几乎整个中国中东部，前后攻克城市600余座。大清帝国再次发现其传统武装力量完全没有招架之功，只能依靠各地士绅组织的地方军队、少量的欧洲军队和雇佣军，以及欧洲军火。

在此期间，清朝还和英、法两国之间爆发了第二次鸦片战争。1860年，尽管在从广州到天津的一系列战役中全都惨败，清朝皇帝仍然对英法正式宣战，其结果是北京被英法联军占领，北京西北郊的圆明园被焚毁，皇帝携其宫廷逃往承德避暑山庄避难，除了给英法割地赔款之外，还割让了150万平方公里领土给调停的俄罗斯帝国。

清朝政府下决心实施改革，开始“洋务运动”，决定“师夷长技以制夷”，由此开始了中国的近代化过程。安庆、天津、上海等地先后按照西方方式创办工厂，购买欧洲设备，派遣留学生，兴办新式学校，修筑铁路，开通电报，聘请欧洲专业人员指导，并购买军舰，建立现代海军。1868年，捻军被完全消灭。1872年，太平天国被完全消灭。但这些局部的改革和单纯的技术引进，未能触动整个社会架构，反而使得社会矛盾更加突出。近代化获得的红利未能合理分配，造成贫富差距日益巨大，富人生活日益奢靡，而贫民生活空间则日益被挤压。西方各国企业凭借条约优势，在中国拥有种种便利，中国商人便大量加入西方企业投资合股，甚至假冒西方企业，以获得相关优待。口岸城市中不断扩展的租界地以其建设、安全和秩序日益获得中国人的青睐，各种西方思想的广泛传播使社会的制度体系日益受到质疑。到1895年，中日甲午战争结束，洋务运动最显赫的成果北洋舰队被日本海军消灭，洋务运动最终以失败告终。

二、景德镇

景德镇位于江西省东北部，汉代属豫章郡鄱阳县，魏晋以来，先后隶属于新平、新昌、浮梁县。镇区地处群山环绕的一个小盆地中，濒昌江中游，东面倚山，西、南、北三面环水。昌江为饶河的一支，至鄱阳县城入鄱阳湖，水路仅90公里左右。镇域境内以中低山丘陵为主，既有丰富的瓷土资源提供原料，又有丰富的森林资源提供燃料。相传自汉代开始这里就发展起陶瓷业。唐初，官府于621年在当地设置了专门机构“博易务”，以管理瓷业生产，是景德镇官办瓷业之始。北宋景德元年（1004年）置景德镇，以年号为名，属浮梁县，并设监镇厅。

至唐代，景德镇已出现小规模的街市。虽然北宋设立了景德镇，但在元代以前，这里主要是一个陶瓷出口的集散地，并非主要生产地，虽也散布着一些制瓷作坊和窑房，但还没有形成规模的镇区。据调查，北至婺源、祁门，南至乐平、鄱阳，在众多相邻县域中，都有明代以前的古瓷窑遗址，十分分散。到元代，随着制瓷业的进一步发展，陶瓷业终于从当地农业中分离出来。对制瓷技艺和烧制工艺上的分工协作要求越来越高，制瓷原料、燃料供应的范围越来越大，都要求有一个交道便利的地点进行物资、产品和信息交换，从而开始逐渐形成集中的工商业市镇。景德镇到明清时期发展成为典型的地方工商业城市。

为满足宫廷需求，明初在景德镇设御器厂，即所谓官窑，向高精度发展，促进了新品种的制作和产品质量的提升。1522年以后，官窑采用“钦限”方式，部分御器在民窑中烧造，促进了民窑技术的提高，使民窑产品与官窑日益接近。除生产一般民用产品外，民窑还能生产各种高级瓷器，并远销海外，使得景德镇真正成为大瓷都，产量极为巨大，人口和资本高度集中。

御器厂自明代开始逐渐成为景德镇镇区的中心。御器厂位于珠山南麓，坐北朝南，中部有前堂后寝的主体建筑，东、西有库房和作坊、窑场。厂内还有玄帝、仙陶、五显三座神祠，厂外有师主神祠。御器厂周围设有各种官署，包括布政分司、九江道署等高级衙门，规格超过一般府城。明代以前，周围的各种瓷器作坊相当分散，至御器厂成立，到明中期之后，开始实行“官搭民烧”，民窑逐渐向镇区集中，逐渐形成以制瓷业为主业、御器厂为中心的镇区，面积约80公顷。镇区内两条南北向主要道路开始形成。西面靠昌江较近的一条因其起点靠近御器厂正门而称“正街”，自御器厂前向北沿伸将民窑连成一片；东面的一条习称“后街”，自御器厂东面穿过，唐代为小街，明初有“十二里长街”之称。

其时景德镇不仅是瓷器生产中心，也是交通转运中心。景德镇瓷器的出口几乎完全依赖昌江水运，随着制瓷业规模的扩大，产品通过昌江入鄱阳湖，或经吴城镇进入赣江，溯赣江而上翻越大庾岭经北江至广州，外销海外；或入长江运销到国内各地。生产原料瓷土、窑柴等，除在浮梁县境内生产外，还来自余干、余江、贵溪、星子、鄱阳、祁门、乐平、万年等地，均需通过水运运至景德镇。这样对于城市而言渡口成为重要设施，码头成为重要构筑物。沿昌江形成了早期的码头体系，由南而北分别为李施渡、南门渡、市埠渡。

明代初期，由于战乱，景德镇人口较元代减少约四成。随着御器厂的设立，镇区人口大幅度增加。御器厂仅工匠就有百余人，杂役近千人。明中后期以后除官窑外，民窑数目也不下 200 座，每日所需佣工逾万人，加上四方商人往来从事贸易，至 1542 年，在景德镇仅从事瓷业的人数已达 10 万余人。明末动乱，全国户口数量大幅度下降，而景德镇仍保持 10 万左右的人口规模。

清代景德镇陶瓷业进一步发展，人口也稳定增长。据 1869 年统计，景德镇镇域人口约 28 万余人。

清代将明“御器厂”改名为“御窑厂”，用工制度上改明代的匠役制为雇佣制，“官搭民烧”的产品也改明代强行摊派为平等自愿的关系。镇区发展继续沿昌江向南延伸，形成南北走向的带状建成区域。镇区内两条平行于昌江的南北向道路也往南延伸。“正街”北至观音阁，南到太白园，途经里市渡、石狮埠、中渡口等多个码头渡口，是明清时热闹的街市，人口集中，商业繁荣，有“陶阳十三里”之称。“后街”中段位于御窑厂以南的陈家街、十八桥一带成为热闹的街市，也是清代镇区向南发展之后新形成的若干中心。东西走向的道路均为弄巷，且大致垂直于河道，便于通往河港码头，至民国末年，约有弄巷百余条。镇区建成区面积达到约 2.4 平方公里（图 5-2-1）。

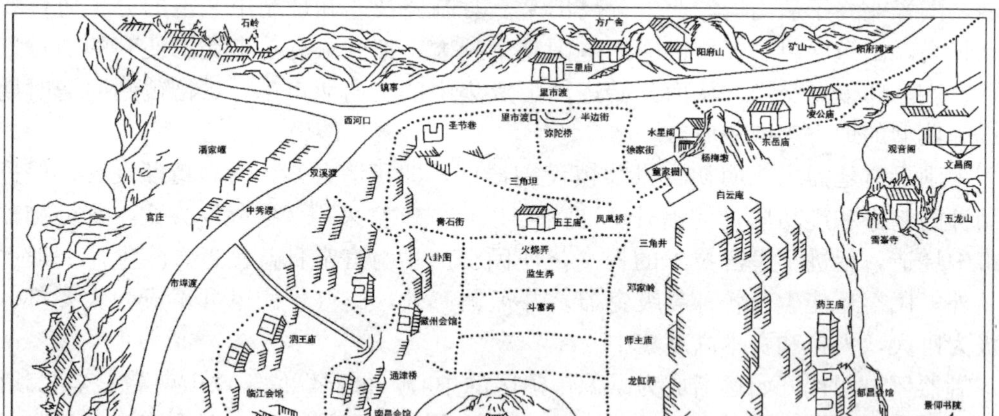

图 5-2-1　清嘉庆景德镇全图（据《景德镇市志》绘制）

总体而言，清代景德镇镇区空间格局仍以御窑厂为中心，周围仍以官府衙门围绕。至清嘉庆年间，有饶州分府、巡司署、县公馆等，规格较明代大幅度降低，不过仍高于寻常县城。除御窑厂外，城市其余部分没有明确的功能分区，只有相对的集中。御窑厂南门头至里市渡一带窑场密集，瓷器街、青石街等街道中分布着各种会馆，窑场与民居相交错。东门头到徐家街一带，民居作坊与各种祠庙混杂于弄巷之中。瓷器街是繁华的高端市场，黄家洲是专门出售下脚货瓷器的低端市场，渡口周围是牙侩和搬运工居住的地方。

沿昌江的码头体系也进一步发展，至清中后期由南而北为阳府滩渡、里市渡、双溪渡、中秀渡、市埠渡、下市埠渡，除此之外，各行会、家族也兴建大量码头渡口，如许家码头、曹家码头、湖南码头、刘家码头、南洲码头和袁洲码头、石狮埠等。在繁忙的里市渡对岸的三闾庙码头还形成了粮食等大宗物资的交易集市。部分码头还形成了专业分工，如曹家码头和湖南码头主要装卸窑柴，南洲码头主要装卸瓷器，袁洲码头主要装卸槎柴等。

景德镇陶瓷业发展的鼎盛时期，四方商贩云集，号称“十八省码头”，人口构成中外来移民的比例远高于传统市镇。外地人在景德镇纷纷建立会馆，也使会馆成为该镇重要的公共建筑类型。总体而言，窑场、作坊、庙宇、住宅、会馆、商铺在城市中穿插布局，呈现自组织的特征，结构模糊而功能完善，空间混杂却充满活力，反映出传统手工业市镇的空间特征。

三、平遥

平遥县位于山西省中部的太原盆地西南端，西距汾河约 6.7 公里，中都河分两支绕过城南与城东注入汾河，城南一支称柳根河，城东一支称惠济河。西北距明清太原府城约 90 公里。秦代在这一带设有平陶县，属太原郡。北魏改平陶为平遥，将县治迁至今址，近 1600 年未变。

唐宋时期，平遥古城商贸已初具规模。明代中叶以后，平遥商人已形成晋商中的一支重要力量，号称“平遥商帮”。他们经由大同穿过长城进入蒙古牧民地区，用药材、丝绸、布匹、茶叶、瓷器等物品交换各种牲畜和畜产品，被称为旅蒙商人。至清代中期，平遥多个行业的商人纷纷在全国各地设立分号。1820 年前后，平遥西裕成颜料庄受其他商号委托，开始兼办“此地存款，凭借票据到彼地取钱”的汇兑业务，虽收费甚微，却安全可靠，两相方便。1823 年，西裕成颜料庄改为日升昌票号，成为全国第一家统营存、放、汇兑业务的金融商号，并在各地设立分号，解决了现银押运的困难，为贸易往来和商业发展带来极大方便。之后不断发展，到清末形成遍布全国的金融网络，甚至承担了清政府财政和银行的部分职能，办理军饷、税银等对公业务，积聚了大量财富。

明洪武三年（1370 年）扩建平遥城池，其格局面貌基本保持至今（图 5-2-2），是中国现存最为完整的一座古代县级城市，充分展示了中国明清时期的县城建置、街道体系、店铺商号和民居建筑的真实状况。

平遥城略呈方形，东、西、北三面城墙均为直线，唯南面城墙因面临柳根河河床，为蜿蜒曲折的曲线。这条河今天已完全渠化为一条直线，宽度不足 30 米，距城墙至少有 130 米。平遥城设防面积约 2.2 平方公里，城墙四角均设角楼，环城有护城河，宽

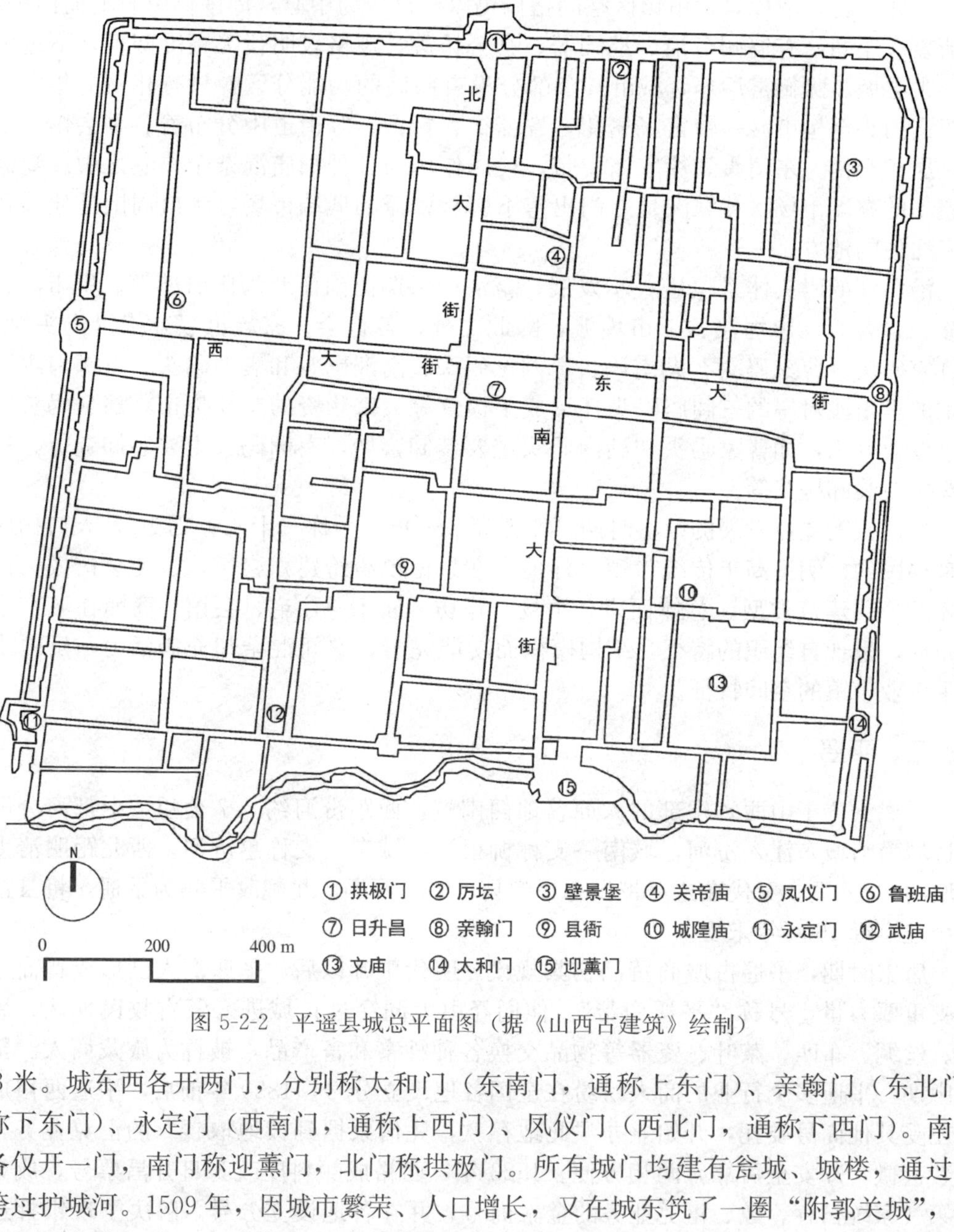

图 5-2-2 平遥县城总平面图（据《山西古建筑》绘制）

约 3 米。城东西各开两门，分别称太和门（东南门，通称上东门）、亲翰门（东北门，通称下东门）、永定门（西南门，通称上西门）、凤仪门（西北门，通称下西门）。南北则各仅开一门，南门称迎薰门，北门称拱极门。所有城门均建有瓮城、城楼，通过吊桥跨过护城河。1509 年，因城市繁荣、人口增长，又在城东筑了一圈“附郭关城”，仅有约 6 米高夯土墙，亦开有一门，称东关门，面临惠济河，出城为去往太原府城的官道，该“附郭关城”今已完全无存。平遥城城墙原为土筑，1562 年又用砖包砌，高 12 米，底宽约 5 米。1569 年又加建砖敌楼 94 座。

城内主干道接近于十字大街格局，下东门和下西门间有大街直通，分称东西大街，北门内亦有大街直通城内，在城中心与东西大街相交。但南门与北门错位，南大街与东大街相交，但与北大街不直通，形成两个距离不到 200 米的丁字路口。上西门内有小街直通南大街，唯上东门内无直通街道。南大街南段有东西向小街伸出，东段称城隍庙街，西段称衙门街，均以重要建置命名。另尚有东西南北向小街若干，加上纵横交错的小巷，形成所谓“四大街八小街七十二巷”格局，勉强接近于方格网道路系统。

大街宽约 10 米，小街宽 3～4 米，小巷宽不足 2 米，全为土路，石板均为近代铺砌。

城东建有城隍庙，现已不存。城西建有县衙，占地面积约 2.7 公顷，基本保持了明代格局，主体由大门、仪门、大堂、二堂和内宅组成，轴线长度超过 200 米。城隍庙以南建有县学，县衙西南建有武庙。

平遥城内人口密度不高，鼎盛时期亦不超过 2 万人。城内尚保存一种类似于唐代里坊制的居住形态，称为“堡”。城东北有壁景堡，形成年代不晚于清代中期，由东、中、西三个堡并列组成，各堡南北两端均设堡门，设有门禁，夜间有专人守卫打更。内部都由一条南北向巷道贯穿，东壁景堡内以大户人家为主，每户住宅占地均超过 1000 平方米，主巷有数条鱼骨状支巷伸出，各家宅院多半向支巷开门。中、西两堡中的住宅规模以中小型为主，以直接向主巷开门为主。

尽管空间格局十分传统，但清末的平遥已成为全国的商业金融中心，号称“拉不完，填不满”的平遥城。城内南大街、东大街、西大街、城隍庙街、衙门街等主要街道商号鳞次栉比，均以大宗批发业务为主。日升昌票号踞于全城中心位置，几乎成为平遥财富的象征。但到民国以后，平遥票号纷纷歇业，第一次世界大战之后旅蒙商人也被迫撤回，兴盛四五百年的平遥商帮和平遥县城一起走向衰落。

四、上海

上海位于长江口入海的南岸附近。这一带在 6000 年前还大部分在海平面以下，逐渐由长江冲积而成陆地，岸线缓慢向东推进。上海在西周至春秋时期属吴国，越灭吴后属越国，楚灭越后属楚国。公元前 248 年，楚国大贵族春申君黄歇封于吴（今江苏省苏州市），这一带均为其封地。秦灭楚，于苏州设会稽郡，汉代又称吴郡，这一带均为其属地，设有娄县、由拳县、海盐县等县，治所均在今天上海市域以外或边缘。三国以后，这一带郡县设置变化频繁，主要仍属吴郡。589 年隋灭陈，改吴郡为苏州，设吴县、昆山县辖这一带大部分地方，南部则属杭州盐官县。705 年，唐朝廷在崇明岛上设崇明镇。751 年设华亭县，治所即今松江，是这一带核心地区第一个正式的县级建置，与昆山县分治吴淞江（又称松江，今苏州河）南北。

北宋初年分苏州南部设秀州，治所为今浙江省嘉兴市，华亭县改属秀州管辖。华亭县以东的海滩成为重要盐场，县城以北吴淞江南岸的青龙镇发展成为繁华一时的商业大镇。1113 年，在华亭县设市舶司，管理海上对外贸易，此后成为南宋 8 大市舶司之一。1218 年，分昆山县东境置嘉定县。到南宋末年，吴淞江上游逐渐淤塞，青龙镇衰落，贸易中心转移到华亭县东北部、青龙镇下游 70 公里处上海浦的西岸，那里逐渐由渔村变成初具规模的小镇。1267 年，正式设立上海镇，设有镇将驻守。

1276 年元军占领江南。1277 年元朝将宋代的华亭市舶司移至上海镇，仍为全国 7 大市舶司之一。同一年升崇明镇为崇明州，升华亭县为华亭府，第二年改名为松江府，当时仅辖华亭县一县，嘉定县仍属平江府，崇明州则属扬州路。1292 年升上海镇为上海县，松江府辖县终于增至 2 个，上海县当时全县人口约 10 万人。1369 年，改崇明州为崇明县，第二年撤销市舶司。1497 年在昆山、嘉定北面沿长江一带设立太仓州，辖崇明县。1542 年分华亭、上海两县各一部设青浦县，松江府辖县增至 3 个。

直至明初，吴淞江一直是上海最主要的河流。它始于苏州以南约 10 公里太湖岸边的瓜径口，由江南运河流出，蜿蜒向东，宋代之前都直接入海，宋代以后才汇入长江，成为长江最后一条支流，入长江之口即为吴淞口。宋代开始，吴淞江日益淤塞，不但通航困难，而且常发水灾，因此频繁进行疏浚整修，但仍不能改变其日益萎缩的趋势。到明初，吴淞江下游基本淤积成陆地。1403 年，苏州、松江两府发生大规模水灾，水系发生变动，发源于青浦县淀山湖的黄浦江淹没上海浦，成为这一带最大河流。黄浦江又名黄歇浦、春申江，名字都来自春申君黄歇。此后对这一带的水系进行了大规模治理，将黄浦江引入吴淞江，仍从吴淞口入长江，称“黄埔夺淞”。从此，黄浦江取代吴淞江成为长江最后一条支流。1569 年，江南巡抚海瑞再次大规模整治吴淞江和黄浦江流域，吴淞江下游形成了延续至今的河道，在今天外白渡桥附近汇入黄浦江，彻底成为黄浦江的支流。海瑞在苏州河上今福建路桥附近建造石闸，以阻潮水倒灌，明末废毁。至清代，1735 年在金家湾今新闸桥附近建造石闸，称新闸，海瑞所造石闸位置从此称老闸，这一带的吴淞江北岸地区以后即称闸北。英国人到达之后，发现这条小河居然能通达江南名城苏州府，称之为“苏州河”（Soochow Creek），逐渐取代吴淞江成为正式名称。

明永乐年间（1403—1424 年），上海建城隍庙，不过当时还没有城墙。直至 1553 年才为了防御倭寇修建城墙，形成面积约 2 平方公里的设防范围，即今南市区人民路至中华路地界。此时县域人口达到 53 万人。1559 年在城隍庙旁建起豫园。到明末，松江府尽管仍仅辖 3 县，却已经成为江南棉纺织业的中心。

1656 年分华亭县西北部置娄县。1724 年分华亭县、娄县各一部设金山县。分嘉定县东部设宝山县，升太仓为直隶州，嘉定县、宝山县、崇明县均为其所辖。1726 年又分华亭县东南部设奉贤县，分上海县东南部设南汇县。1810 年又分上海县、南汇县各一部设立川沙抚民厅。至此，松江府共辖华亭县、娄县、上海县、青浦县、金山县、奉贤县、南汇县、川沙厅共 7 县 1 厅。1730 年，又将分巡苏松太道移驻上海，通称上海道台，衙门设在上海县城大东门内，成为上海一带最高级别的地方官员。

1685 年，清朝皇帝玄烨宣布停止海禁，实行“四口通商”的对外贸易管理制度，在上海设江海关，衙门设在上海县城内。又在宁波设浙海关，福州设闽海关，广州设粤海关，并在厦门岛设闽海关厦门口，实际为五口通商。1730 年以后，上海道台管理海关事务。1757 年清朝皇帝弘历又改为“一口通商”，仅保留粤海关一处继续对外贸易，其他海关均予撤销。直至 19 世纪 40 年代，这一地区的政治经济文化中心一直在松江府城，嘉定县的经济文化发展水平也一直在上海之上。

1842 年，清朝在第一次鸦片战争中战败，被迫与英国签订《南京条约》，恢复康熙时代的上海、宁波、福州、厦门、广州五口通商制度，允许英国人在这五处居住和经商。1844 年又分别在澳门的望厦村与美国签订《望厦条约》，在停泊于广州黄埔港的法国军舰“阿吉默特火轮兵船”（L'Archimede）上与法国签订《黄埔条约》。

1843 年，英国陆军少校巴富尔（George Balfour）抵达上海，出任英国驻上海领事。他随即宣布以上海县城北门外的黄浦江支流洋泾浜（今延安东路）入黄浦江口至苏州河入黄浦江口的黄浦江西岸为洋船停泊区，岸线长 1168 米。这一带当时人烟稀少，浜河纵横，是芦苇丛生的荒滩。怡和洋行（Jardine Motheson）、宝顺洋行（Dent & Co.）、仁记洋行（Gibb，Livingston & Co.）等英国公司此后迅速入驻，成为进入上海最早的外国贸易企业。

1845 年，经过长期争论，上海道台宫慕久和巴富尔签订第一次土地章程，议定黄浦江以西、洋泾浜以北、李家场（今北京东路）以南地区为英人居留地，“租给英商建屋居住”。它成为上海租界存在和运作的法理依据，核心是按照清朝要求，实施严格的种族隔离，华人和洋人互不干扰，租界内的事务由界内租地人议决。这时，租界西界尚未确定。1846 年，西界确定，并修筑界路（今河南中路）以确定边界范围，租界面积约 57 公顷。

1846 年，尽管英租界中的外国人还不足百名，仍根据土地章程举行了第一次租地人会议，决定由租地人提供经费，推选 3 人成立道路码头委员会（Committee on Road and Jetties），负责修建和维护租界内的公共道路以及黄浦江堤岸码头。同一年，在上海的唯一一个美国人吴利国（Henry G. Wolcott），当时是美商旗昌洋行（Russell & Co.）的合伙人，被任命为美国驻上海代理领事。此人当时刚刚在英租界租了一块地，随即在那里设立了领事馆，并升起美国国旗。英国人大为恼怒，提出抗议，吴利国不予理睬。时任英国领事、前英军军医阿礼国（Rutherford Alcock）亦无可奈何，只好求助于上海道，在土地章程中增加条文，禁止在英租界内悬挂其他国旗。

1848 年，英租界第一次扩充，北界扩充至苏州河南岸，西界扩充至周泾浜（今西藏路），面积增加到接近 2 平方公里。道路码头委员会每年收集的税金约为 8000 块银元，除南北向的界路外，又修筑了花园弄（今南京东路东段）、教会路（今福州路）、领事馆路（今北京东路）等东西向道路，并开始整治外滩。道路宽度最初为 22 英尺，约合 6.7 米，是步行道路的宽度，后来又不断拓宽。

同一年，美国圣公会主教文惠廉（William Jones Boone）在苏州河北岸购买土地，建立教堂。这里有一条小河流入黄浦江，称虹口港，因此这一带被称为虹口，当时也极为荒凉。文惠廉向上海道台要求在虹口一带建立美租界，获得批准，但既未签署正式协定，亦未划定四至界址。无论如何，美国领事馆终于在 1854 年搬迁至此。

还是在 1848 年，前法国海军军官、海军史学家敏体尼（Charles de Montigny）被任命为法国驻上海领事，经过近一年的争执，1849 年，上海道台和敏体尼签署协议，在上海县城和洋泾浜之间建立法租界，面积约 60 公顷。

尽管清政府努力限制上海租界的地位和规模，但它的发展契机，在几年以后迅即出现。

1853 年 3 月，太平天国攻克南京，更名天京，定都建国。7 月，上海爆发小刀会起义，自称“大明国统理政教招讨大元帅”，又声称与太平天国有联系，奉行太平天国的法令。他们虽占领了上海、嘉定等周边各县城，处决了大批官员和富绅，但对上海租界却不曾触犯，租界亦宣称中立。江浙为此震动，上海城内、周边松江、嘉定等地乃至江苏、安徽、浙江诸省的人口大量逃入租界避难，既有身怀巨款的绅商，也有只求谋生的平民。各国租界“华洋分居”的种族隔离政策就此结束，租界内人口由 500 余人骤增至 2 万余人。在阿礼国倡导下，英美侨民组成约 50 人的上海义勇队（Shanghai Volunteer Corps），又称万国商团，维持租界治安。

1854 年 3 月，清军万余人在上海县城西门护城河外扎营，准备进攻仍被小刀会占领的上海县城。这里邻近英租界西界附近的泥城浜（靠近今西藏中路），4 月 3 日傍晚，英商乔利夫妇携宠物狗在租界边缘散步，遭到清军骚扰，发生冲突，乔利重伤，清军亦有损失。当晚，双方均进行战备，各种零星冲突彻夜不断。至 4 日清晨，英国海军陆战队 200 人、万国商团 50 人、美国海军陆战队 75 人、美国商船水手 30 人及美侨 25

人组成共计380人的联军，向清军营地发动攻击。经过半个小时的战斗，清军溃散，营地被焚毁，超过300人阵亡，伤者不计其数。联军阵亡4人，伤10余人。此役史称“泥城之战”。清军从此再也没有窥视过租界，直至清朝灭亡。

1854年7月，驻上海的各国领事经过会议，决定修改土地章程，联合成立上海租界工部局（Shanghai Municipal Council），取代原先的道路码头委员会，在租界内具有等同于政府的权威。工部局成立之初，仅有负责日常行政事务的秘书，负责社会治安的巡捕房，负责市政工程建设的工务处及会计、翻译等人员和机构，此后根据需要不断扩充。

1855年1月6日，法军用炮轰开上海城墙，清军攻进县城，小刀会覆灭。此后，上海租界及周边恢复平静，义勇队解散，市政建设恢复。

1856年，怡和洋行的威尔斯等20人合伙投资银洋1.2万元，创建“苏州河桥梁公司”，在苏州河入黄浦江口附近建造木桥。此地原有渡口，因地处苏州河末端，称“外摆渡”，即今外白渡桥附近。桥建成后命名为威尔斯桥，长450英尺，约合137米，宽23英尺，约合7米。中跨为活动桥面，船只驶过时吊起。这是苏州河上的第一座桥梁，过桥收费，每次1枚铜板，车马加倍。工部局则逐次完成了沿黄浦江岸的黄浦滩路（今外滩中山东一路、中山东二路）、教堂街（今江西中路）、桥街（今四川中路）、公馆马路（今金陵东路）等主要道路的建设，初步形成了租界内部道路网，基本按方格网方式组织。

1860年3月，太平天国占领杭州；5—6月，先后占领常州、苏州、嘉兴；7月1日占领松江府城。至8月，太平天国已占领上海周边几乎所有重要城市，对上海县城和租界形成包围，屯兵约2万人。上海县有清军约千人，又雇佣美国人华尔（Frederick Townsend Ward）组织了约300人的“洋枪队”，其中白人约100人，菲律宾、印度等地土著约200人，战力均极为低下。租界重建义勇队，人员约200人。另有英、法正规军1200余人及海军炮舰三艘守卫租界，并协防上海县城。太平天国军队一度攻至泥城浜附近，但在进攻中遭到大量杀伤，于8月24日撤退，上海之围遂解。1862年1—8月，太平天国两次派大军进攻上海，均未能接近租界。至11月，太平天国军队全部退出松江府辖境，上海周边完全肃清。

无论是清军、小刀会还是太平天国，对上海租界均无计可施，充分证明了租界的安全可靠。1860—1862年间，又有来自江浙一带的50万～70万华人难民涌入租界。外商乘机建造大片石库门住宅出租，从此开创了上海的房地产业。上海就这样踏上了从一座边缘小城迅速演变为亚洲第一大城的道路。

1860年起，为提高军事运输能力，有效对付太平天国，租界开始“越界筑路”，成为租界扩张的重要契机。

1862年，法国声称在工部局内遭受英美歧视，宣布退出，另行成立法租界公董局（Conseil d'Administration Municipale）。和英租界工部局等同于自治政府不同，公董局听命于法国驻上海领事，自治权力大为减少。

1863年，美国领事熙华德（George Seward）和上海道台议定了美租界范围。西面从泥城浜苏州河对岸之点（约今西藏北路南端）起，向东沿苏州河及黄浦江到杨树浦，沿杨树浦向北3里为止，从此处划一直线回到护界河对岸的起点，面积约3.8平方公里。划界协议达成后，美租界随即与英租界合并成立公共租界，由工部局统一管理。

同一年，为加强公共租界苏州河两岸联系，工部局在苏州河老闸位置建造木桥，是苏州河上的第二座桥梁，称老闸桥（今福建路桥）。

1865 年，上海租界进行了第一次人口调查，公共租界内有外国人 2297 人，华人 9 万人；法租界内有外侨 460 人，华人 5.5 万人。租界内人口构成已完全以华人为主。这时太平天国已被消灭，江浙一带地方恢复平静，难民大量返乡，租界内人口较 1863 年已大幅减少，此后还在继续减少，直至 1875 年以后才恢复增长。同在 1865 年，工部局以中国地名重新命名了公共租界所有道路，南京路、北京路、河南路、四川路等路名大部分沿用至今（图 5-2-3）。

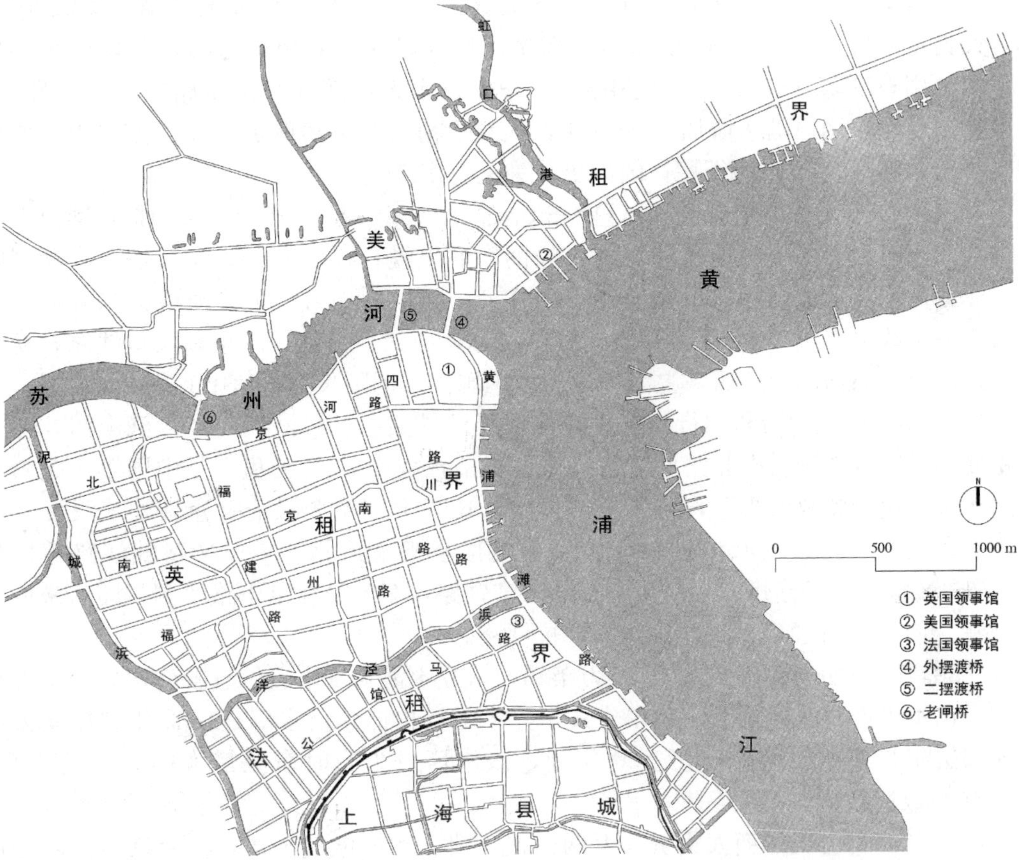

图 5-2-3 1873 年的上海租界（据 1873 年日本驻上海领事馆制《清国上海全图》绘制）

上海租界内最初只有外国人开设的洋行，经营对外贸易以及相关的银行和保险业务。自 1853 年华人大量进入租界，商业、服务业出现高速增长，华人在租界内大量开设店铺、餐厅和风月场所。公共租界的南京路、法租界的公馆马路，均成为店铺林立的商业街道。

1843 年上海开埠不久，英国传教士麦都思（Walter Henry Medhurst）即开设墨海书馆（The London Missionary Society Press），自办印刷所，以活字版机器印书。此为外国人在中国开设的第一个近代印刷所，也是上海现代工业的起点。1850 年以后，食品工业、钟表业、木材加工业、造纸业、烟草业等陆续开张。1852 年，美国人开设造船厂伯维公司（Purvis & Co.），不久即倒闭，不过仍为上海现代造船业之发端，到 19

世纪 90 年代，造船厂已增加至 30 余座。现代纺织工业于 19 世纪 60 年代出现，最初为丝绸业，至 1889 年开始发展起现代棉纺织业，上海迅速成为中国纺织工业中心。

1865 年，清朝政府在虹口公共租界内创办江南制造总局，1867 年搬迁至上海县城以南高昌庙，即今制造局路一带，逐步开始制造机器、枪械、轮船等，为洋务运动核心，拉开了中国现代大工业的帷幕。1872 年，清朝政府又在法租界创办轮船招商局，逐步开办江海运输及保险等业务，后来又投资工矿、银行等产业，成为中国民族工商业的先驱。1891 年，江南制造局炼钢厂投产，日产钢 10 吨，开上海钢铁工业之先河。至 20 世纪 30 年代，上海成为中国钢铁工业中心。

1865 年，部分英国商人通过社会公开集资 15 万两白银，建成上海第一家煤气厂，称“大英上海自来火房”，位于苏州河南岸泥城浜以西公共租界边缘，开始向租界供气。初始用户仅 58 户，其中家庭用户 39 户。自来火房随即在南京路安装煤气路灯，引起热烈反响，用户迅速增加。1900 年，大英上海自来火房改名为英商上海煤气股份有限公司，1952 年被政府征用，随即更名为上海市煤气公司。

1871 年，丹麦大北电报公司（Det Store Nordiske Telegrafselskab AlS）铺设上海至香港（当时为英国殖民地）和日本长崎的海底电缆，在外滩开设电报房，办理国际电报业务，初步形成国际电报通信网。1881 年，清朝政府开办的上海电报局开通上海至天津电报线路，至 1884 年又开通上海至江苏、浙江、福建、广东和汉口线路，初步形成国内电报通信网。此后，上海即成为中国国内、国际长途电信中心。

1876 年，以英商怡和洋行为首集资建成吴淞铁路，从吴淞镇经江湾到上海，在公共租界北界附近即今河南北路塘沽路口建火车站，全长 14.5 公里，是中国第一条营运铁路。次年由清朝政府买下，将其全部拆除。1897 年，清朝政府又重新建成吴淞经江湾至上海的铁路，改名淞沪铁路，上海车站移至靶子路北（今东华路虬江路道口附近）。1908 年开通经苏州、无锡至南京的沪宁铁路，车站设在宝山路西侧，即后来的上海北站。1909 年开通经嘉兴至杭州的沪杭铁路。

1880 年，部分英国商人集资 10 万英镑，成立上海自来水股份有限公司，经工部局批准，在租界道路埋管施工，并在公共租界东部杨树浦建设水厂，1883 年开始向公共租界和法租界供水。至 20 世纪 30 年代，该水厂成为当时东亚最大的现代化水厂，1952 年被政府征用。

1882 年，部分英国商人集资 5 万两白银，成立上海电气公司，在南京路江西路口创办发电厂，并在外滩架设弧光灯路灯。供电之后，极为炫人耳目。上海道台发出告示称“电灯有患，如有不测，焚屋伤人，无法可救”，禁止华人使用电灯，并照会英国领事，要求停止使用，但未获理睬。1883 年，上海电气公司与工部局签订路灯合同，发电厂搬迁至乍浦路。1893 年，工部局收购了该公司，改为公用事业。1894 年，在虹口斐伦路（今九龙路）建成新发电厂，规模继续增大。到 1906 年，已形成 220 伏 50 赫兹的标准交流电，发电装机容量达到 1600 千瓦。法租界公董局亦在 1896 年建成洋泾浜电气厂，采用 110 伏 50 赫兹供电，1911 年开始向工厂提供动力用电。

同在 1882 年，大北电报公司又在上海开办电话业务，此后几经转手，在租界建成由英美商人控制的电话通信网。1907 年，清朝政府开办的南市电话局开放业务，但直至 1925 年，才与租界电话接通。

1904 年，公共租界和法租界分别开通有轨电车。

上海在19世纪50年代取代广州，成为中国对外贸易中心，以后这一地位不断强化，在整个近代都没有动摇过。1860—1900年，上海进出口总值平均占全国一半以上，1864年占57%，1900年占55%，其中进口通常占60%以上。在转口贸易、国内埠际贸易方面，上海也起着枢纽作用。从上海进口的洋货，有70%以上要运到内地其他口岸。从内地运到上海来的土货，有80%以上要出口到国外或运到国内其他口岸。到19世纪末，上海民族资本亦出现快速发展。1895年至1911年间，在全中国所有口岸城市建立的华资现代工厂中，约有1/3设在上海。

1900年前后，上海租界大肆扩张。至1914年，公共租界和法租界的总面积最终达32.82平方公里。租界以外的华界亦进入大面积的城市化进程，除上海县城周边以外，苏州河北岸公共租界以西的闸北、城南的高昌庙等地均由官府和华商出资建桥筑路，改善交通，又大量兴办工厂商铺，日益繁荣（图5-2-4）。1915年进行的租界人口调查显示，租界内总人口达到787920人，其中华人766996人，外国人20924人。此外，租界以外的华界尚有50万以上人口。

1912年中华民国成立，废松江府和太仓直隶州，升川沙厅为川沙县，将娄县并入华亭县。1914年在江苏省设立沪海道，辖境即为原松江府和太仓直隶州所属各县，又将华亭县改名松江县。1925年，北洋政府将上海改为淞沪市。1927年，国民政府成立上海特别市，废沪海道，将江苏省分为9个行政督察区，其中第三行政督察区辖上海县、松江县、南汇县、青浦县、奉贤县、金山县、川沙县、嘉定县、宝山县和崇明县，从而形成今天的上海市域。

从20世纪初开始，外滩一带商行、银行陆续翻造新大楼，1901年建成华胜大楼、招商局大楼，1906年建成汇中饭店。20世纪20年代又建成汇丰银行大楼、江海关大楼、沙逊大厦等。至1937年中国银行大楼建成，形成了今日外滩建筑群的格局。这时的上海约有380万人口，其中租界内人口约260万人，华界人口约120万人，是整个亚洲最繁荣、最现代化的城市。

在上海发展成中国乃至亚洲的金融、贸易、商业和文化中心的同时，它所在地区此前的经济文化中心松江、嘉定等地却纷纷衰落，逐渐成为上海的附庸。甚至距离上海更远的江浙地区的传统经济文化中心苏州、杭州，也一概不能逃脱衰落的命运。杭州人口在19世纪60年代一度降到不足10万人，苏州直至20世纪20年代仍未恢复。其中固然有战乱的原因，但更重要的是上海的崛起，使得整个江南地区经济文化格局被迫重组。

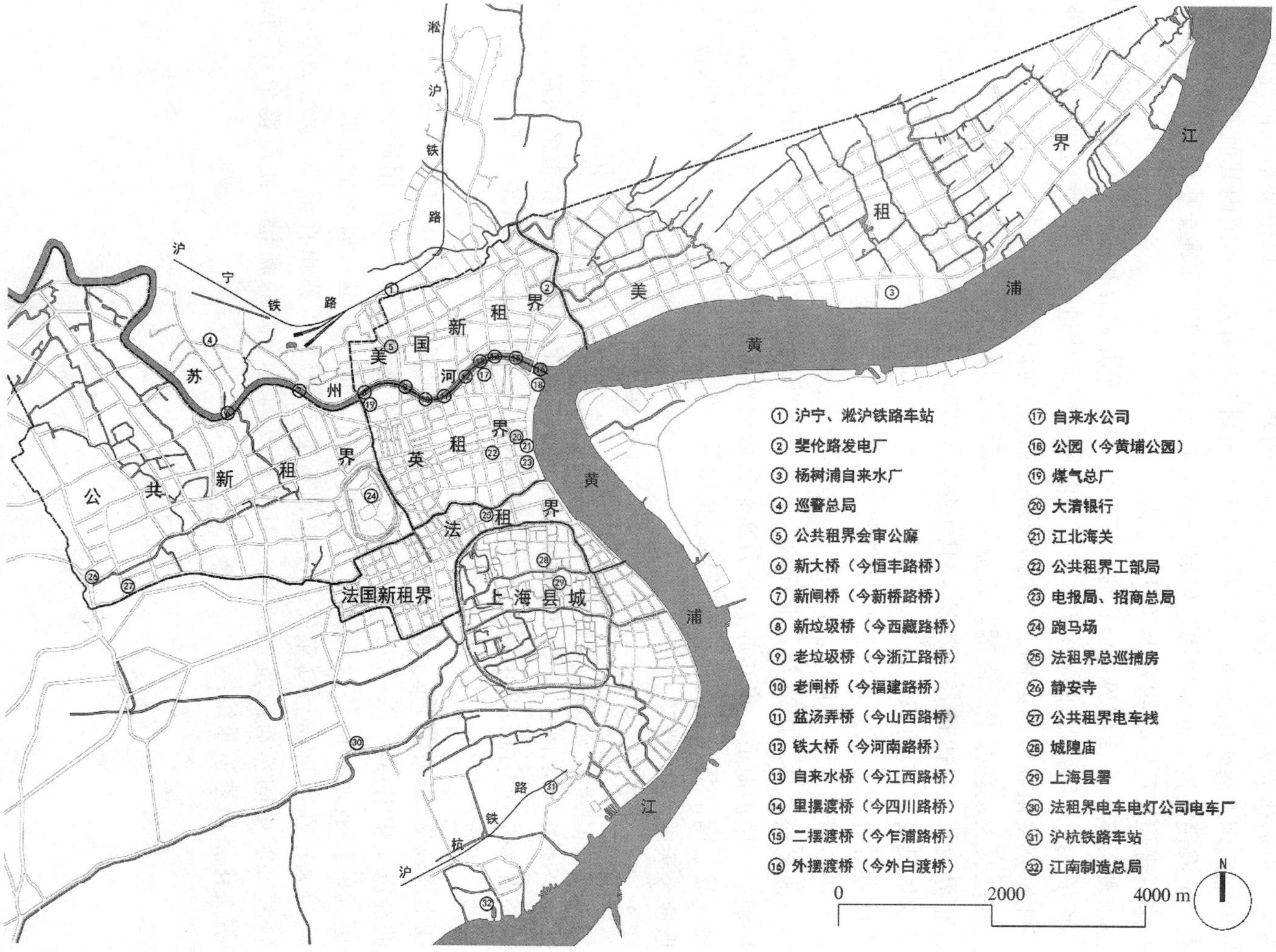

图5-2-4 1910年的上海(据上海商务印书馆《实测上海城厢租界图》绘制)

五、天津

天津位于华北平原，海河各支流交汇处，东临渤海，北依燕山。这里地势自西北向东南缓缓降低，向渤海倾斜。因此发源于太行山区和燕山地区的河流，都汇集到这里，形成海河水系，流注渤海。608年，隋炀帝开通永济渠，经海河通至涿郡，即隋唐大运河北段。宋代海河成为宋辽之间的界河，又名直沽河、大沽河。后来辽国灭亡，金国在海河西岸建立直沽寨。元朝建立大都，开凿新的京杭大运河，通往通州的北运河和通往山东的南运河在此交会，改直沽寨为海津镇，这里成为漕粮运输的转运中心。

1400年燕王朱棣起兵造反，从这里渡过直沽河南下，最终成功夺位。1404年，朱棣为纪念此事，赐名此地"天津"，意谓"天子经由之渡口"，并在直沽寨设天津卫，修筑卫城。卫是明朝的一种军事机构，每卫士兵足额5600人，兼有屯田守卫之责。后又设天津左卫和天津右卫，史称"天津三卫"。1420年朱棣迁都北京，这里继续作为北方交通枢纽，地位日益重要。

天津卫城初建时仅为土城，平面为矩形，东西长约1570米，南北宽约900米，总面积约1.5平方公里。四面开门，各城门均建有城楼，城之四角建有角楼，以供哨望戍守之用。1491年修整城墙，用砖包砌。又在城内中心部位、四条大街的相交处建造鼓楼。城内北面多为官衙、庙宇、府第；南部地势较低，多为平民居住区。城外北、东侧沿海河一带商业店铺较多。城内凿有甜水井7眼，并利用城内的5个大水洼排放污水。随着人口增加和商业发展，明代在天津卫陆续设官衙、建学，或将外地官、衙迁津理事。1436年设立卫学，招卫所官员子弟入学；1612年又设立武学，后并入卫学。这些衙署和官员的设立，为以后地方政府的设立创造了条件。

清兵入关之后，1652年将天津三卫合一，统称天津卫。1725年，鉴于天津地位日益重要，将卫改州，隶属河间府。但当时天津州所辖土地仍分散在其他州县，管理上错落纷乱。因此同年九月，升天津州为直隶州，兼管武清（今天津市武清区）、静海（今天津市静海区）、青县（今属河北省）三县。1731年，又将天津直隶州升为天津府，管辖范围扩大到六县一州，即天津、静海、青县、南皮（今属河北省）、盐山（今属河北省）、庆云（今属山东省）和沧州（今河北省沧州市）。天津由一座卫所军屯城演变为正式的府城，一跃而为北方重要城市之一。

清代曾多次修建天津城墙，其中以1725年修建规模最大。天津城经此次翻修，东西长1680米，南北长1080米，面积增加至约1.8平方公里。1851—1861年间，为应付太平天国北伐军和其他势力，在城墙外围又修建了外城性质的土城。城市内外各种基础设施得到持续改善（图5-2-5）。在城内外修筑了多条石砌或石板铺砌的道路，包括著名的海河叠道，从天津城东门出发沿海河直通大沽口，后来简称为海大道。海河上建设了多座浮桥。

由于城内居民不断增加，明代水井全废，1674年，在城东南角筑石闸一座，引海河水入城，以改善城内水环境，又兴建了多种水利工程以防洪排涝。至清代后期，城内人口达到19.8万余人。其中东门外和北门外属繁华商业区，人口数量和密度都很大；西门外次之；南门外因地势低，水洼多，人口很少。东北城角和西北城角靠近南运河，又临商业区，聚居的人口也很多。

1860年，第二次鸦片战争以《北京条约》的签订而结束，清政府批准在天津设立三口通商衙门，以崇厚为首任通商大臣，天津正式开放为通商口岸。自 1860 年起至 1945 年间，英、法、美、德等 9 国先后通过签订不平等条约和协议在天津城外相继设立租界，拥有行政自治权和治外法权。

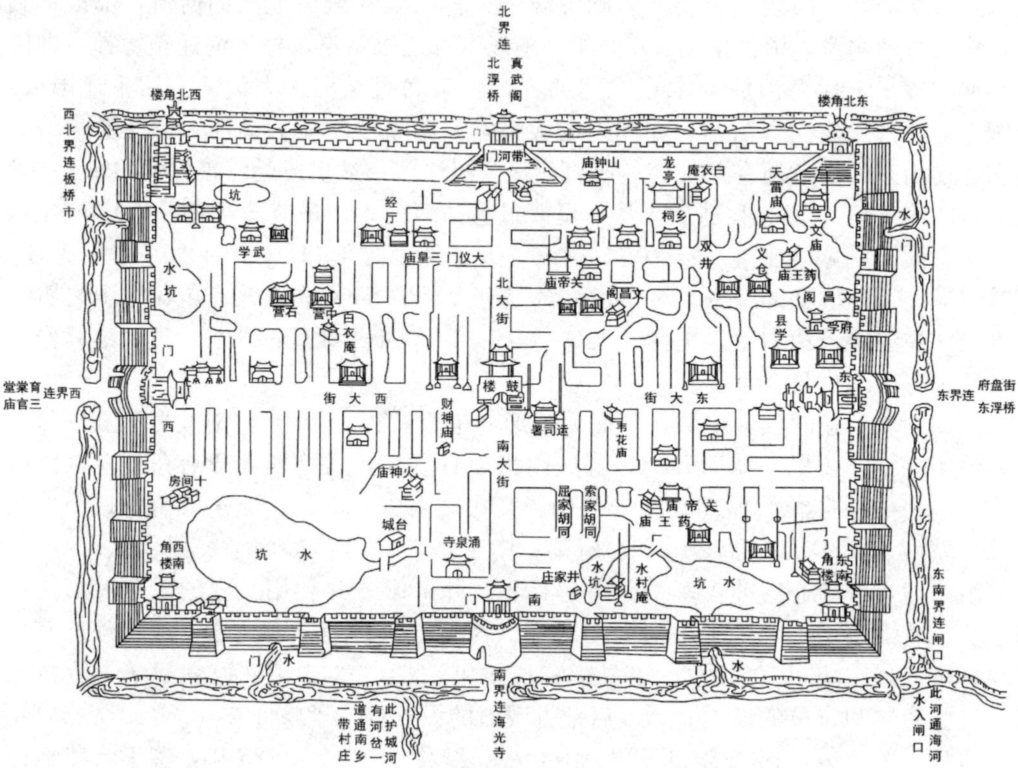

图 5-2-5　清代天津府城图（据《津门保甲图说》绘制）

英国首先于 1860 年 11 月在天津城东南的海河西岸设立租界，范围为东至海河、西至海大道（今大沽路）、北至今营口道、南至今彰德道的一条狭长地带，面积约 32 公顷。此后经三次扩张，总面积达到约 4.3 平方公里。除此以外，英国还以“越界筑路”的手段，强占了租界以外的一些土地。

英租界划定不久，法国在英租界以北设立租界，法租界之东、北均临海河，西至海大道以东今吉林路附近，东南接英租界，面积约 25 公顷，此后也一再扩张，总面积最后达到约 2 平方公里。稍晚，美租界在英租界以南设立，北与英租界相毗邻，东临海河，西至大沽路，南至今开封道东段，占地约 9 公顷，1902 年并入英租界。

英、法、美租界在当时虽地处荒僻，但面临海河，背靠通往海口的大道，实为水陆要冲。后来，英、法租界均在河岸修建了停船码头，转移了天津城市的经济重心，并由此造成了租界的繁荣。

在此期间，清朝政府发动洋务运动，天津为其中心之一，在其周围开办了工厂、矿山、船坞等多处近代企业，又率先在开平煤矿修建铁路，并于 1888 年通至天津城外海河东岸，称老龙头火车站。这时，天津实际上已成为北方工业经济中心。

中国在中日甲午战争中的失败，以及天津作为商业城市的重要性日益增长，促使天津外国租界的增加。1895 年 8 月，德租界设立。最初东临海河，北接美租界，西至大沽路以东，南自小刘庄以北，总面积约 73 公顷。后来在八国联军入侵天津期间，德国乘机霸占了三义庄、桃园村一带，并将其划入德租界范围，称之为“新界”，总面积扩张至将近 3 平方公里。

1898 年 7 月，日本在天津设定租界，其范围为：东北临海河，西南临墙子河（今南京路），东南与法租界相接，西北至天津城之南门外，共占地约 1 平方公里。由于过去有法租界以上轮船不得上驶的规定，因此日本又在德国租界以南小刘庄划一地段，作为日本轮船停泊码头，并设定南门外城南洼土地约 1.7 平方公里为预备租界，不久即变为正式租界。此后又继续扩张，到 1937 年，租界面积已达约 7.6 平方公里。抗日战争时期，天津作为沦陷区，一直在日本侵略者的殖民统治之下。日本不仅控制了华界地，而且对英、法租界也进行了军事占领。日租界设立后，五国租界在海河上游西南岸连成一片，由于租界区地扼天津交通要道，很快发展成为天津的对外贸易中心和城市的经济中心（图 5-2-6）。

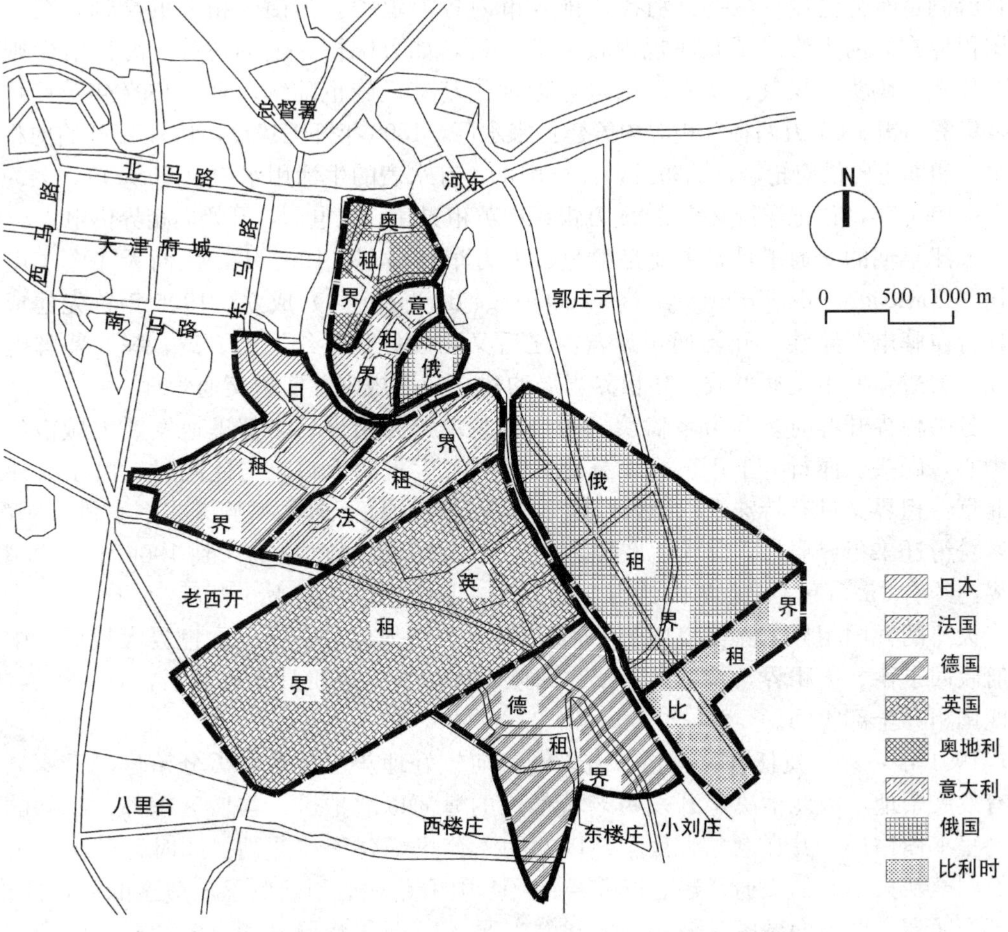

图 5-2-6 天津租界分布图（据《近代天津城市史》绘制）

1900 年义和团运动爆发，英国、美国、法国、德国、俄国、日本、奥匈帝国和意大利共 8 国组成联军进攻天津，经激战占领天津城，拆除城墙，填平护城河，改为道路。1901 年清朝战败投降，与联军 8 国以及比利时、西班牙和荷兰共 11 国签订《辛丑条约》。此后，已有的租界均大幅扩张，又新增俄、意、比、奥 4 国先后设立天津租界，都在海河东岸。俄租界占地约4.2平方公里，意租界在其北，面积约54公顷。比租界在俄租界以南，面积约39公顷。奥租界在意租界以北，面积约73公顷，在天津各国租界中位置最北。

各国租界设立之初，一般均由各国驻天津的领事馆直接管辖。后将西方的城市自治制度搬到了租界，陆续宣布租界为“自治区域”，先后建立起各自的管理机构。大致设立两级组织——权力机构与行政机构。权力机构为董事会，由纳税人选举产生，选举人须有一定财产为资格。行政机构为工部局（法租界为公议局，日租界为居留民团行政委员会事务所），由董事会领导，下设若干职能机构，分管某一方面的行政事务，等同“租界政府”。

天津各国租界经过多年的经营和建设，其市政设施逐渐完善。各国都在其界内采用近代技术修筑道路，但由于管理自成系统，因此道路修建也各自为政，交界处弯曲不直，甚至有许多断头路。租界内的排水管道多采用混凝土制，但由于没有统一规划，有合流制也有分流制，最终分别各自排入市内各河道中。为便于租界的交通，英、法等国租界在海河上修建了几座规模较大的铁桥，如万国桥、金汤桥等。海河沿岸则修筑近代式的码头。煤气、供水、供电等近现代基础设施也陆续出现。1897年英商仁记洋行集资白银18.7万两在英租界内筹建自来水厂，1898年开工建设，1899年开始向租界供水。初期主要供应轮船、消防及各洋行用水，有水表的生活用水户仅20余户，多为外国人。1906年，仁记洋行又集资25万银元在英租界建立发电厂，开始向租界供电。

天津早期的交通工具，主要是船只、人力车和马车。1904年，比商天津电车电灯公司（Compagnie de Tramways & D'eclairage de Tientsin）成立，1906年首先建成围城环行白牌电车路线，开始通车运营。之后又陆续修建了红、蓝、黄、绿、紫牌电车路线。为避免发生交通事故，各租界当局均建立交通规则并实施交通管理。

各国租界开辟时多为穷乡僻壤，人口很少。辟为租界后，都迅速发展为城市的经济中心，码头、洋行、工厂、仓库林立，吸引了大批的人口。与此同时，由于天津紧邻北京，租界又具有特殊政治地位，因中国政局变化而下野的皇族亲贵、官僚、军阀、政客纷纷迁来租界居住，以求得庇护，从而形成华洋杂处的格局。到1906年，中国所辖界内约有35.6万人，租界内约有6.7万人，其中中国人约为6.1万。

天津的九国租界，除美租界于1902年并入英租界以外，第一次世界大战后，中国政府收回了德、奥租界，其后又陆续收回俄、比租界。抗日战争胜利后，日、英、法、意四国租界全部收回。

1901年，袁世凯任直隶总督。由于沿海河较好地势已被各国瓜分殆尽，天津老城没有发展余地，因此他决定开发距老城最近的海河以北地区，与城区东部、南部的租界区呈平衡格局，并在老龙头火车站以北约4公里新建天津北站。同时开辟由直隶总督衙门至新火车站的交通，建立以大经路（今中山路）居中两侧呈放射型的街道网络。为了沟通新市区与旧城区及租界区之间的交通，1903年将原来的窑洼浮桥改建为开启式铁桥即金钢桥。同时，又在大经路附近建成了天津最早的公园——河北公园。袁世凯将许多政府机关迁到天津，并鼓励和支持在这里设学校建工厂。1903年，北洋大学堂在北运河南岸重建复课。1911年在天津西北赵家场之北建成天津西站，使天津城区又向西伸展。此时天津市区面积约16.5平方公里，人口61.11万人，其中中国城区面积约6.61平方公里，人口55.66万人；租界区面积9.91平方公里，人口5.45万人。

1928 年 6 月，国民政府定天津为特别市，直属南京国民政府管辖，此时天津人口已达 110 多万人。

第三节 传统的对策

一、新古典主义

在英国开始工业革命的时候，法国开始了一场轰轰烈烈的社会革命——法国大革命。1789 年，巴黎市民走上街头以武力支持国民议会，要求建立人民主权，并迅速取消了教会和领主的各种传统权力。国民议会发表《人权与公民权宣言》，宣布自由、财产、安全和反抗压迫是天赋不可剥夺的人权，肯定了言论、信仰、著作和出版自由，阐明了司法、行政、立法三权分立，法律面前人人平等、私有财产神圣不可侵犯等原则。1792 年，法国议会废除君主制成为共和国，史称法兰西第一共和国。国王路易十六（Louis XVI）被废黜、逮捕，后来又被砍头。同一年，神圣罗马帝国和普鲁士王国派出军队进入法国，企图干涉法国大革命，挽救路易十六，遭到挫败。第二年，神圣罗马帝国、普鲁士王国与英国等其他多个国家组成同盟，与法兰西第一共和国发生长期战争。在战争中，一位名叫拿破仑（Napoléon Bonaparte）的年轻炮兵军官迅速显露出他的军事天才，27 岁时成为法兰西共和国军队的统帅，30 岁时发动军事政变，成为法国的独裁者，1804 年拿破仑在 33 岁时宣布将法兰西第一共和国改为帝国，称法兰西第一帝国，自称为“法国人的皇帝”，称拿破仑一世。

拿破仑领导法国与几乎整个欧洲作战，史称拿破仑战争。他在战争中获得一系列胜利，一度控制几乎全部西欧和中欧，并建立了庞大的帝国。1814 年，拿破仑在一系列作战中失败被迫退位，被流放到亚平宁半岛西岸外不远的厄尔巴岛。1815 年，拿破仑从厄尔巴岛潜回法国，得到军队热烈欢迎，重新登上皇位。不过 3 个月后他在滑铁卢战役中再次战败退位，这一回他被流放到了南大西洋中的圣赫勒拿岛，六年后死在那里。在他短暂而辉煌的执政期间，颁布了以千克、米等单位为基础的公制度量衡系统，成为今天国际单位制的基础；颁布了《法国民法典》，通称《拿破仑法典》，成为法国和欧洲大陆直至今日的民事法律制度的基石。

拿破仑退位以后，法国恢复君主制，拥护路易十六的弟弟为国王，称路易十八（Louis XVIII）。但法国和整个欧洲经历了大革命和拿破仑战争的洗礼之后，实际上已经与此前的欧洲非常不同，人文主义的观念终于在欧洲全面普及，各地全都开始了工业化进程。

工业革命开始以后，所有成功开始了工业革命、成为工业中心的城市全都面临城市的快速膨胀。这一高速城市化进程对当时的人来说不但见所未见，甚至闻所未闻。在所有新兴的工业城市中，全都出现了严重的贫富分化、环境恶化和交通劣化，其严重程度的差异在一定程度上反映了工业化水平的差异。城市突然变得如此之大，超出了人们所熟悉和能够掌控的程度，所有原有的基础设施，包括道路、沟渠等，以及建设和维护它们的方式，都已经变得不再适用。掌握城市治理权力的人们面对这一进程，并没有现成的答案或可供仿效的先例。

1816 年，在法国终于恢复和平之后，皇家绘画与雕塑学院、皇家建筑学院和 1669

年成立的皇家音乐学院合并，成立法兰西艺术院（Académie des Beaux-Arts）。同时，绘画与雕塑学院和建筑学院原先分别开办的学校也进行合并，成立国立巴黎高等艺术学院（École nationale supérieure des Beaux-Arts de Paris），开设油画、雕塑、版画和建筑学 4 个专业，继承了罗马大奖和沙龙展览等传统。这所学校此后一般通称 Beaux-Arts，中文通称巴黎美术学院，它迅速成为整个西方世界最负盛名的造型艺术和建筑设计的教育机构，继续贯彻和推广法国古典主义艺术和建筑的观念。

在巴黎美术学院的体系和方法影响下，西方城市领袖们在面对工业时代的各种城市问题时，习惯性地首先采用传统的对策：按照巴洛克和古典主义的方式改造和提升城市空间的质量，希冀能通过建造具备壮观空间和优美景观的城市来解决工业城市的问题。这样，从 19 世纪后期到 20 世纪前期，在一些城市中再度开展了以巴洛克方式改造城市的探索，而且尺度远远超过巴洛克时代。这种探索的影响不仅仅限于西方城市，还影响到世界上的其他地方。

二、第二帝国的巴黎

1848 年，法国发生革命，推翻国王，成立共和国，史称第二共和国。经选举，拿破仑的侄子路易·波拿巴（Louis Bonaparte）当选总统。1851 年，此人发动军事政变，成为独裁统治者，并在 1852 年通过公民投票，成为皇帝，称拿破仑三世（Napoléon Ⅲ），并将法国恢复为帝国，史称第二帝国。

拿破仑三世是一位充满矛盾的人物。法国和整个欧洲的上流社会和知识界一直对他相当鄙夷，称之为暴发户、小人物和丑角。法国的普通人民起初对他十分支持，把他推上皇位，不过后来便对他的自相矛盾表示厌倦，等到他在 1870 年普法战争中兵败被俘，就立刻将他抛弃。即使如此，拿破仑三世仍成为法国自路易十五（Louis XV）1774 年驾崩以后直到今天统治法国时间最长的人。在他的领导下，第二帝国政府投入巨大精力发展经济，完成了工业革命。二十年间，法国工业生产增长了近两倍，进出口贸易增长了三倍，铁路通车线路达到 1.1 万公里。

在振兴法国经济的同时，拿破仑三世决定对巴黎进行大改造。这座伟大的古城，是法兰西帝国的都城，也是法国的工业、贸易、金融中心，不过直至这时仍基本上是一座中世纪城市。路易十四统治时期，拆除了巴黎的城墙，打算建造环城林荫大道，因为他认为在他的伟大统治之下，巴黎不可能遭到进攻。但路易十四随后放弃了在巴黎的建设，转而经营凡尔赛并将其作为法国实际上的首都。路易十六统治晚期，巴黎建成了一道新的城墙，围合面积约 34 平方公里。它成为臭名昭著的“包税人城墙”，其目的并非保卫巴黎，而是为了向进入巴黎的货物征收入城税。拿破仑一世有过种种改造巴黎的宏大计划，不过他一直忙于南征北战，没有来得及实施这些计划。

这座城市在法国大革命和拿破仑战争期间不断遭到破坏，在拿破仑三世上台的时候状态相当混乱。自从拿破仑战争结束以来，巴黎的人口翻了将近一番，在 1851 年达到 100 万人，大约 2/3 人口生活在贫困线下。1837 年，巴黎开通了第一条铁路，通往 20 公里外的圣日耳曼昂莱。巴黎因此有了第一个火车站，位于老城西北部，叫作巴蒂尼奥月台。不过到 1843 年它已经发展成 3 条线路起点的圣拉扎尔火车站。1840 年，在塞纳河左岸有两座火车站同时开张：一座在巴黎植物园附近，叫作奥斯特里茨火车站，作为巴黎至奥尔良铁路的起点；一座在左岸西南部，当时叫作巴黎西站，后来改名为蒙帕纳斯火车站，通往法国西部。1846 年，巴黎火车北站建成，作为巴黎至里尔铁路的起点。这样，巴黎已经有了 4 座火车站，但彼此之间完全无联系。

在 1830—1848 年间，统治法国的“七月王朝”曾经试图改善巴黎的状况。朗比托伯爵（Comte de Rambuteau）在 1833—1848 年间担任管辖巴黎的塞纳省省长，他完成了拿破仑一世开始修建的大凯旋门和星形广场（今天称戴高乐广场），修整了香榭丽舍大街，沿街建造了大量商业建筑、公共建筑和小花园，使这条大街开始从一个著名的散步场所变成一条著名的商业与文化大道。他打通了几条道路，建设了一些供居民取水的喷泉和直接排入塞纳河的下水道，并且大大增加了巴黎的煤气路灯。1844 年，巴黎建成了一道新的城墙，围合面积达到约 78 平方公里，以包容巴黎不断增加的人口和居住区，使巴黎在 19 世纪成为整个西方世界极为罕见的由两道城墙包围的大城市和面积最大的设防城市，不过仍小于唐长安。但这位伯爵的权力和经费都有限，大部分的巴黎市区仍延续着中世纪的面貌。

19 世纪上半叶，巴黎多次发生霍乱和其他瘟疫，每次都有数千人乃至数万人死亡。在拿破仑三世当总统的头一年即 1849 年，瘟疫再次在巴黎蔓延，导致大约 9000 人死亡。除此以外，巴黎也是武装暴动的温床。巴黎市中心的大部分区域仍然只有中世纪以来的道路系统，弯曲狭窄的街巷十分有利于起义者建立街垒进行抵抗，却十分不利于官军出动进行镇压。从 1830 年到 1848 年，巴黎一共发生了 7 次成规模的武装暴动——或多或少都和拿破仑三世本人有关——推翻了两个王朝。因此，当拿破仑三世成了巴黎的统治者，改造这座城市的愿望不仅仅来自其政治理想和美学趣味，也来自安全需要。

拿破仑三世改造巴黎的强烈愿望遭到塞纳省官僚机构的拖延和阻拦。他当上皇帝之后，决定进一步推动对巴黎的改造。经过一番考察，于 1853 年任命乔治-欧仁·奥斯曼（Georges-Eugène Haussmann）为塞纳省省长。

奥斯曼是一位地道的巴黎人，出生和上学都在巴黎。他学习的是法律，也受过专业的音乐训练，但是并没有系统学习过工程、建筑或者城市规划。此前，他在多个省份充当职业官僚，这时已经做过两个省的省长。拿破仑三世给奥斯曼的任务包括：建造新的大街以改善城市交通；建造新的给排水系统以改善城市卫生；建造绿地以为迅速增长的人口提供休闲场所。

为使奥斯曼的工作能够顺利开展，拿破仑三世赋予他巨大的权力。奥斯曼得到了 5000 万法郎的启动经费，有权征用任何一条新的街道两侧的土地，并且将这些土地的经营权授给商人，以获得建设资金。在皇帝的支持下，奥斯曼强力推动城市交通的建设。他在巴黎老城中心打通了东西向的里沃利街和圣安托万路，新建了南北向的塞瓦斯托波尔大街和圣米歇尔大街，从而实现了拿破仑一世时代的理想，在巴黎市中心形成了宽度达 30 米的大十字路，并且沟通了巴黎南北向的交通。这些大道宽度达到 30 米，使习惯于狭窄阴暗小巷的巴黎人目瞪口呆。道路两边还有宽阔的人行道，种着成排的法国梧桐（在英国称为伦敦梧桐 London Planetree），夏天形成宽阔的浓荫，秋天在地上铺满金色的落叶，冬天使阳光毫无阻碍地透过，春天一片嫩绿。

奥斯曼拆除了“包税人城墙”，完成了巴黎环城路的建设。他将巴黎西面的星形广场原有的 5 条大道拓宽，又增建 7 条，使广场成为 12 条放射路的中心，包括香榭丽舍大街在内。又在巴黎东面的巴士底广场新建 3 条放射路，使它成为一个与星形广场对称的中心。到1870年，他一共建造和改造了超过30条主要道路，新建和改造了13座跨越塞纳河的桥梁，新建了5个重要广场。在他的督导之下，完成了巴黎东站和里昂火车站的建设，重建了巴黎北站和奥斯特里茨火车站，扩建了圣拉扎尔火车站，由此形成巴黎沿用至今的6大火车站，并且通过他开辟的各种大道联系起来。巴黎的交通状况得到了巨大的改善。

在修建道路的同时，奥斯曼颁布政令，对道路两侧的建筑高度和形式作了规定。宽度小于7.8米的道路，两侧建筑高度不得超过11.7米；宽度在7.8～9.75米间的道路，两侧建筑高度不得超过14.6米；宽度在9.75～20米间的道路，两侧建筑高度不得超过17.55米；宽度超过20米的道路，两侧建筑高度不得超过20米。建筑的底层应为厚实墙体，开设商铺；二层应设阳台；三、四层应与二层式样保持一致，可适当简化装饰；五层应设连续的、无装饰的阳台；屋顶应为45度角坡度的坡屋顶，设阁楼和老虎窗。奥斯曼要求沿街建筑使用巴黎周边出产的一种黄褐色石灰岩建造，以取代此前普遍采用的砖木结构。他命令所有沿街建筑至少每10年必须进行一次立面清洁和修整，违者罚款100法郎。

奥斯曼一共拆除了近2万座建筑，包括约12万户住宅，建造了约3.4万座建筑。他拆除了城市岛上巴黎最古老的王宫，将它改造成法国最高法院，称巴黎司法宫。他建造的其他建筑包括巴黎歌剧院、市政厅、中央商场、中央屠宰场等大量重要的公共建筑、基础设施和商业建筑，以及约21.5万户住宅。到1870年，巴黎人口增加到200万人。

奥斯曼的第二大任务是建造新的给排水系统以改善城市卫生，为此，他建造了巴黎的给排水系统。在他上任时，巴黎的供水基本依靠塞纳河，居民们普遍使用水缸贮水，每人每天用水量约2.5升。巴黎的中世纪沟渠排水系统，经过朗比托伯爵的改善，总长度约160公里，地下下水道断面最大尺寸约0.8米×1.8米。1855年，工程师欧仁·贝尔格朗（Eugène Belgrand）被奥斯曼任命为巴黎给排水总管。他从巴黎以外引来清洁的地下水，为此建造了给水管道系统和巨大的蓄水池。巴黎居民的人均供水量因此增加了2倍。贝尔格朗在奥斯曼新建的所有道路地下建造了巨大的排水道，干管断面尺寸达到5.6米×4.4米，支管断面尺寸达到1.3米×2.3米。到了1878年，巴黎的地下排水管网已经长达600公里。

奥斯曼的第三大任务是建造绿地为迅速增长的人口提供休闲场所。拿破仑三世登基的时候，巴黎只有4个公园，即土勒里花园、卢森堡花园、皇家宫殿花园和巴黎植物园，全都位于市中心区域。在巴黎迅速扩张的广大外围，没有任何开放公共绿地。拿破仑三世在流亡英国期间，对海德公园印象深刻，他认为，应该在巴黎东南西北各造一个大公园，供巴黎市民享用。

1852年，拿破仑三世将两片传统的法国王室猎场，巴黎西面的布洛涅森林（Bois de Boulongne）和东面的万塞纳森林（Bois de Vincennes）赠给巴黎市。这些森林都是古代原始森林的残余，在中世纪成为王室猎场，17世纪以后也是部分富人的消闲地。在法国大革命和拿破仑战争期间，森林遭到兵火破坏，变得十分荒凉。在奥斯曼上台之前，布洛涅森林的建设已经开始。拿破仑三世亲自参与了规划过程，在西边购买了更多的土地，使布洛涅森林延伸至塞纳河畔。由于工程经费不足，又将布洛涅森林北端的部分土地出让，供富人建造别墅。拿破仑三世坚持森林中要有溪流和湖泊，就像海德公园那样。由于竖向设计错误，工程进度缓慢。

1853 年，奥斯曼任命工程师让-夏尔·阿尔方（Jean-Charles Alphand）为巴黎园林局的局长，园艺师让-皮埃尔·巴里耶-德尚（Jean-Pierre Barillet-Deschamps）为总园艺师。阿尔方为布洛涅森林重新做了总平面设计，设计了湖泊、山丘、小岛、草坪和弯弯曲曲互相交织的游步道。巴里耶-德尚则在森林中种植了 42 万棵大小乔木，总计 2.7 平方公里的草坪，以及数千种花卉。为了使森林更接近于自然，他们甚至购买了 50 头鹿，在森林中放养。这样，布洛涅森林没有继承凡尔赛的几何园林传统，实际上是一个理想化的自然环境。它成为此后其他巴黎公园的样板，也成为全世界其他公园的样板。

经过数年的建设，布洛涅森林在 1858 年基本开放，面积达到 8.45 平方公里。万塞纳森林从 1855 年开始类似的建设，在 1866 年基本开放，面积达到 9.95 平方公里。它们是当时世界上最大的两个公园。

肖蒙山公园（Parc des Buttes Chaumont）在巴黎的东北，这里原本有一个采石场，其余部分则是垃圾场，以臭气熏天著称。奥斯曼选中这里作为一个新公园的地址，为巴黎迅速增长的人口提供休闲娱乐场所。1860 年，这块场地被并入巴黎市。1864 年启动了公园的建设，规划面积约 61 公顷，阿尔方为工程监督。阿尔方指挥上千名工人在两年时间里，整理了地形，铺垫了大约 20 万方表土，按照画境（Picturesque）的要求，营造出山坡、山峰和湖面，建造了各种建筑小品。阿尔方还指挥种下了数千棵树木花卉，铺设了草坪。1867 年，公园揭幕，以迎接巴黎世界博览会，它立即成为巴黎人十分喜爱的公共场所。

在巴黎的西北，奥斯曼于 1860 年买下了原属于奥尔良公爵的一个私人花园，经过简单修整，于 1861 年向公众开放，称为蒙梭公园（Parc Monceau），面积 8.2 公顷。

在巴黎的南面，拿破仑三世看中了外城墙内的一个废弃采石场，从 1865 年开始改造，建造了水系、山坡，进行了大量种植，1869 年对外开放，称为蒙苏里公园（Parc Montsouris），面积 15 公顷。该公园的建设工程直到 1878 年才最终完成。

1867 年以后，拿破仑三世陷于政治斗争，对奥斯曼的支持日益减少。1870 年 1 月，奥斯曼被解除职务。8 个月后，拿破仑三世在色当被俘，第二帝国解散。第三共和国任命阿尔方为巴黎建设总管，大体上继承了奥斯曼的规划和规定，在此后的岁月里继续完成了各项建设（图 5-3-1）。

奥斯曼的宏大工程完全改变了巴黎的面貌，使巴黎在当时被公认为最现代化的城市、世界文明之都。他建造的林荫大道、放射路和广场给人们留下极为深刻的印象，成为 19 世纪晚期西方城市建设的样板。他对沿街建筑的规定在西方各国被大量沿用，到第一次世界大战前，形成了许多面貌雷同的街区，几乎成为一种国际化标准。另外，奥斯曼对巴黎的改造始终受到来自各方面的批评，认为他粉饰太平、固步自封，未能理解所处的时代和社会底层人民的真正需求，既未能形成新的建筑风格，又未能跟上新的技术发展，将巴黎建成了一座充满乏味建筑的城市，消灭了许多充满情调的历史区域，却没有及时为巴黎建造地铁，以至于巴黎人竟然在伦敦之后整整 37 年才享受到这种便利。

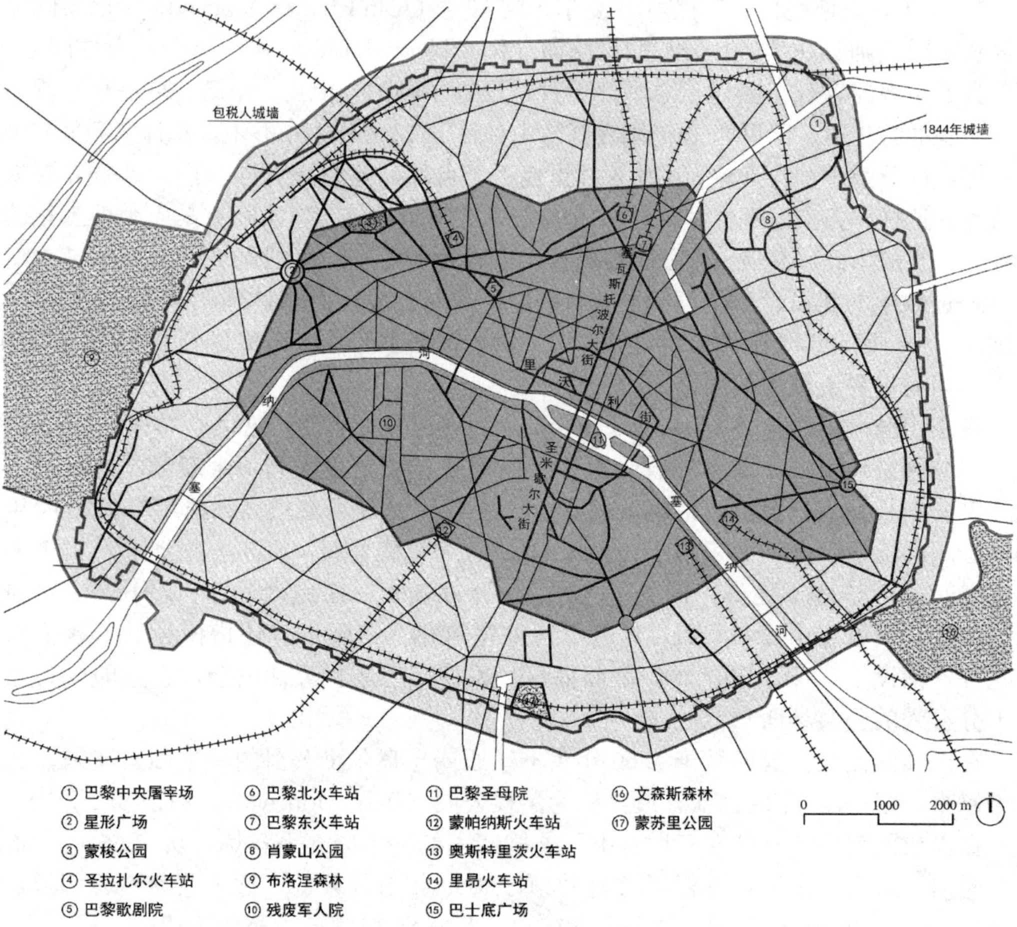

图 5-3-1 1870 年的巴黎（据 A History of Western Society 绘制）

三、芝加哥和城市美化运动

芝加哥（Chicago）位于北美五大湖之一密歇根湖（Lake Michigan）西南岸边。这一带远离大西洋海岸，在北美殖民的早期是非常边缘的地方，称为西北领地（Northwest Territory），虽然在 18 世纪早期已经建立了一些分散的小定居点，实际上还完全是印第安人的地盘。不过美国从立国之初起，就急切地图谋这里。1783 年，美国与英国签订的《巴黎和约》将这一带划归美国，1787 年大陆会议通过西北法令，确定了美国占领这一带的法律程序。美国政府随即于 1790 年发动西北印第安战争，经过 4 年的持续作战，击败了印第安人，于 1795 年与印第安部族联盟签订《格林维尔条约》（Treaty of Greenville），正式实现了对俄亥俄州、印第安那州、伊利诺伊州、密歇根州、威斯康辛州的全境加上明尼苏达州的西北部总共 67 万平方公里土地的占领。

1803 年，在芝加哥河入密歇根湖的河口附近建造了迪尔伯恩要塞（Fort Dearborn），驻扎美国军队。1818 年，伊利诺伊州成为美国的第 21 个州。

1825 年，从纽约的赫德森河（Hudson River）到伊利湖（Lake Erie）的伊利运河（Erie Canal）开通，实现了五大湖和大西洋的连接，为西北领地的开发创造了条件。1829 年，伊利诺伊州议会成立伊利诺伊和密歇根运河委员会（Illinois and Michigan

Canal Commissioners)，打算利用芝加哥河开凿运河，开辟经过五大湖与东海岸大西洋港口连接的水上运输线，决定在此建立定居点。这个委员会雇用测量员汤普森（James Thompson）在1830年绘制了芝加哥的第一个规划（图5-3-2）。他完全基于方格网体系，在迪尔伯恩要塞以东的芝加哥河南北两支汇合处规划了53个街区，形状均接近方形，大小略有差异，典型尺寸约90米见方。每个街区划分成8个地块，每个地块的典型尺寸约22米×45米。地块之间的道路宽度全部都是66英尺，合约20米，正好是1测量链的长度。这个方格网体系从此成为芝加哥城市建设的基础，他规划的区域今天仍是芝加哥市中心的核心区，甚至道路名称如南北向的运河街（Canal Street）、富兰克林街（Franklin Street）、东西向的湖街（Lake Street）、兰道夫街（Randolph Street）等也原封不动地保留至今。

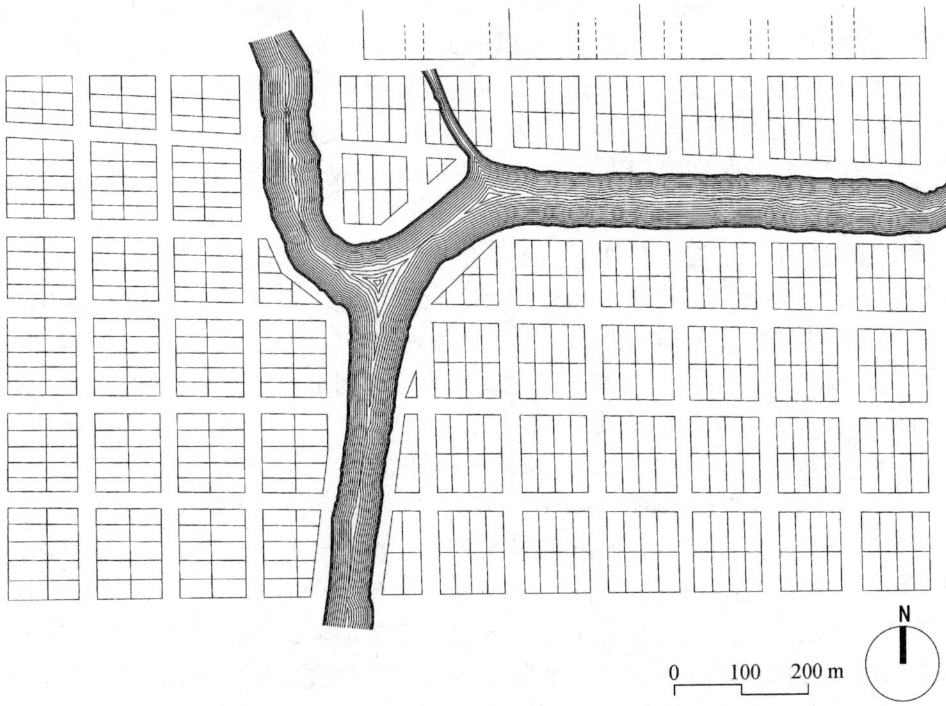

图5-3-2　1830年芝加哥规划图（据History of Chicago，Volume Ⅰ绘制）

1833年，芝加哥城建立，大约有350人口。第二年，伊利诺伊号帆船从纽约经赫德森河、伊利运河、伊利湖、底特律河、圣克莱尔湖、圣克莱尔河、休伦湖、密歇根湖到达芝加哥。这条今天看来十分曲折漫长的航线标志着五大湖贸易线的正式形成，成为当时美国向西开拓的重要通道。

1848年，伊利诺伊—密歇根运河开通，沟通了五大湖水系和纵贯美国南北的密西西比河水系，并经密西西比河进入墨西哥湾。同一年，芝加哥的第一条铁路通车，连接一座锌矿。此后建造了更多的铁路，芝加哥成为美国西北最重要的交通枢纽。这时，芝加哥人口已达到3万人。第二年，芝加哥爆发霍乱，有超过600人死亡。1852年，统治者决定为芝加哥建造下水道。为此，从1855年开始，抬高了城内街道和建筑的标高，以便将雨水和污水经芝加哥河排入密歇根湖。此工程至1858年结束，整个城市的高程提高了1.2～2.1米。其间，在1854年又有霍乱爆发，大约1400人死亡。迪尔伯恩要塞亦在此期间被拆除。

1861—1865年，美国爆发内战，史称“南北战争”，实际上是已完成工业化的北方各州与基于奴隶制的种植园经济的南方各州之间的战争。这场战争以北方获得全胜而告终，南方各州的种植园经济被彻底摧毁，从东海岸到西海岸的美国完全统一。从此，美国进入全面工业化、国力快速增长的历史时期，史称“黄金时代”。战后，芝加哥从一个地区性中心一跃而为横贯北美大陆交通的中心、铁路和水运的枢纽，出现了高速发展。至1870年，该城人口已达30万人。

这座迅速发展起来的城市，其中绝大部分建筑这时还完全是木头造的，因为轻、建造简单、速度快和便宜。1871年，芝加哥发生大火，超过60%的建筑被烧毁。但这座城市的区位条件丝毫没有变化，其功能仍需继续履行，因此在大火之后，迅速开始了规模巨大的重建浪潮。吸取大火的经验，建筑必须具有足够的安全性，同时又必须建造迅速，最好和木结构一样迅速。重建随即开始，在新出现的各种现代化技术支持下，至19世纪80年代，在芝加哥建成了一大批钢铁结构的高层建筑，作为这座新城市中心区的各种商业办公楼、旅馆、公寓和其他商业设施。这些高层建筑技术先进，造型简洁，被称为“芝加哥学派”（Chicago School），成为高层建筑的先驱，为此后的高层建筑发展奠定了技术和形式的基础，影响至今。

尽管已经建设了下水道，芝加哥仍不断遭到霍乱和其他瘟疫侵袭。1885年芝加哥遭到暴风雨袭击，大量废弃物从芝加哥河灌入密歇根湖，造成了大规模的污染，虽然实际上并没有发生瘟疫，但却在公众中爆发恐慌，市民纷纷传说芝加哥供水受到污染，死了9万人。从1887年起，芝加哥开始建造一系列水利工程，至1900年基本完成，将芝加哥河从流入密歇根湖改为流出密歇根湖，流入芝加哥西郊的德斯普雷恩河（Des Plaines River），最终汇入密西西比河，成为一条新的水上运输线。

芝加哥的人口在1890年超过100万，在不到60年的时间里增长了近3000倍。这座城市日益富裕和庞大，但对它的批评越来越多。迄今为止，这座城市的路网几乎完全是从1830年的汤普森规划发展而来，是规模非常巨大的方格网城市，城市空间十分单调。这座城市的中心区已经变成高层建筑的密集区，全是些视觉上非常不传统又互相不搭调的庞然大物。而就在这时，奥斯曼在巴黎的改造工程已经结出硕果。与巴黎变化丰富的城市空间和统一的传统建筑风貌相比，缺乏信心的芝加哥人认为自己的城市很可能走错了路。

美国国会打算在1893年举办世界博览会，以纪念哥伦布到达美洲400周年。芝加哥经过和纽约、华盛顿等城市的激烈争夺，于1890年获得主办权。这场世界博览会成为芝加哥人反思城市建设的一个重要契机。

一家芝加哥建筑师事务所伯纳姆和鲁特（Burnham and Root）被选中负责博览会的建设工程。伯纳姆（Daniel Burnham）无正规学历，投考哈佛和耶鲁均失败，在芝加哥学派最著名的工程师詹尼事务所做绘图员5年之后成为建筑师。鲁特（John Root）亦无正规学历，出生于亚特兰大，南北战争期间流亡英国，战争结束后返回美国，在纽约大学读了预科，之后混迹于纽约和芝加哥若干建筑事务所，积累了经验。1872年，26岁的伯纳姆和22岁的鲁特在芝加哥相识，于1873年开设了合伙事务所，迅速成为芝加哥学派的核心人物。到1890年，这家事务所已经成为芝加哥最大的建筑师事务所，也是全美国最著名的建筑师事务所之一。尽管他们并无正规教育背景，但两人在当时均被认为是美国顶尖的建筑权威，不过稍有区别：一般认为，伯纳姆更具有高尚完整的艺术修养，而鲁特则更精通一切技术关键。

1891年1月，鲁特死于肺炎，伯纳姆不得不一个人继续世界博览会的工作。他邀请全美国的杰出建筑师和景观设计师提供帮助，其中包括44岁的纽约著名建筑师麦金（Charles McKim），出身于当时世界上最正宗的传统建筑教育机构巴黎美术学院；69岁的马萨诸塞景观建筑师奥姆斯特德（Frederick L. Olmsted），当时刚刚在纽约建造了中央公园，已经被公认为“美国景观设计之父”。他们一致决定，这次博览会应当建成一座基于古典主义建筑风格的梦幻之城。博览会地点选择在芝加哥市区南面的密歇根湖畔，与市中心直线距离约12.5公里。当时，这里还是一片荒凉的低洼湿地，称杰克逊公园。博览会占用了公园2.7平方公里土地，是至当时为止占地面积最大的世界博览会。在这块空地上建起了14座巨大建筑和超过100座较小的建筑，它们中轴对称，互为对景，建筑充斥着柱廊、穹顶、线脚和雕塑，建筑之间则是壮观的喷泉水池和美丽的花园。1893年5月1日，博览会开幕，立即获得巨大成功。至1893年10月30日闭幕，博览会共吸引了2700万人参观，它被称为“与众不同的美国的象征”（图5-3-3）。

由于工期和预算的压力，该博览会的所有伟大建筑实际上均为铁架和木板建造的临时建筑，粉刷成白色，号称“白城”。在博览会闭幕后不久即陆续拆除。但即使是暂时的，这个集外部空间、建筑形象和园林绿化于一体的白色大建筑群仍然成为一个样板，它与当时任何美国城市完全不同的高度统一的形象，使美国人民第一次深刻感受到城市空间的魅力。

1893年只有24岁的记者罗宾逊（Charles Mulford Robinson）就是受到震撼的美国人民之一，他写了一篇报道，盛赞这场世界博览会。从此，他先是成为一名城市规划的业余爱好者，逐渐成为一名城市规划的专业人士，最后成了伊利诺伊大学厄巴纳—香槟分校的第一位城市规划教授。罗宾逊撰写了一系列文章和书籍，严厉批评美国城市的混乱面貌，呼吁城市的管理者们建造更加美丽的城市，消除贫民窟，改善居住环境、交通条件，最终提高城市的社会秩序和道德水平。罗宾逊把他的呼吁概括成一个通俗易懂的说法——城市美化（City Beautiful）。从19世纪90年代中期开始，直到20世纪20年代，罗宾逊的呼吁在美国许多城市中得到响应，被称为“城市美化运动”。

1906年，在城市美化运动的高潮中，芝加哥的一些富商联合起来，委托伯纳姆为芝加哥编制一部理想的城市规划。伯纳姆和巴黎美术学院出身的建筑师贝内特（Edward H. Bennett）合作，用了3年时间完成这项工作，于1909年出版（图5-3-4）。伯纳姆规划的要点包括：改善沿密歇根湖岸的滨水景观；建立一个包括公园、自然保护区和林荫大道的城市绿地系统；将芝加哥市区的6座主要火车站合并成一座火车总站；建立一个快速路系统以方便较长距离的汽车交通；引入对称的放射路以打破原有的方格网结构，在放射路的中心建造市民中心、文化中心等大型公共建筑；在城市主要道路两侧形成统一的新古典主义建筑风貌。按照这一规划，芝加哥中心区几乎全部建筑都将被拆除——几乎全是他的师长、同事、朋友、竞争对手或者他自己设计建造的——代之以奥斯曼在巴黎规定的5层传统式样建筑。

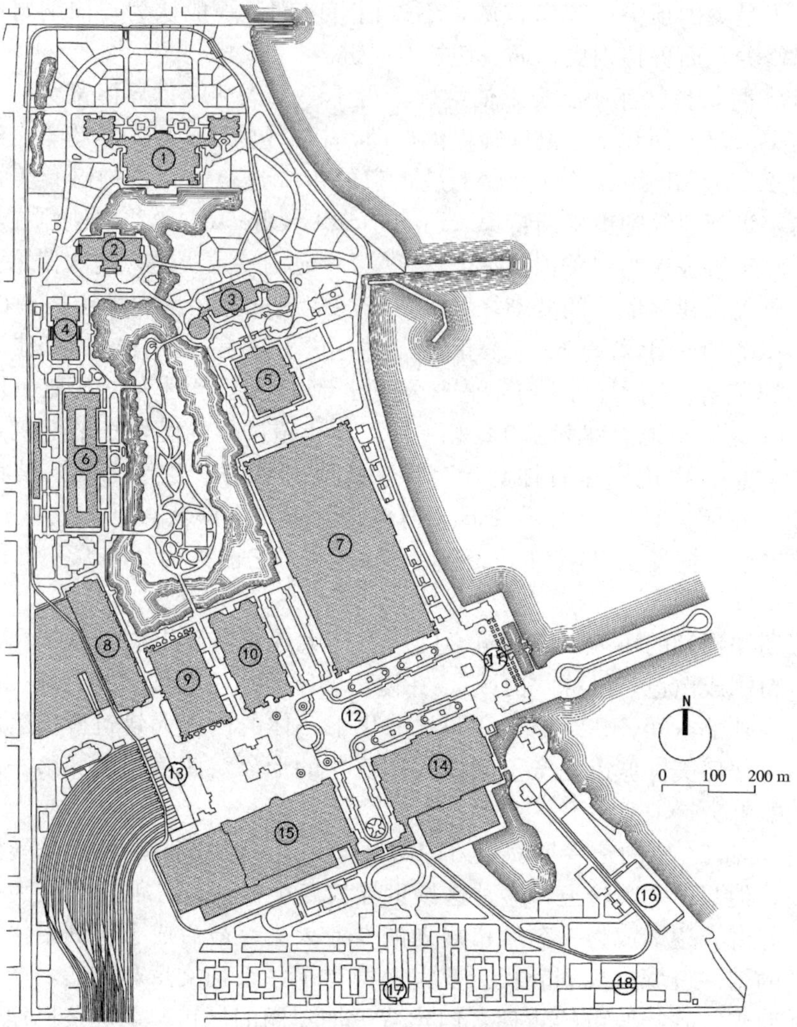

① 艺术馆
② 伊利诺伊馆
③ 水产馆
④ 女士馆
⑤ 合众国政府馆
⑥ 园艺馆
⑦ 制造与人文馆
⑧ 运输馆
⑨ 矿业馆
⑩ 电气馆
⑪ 柱廊
⑫ 中央水池
⑬ 火车站
⑭ 农业馆
⑮ 机械馆
⑯ 林业馆
⑰ 室外展场
⑱ 设备区

图 5-3-3　1893 年芝加哥世界博览会总平面示意图
（据 Souvenir Map of the World's Columbian Exposition at Jackson Park 绘制）

伯纳姆的规划基本未能实现，芝加哥的大部分地区至今仍然是方格网道路，他计划拆除的建筑们有相当数量幸存到了 21 世纪。但城市美化运动在美国城市中的影响广泛而深刻，华盛顿在这一思想影响下重新强化和最终完成了已经被逐渐淡忘的朗方规划；在克利夫兰、丹佛等城市按照这一思想重新做了规划并进行了若干建设。虽然老欧洲基本不为所动，但其他许多殖民地城市也有仿效，甚至最终还影响到欧洲各法西斯国家的城市建设。

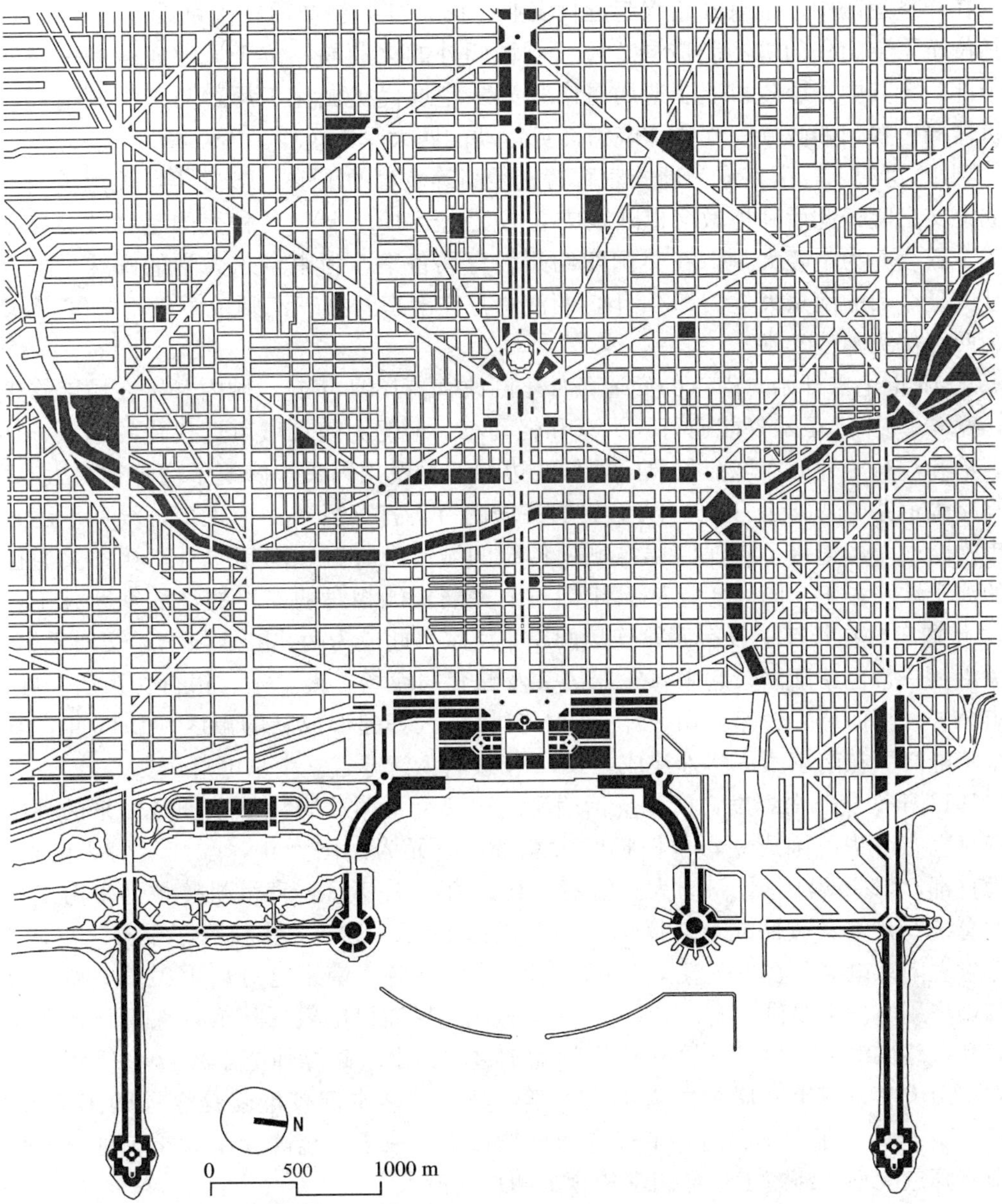

图 5-3-4　伯纳姆芝加哥中心区规划图（据 Plan of Chicago 绘制）

四、近代南京

1645 年，清军占领南京，改为江宁府城，为总管江苏、安徽和江西三省的两江总督治所，衙门设在城东离明皇城不远的明代汉王府。在明皇城南部设立满城，驻扎八旗军队。1853 年，太平天国攻克江宁府城，定都于此，号称“天京”，以两江总督衙门为洪秀全之宫殿，称天王府，并进行大规模改造，极尽奢华之能事。1858 年，清朝在第二次鸦片战争中战败，与英、法两国签订《天津条约》，将这时还在太平天国控制之下的南京辟为通商口岸。1864 年，清军在长期围困后经苦战攻克南京，但城市几乎完全被毁，天王府被夷为平地。1870 年，在天王府原址重建了两江总督衙门。

在洋务运动中，南京开始兴起近代工业。1885年，清政府在南京设立金陵军械所，包括位于聚宝门外的机器制造局、位于石城门外的火药局、位于城隍庙旁的军械所等三个部门。其中，金陵机器制造局是南京第一座近代机械化工厂，与江南制造局、天津机器局、福州船政局一起称作晚清洋务运动的四大军工企业。

到19世纪末，南京成为新式教育特别是高等教育的重镇。1888年，美国美以美会成立汇文书院，此后其他教会也陆续成立书院。至1910年，各种美国基督教会兴办的书院全数合并为金陵大学，在美国纽约州教育局备案，为康奈尔大学的姊妹学校，其校址就是今天的南京大学。1902年，两江总督在南京开办三江师范学堂，1906年又改名为两江优级师范学堂。

从19世纪末开始，南京的交通条件不断改善。1894年起，城内开始在城南修筑马路，宽6～9米，虽然仅能通行人力车和轻马车，但仍为南京城市近代化的起点。1899年，怡和洋行等外商在城北仪凤门外长江边的下关设立码头，修筑了商埠街、大马路、二马路等道路。1908年1月，从下关通往城南万寿宫（后改为中正街，今白下路）的京市铁路通车，连接了沿江商埠与城南传统的城市中心区。同年4月，从下关通往上海的沪宁铁路竣工。同一年，从天津到与下关隔长江相对的浦口的津浦铁路开工，至1912年通车，在长江上设有渡轮连接两岸。南京自此成为南北陆地与水运交通之枢纽，下关沿江一带也逐渐繁荣起来，轮船码头及配套的库场、火车站、银行、饭店、旅馆、领事公署、招商局、轮船公司、洋行等与贫民住区一起形成新的市区。1911年，官办的金陵电灯厂在南京西华门外建成，1912年改名为江苏省立南京电灯厂。

1911年辛亥革命爆发，清朝统治崩溃。1912年1月1日，从欧洲赶回来的孙中山在南京宣布中华民国成立，自任临时大总统，改元为民国元年，改江宁府为南京府，定为首都，以原两江总督衙门为总统府。1912年4月1日，袁世凯接替孙中山出任临时大总统，首都又改回北京，撤南京府，以原上元、江宁二县复置江宁县。1919年，江苏省立南京电灯厂在下关建立分厂，定名为江苏省立南京电灯厂下关发电所，成为南京城市用电的主要供应商。1923年，津浦铁路局浦口电气厂建成，次年正式向浦镇机厂和铁路供电。1914年，两江优级师范学堂改为南京高等师范学校，1921年又改为国立东南大学，后来发展为国立中央大学，其四牌楼本部校址就是今天的东南大学。1915年，金陵女子大学和河海工程专门学校在南京成立。金陵女子大学校址就是今天的南京师范大学，河海工程专门学校今天叫作河海大学。

尽管南京这座历史悠久的古城开始了近代化的进程，但此时的南京仍处于衰退之中。南京的传统产业以丝织品为大宗，以“机户”为单位生产，是纯粹的家庭手工业。太平天国占领南京之前，丝织业已逐渐衰落，之后更一落千丈，但仍是城市主要产业之一。1900年之前的丝织品占南京出口贸易的70%，全市1/3的人口直接或间接以此为生。1900年之后，丝织品市场逐渐衰退，到民国建立时，连本地市场都已被外地产品占领。城市工业仍以手工业为主，机器工业极不发达，全市机器厂仅20家，全业机器设备仅有柴油引擎8只、电流马达13只。就城市面貌而言，下关一带形成了新的市区，但人口稠密部分仍在城南，距长江6公里、距下关9公里处。城墙内面积虽有41平方公里，但大部分均为荒地，或被市民辟为农田。1912年南京人口约为27万人，1920年增长至约39万人，1927年又减少至36万人，均远低于太平天国占领南京之前的人口。

1925 年，国民党在广州成立国民政府，发动北伐。1927 年攻克江宁县。1928 年，国民政府完成北伐，以江宁县城区置南京市，定为首都，并划原明南京外郭以内地域及江北原属江浦县的浦口镇为市区范围，大约为今南京市玄武、鼓楼、建邺、秦淮四区全部及浦口、栖霞、雨花台、江宁四区各一小部分，此后又有多次调整。1931 年市辖区面积约为 157 平方公里，至 1934 年达到约 466 平方公里，包括国民政府直辖的中山陵园区约 31 平方公里。人口出现了持续性的高速增长，1928 年增至 50 万人，1935 年增至 72 万人，至 1948 年已达 103 万人。从 1927 年到 1937 年，南京进行了大规模的城市建设。

国民政府在南京建都后，即开始着手拟定城市规划。1928 年成立国都设计技术专员办事处，以普度大学和哈佛大学出身的工程师、城市规划师林逸民为处长，耶鲁大学建筑系出身的美国建筑师亨利·墨菲（Henry Killam Murphy）和密歇根大学出身的美国工程师古力治（Ernest P. Goodrich）为顾问。1929 年制定公布《首都计划》，这是一份学习借鉴欧美规划经验，旨在对南京进行现代化改造的城市规划文件。这部计划虽有许多脱离实际之处，真正得以实施的部分非常有限，但仍是我国较早的一次较系统的城市规划工作，对南京近现代城市建设起到了重要指导作用，给南京城市格局和面貌带来了巨大变化。

《首都计划》的编制深受美国城市美化运动的影响，仿效伯纳姆的芝加哥规划，采取方格网加放射路的路网结构。规划道路系统分干道、次要道路、环城大道、林荫大道四种。干道宽 28 米，6 车道，沿秦淮河的林荫大道宽 14 米，沿城墙内边林荫大道宽 22 米。第一批建设工程一律以中山命名，如中山码头、中山路、中山桥、中山门、中山陵等。1928 年，中山路开工，北段称中山北路，为西北-东南走向，由下关中山码头经挹江门至鼓楼；中段为南北走向，由鼓楼至新街口；东段称中山东路，改为东西走向，由新街口至中山门（原朝阳门），总长 12 公里。1934 年筑中央路，由鼓楼向北通至和平门（原神策门）。此后又陆续建成中正路（现中山南路）、汉中路等 81 条干道和次干道。至 1937 年，市内竣工道路总长达 119 公里，中山东路、汉中路、中正路、中山路形成贯通全城的大十字骨架和东西南北中轴线，新街口成为新的城市中心。道路两侧种植法国梧桐，形成林荫大道。但是由于新建的道路生硬地插入原有的城市肌理，为追求形式拆除了大批民房，形成许多支离破碎的三角地带，特别是中山东路笔直穿越明故宫遗址，对古迹造成了不可逆的破坏。

《首都计划》基于现代主义功能分区的城市规划思想，将城市划分为中央政治区（位于中山门外紫金山南麓）、市行政区（位于城内傅厚岗一带）、工业区（位于长江两岸及下关港口）、商业区（位于城市主干道两侧和明故宫、新街口一带）、文教区（位于城内鼓楼、五台山一带）及居住区（山西路一带为新住宅区）共 6 个区（图 5-3-5）。

中央政治区计划设在中央门外紫金山南麓，在中山陵、明孝陵之南，地形符合传统风水观念，有革故鼎新之意。因受到多种牵制，计划完全没有实施，各种中央机构都在旧城中分散建设。

市行政区拟设在市内鼓楼附近傅厚岗一带，取其地势较高，建筑可以显得雄伟。实际上亦未实施，南京市政府多数机构均位于夫子庙贡院街一带。

商业区拟设在明故宫旧址，理由是位于中央政治区与居住区之间，交通方便，而且该地现地价甚低，大半是属官有，一旦成为商业区域，地价必成倍增加，政府收入因此亦大增。实际上这一计划亦完全成为空谈。民国南京的商业中心基本上按照城市商业规律自然生长，以三处为中心：人口稠密的城南旧城区、近代以来形成的新城区下关一带，以及新兴的城市中心新街口。

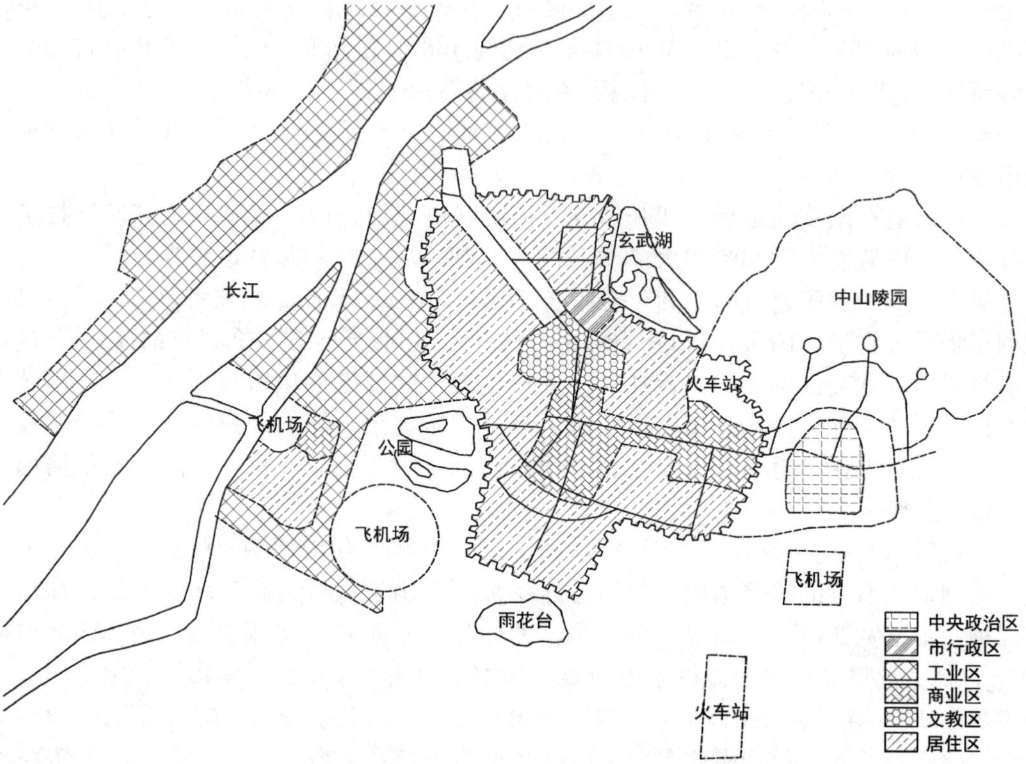

图 5-3-5 《首都计划》用地分区图（据《中国城市建设史》绘制）

工业区拟设在江北及燕子矶一带。《首都计划》目标要把南京建成一个工业城市，要工厂林立、百业繁荣，实际上全未实现，南京不仅工业未兴，还仍然一直是个消费性城市。

《首都计划》中的住宅区设在城市各处，分为四个等级，即第一、第二、第三住宅区及旧住宅区。第一住宅区为官僚等上层阶级住宅区，即山西路、颐和路一带；第二住宅区为一般公务人员住宅区；第三住宅区中又分四区，其中三区在距市区远而偏僻的市郊，另一区则为下关的棚户区。住宅建设是《首都计划》实践较多的一个部分，如位于南京城西北的颐和路公馆区，居住对象多为外国公使和政府官员，始建于1933年。当时这里仍是南京城内的一块荒地，没有拆迁改造的负担，规划师按照城市美化运动的方式采用了放射性道路和方格网道路交叉组成的路网结构，街区中所有建筑互不雷同，以西方各国别墅建筑形式为范本，绿地率高达64.8%，建筑密度仅为20%，平均每户建筑面积达400平方米，自来水、电灯、电话全部通达，至今仍是南京城内居住环境最佳之处。

《首都计划》专有一章讨论“公营住宅之研究”，认为应由政府出资建造“公营住宅”，低价出租给低收入居民。1937年之前，在位于下关码头附近的四所村、位于护城河边的石门坎、位于东水关城墙根的七里街三处有代表性的棚户区集中的地点进行了试点改造，采取住户出资、政府补贴、统一规划设计、统一建造的方式。上述住区全都位于城市边缘，改造后每户建筑面积为22平方米，每栋住宅造价仅70元，包括所在社区的公共设施在内。

企事业单位住宅区代表性的范例有建于20世纪30年代的高等学校教师住宅区——板桥新村、银行职员住宅区——宁中里等。每户建筑面积为100～120平方米，配置有社区公共设施，如社区浴室、俱乐部、公共绿地等。建筑密度较颐和路公馆区明显增大，建筑间距明显减小，但较好的社区环境、相对完善的卫生设施、良好的建筑质量使这些住区仍然远在一般市民生活标准之上。

国民政府建都之后人口的高速增长，刺激了南京近代房地产业的短暂繁荣。梅园新村、桃源新村、良友里、复成新村等住区都是由开发商统一设计、建造，然后出售的商品房。以复成新村为例，共有四种户型，面积为100～180平方米，售价依其位置与面积从6900元到9900元不等，最便宜的也相当于几乎100座棚户区改造住宅。

《首都计划》提出大力发展南京的对外交通，铁路成为全国中心点，加上机场和长江港口，使南京成为国内转运枢纽的方式，以此促进南京的工业化、现代化。但所计划的机场选址均未能实现，航空运输仍沿用1927年匆忙建成的明故宫机场，尽管条件简陋，从1929年起开通了至上海、北京等地的商业航班。《首都计划》要求建造由南京通往广州、南昌等地的铁路，实际仅于1935年建成南京城南中华门外至安徽宣城孙家埠的江南铁路，1936年与沪宁铁路和京市铁路接轨。

在市政设施方面，1928年，南京电灯厂更名为首都电厂，扩大规模并建成全国模范电厂。浦口电厂也于同年开始向浦口居民供电。1929年开始在汉西门外建设北河口水厂，1933年4月开始向南京城内局部地区供应自来水，初期用户总数约2000户。

《首都计划》尽管千疮百孔，仍指引南京这在一时期建成了一系列宽阔林荫大道，形成近代南京城市的总体格局（图5-3-6）。道路两侧建起了一批相对传统建筑尺度而言规模巨大的豪华公共建筑，风格则包括“中国固有形式”、Art Deco和早期现代主义。这些形形色色的近代建筑形成了近代南京的典型风貌。

1937年全面抗日战争爆发，国民政府于11月撤往重庆，南京于12月被日军占领。1940年，汪精卫在南京成立伪政府。1945年日本投降，国民政府还都南京。直到这时，南京仍是一座不发达的城市。据1949年4月统计，全市城区土地总面积为54.65平方公里，其中建筑用地28.36平方公里，占51.90%；道路用地3.71平方公里，占6.79%；农地（主要是菜地）14.94平方公里，占27.34%；其余为城墙、公园、铁路、机场等用地。

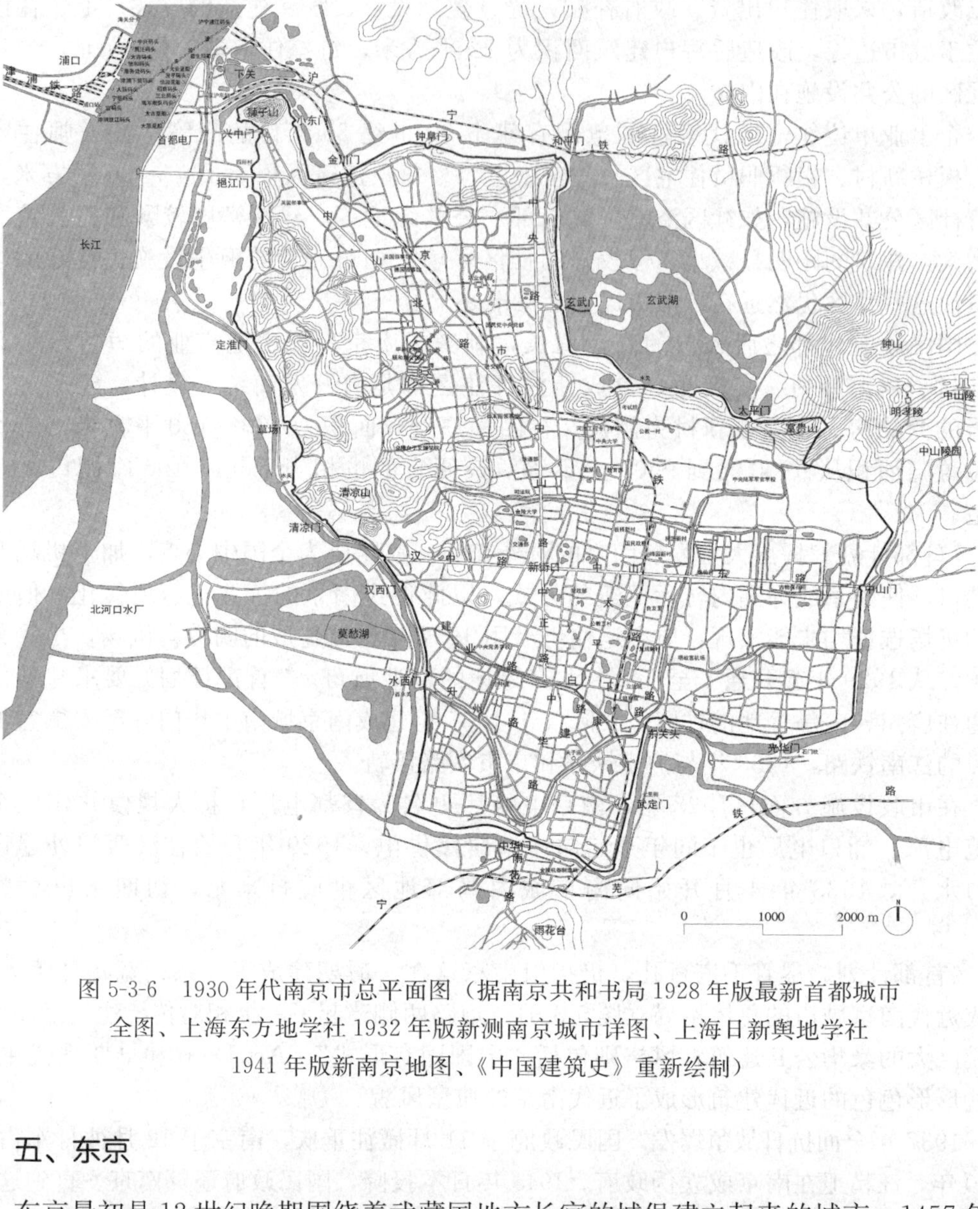

图 5-3-6　1930 年代南京市总平面图（据南京共和书局 1928 年版最新首都城市全图、上海东方地学社 1932 年版新测南京城市详图、上海日新舆地学社 1941 年版新南京地图、《中国建筑史》重新绘制）

五、东京

东京最初是 12 世纪晚期围绕着武藏国地方长官的城堡建立起来的城市，1457 年筑城，称江户城。这里位于关东平原，有荒川、多摩川两条主要河流形成冲积平原。关东平原地形西高东低，面向东京湾。四周是山和海围绕，地势比较低，很多地方的海拔高度仅为零，后来经常在东京湾填海造地。经东京湾可直通太平洋，所以自古以来东京就在日本的历史舞台上扮演着重要的角色。

1590 年，军阀德川家康受封为关东一带的大名，以江户为居城。1600 年德川家康在军阀混战中取得决定性胜利，1603 年出任征夷大将军，成为日本实际上的统治者，由此开始了以江户为据点的德川幕府统治时期，江户也因此作为一座政治城市而登上历史的舞台。这以后，江户吸引了越来越多的人前来定居。江户城墙、城堡经过多次重建，到 19 世纪面积约为 1.5 平方公里，是德川家族历代将军的居城、德川幕府的统治中心，城外发展出规模巨大的城下町，江户逐渐成为日本的中心城市，到 19 世纪中叶集中了约100万人口。

1868年，明治天皇建立新政府，日本政府进行近代化政治改革，建立君主立宪政体。一方面以发展农业为主，另一方面积极地吸收引进欧美科技及文化，掀起工业化浪潮，并且提倡“文明开化”、社会生活欧洲化、大力发展教育等。这次改革历史上称为“明治维新”，使日本成为亚洲第一个走上工业化道路的国家，跻身于世界强国之列，是日本近代化的开端。

同一年，江户正式改名为东京，并创立了东京府。翌年，明治天皇由京都移居东京，改江户城为皇居，东京正式成为日本首都。这时的东京因为此前的战乱和幕府的解体，人口锐减至50万人，和日本其他城市一样，东京人口稠密，建筑密集，几乎全为木造，街道狭窄且没有铺装地面，给排水系统基本没有。

1871年，日本派遣以明治维新核心人物之一岩仓具视为首，包括多名高官的高级访问团出访美国和欧洲，历时近2年，史称“岩仓使团”。奥斯曼规划的宏伟壮观的巴黎给访问团留下了深刻印象，影响到此后东京的建设。

1872年，东京银座地区发生火灾，烧毁了大约1平方公里城区，造成至少5万人无家可归。银座当时还远远没有今天的名气，但位置相当核心，邻近皇宫和外国使馆区。政府决心利用灾后重建，将其建设成一个现代化城区，作为首都建设的典范。当时正担任日本政府顾问的英国工程师汤马士·华达士（Thomas Waters）负责规划设计，决定建设一个与日本传统非常不同的街区，完全使用砖墙承重和木屋顶混合结构，以减少今后的火灾损失。因为日本没有制砖传统，又从德国引进了砖窑技术，专门开设了烧砖厂。银座中心部分的重建到1877年结束，实际仅为火灾区域的1/10，但中央道路宽度从原本的12.6米拓宽至27米，并且铺设了人行道，安装了煤气路灯。这条街道从此被称为银座砖瓦街，尽管以其完全西方化的面貌立刻成为东京一景，但东京市民担心风水不好，对入住砖瓦房十分谨慎。银座此后逐渐成为各种西方化商品和服务的聚集地，从此成为豪华商业区和明治维新时期的代表性工程。

1872年10月，日本第一条铁路从横滨港口通至东京，终点站设在皇居以南约1.5公里的新桥。

1878年，在东京府内设立东京市，辖15个区。这个区域后来几经扩大，今天仍是东京市区的核心。这时，该区域内的人口已经超过100万人，基本恢复到了幕府时代的规模。

1888年，日本政府制定《东京市区改正条例》，拉开了东京城市规划的序幕（图5-3-7）。这部条例深受奥斯曼巴黎改造的影响，其目标是将东京建设成为与欧美国家大城市相匹敌的国际大都市，其重点是基础设施的建设，包括新建或改造315条现有道路，开挖和疏浚34条河道，新建下水管网，延伸和扩充铁路，新建新火车站，新建49座公园和8处市场等。此后由于日本不断陷入军事扩张，预算日益紧张，实际仅主干道、给排水设施和铁路大体得到实现，公园则仅建成日比谷公园等寥寥几处。尽管如此，东京仍成为日本城市建设的典范，大阪、京都、名古屋等日本中心城市此后均陆续采用了类似的技术路线。

1919年，日本颁布《都市计画法》和《市街地建筑物法》，形成了全国性的城市规划法律体系。《都市计画法》主要起草人池田宏虽然是学法律的官僚出身，但在1913—1914年间曾经在欧美考察，回国后成为西方城市规划的重要鼓吹者。这部法案试图规范城市土地的开发，将城市土地分为居住、商业、工业和未指定四类用途，对每一类型都规定了建筑类型、覆盖率和高度的限制。法案也试图通过建设快速交通系统引领郊区发展，疏解城市中心区的压力。这部法案此后长期成为日本城市规划的基础。《市街地建筑物法》的主要起草人都是建筑师出身，如佐野利器还有在欧美长期游学的经历。这部法律规范了建筑的修建，详细规定了建筑的用途及其道路退距、建筑密度和高度的控制，是《都市计画法》对建筑设计指引的具体化。

1923 年 9 月 1 日，在包括东京、横滨、横须贺等城市在内的南关东地区发生了里氏 8.1 级的大地震，东京市区死亡人数超过 7 万人，受灾面积约达 34.7 平方公里，占东京市域总面积的 44%。震后，1924—1930 年，日本政府主导实施了"关东大震灾复兴城市规划事业"，这个城市复兴规划的实施成果包括：整理市街区面积 36 平方公里，道路 114 公里，桥梁 424 座；设置 55 个公园，其中有隅田、锦系町、浜町等 3 个大公园；另外按抗震耐火标准修建所有的小学校校舍和 15 个住宅小区。新宿、涉谷、池袋和大塚等商业中心初步成型，开通东京第一条地铁，等等，终于基本奠定了东京近代城市的面貌。到 1930 年，东京市区人口接近 500 万人，是整个亚洲人口最多的城市。

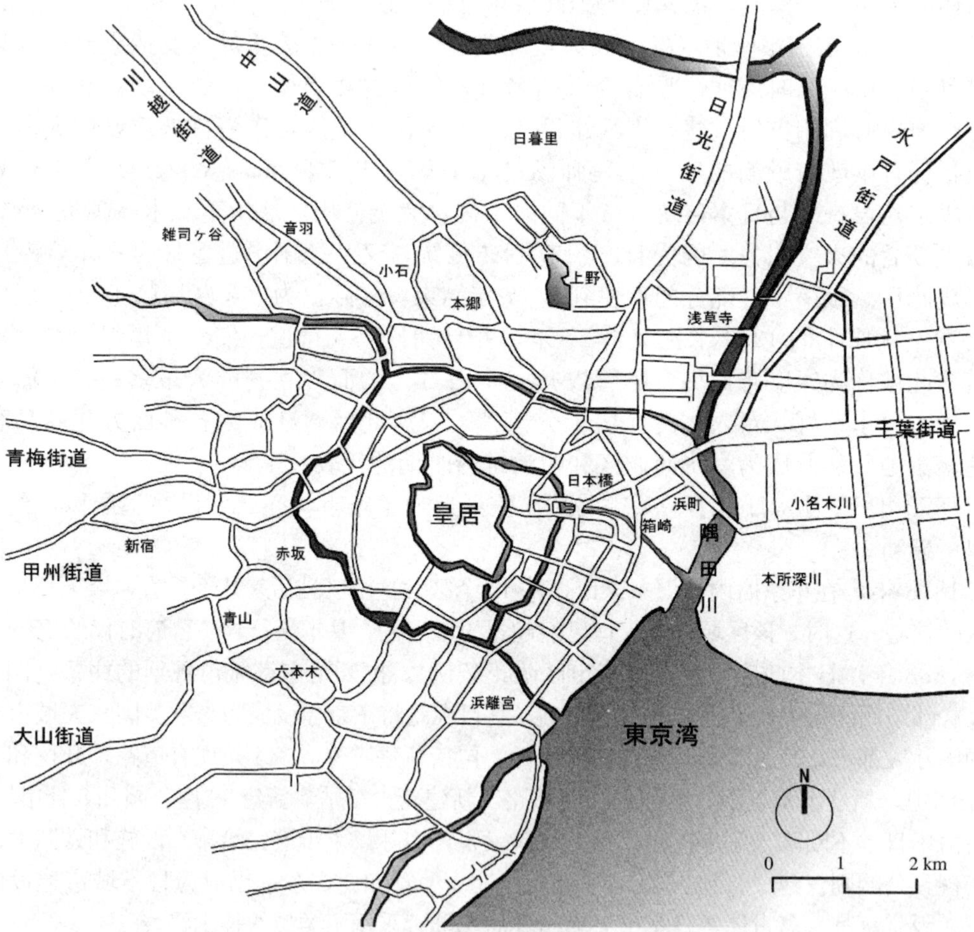

图 5-3-7　1888 年的东京（据江户东京大地图绘制）

1931 年以后，帝国主义思想日益膨胀，整个国家向军事帝国转变，东京的城市建设逐渐失去经济支持。虽然此后数年间在东京还建成了国会议事堂等大型公共建筑以及羽田机场等重要设施，但城市发展日益停滞，直至第二次世界大战以后。

第六章　现代主义城市

西方对现代城市问题的探索

到 19 世纪末，虽然美国人还刚刚意识到城市之美，但欧洲人已经发现传统的城市规划方案无法解决工业资本主义城市的问题。城市空间和形式的改造、林荫大道和下水道固然重要，但无力改善大城市中日益严重的社会分化和矛盾。与此同时，在文化界，也有越来越多的人呼吁和探索创造一种全新的适合工业时代的文化。一些有识之士开始思考，对城市而言，或许也需要完全抛弃传统的观念，采取更为激进的方式彻底改造甚至重建整个城市，或者至少是寻找一种全新的城市发展模式。这种思考导致在 20 世纪出现了各种对城市建设和发展的新观念、新方法。

第一节　空想的改革

在英国这个工业革命的发源地，从 19 世纪早期开始就在探索全新的城市观念。空想社会主义者基于对资本主义制度的批判，认为只有消灭私有制，才有可能真正解决工业城市带来的城乡割裂、乡村凋敝、城市恶化等问题，并在此基础上建设基于集体劳动和平均主义的全新的聚落。更为保守的改良主义者同样承认工业城市的各种问题，但主张以更加适宜的城市结构和尺度来平衡城市和乡村，避免人口过度集中。这些伟大的改革设想都具有高度的启示性，但也都与当时城市的实际状态完全脱节。

一、新协和村

英国人罗伯特·欧文（Robert Owen），出生和成长于威尔士，青年时移居曼彻斯特。当时正是 18 世纪后期、工业革命的早期阶段，欧文在那里迅速成长为一位企业管理者，并成为曼彻斯特文学和哲学学会的会员。1800 年，29 岁的欧文在苏格兰中部的新拉纳克村（New Lanark）接管了一座棉纺织厂及相关产业。该产业位于克莱德河谷（Valley of River Clyde）的一片起伏的台地上，水流湍急的克莱德河从村中穿过，为纺织厂提供动力。河谷里有秩序地分布着大大小小的几十幢建筑，分成两大区域，一为工厂区，一为生活区。整个村子大约有 2000 人口，主要依靠工厂养活，没有任何教育，酗酒、偷盗和淫乱问题严重。工厂里的工人每天工作 13 小时，包括许多童工，年龄最小的只有 5 岁。这是当时一般英国工厂和工业城镇的正常状态，但欧文决定改变这种状态。

从1800年起，欧文在此努力营造了一个不断试验着的社会主义的理想社会：

将工人每天的工作时间缩短到10小时，并不断改善工厂的安全条件和卫生条件；

停止使用10岁以下的童工；

为儿童建立托儿所、幼儿园和小学，让儿童们在玩耍和游戏中学习知识，这一举措使欧文成为幼儿园的发明者，并成为现代教育思想的先驱者；

为成人建造社区中心，举办扫盲学习班等丰富工人的业余生活，后来还兴办了夜校；

为工人和他们的家庭建造了集体住宅，采用扎实的砖石砌体结构，每一户有单独的居室，另有合用的大起居室、阅览室和公用的大厨房。

1810年以后，欧文的改革成效日益显著。新拉纳克村逐渐变成了一个充满阳光的地方，居民友好相处，儿童健康成长，小偷和骗子绝迹，路不拾遗，夜不闭户。人口超过2500人，增长的部分多半是从英国其他地方迁来的赤贫家庭。纺织厂的工人工作勤奋努力，业务蒸蒸日上，利润十分可观，以至于可以进一步提高工人的福利，完全形成了双赢的局面。从1813年起，欧文出版了一系列著作，宣传他的思想和改革举措。欧洲各地的贵族纷纷赶来参观，欧文的改革获得了整个西方世界的一致赞誉。

1817年，欧文提出了他的"新协和村"（New Harmony）设想。每村300～1500人，采用近正方形布局，村中央以四幢长居住建筑（包括住宅、医院、招待所）围成内院，院内设食堂、幼儿园与小学等公共建筑，空地种树。各家的住宅不设厨房，饮食由公共食堂解决，篱笆绕村，村边有工厂、作坊和奶牛场，村外有耕地和牧地，篱内复种果树，村民共同劳动，必需品实行自给自足，集中在公共仓库，平均分配，财产共有。欧文认为，既然这种模式已经在新拉纳克取得了成功，那么也应该在世界上任何地方取得成功。

1825年，欧文将新拉纳克的管理权交给别人，离开英国前往美国。他和一些追随者一起设法凑足了15万美元，从一个宗教组织手中买下了印第安纳州西南部瓦巴希河畔（Wabash River）的一个小村的12平方公里土地，试图在这里复制新拉纳克的成功，将其命名为新协和村。欧文宣布所有人都可以加入这里，结果引来了各种投机分子和游手好闲之徒。

英国建筑师惠特韦尔（Thomas Stedman Whitwell）加入了欧文的团队到达美国，将欧文的设想变成了一个具体的设计，并且绘制了图纸，做了一个2米见方的模型。这个设计在1830年被欧文公布于世，设计大体基于欧文1817年的设想。主体是集体宿舍，容纳约2000居民，包括供家庭居住的套房和供单身人士居住的宿舍，有集中供暖，设有公共盥洗室、男女各4处公共浴室，均有冷热水系统，围合成一个方形庭院。每条边的中部为楼梯间，并设置图书馆、博物馆及其附属设施。转角处也有楼梯间，并设置托儿所、幼儿园、学校和医院，以及成年人的交流空间。庭院中部有四座带有高塔的建筑，作为食堂、厨房、面包房等，高塔本身则作为瞭望台。庭院里还布置了体育馆、小剧场等公共设施。这个设计被认为是欧文空想社会主义城市的具体体现（图6-1-1）。

由于新协和村已经形成了一个具有一定规模的聚落，因此欧文并没有进行重要的建设，这些规划设计方案都停留在纸面上。

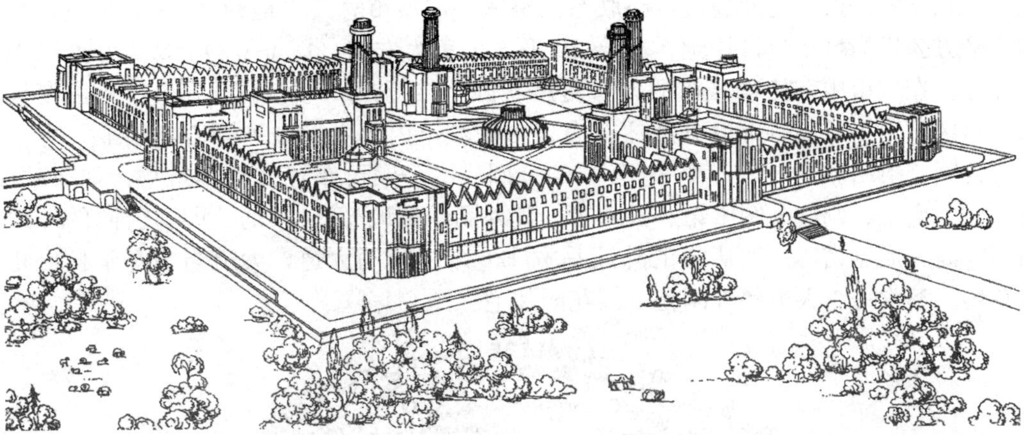

图 6-1-1 惠特韦尔的新协和村设计方案（引自 Description of an Architectural Model）

新协和村的实验只维持了 3 年便迅速失败，1829 年完全破产。欧文继续着他对新社会的探索，1841 年又提出了进一步的设想，称为 Self-Supporting Home Colony，人口规模增加到 2500 人，占用 8～12 平方公里土地，用住宅和宿舍围合成约 26 公顷的大庭院，功能组织与惠特韦尔的设计大致接近。尽管这个设想仍然没有实施，但是欧文要求控制城市规模、建造公共设施、消除城乡差别等思想对于后世有深刻的影响。

二、田园城市

在欧文去世 40 年后，另一个英国人埃比尼泽·霍华德（Ebenezer Howard）于 1898 年出版了一部书，名为《明日：通往真正改革的和平道路》（*To-morrow: A Peaceful Path to Real Reform*）。此人出生于伦敦城，虽然在乡下上过学，但 15 岁就回到伦敦工作，是地道的伦敦城居民。但他在 21 岁时移民美国，在当时还一片荒凉的内布拉斯加办了个农场。1876 年，霍华德的农场经营失败，他回到伦敦，在一家为英国国会出版议事录的公司找了个工作。这份工作使他能够直接接触到国家大事，促使他开始思考社会改革。他做这份工作直至去世。

《明日：通往真正改革的和平道路》一经出版立刻在英国产生了巨大反响。该书在 1902 年再版，书名改为《明日的田园城市》（*Garden Cities of To-morrow*）。这是霍华德一生唯一的作品，但它迅速成为一部具有世界影响的著作，被翻译成多种文字，流传全球。

霍华德认为，城市环境的恶化是由城市不断扩张引起的，城市无限扩展和土地投机是引起城市灾难的根源。他建议限制城市的自发膨胀，设立统一的机构管理城市的所有土地。城市人口过于集中是由于城市具有吸引人口聚集的“磁性”，如果能控制和有意识地移植城市的“磁性”，城市便不会盲目膨胀。由此，他论证了一种“城市——乡村”结合的形式，即田园城市，它兼有城、乡的有利条件而没有两者的不利条件。

一座田园城市实际上是一个城市体系，总共容纳 25 万人，由 1 座中心城市和 6 座外围城市组成，霍华德将其称为“社会城市”（Social City）（图 6-1-2）。中心城市容纳 5.8 万人，每座外围城市各容纳 3.2 万人。当城市人口增长到规模限制时就应当建造新的城市。中心城市与外围城市之间、外围城市与外围城市之间的距离都是约 3 公里，以农田相分隔，彼此之间通过铁路联系。每座外围城市总共占地约 24 平方公里，其中约 4 平方公里为城市建设用地，其余 20 平方公里为农田（图 6-1-3）。3.2 万人口中绝大部分住在城市中，使得城市的人口密度实际上接近 7500 人/平方公里，是密度很高的城市区域。少数人口可以分散住在农田中。城市内部由一系列同心圆组成，有 6 条大道自圆心射出。中心是一个 20 公顷的公园，沿公园可布置公共建筑物，如市政厅、音乐厅、会堂、剧院、图书馆、医院等。其外圈是占地 58 公顷的公园。公园的外圈是商店、商品展览馆等。商店街的外圈是宽 128 米的林荫大道，大道当中有学校、儿童游戏场、教堂等。大道的外圈是一圈花园住宅（图 6-1-4）。

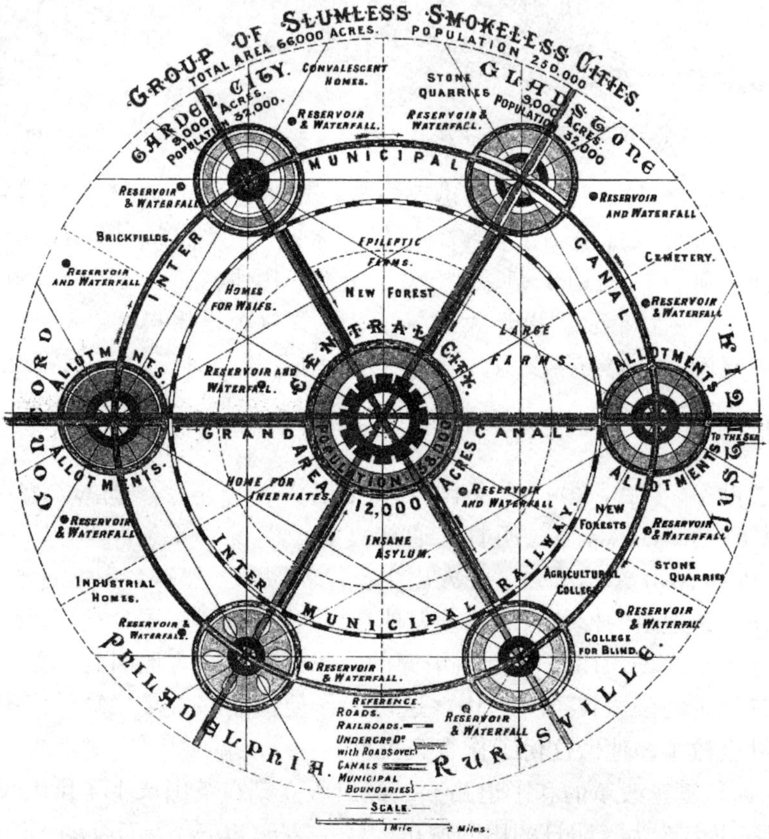

图 6-1-2　田园城市系统示意图（引自《明日的田园城市》）

霍华德在书中深入论述了建设这样一个城市体系的可能性，对土地的获得、建设资金的来源及分配、城市财政和经营管理等方面都进行了探讨。霍华德明确指出，他所描述的城市体系仅仅是一种抽象的模式，其核心思想是由此导向城乡一体化，实现更合理的人口布局和产业结构，并由此从根本上改善城市环境。霍华德认为，在这种小而分散的城市系统中，更容易实现个人自由和改善社会福利，而既不需要完全的政府管制，也不允许纯粹的放任自由。这些思想均立即获得西方知识分子的高度重视。

1899 年，霍华德成立了田园城市协会（Garden Cities Association），以推广他的思想。它成为英国历史最悠久的城市规划组织，经过几度改名，现在叫作城乡规划协会（Town and Country Planning Association）。在这个协会的推动下，筹集了资金，于 1903 年成立“第一田园城市公司”（First Garden City Ltd.），选中了伦敦东北 64 公里

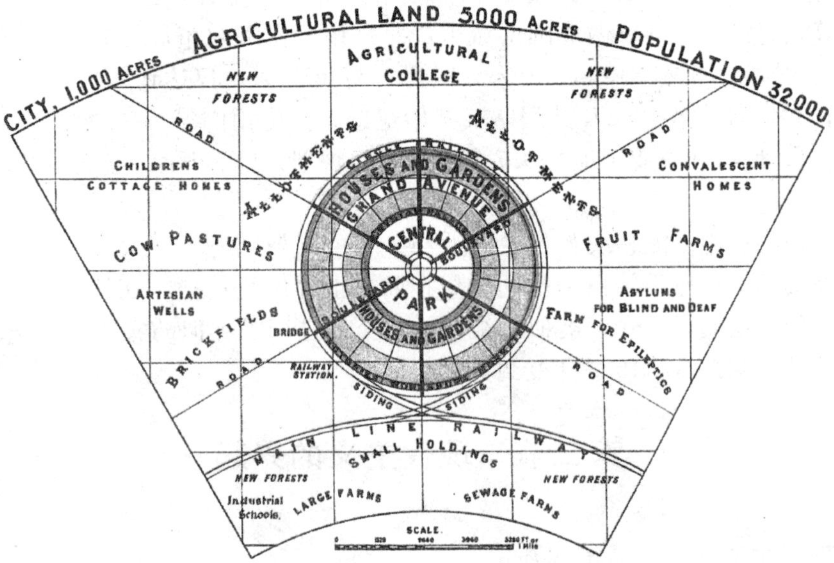

图 6-1-3　田园城市系统中的外围城市示意图（引自《明日的田园城市》）

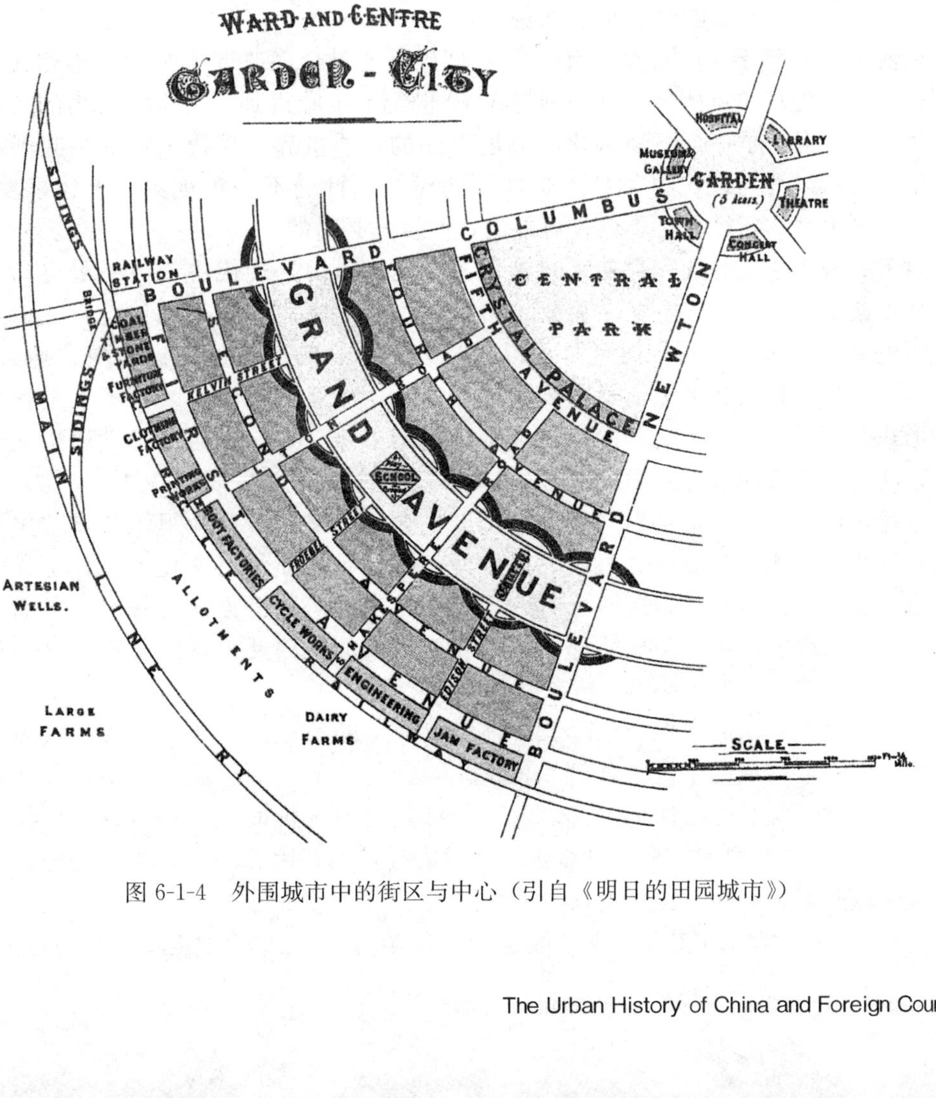

图 6-1-4　外围城市中的街区与中心（引自《明日的田园城市》）

的小村莱奇沃思（Letchworth），启动田园城市的实验。规划由建筑师昂温（Raymond Unwin）等人完成，并没有做成圆形城市，而是相对自由的布局形式。城市和农业用地共 18 平方公里，规划人口 3.5 万人，但到 1917 年，人口仅达到 1.8 万人。第一次世界大战后，1919 年，霍华德及其团队又开始建造第二座田园城市韦林（Welwyn），距伦敦 33 公里，城市和农业用地共 9.7 平方公里，规划人口 5 万人，直至 1971 年才达到 4 万人。

田园城市的设想未能解决大伦敦工业与人口的疏散问题，但对现代城市规划的发展起到了重要的推动作用。霍华德的思想在西方世界广泛传播，在欧洲各国乃至美洲都兴起了类似的运动，成立了类似的组织，甚至也进行了类似的实验。霍华德在 1924 年被授予大英帝国勋章，1927 年受封为骑士。

第二节　现代主义的兴起

一、现代主义运动

现代主义（Modernism）的兴起是 20 世纪西方社会的重大事件，也是西方文化的最重大事件。现代主义是一个整体，包括整个文化部类，从哲学到电影，从而深刻地改变了社会本身，并影响到城市的面貌。

现代主义兴起于 19 世纪 50 年代，其理想是通过全面改变人类的思想和文化，进而创造一个更美好的新社会。这一理想在 19 世纪下半叶得到了特别强有力的支持：现代科学的发展揭示了一个不断进化的高度有序的物质世界；现代工业的兴起展示了巨大的生产力；以及与现代科学技术形成鲜明对照的社会不公正现象。上述事项说明，创造一个更美好的新社会，不仅是可能的，而且是必需的。

对工业资本主义的批判最初来自浪漫主义运动，但是现代主义体系最终却是建立在理性主义之上的。现代主义在思想上可以追溯到启蒙思想和进化论，它相信人类社会在历史上是不断进步的，而且是可以通过人类自身的努力促使进步更快速合理的。工业革命本身正是人类历史上最重要的进步之一，已经在实质上改变了人类社会的结构和形式。因此，现代主义者的使命清晰地揭示了这一点，并通过推动思想文化的变革，带动整个社会的所有方面发生变革，以与工业技术经济的发展相适应。

据此，现代主义相信那些“传统”形式的艺术、文学、社会组织和日常生活方式都已经过时，因此有必要将这些过时的东西扫除并且重新创造文化。现代主义鼓励人们去重新观察从哲学到电影这些已有的现象和方法的每一个方面，找出在里面有什么东西是在“阻碍”进步，并且将那些东西替换成新的也因此更好的东西。这个替换过程当然不可能一帆风顺，必然要寻求权力的支持。

现代主义在艺术上崇尚抽象形式，强调以简洁的抽象形状和色彩关系去表达世界的本质而非表象。现代建筑则强调简洁的形体、复杂的空间关系、对结构和功能的直截了当的表达，反对使用任何装饰。这些特征均与传统价值观格格不入。现代主义者认为 20 世纪的崭新现状，都是具有永恒性及内在性的，因此公众必须调整他们的世界观，接受这些新兴而同时也是美好的事物。

现代主义运动在两次世界大战之间达到高潮，在 20 世纪 50 年代达到其影响的顶峰。

二、未来主义

未来主义（Futurism）是发生在意大利的艺术运动，由诗人、宣传鼓动家马里内蒂（Filippo Tommaso Marinetti）于1909年发起。马里内蒂出生于埃及的亚历山大港，在巴黎接受教育，在帕维亚获得法学学位，但他拒绝成为一名律师，而是投身于文学创作。

1909年，马里内蒂在法国主要报纸《费加罗报》（Le Figaro）头版发表《未来主义宣言》（*Manifeste du futurisme*）。他声称意大利文化已经发展到了尽头，没有动力，没有健康的内容。他指出，在这个工业蓬勃发展的年代，意大利应通过工业技术的发展，在世界上占有一席之地。高速行驶的汽车是时代的象征，"比胜利女神更美"。他要求捣毁图书馆、博物馆、学院、城市，因为它们都是些"坟墓"。他赞颂革命和战争，赞颂动力、速度、机械和全球通信。这份宣言随即在欧洲产生巨大影响。

1910年，年轻的雕塑家波丘尼（Umberto Boccioni）、画家卡拉（Carlo Carrà）、画家和音乐家鲁索洛（Luigi Russolo）等人加入马里内蒂阵营，成为未来主义者的最初成员。他们的共同特点在于都出生和成长于意大利北部，当时都在米兰定居，米兰是意大利工业革命的发源地、意大利经济最发达的地方。

波丘尼等人在加入未来主义之后不久，即联名发表《未来主义绘画宣言》（*Manifesto dei pittori futuristi*），要求与传统绘画完全割裂，称其为"陈腐过时的古董"，呼吁艺术家要有反抗一切的精神。波丘尼于1912年发表《未来主义雕塑的技术宣言》（*Manifesto tecnico della scultura futurista*），攻击直到罗丹、马约尔为止的西方雕塑传统，认为雕塑应当成为空间的一种表达，要求雕塑与环境结合。鲁索洛则在1913年发表《噪声的艺术》（L'Arte dei Rumori），将传统音乐与机器的噪声相比，要求音乐家创作噪声的交响曲，它被称为未来主义音乐的宣言。

1912年，建筑师圣埃利亚（Antonio Sant'Elia）在米兰开业，随即加入未来主义运动。1914年，圣埃利亚发表《未来主义建筑宣言》（*Manifesto dell'Architettura Futurista*）。这部最新的未来主义宣言声称建筑学在1700年即已死亡，指责新古典主义用七拼八凑的愚蠢装饰亵渎最新的结构技术，是荒谬的白痴行为。他声称新建筑必须基于力学计算，基于钢结构和钢筋混凝土结构，因此和传统已经毫无关系。未来主义的城市应当是动态的，各个部分都能够敏捷地运动。街道不再限于地面，而应当有多层，甚至埋入地下，由快速的车行道和自动人行道组成。住宅应当像一座巨大的机器，楼梯必须取消，代之以贯穿整个建筑的电梯。建筑师必须充分利用屋顶和地下空间，忘记各种装饰，转而关注大尺度体量和建筑群。混凝土、钢铁和玻璃将取代壁画和雕塑。

圣埃利亚根据方案绘制了一些图纸，用以说明他的设计思想，并在米兰公开展出。这些图纸，正如他的宣言，充满各种简洁形状和密集线条，街道和广场转变为多层的复杂立体交通，建筑则全为高大的摩天楼，由各种垂直交通塔和水平架空走道连接起来（图6-2-1）。但这时第一次世界大战已经爆发，圣埃利亚于1915年加入意大利陆军，1916年在第八次伊松佐河战役中阵亡。这些方案无一得到实施，但对于现代建筑的观念起了重要的推动作用。由于未来主义的侵略性倾向与民族主义倾向，常使评论者怀疑其与法西斯的关系密切，也因为如此，未来主义理论本身的影响力有限。但圣埃利亚所设想的许多未来城市的因素，在第二次世界大战后已经成为城市中的现实。

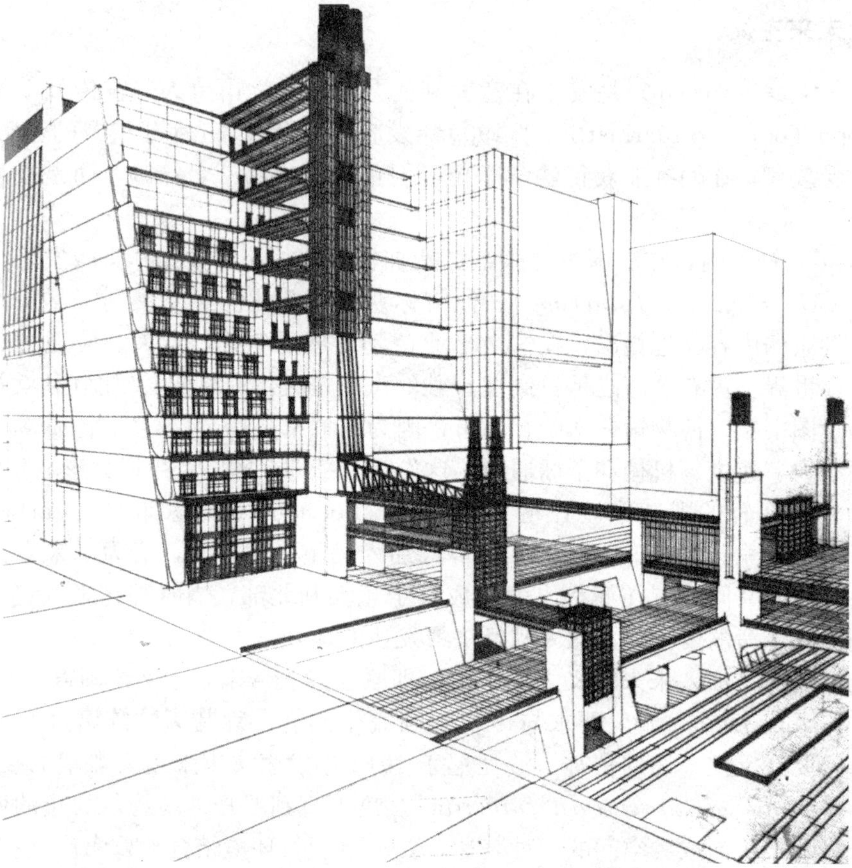

图 6-2-1 圣埃利亚，有电梯和与不同层面街道连接系统的大厦
（引自 A History of Western Architecture）

三、工业城市

法国建筑师托尼·戛涅（Tony Garnier）在 1918 年出版《工业城市》一书，提出了一个为 35000 人设计的理想城市方案。戛涅出生和成长于法国工业中心城市里昂，21 岁进入巴黎美术学院建筑系，1899 年获得罗马大奖。巴黎美术学院这时尽管已经迫于时势，增加了一些建筑技术方面的训练，但总体而言仍以教授未来主义所称的“白痴般”的新古典主义为主。戛涅在罗马呆了 4 年，但并未沉浸于古典历史之中，而是在思考建筑和社会的问题。他设想建立一座理想的新城市，完全基于工业生产和工人阶级的需要，将其称为工业城市。1904 年展出了一些图纸，但完整的文本直到 1918 年才出版。

戛涅认为城市可以划分为 4 种主要功能：工作、居住、健康、娱乐。这些功能应当布置在相互独立的区域中，尤其是工业区必须划分为一个单独的区域。他认为，通过一个理想化的概念设计，可以为城市规划建立基本的规则。

这座理想中的城市被设定为位于法国东南部，规模为 3.5 万人，地形既有山丘也有台地，一条河流从城市边缘穿过。主要的工业区位于城市东南面较低的台地，临河布置并设置河港，北面由铁路线将工业区与市区隔开。市区位于东北面，沿台地布置，总体而言是一个长条形，主要的公共设施布置在中部，包括行政管理、博物馆、体育和表演设施三个主要的组群，与开放的公园绿地结合布置。小学分散布置在居住区内，中学和职业学校布置在长条形的东北角。长条形的其余部分为居住区。在更高的台地上布置医院，有715张病床——达到每千人20.4张病床，即使在今天也大大超过世界上任何城市的实际水平。医院因此成为城市的一个独立部分，建筑与大面积的绿地完全融为一体。火车站位于铁路线一侧，周围预留了大量用地给未来的商业设施、旅馆和单身公寓等。城市的其余各个部分也同样预留了发展的空间（图6-2-2）。

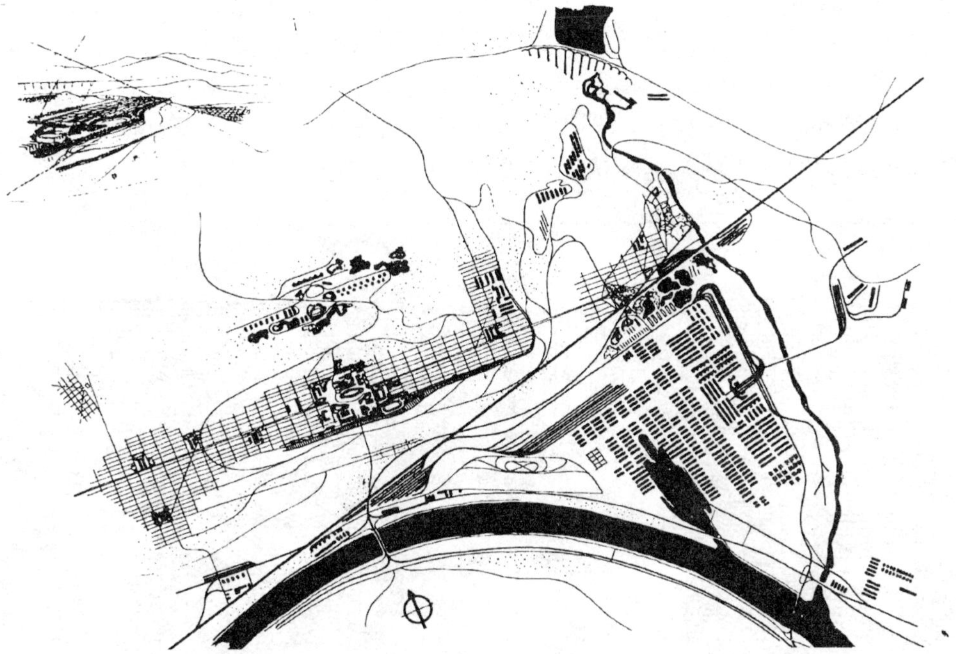

图6-2-2 工业城市总平面示意图（引自Tecniche Urbanistiche）

戛涅认为技术发展是社会进步的一个必不可少的组成部分，而建筑能赋予这种进步以具体的形式。因此，他试图通过便捷的交通组织来满足城市大工业发展的需要，运用钢筋混凝土——此时刚刚发展起来的一种新的较金属结构廉价的现代技术——建设市政交通设施和各种建筑。戛涅设计了许多建筑方案，和当时城市中的一般建筑相比，全都十分开敞、通透、轻巧，有大量的出挑和大面积玻璃。但整个城市的面貌相对单调，因此戛涅又加上许多具有希腊风格的装饰，以弥补坚硬而粗糙的材料所带来的不适。

这座理想城市深受空想社会主义影响，企图通过适当的城市和社区建设来化解社会矛盾，同时对工业生产与城市生活之间的关系进行了认真的研究。戛涅认为这座城市将成为此后建造的所有城市的样板，现有的城市应当按照该城的模式进行改造。尽管并没有哪一座城市真的按照他的模式建造或改造，但是工业城市的理论奠定了现代城市空间功能规划布局的理论基础，是20世纪城市规划的一个里程碑。

四、光明城

出生于瑞士西部边境小城拉肖德芳一个钟表匠世家的夏尔-爱德华·让纳雷（Charles-Édouard Jeanneret），在17岁时因为视力下降不得不放弃钟表业改行学习建筑。此后他曾经在欧洲漫游，拜会托尼·戛涅，在数位著名建筑师门下工作。从1919

年起，让纳雷定居巴黎，1922年开设建筑师事务所。他和其他人从1920年起合伙创办期刊《新精神》，并以笔名勒·柯布西埃（Le Corbusier）发表大量文章，鼓吹艺术、设计和建筑中的新探索。此后这个笔名代替他的本名变得极为著名，成为20世纪城市和建筑领域最重要的名字之一，简称柯布（Corbu）。

1922年，柯布发表了一个城市设计方案，称"当代城市"（Ville Contemporaine），是一座拥有300万人口的大城市。城市中心由一群60层的十字形摩天楼组成，供40万人居住，彼此之间在地面上通过巨大的多层平台连接，各层分别通行火车、公共汽车和高速公路，顶层为机场。建筑群本身置于开阔的绿地之中（图6-2-3）。在这个高层建筑群的外围布置了大量连续的多层住宅，供60万人居住，形状曲折，以远离道路，保持足够的绿地和间距。在城市的外围还有大量花园住宅，供其余200万人居住。柯布认为，这样可以重建生活的基本快乐：拥有阳光，空气和绿化。

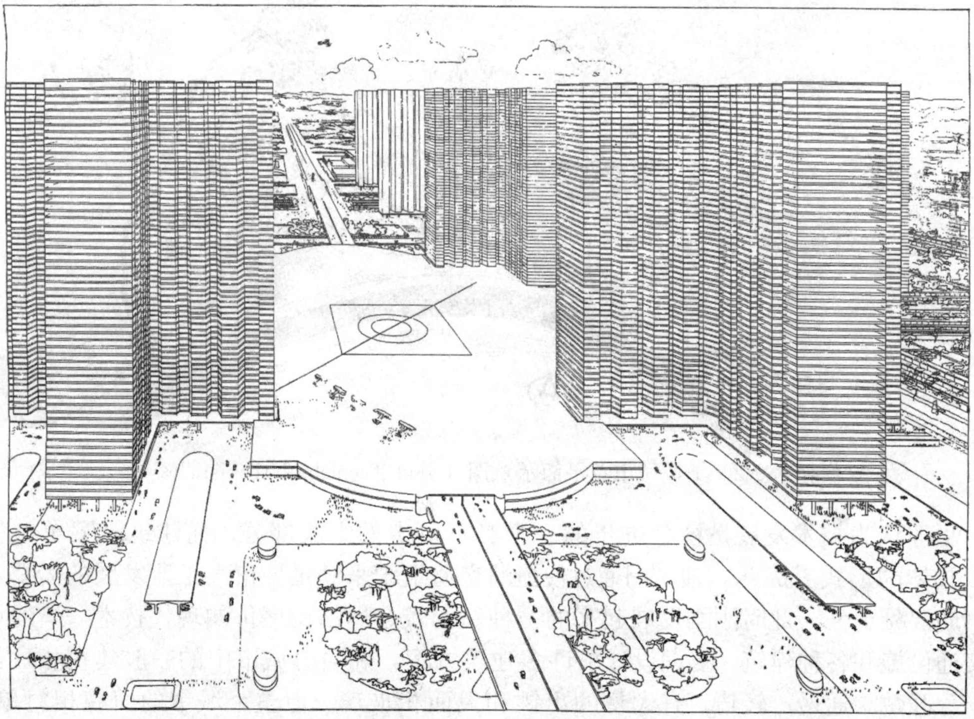

图6-2-3 当代城市中心方案（引自 Oeuvre Complète de 1929—1934）

1923年，柯布将他在《新精神》（*L'Esprit Nouveau*）发表的和建筑有关的文章单独结集出版，取名"*Vers une Architecture*"。1927年出版英文版"*Towards a New Architecture*"，迅速行销世界。中文版尽管均译自法文，但仍称《走向新建筑》。此书鼓吹机器美学，将建筑与汽车、火车、飞机相比，要求建筑师向工程师学习；同时又对希腊建筑大加赞颂，认为它们是纯粹而精确的典范，具有无与伦比的协调比例；还呼吁以建造新的、经济适用的建筑改善城市环境和人民生活，以此代替社会革命，以解决工业资本主义的各种社会矛盾。

"住宅是居住的机器"是《走向新建筑》中的另一个重要观点。柯布扬言，居住建筑应当像汽车一样按型号批量制造，成为"大量生产的房子"。1920年，他设计了雪铁龙住宅（Maison Citrohan），尽管拼法不同，不过由于法语的特点，发音和雪铁龙汽车雷同，以暗示大家可以像买汽车一样，买一幢不同牌号的房子，然后住进去。这是一种独立式住宅，有两层高的起居室和直通屋顶的室外楼梯。1922 年，他又将许多个雪铁龙住宅摞在一起，配上相应的楼电梯、走道，再加上像一条轮船或者火车一样的生活服务设施，称为别墅大楼（Immeubles Villas）。外观像是 4 层，实际上因为每户都有两层高的起居室和阳台，所以实际上是 8 层。这些概念在以后的日子里不断被他发展，成为柯布城市观念的基础，同时也被其他许多人所模仿。

1925 年，柯布提出巴黎中心区改建规划，建议拆除大部分最古老的巴黎旧城，改建为 16 栋 60 层的办公—居住混合大楼，并形成新的交通体系，以彻底解决巴黎的交通拥堵，在巴黎市中心开辟大面积绿地。这个方案得到法国左翼力量的赞赏，同时也遭到右翼人士的猛烈批评。

1935 年，柯布出版《光明城》（*Ville Radieuse*）一书，表达了他的城市规划观：技术功能、高层高密度、不同建筑形式、高效交通。城市中的人口被高度集中起来，城市的大部分地面用于绿化和游戏场地。高容积率的大型建筑由复杂的多层道路体系连接，人行道设在其中单独一层（图 6-2-4）。传统的由两侧建筑围合的街道完全消失了。所有市民居住在雷同的住宅楼里，因而消灭了阶级隔阂。每座住宅楼本身拥有丰富的商业服务设施和娱乐休闲场所，包括体育馆、幼儿园等，基本上可以认为是个小城镇。

柯布认为此种城市组织方式，既不同于自发形成的中世纪城市，又不同于方格网式的殖民地城市，也不同于星形广场和放射路的巴洛克—古典主义城市，而是一种适用于一切现代城市的模式（图 6-2-5）。尽管并没有一座城市完全按照这个模式建造，甚至他自己在第二次世界大战以后做的城市规划也与此不尽相同，但他的思想对 20 世纪的城市规划仍产生了巨大影响。

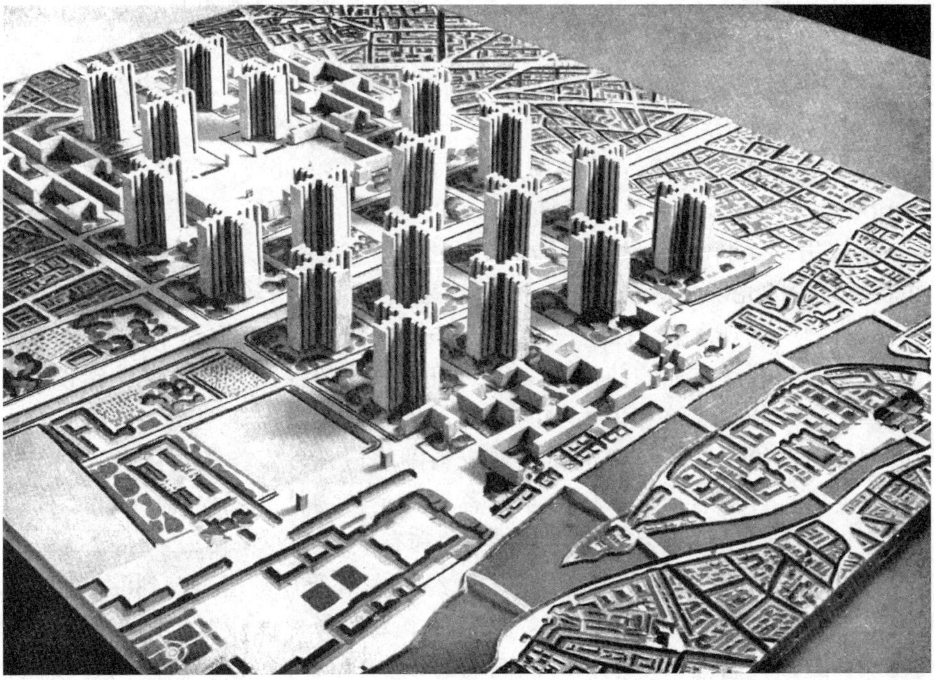

图 6-2-4　巴黎中心区改造方案（引自 Oeuvre Complète de 1929—1934）

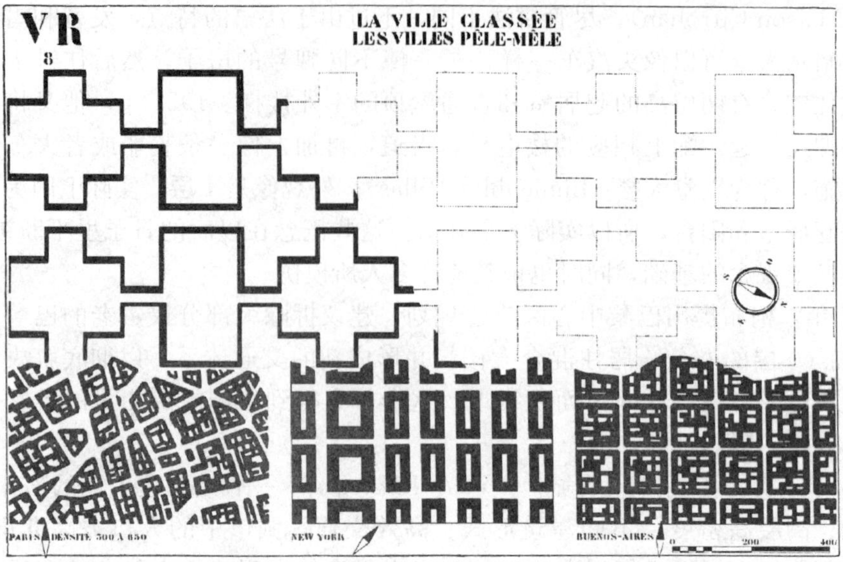

图 6-2-5 光明城示意图（引自 Oeuvre Complète 1934—1938）

五、《雅典宪章》

1928 年，柯布召集其他 28 位来自欧洲 10 个国家以及伊朗的建筑师，在瑞士洛桑附近的拉萨拉城堡聚会，成立了国际现代建筑师协会（Congress Internationaux d'Architecture moderne，法文缩写为 CIAM）。利西茨基（El Lissitzky）等三位苏联建筑师原拟参会，但未能获得瑞士的入境签证。到场的这 29 位与会人员经历、立场各不相同，最年长者比最年轻者大了将近 50 岁，有一些出身巴黎美术学院或者类似机构，受的是正宗的传统建筑教育；另一些出身于各种工业大学，例如赫赫有名的苏黎士高工；还有一些几乎是自学成才。这些人至少大部分当时以建筑师为职业，成立的组织也名为建筑师协会，但 CIAM 几乎从一开始就以城市而非建筑、以社会而非形式为其关注的中心，这是所有与会者最大的共识。

在首次会议结束的时候，CIAM 发表了它的第一份宣言：《拉萨拉宣言》(Déclaration de La Sarraz)。该宣言具有浓重的柯布个人色彩，要求将建筑师从学院派的束缚中解放出来，将建筑与工程师们的巨大成就联系起来，呼吁走向“机械师时代”，并脱离过去的光荣。这些言论一望而知来自《走向新建筑》，但接下来的内容表明了与会人士的一致观念。《拉萨拉宣言》宣布，CIAM 的宗旨在于“城市性”，它涉及三个最基本的问题：土地的使用、交通的组织和法律控制。学院派的错误在于他们只关注那些显赫的公共建筑和大人物的府邸，称它们为“严肃建筑”，而将普通住宅、工厂和休闲场所扔给投机商。建筑和规划应当围绕居住、工作和休闲这三大核心问题重新定位。这份宣言将建筑师从自由职业者重新定位为社会工程师、城市规划师和领导者，负责将革命理想转化为物质的、有形的和有效的现实。

《拉萨拉宣言》发表的第二年，美国发生经济大萧条并迅速影响到欧洲。经济的滑落促使人们寻找政治解决方案，而许多国家和个人选择了保守派。整个现代主义文化和现代建筑在欧洲开始进入一个相对低潮的时期。1933 年，在从法国马赛驶往雅典的一艘船上，CIAM 召开了这个组织成立以来的第四次会议，主要议题是“功能城市”。

会议期间进行了热烈的讨论，发生了许多争执，与第一次会议相比，表现了更多的观念上的差异。会议最后在雅典结束，所形成的最后文件即后来的《雅典宪章》。

正如会议的主题，这部宪章所关注的仍然是城市而非建筑。宪章的第一部分题为“区域中的城市”，一开始就声称城市仅仅是构成一个地区的经济、社会和政治实体的一部分，决定一个城市的特性的要素包括：军事防卫、科学发现、行政管理、通讯和运输的进步。

宪章的第二部分是其主体，主要讨论城市的四大功能：居住、游憩、工作和交通，并涉及城市历史遗产保护。

关于居住，宪章建议：居住区应当占据城市中地形、气候、日照和绿化最佳的位置；建筑密度应根据住宅形式和场地状况合理限定；每户住宅均应有基本的日照；避免沿主要干道布置住宅；鼓励使用先进技术建造高层住宅，以在地面上形成大尺度开放空间。

关于游憩，宪章建议：所有的居住区都应有足够的开放空间供居民游憩，包括儿童游戏场、学校、青年俱乐部和其他与住区关系紧密的社区设施；不卫生的贫民窟应拆除改为开放空间；周末的时间应能在公园、森林、运动场、体育馆、海滩等地度过；现有的河流、森林、山地、河谷、湖泊应得到充分利用。

关于工作，宪章建议：工作场所和居住地点间的距离应尽量缩短；工业区应通过开放绿地与居住区隔离；工业区应与铁路、运河和高速公路相连；与城市生活密切相关的作坊应在城市内部占据适当位置；商业区应与居住区和工业区均有良好的联系。

关于交通，宪章建议：应基于城市及其区域的实际交通状况进行交通分析；道路应根据其功能和速度分类和分级；繁忙的交通节点应采用立体交叉；车行道和步行道应分离；交通特别繁忙的道路应有绿化隔离带。

据称“经过长时间的讨论”，宪章第二部分专门增加了一节关于历史遗产的条文，提出要保护“建筑艺术作品，包括独立的建筑物或建筑群”。其先决条件是：该建筑确实反映了一种历史或文化；对该建筑的保护确实符合公众利益；以及对该区域的保护不会迫使人们生活在一个不卫生的环境之中。为此，宪章建议：调整城市交通结构，使主要交通线不受历史保护的影响；调整历史保护区所在地段原有的城市中心功能；清除历史古迹周边的贫民窟，以便为城市创造新的开放空间；即使是在历史地段中，新建的建筑在建筑风格上也不应采用传统的建筑风格。

《雅典宪章》是世界近代城市规划发展的历史性总结，是城市规划理论发展史上的一个里程碑，对 20 世纪后半期世界城市发展影响极大。但城市功能分区的观念在 1950 年代以后遭到严肃的批判，被指责为强行割裂了城市，延长了通勤距离和时间，破坏了城市的有机统一。

六、广亩城

1932 年，美国著名建筑师赖特（Frank Lloyd Wright）出版《消失中的城市》一书，提出了一个和现代主义城市至少在形式上完全不同的城市分散发展的方案，称之为广亩城（Broadacre City）。赖特出生和成长于威斯康星的农村地区，但 20 岁就来到芝加哥谋生，此后很长一段时间生活在芝加哥郊区，见证和参与了这座城市的迅速发展，并且深受芝加哥学派的影响。

赖特到达芝加哥的时候，柯布刚刚出生。赖特和柯布一样，从思考住宅开始思考城市。在 30 岁前后，赖特发展出一种独特的独立式住宅风格，称草原式住宅(Prairie Style)。它是一种小型住宅，一般不超过三间卧室，适应于不断分化的美国家庭；采用十字形平面，四向伸展，使小住宅显得更大，而非欧洲传统的团块式简明体量；层高低，强调体量与大地的关系，强调建筑与环境的融合。正因为如此，它被称为“草原式”。这种住宅相当成功，使赖特很长一段时间被认为主要是一位住宅建筑师。

到第一次世界大战之后，赖特试图发展出更完整的建筑思想。和欧洲同行一样，他也将目光投向城市，试图为日益膨胀的大城市提供一个基于经济、社会的解决方案，尽管出发点和结论都非常不同。赖特认为欧洲的现代主义建筑师试图抹杀地区差别和个性差异而推销通用设计，而他的建筑都应当与土地保持紧密的联系。与欧洲城市相比，美国城市的历史短得多，肌理简单得多，基本上都是方格网城市，没有什么历史负担。美国也是一个人口密度远低于欧洲的地方，当时整个欧洲的人口密度大约是 52 人/平方公里，西欧的人口密度大约 70 人/平方公里，而美国的人口密度只有大约 16 人/平方公里。

1930 年代，美国正经历历史上最严重的经济衰退和最激进的社会改革。1929 年开始的大萧条使许多家庭财产化为乌有，大量人口失业，治安日益恶化。1933 年富兰克林·罗斯福就任美国总统，开始推行“新政”，实行广泛的社会救济，大量开展公共工程建设以促进经济回升，并且实施了多方面的政治经济制度改革。

1935 年，赖特在美国最有影响的建筑刊物《建筑实录》(*Architectural Record*)发表文章《广亩城：新的社区规划》(*Broadacre City*：*A New Community Plan*)，同年又在纽约洛克菲勒中心展出了规划模型，进一步阐述了他的观念。

赖特指出，有三种新发明影响到当代城市：汽车、电子通讯（电话、电报和无线电广播）以及标准化生产。这三种新发明，在当时的美国已经基本普及。正是基于这些发明，城市已经失去了原本的存在价值，为生活提供了新的自由。因此，广亩城可以应运而生。在该城中，每户人家占有至少 1 英亩（约 0.4 公顷）用地，彼此之间完全依靠汽车和高速公路相互联系，工业动力可以使用坑口电站提供的电力，因此不再需要林立的烟囱来显示工业区的存在。学校可以分散设置，推行家庭办公，简化政府职能。一旦城市消灭，城市或地区中心和边缘的差异也随之消灭，各种小农庄、小作坊、小学校甚至小大学能够使得每个人自由发展自己的兴趣爱好，并且从事科学发明。小农庄将成为城市中最有吸引力的景观（图 6-2-6）。每个家庭获得同等的权利和义务，从而真正实现民主和建立社会和谐。赖特甚至为此修正了他的草原式住宅，发展出一种规模更小、造价更低廉，因此更适用于普通家庭的小型独立式住宅，将十字形平面改为 L 形平面，完全采用地方材料建造，可以标准化生产建造，称 Usonian house。

听起来也许有些离谱，广亩城实际上和光明城具有接近的人口密度，而且同样高度依赖汽车等机动交通工具。赖特说：“这将是一种与古代城市或任何现代城市差异如此之大的城市，以至我们可能根本不会认识到它作为城市而已来临。”在第二次世界大战以后，赖特的某个门下阿尔弗雷德·莱维推动了美国的郊区住宅区的大量建设，或许可以算是广亩城精神的某种体现。

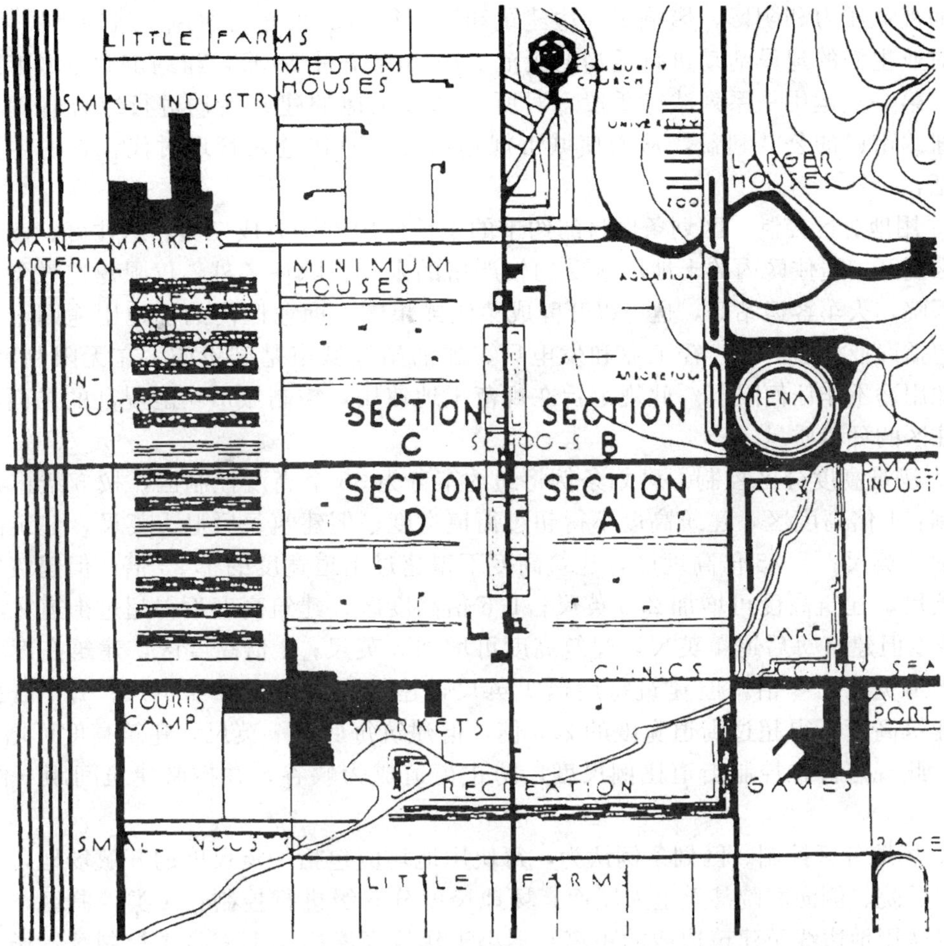

图 6-2-6　广亩城示意图（引自 Broadacre City：A New Community Plan）

七、城市分区控制

对城市中的各个地段或地块进行分区控制，分别规定其用途、建设规模以及其他指标，今天在中国一般称为控制性详细规划。它的历史可以追溯到 19 世纪后期的某些德国城市，例如阿尔托纳（Altona），今天是汉堡的一个郊区；或者法兰克福（Frankfurt am Main）。不过，一般认为，分区控制的历史正式开始于 1916 年纽约市的城市区划条例（Building Zone Resolution）。

至 19 世纪末，纽约城市建设的高速发展已经带来了许多问题。尽管纽约当时不如芝加哥出名，在早期也的确缺乏技术突破，但纽约是摩天楼的另一个摇篮。1870 年，在曼哈顿南端建起了一座 7 层 42 米高的公平大厦（Equitable Building），虽然是落后的砌体结构，但是是世界上第一座使用乘客升降机的建筑。此后，曼哈顿出现了越来越多的高层建筑，通风采光均不佳。各种不同功能的建筑混杂在一起，时尚店铺与工厂货栈相邻，甚至在居住社区内建造工厂，使得城市风貌和生活品质均日益恶化。1912 年，公平大厦遭遇火灾被烧毁。至 1915 年，在其废墟上建成了新的公平大厦，高度达到 42 层 164 米。该建筑系在不到 4000 平方米的用地上建起了 12 万平方米的建筑，容积率达到惊人的 30。其巨大体量和直上直下的简单体型给周围环境造成了显著的视觉压力和阴影，影响了周边建筑和城市街道的采光与通风。纽约市民认为，必须对业主们的建设活动进行适当的规范。1916年7月25日，纽约市颁布城市区划条例，第一次运用一系列法律手段，对所有私人土地的建设活动进行综合管理，以保障纽约市民的公共利益，从而使城市规划从设计时代进入管理时代。它的主要内容包括：

1. 用地分区控制。区划条例将纽约市的土地使用方式分成三类：居住区、商业区和无限制区。居住区内的土地用途受到较严格的限制，除住宅外，仅限建造教堂、学校、医院、火车客运站等，也可以开辟成菜园或果园。商业区内的土地用途则十分丰富，包括商业、服务业、轻工业和发电厂、加油站等城市基础设施。在无限制区内，对土地用途不作任何限制。此规定旨在规范土地使用，控制城市功能混乱的局面，确保居住区的环境质量。

2. 建筑高度分区控制。区划条例将纽约市分为35个高度控制区，按5级进行高度控制：1倍高度区，建筑高度不得超过街道宽度，但建筑每后退1英尺，建筑高度可增加2英尺；1.25倍高度区，建筑高度不得超过街道宽度的1.25倍，但建筑每后退1英尺，建筑高度可增加2.5英尺；1.5倍高度区，建筑高度不得超过街道宽度的1.5倍，但建筑每后退1英尺，建筑高度可增加3英尺；2倍高度区，建筑高度不得超过街道宽度的2倍，但建筑每后退1英尺，建筑高度可增加4英尺；2.5倍高度区，建筑高度不得超过街道宽度的2.5倍，但建筑每后退1英尺，建筑高度可增加5英尺。此规定旨在控制街道比例尺度，防止街道成为峡谷，并控制建筑间距（图6-2-7）。

3. 场地分区控制。区划条例认为，每块用地均应包括一定尺度的开敞场地，包括前院、后院、侧向庭院甚至上人屋面。场地尺度分5级进行控制：A类控制区，场地深度（从用地边线至建筑边线的距离）不小于建筑高度的1/12；B类控制区，场地深度不小于建筑高度的1/6；C类控制区，场地深度不小于建筑高度的1/4；D类控制区，场地深度不小于建筑高度的1/3；E类控制区，场地深度不小于建筑高度的5/12。除A类控制区外，居住区内建筑均应设地面后院。此外，还有其他关于开敞场地、庭院和后退开窗的细致规定。此规定旨在控制建筑间距，改善建筑物特别是居住建筑的通风采光和周围环境（图6-2-8）。

综上所述，这部区划条例尽管是第一次形成一个较完整的城市建设管制体系，但正如其名称所指，主要关注的是建筑形态，实际上更接近于城市设计中的建筑形态控制而非用地控制，就更不用说交通控制了。另一方面，条例的条文规定既含糊不清又十分复杂，尤其是场地分区控制，连建筑师都难以完全理解。建筑绘图师弗瑞斯（Hugh Ferriss）等人因此成为以图形方式解释区划条例的专家，被许多建筑师和业主雇佣作为顾问，差点成为一门新兴产业。尽管如此，这个基于用地、建筑高度、建筑后退和场地控制而形成的管理体系，在此后40年中发挥了显著作用，不但使纽约的高层建筑全部具有复杂退台形式，号称“纽约摩天楼风格”，而且被其他城市广泛模仿，不断改进，成为当代控制性详细规划的基础。

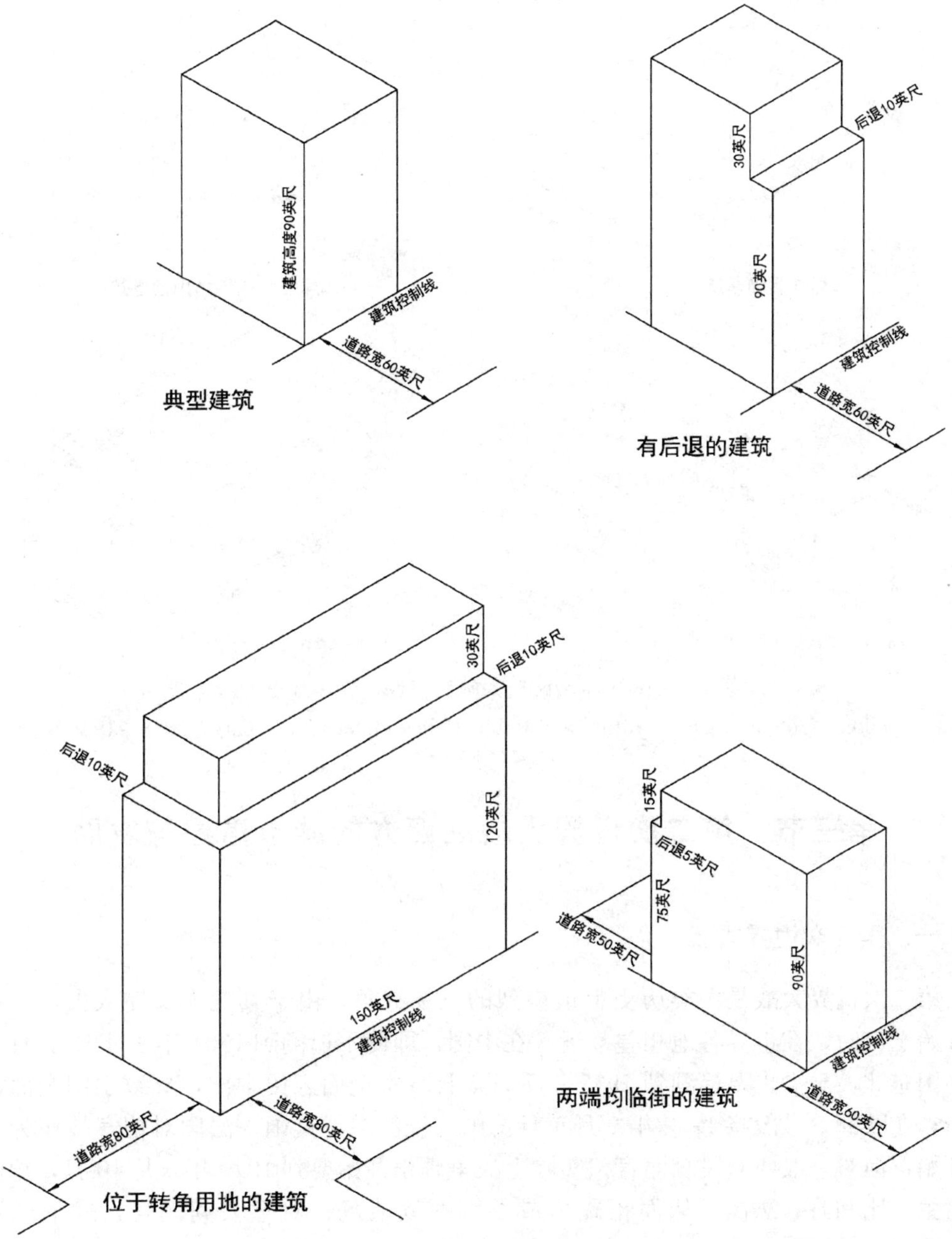

图 6-2-7　1916 年纽约区划条例 1.5 倍高度区控制要求示意图
（据 Building Gotham：Civic Culture and Public Policy in New York City，1898～1938 绘制）

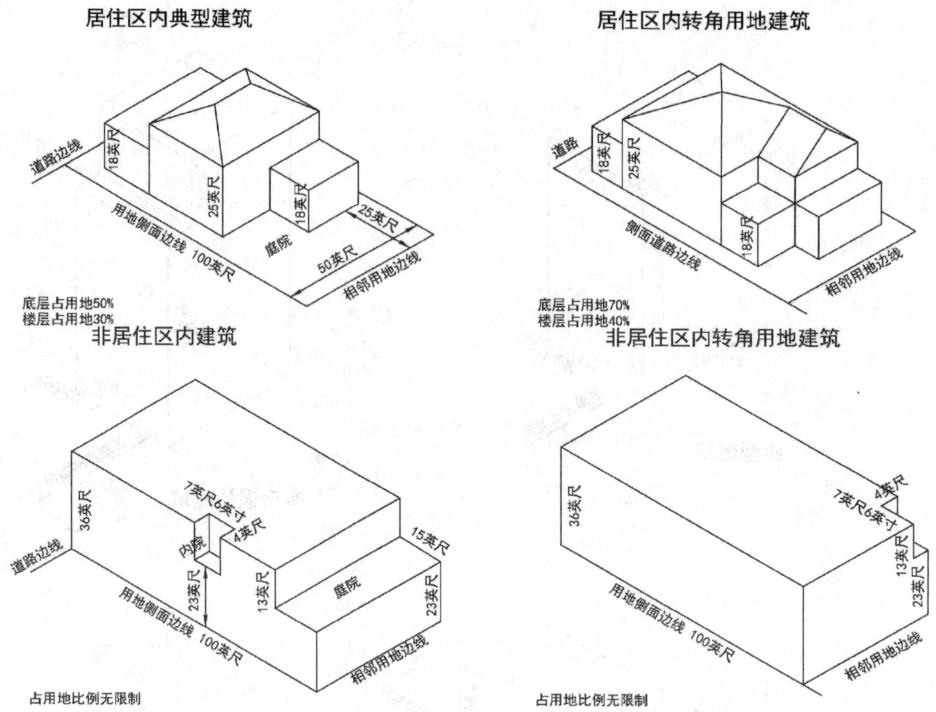

图 6-2-8　1916 年纽约区划条例 E 类场地区控制要求示意图
（据 Building Gotham：Civic Culture and Public Policy in New York City，1898～1938 绘制）

第三节　第二次世界大战后西方的城市重建与发展

一、第二次世界大战

第二次世界大战是人类历史上最惨烈的一场战争。由于其规模实在太大，这场战争开始于何时，在世界各地相差甚远。在中国，即使不追溯到 1931 年 9 月 18 日日本占领中国东北，至少也要追溯到 1937 年 7 月 7 日日本全面入侵中国，导致中国全面抗战开始；在欧洲，一般将 1939 年 9 月 1 日德国入侵波兰，英国、法国对德宣战作为战争的开始，但对一般西欧民众而言，实际上战争真正开始要到 1940 年 5 月 10 日，德国入侵荷兰、比利时、法国，从而正式形成欧洲西线战场；对意大利而言，战争开始于 1940 年 6 月 10 日，意大利对英、法宣战；对苏联而言，尽管它在 1939 年 9 月 17 日已经入侵波兰，1939 年 11 月 30 日又向芬兰发动进攻，但战争的正式开始却要到 1941 年 6 月 22 日德国入侵苏联，形成欧洲东线战场；对美国而言，则要到 1941 年 12 月 7 日，日本袭击太平洋上的美国海外领地夏威夷，并入侵美属菲律宾、英属马来亚（今马来西亚）和荷属东印度（今印度尼西亚），形成太平洋战场。不过，尽管战争开始的时间各地不一，但战争结束的时间却异常清晰：1945 年 5 月 8 日，德国投降，欧洲战场结束；1945 年 8 月 15 日，日本投降，太平洋战场结束。

在这场战争中，先后有 50 多个国家卷入战争，30 多个国家成为战场，3500 万至 6000 万军人和平民死亡。平民死亡人数之多，城市特别是大城市损害之严重，在人类历史上都是罕见的，在西方历史上则是完全空前的。由于军事技术的进步，以轰炸机甚至导弹深入敌国本土，对城市和人口密集地区进行“战略轰炸”，以期破坏对手的工业、经济和民心，从而打击其战争能力，成为重要的战争手段。欧洲大部分城市都遭到程度不等的轰炸，其中被严重损毁的城市包括柏林、德累斯顿、伦敦、鹿特丹、华沙、考文垂、汉堡等。除此以外，地面上的强大火力，包括各种稀奇古怪的火炮、坦克甚至喷火坦克，在战争中也产生了巨大的破坏。到战争结束时，根据各种统计，伦敦有接近100万户住宅被损坏甚至被毁；法国有5%的房屋完全被毁；德国西部有500万户住宅被毁。因此，在战争结束以后，自1945年至1950年，西方城市进行了大规模的重建。

另一方面，第二次世界大战的结局，可以被视为现代主义精神的全面胜利。不管战争期间反法西斯联盟的成员构成如何复杂，联合的动机如何不同，联合的时间如何短暂，在反法西斯旗帜下联合起来的力量，其范围极其广大，而且的确具有共同的意识形态基础。反法西斯的精神所代表的共同价值及希望，可以追溯到启蒙时代：基于理性与科学的力量推动人类社会的全面进步；普及文化教育和卫生保健；实现种族、性别和个体的平等权益；放弃自由市场，建立国家积极干预的经济体系；反对固步自封，建立具有前瞻性的社会。在法西斯主义和纳粹主义彻底覆灭之后，这些面向社会改革和进步的思想在世界范围内成为主流的价值观。尽管这些观念在世界各国的认识并不一致，实现观念的手段更是千差万别，但面向人类共同进步的愿望和目标是一致的。

西方城市的战后重建，具有前所未有的巨大规模，同时又在时间节点上十分紧迫。在现代精神的鼓励下，重建工程别无选择，只能按照现代主义建筑和城市的思想、方法进行建造，从而使得西方世界城市的面貌开始发生根本性的变化。

二、欧洲的重建：勒阿弗尔

勒阿弗尔（Le Havre）是法国西北部历史悠久的港口城市，面临英吉利海峡，控扼塞纳河出海口，是巴黎的海上门户。在罗马帝国时代，已经有一条公路通到这里。9世纪，在塞纳河北岸建立了格拉维尔修道院（Graville Abbey）。此后，从修道院沿河岸向海岸方向逐渐形成人口聚集。1517年，法国国王弗朗索瓦一世颁发宪章，建立勒阿弗尔，作为法国海军的基地。此后，它成为法国北部的重要港口，航线通达英格兰、北海和波罗的海、非洲和美洲。19世纪初，该城已有2万人口。在19世纪的法国工业化浪潮中，该城在传统贸易的基础上发展起现代工业，成为一座工业城市。临港地带则发展成繁荣的市中心。人口到19世纪中叶增加到6万余人，到20世纪初增加到13万余人。

在两次世界大战中，勒阿弗尔都是重要的军港。第一次世界大战中，它是英国向法国输送人员和物资的主要港口，有上百万英国军人经由该港口登陆欧洲。第二次世界大战初期，它继续作为英国进入法国的通道。在法国战败投降之后，它被德军占领，成为德国策划登陆英国的“海狮计划”的主要基地。在“海狮计划”流产以后，它又成为德国防御盟军登陆的重点，是“大西洋墙”的节点要塞之一，驻有1.4万名德军。为防止盟军利用该城的港口设施，德军对码头进行了多次爆破，并在航道上沉入船只。盟军则对勒阿弗尔进行了持续的轰炸，以掩护实际进行的诺曼底登陆。

1944年9月12日，在诺曼底登陆3个月、巴黎解放18天后，英军攻占了已是一座孤城的勒阿弗尔。此时，这座城市已经遭到严重破坏，港口码头完全被毁，与之相邻的市中心有1.25平方公里被完全夷平，另外还有1.25万座建筑被摧毁。人口从

1936 年的 16.4 万人减少至不足 10 万人。1945 年春，战争还没有结束，法国临时政府将重建勒阿弗尔的任务委托给著名建筑师奥古斯特·贝瑞（Auguste Perret），他是现代建筑的先驱者之一，在第一次世界大战之前就已经成名。

贝瑞这一年 71 岁，正处在一位伟大建筑师最后的黄金时代。他放弃了原有的城市肌理，以方格网道路取代原有的中世纪街道体系，采用模数化（6.24 米）钢筋混凝土预制构件建造所有建筑。他以市政厅广场为枢纽，将通往东面海滨的福煦大街拓宽到 80 米，比巴黎的香榭丽舍大道还宽一点，成为城市的东西主轴线；将通往南面码头区的巴黎路适当拓宽改造，不过仍保持原有商业街功能；再将从东面海滨向东南通往码头区的弗朗索瓦一世大街也拓宽重建，三条道路一起组成一组三角形轴线，形成中心区的核心。在这个核心区内部和周围，方格网道路系统形成商业和居住混合的开放街区，和战前拥挤不堪的高密度小巷完全不同。市政厅广场周围排列了 330 套大小各异的公寓，可居住 1000 人。法国政府的资助允许建造适当的高层住宅。这些新的公寓有各种新改进，包括集中供暖。最好的公寓都在福煦大街，可面对南面的阳光（图 6-3-1）。

图 6-3-1 勒阿弗尔城市中心区重建规划总平面图
（引自 Le Havre：la Ville Reconstruite par Auguste Perret）

虽然重建工程到 1960 年代中期才正式结束，但贝瑞到 1949 年就已经建成了约 400 万平方米建筑。尽管技术完全是现代化的，但所体现的城市观念却是 19 世纪奥斯曼式的。其结果是形成了高度雷同、缺乏可识别性和个性的城市区域，所有建筑看上去都大同小异。事实上，整个西欧被战火摧毁的城市的战后重建，虽然雷同的程度确有差异，但可识别性的缺乏是其普遍的特征。2005 年，联合国教科文组织将贝瑞重建的勒阿弗尔中心区列入世界文化遗产名录，称它是二战后建筑和城市规划的杰出样板。

三、美国的郊区化：莱维敦

莱维敦（Levittown）位于美国纽约长岛（Long Island），是第二次世界大战以后美国郊区化过程的起点和样板。它的名字来源于一家房地产开发商莱维父子公司（Levitt and Sons）。这家公司成立于1929年经济大萧条前夕，1930年代在长岛为上层中产阶级家庭做一些定制住宅。长岛正如其名，东西长190公里，南北宽不超过30公里，西端和曼哈顿隔一条东河相望。这个时候，长岛的西端已经成为纽约市的布鲁克林区和皇后区，都是非常繁荣的城市区域，加起来一共有200万以上人口。但长岛其余的大部分地区，则还是一派萧条的田园风光，贫瘠的土地上种着些土豆和洋葱。

第二次世界大战期间，美国的房地产开发陷于停滞。莱维公司老板的儿子威廉·莱维（William Levitt）以专业人士身份加入美国海军营房部门，在太平洋的各种岛屿上积累了使用标准化可替换部件建造军营宿舍的经验。他的兄弟阿尔弗雷德·莱维（Alfred Levitt）则学习建筑学，在赖特的塔里埃森事务所供职。二战结束以后，威廉·莱维回到公司，说服他的父亲和兄弟将目光投向长岛的土豆和洋葱地，又和阿尔弗雷德一起设计了一种小住宅，只有一层楼，两间卧室，一间起居室，一间兼餐厅的厨房和一个卫生间，面积约70平方米。由于采用大坡屋顶，还有一个阁楼，设有楼梯进入，但是不做任何粉刷油漆，算是赠送的“扩展空间”。威廉·莱维认为，这样的建筑能够快速建造，并且快速租给从战场回来的美国大兵们，以及他们年轻的家庭。

第二次世界大战结束后，美国有大约1500万军人在大约1年里从世界各地退伍回家，相当于当时2/5个法国或者1/3个西德的人口。如何对他们进行妥善安置，成为美国政府的重要任务。美国为此制定了《美国军人权利法案》（Servicemen's Readjustment Act），向退伍军人提供包括医疗、教育、就业、家庭和住房在内的各种补贴，退伍军人购买住宅免首付。这样，战后美国的住房市场突然爆发出规模巨大的需求，集中在经济型住宅。威廉·莱维的想法正好迎合了这个时代。

莱维公司在长岛的开发从1947年春天开始，由于采用大量工厂生产的预制构件，建造迅速。到这年10月完成了第一期建设，规模只有2000座住宅，只租不卖，租金每月52美元，合当时中低收入者1周的收入。到10月底，这些住宅已经全部租出而且入住。第二年，住宅规模增加至6000座，并且开始以每座7990美元的价格出售，合当时中低收入者3年的收入。退伍军人可以申请无首付的30年抵押贷款，月供59美元。鉴于这些住宅几乎立刻销售一空，莱维公司继续扩大建设规模，并且增加了一些住宅款式，例如将面积增加到75平方米，提供停车位，赠送电视机，甚至对阁楼进行装修，等等。这些住宅继续大卖，售楼处不得不把购买过程变成流水作业，从买主开始选房到最终签订合同，在3分钟内结束。

到1951年，长岛的莱维敦建设完成，总共建造了17447座住宅，总用地达到17.8平方公里，人口最多时达到6.5万人，人口密度36.5人/公顷，是一个低密度郊区社区。这个社区是相当内向的，与城市中心区的联系必须通过高速公路，没有公交系统，完全依靠业主私人车辆。社区本身不能提供工作机会，大部分居民必须通勤。内部道路曲折复杂，数量稀少的公共设施例如学校、警署等均远离主要道路，既不易发现也不易到达。规划意在沿道路布置尽可能多的住宅，消灭那些不能用于出售的土地，从而提高开发效益。结果，尽管人口密度非常低，绿化也很充分，但是社区内部缺乏公共绿地，代之以各座住宅私有的前后院。住宅之间保持相当的距离感，很少有完全面对面的布局，私密性充足（图 6-3-2）。

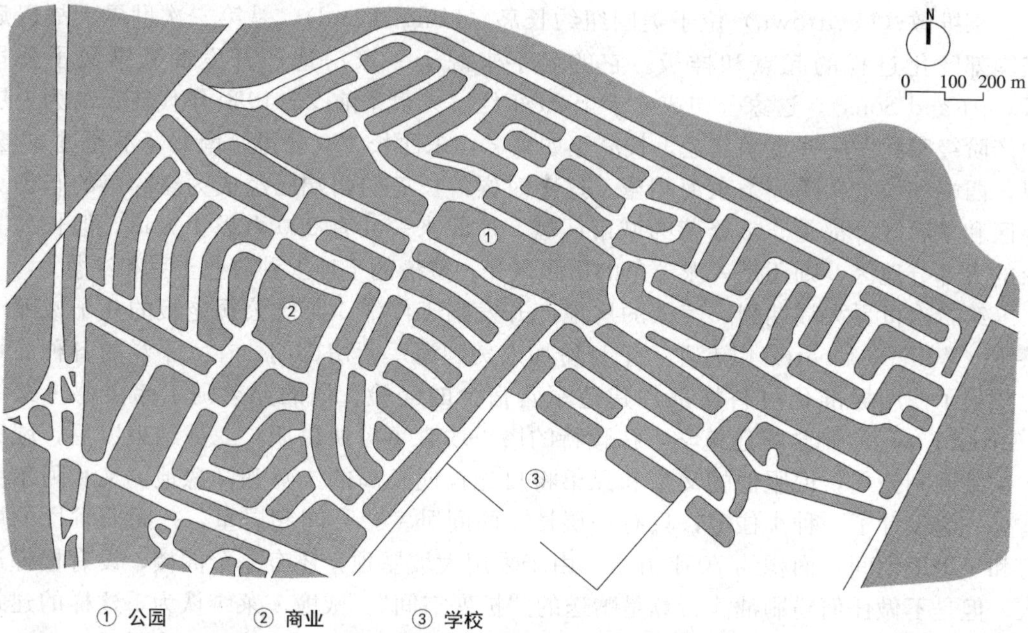

图 6-3-2 长岛莱维敦一期平面（据 http://stevehallarchitecture.com/blog/levittown/绘制）

尽管还在建设时就不断遭到批评，莱维敦仍然以其商业上的巨大成功震动全美，第二次世界大战后的郊区化过程从此开始。莱维公司从 1952 年起在费城附近开发了第二个莱维敦，比长岛莱维敦略大一些，以后又在新泽西和波多黎各开发了第三、第四个。其他开发商在全美各地参照莱维敦模式开发了更多的郊区居住区，并试图以各种方法、从各种角度对其进行修正，使得郊区居住区成为美国房地产业的主流。这些郊区居住区被称为“卧城”（Bedroom Town），居民居住在这里，但并不工作在这里，甚至也不在这里消费，只是在这里睡觉而已。科罗拉多州丹佛附近的奥罗拉（Aurora），人口从 1940 年的不足 3500 人发展到 1980 年的 16 万人，大部分上班族的工作地点不在本地，是一座典型的“卧城”。这些“卧城”极大地扩大了城市建成区范围，增加了对汽车工业的依赖，加剧了交通堵塞，延长了通勤时间，并且增加了能源消耗。

四、英国的新城运动：哈洛

哈洛（Harlow）是英国在第二次世界大战后根据 1946 年通过的《新城法》建造的一座新城，位于伦敦北面，距伦敦中心区约 40 公里。

作为世界上第一座现代特大城市，伦敦早在 19 世纪已经经历了各种城市病，并为此进行了卓著努力，包括制定第一部公共卫生法、建造第一个现代下水道系统、第一条地铁等。埃本尼泽·霍华德“花园城市”概念的提出，也是克服伦敦特大城市问题的举措。

新城运动源自“花园城市”理念，旨在取代英国那些过度拥挤、污染、混乱和令人痛苦的工业城市。可以说，新城其实就是花园城。新城运动大体上包含了霍华德的所有原始想法和概念，不过进一步进行了改进以适应所属的时代。

1909 年，对“城市病”的广泛理解使英国制定了第一部城市规划法律，意在推动开发新城而非扩大城市，但效果甚微。第一次世界大战期间，在霍华德倡导下，成立了一个叫作“新城人（New Townsmen）”的小团体。战争结束后，他们力图促使政府建造100座新城，以提供战后的重建。实际上，此后二十年的城市建设主流仍然是既有城市的扩展而非真正的新城建造。

第二次世界大战前夕，英国政府成立了一个委员会研究城市的人口和工业集中问题，以安德森·巴罗爵士（Sir Anderson Barlow）为主席。该委员会提出的报告第一次将大城市的问题视作一项公共事务，结论则赞同“规划下的疏散”。由于二战爆发，这份报告未能立即引起重视，但它的作用在战争期间继续发酵。1944年为准备战后重建而编制的大伦敦规划建议，超过100万人需要重新安置在卫星城、现有的农村市镇以及新城之中。

1945年7月英国举行大选，这时，欧洲的战事已经结束，但太平洋战场仍在作战。工党在大选中出人意料地获得压倒性胜利，新政府开始推行一系列社会主义改革措施，使英国迅速成为一个福利国家，其中包括成立新城委员会和制定《新城法》（New Towns Act 1946），在指定的土地上建立新城。

新城的建立不可避免地牵涉土地使用权益的变更。因此，1947年，工党政府废除了之前所有关于城镇规划的法规，制定了新的《城乡规划法》（Town and Country Planning Act 1947）。这部法律的核心内容包括：加大了规划部门的管理权限；对土地的开发利用必须获得规划许可；土地开发价值收归国有，成立新的政府机构负责收费；赋予地方政府更大的土地强制收购权和自行开发权；中央政府向地方政府提供更多的财政支持，帮助他们收购土地。虽然该法没有公然宣布没收所有私人土地，但的确将所有土地的开发权国有化了。地主此后无权开发自己拥有的土地，无权在自己的土地上修建房屋，甚至无权改变土地的用途。该法令在1948年生效，虽然1951年保守党重新执政后，在1954年通过修法恢复了地主的部分权利，但这部法律仍然对战后西方国家的城乡规划产生了重要而深远的影响。

1946年的《新城法》和1947年的《城乡规划法》一起推动了英国新城运动从理论变为现实，此后英国总共建设了28座新城。

哈洛是第一批新城之一，基于一个历史可追溯到中世纪早期的村落和其他一些小村庄，到第二次世界大战结束时还是一片农村，不过有一条从伦敦通往剑桥的铁路经过，设有两座火车站，交通方便。1947年，弗雷德里克·吉伯德爵士（Sir Frederick Gibberd）主持编制了新城规划，这位爵士是英国现代建筑研究组（the Modern Architecture Research Group，简称MARS）的重要成员，该组织是CIAM在英国的分支。吉伯德试图将现代主义建筑和城市的思想与花园城市的概念融合，建设一座同时保持城市和乡村优点的自给自足的城市。他以铁路线作为城市的北侧边界，城市本身划分成一系列“邻里”，其中有2个“邻里”主要面向制造业：Pinnacles和Templefields，以提供就业岗位。有1个“邻里”包括主要的商业和社区中心，设计为步行区域。其余5个“邻里”则以居住为主，各自拥有自己的商业区、社区设施和酒吧。“邻里”之间以绿化带分隔，通过环形路网连接。规划范围约25平方公里，人口约6万人，总体而言相当符合花园城市的标准（图6-3-3）。

哈洛的建设从1948年开始，到1955年完成了规划的大部分主要工程，形成了大约30平方公里的城市区域，包括相当大面积的绿地和水域。哈洛的人口增长早期十分缓慢，1954 年还只有 1.7 万人，到 1961 年仍只有 5.3 万人，但增速相当稳定，至 1974 年突破 8 万人，此后开始缓慢回落。

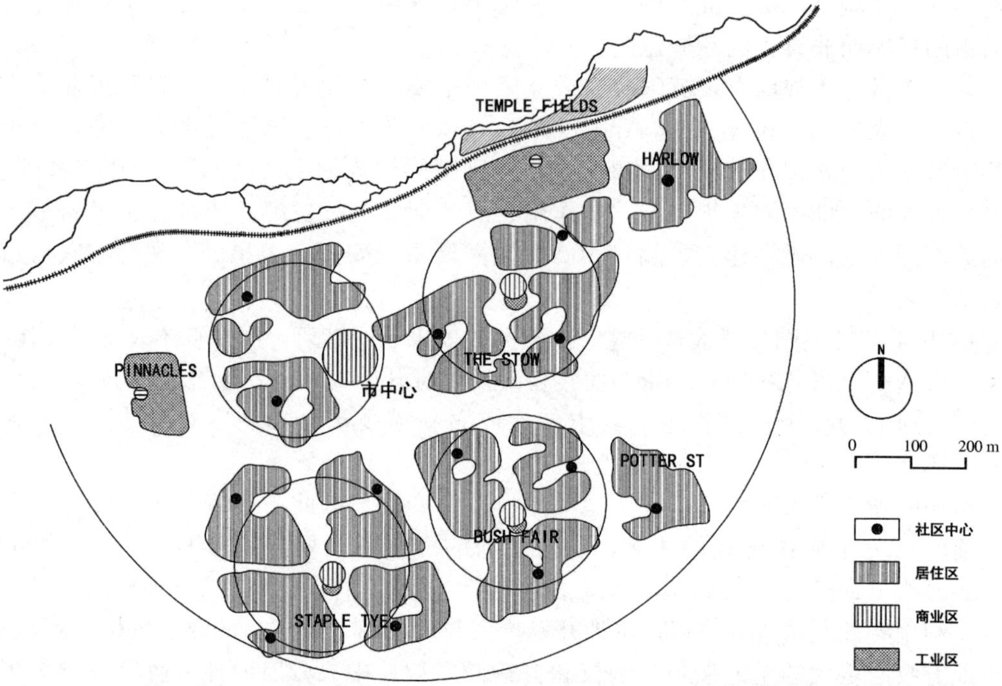

图 6-3-3　哈洛规划总平面（据 Harlow Local Development Plan：Green Wedge Review 绘制）

哈洛成为最著名的新城之一，不过并没有获得完全的成功。花园城市自给自足的梦想最为困难，尽管吸引到了一些企业投资，但受到 1960 年代以后英国经济持续不景气的影响，规划的两个面向制造业的“邻里”始终未成气候。事实上哈洛可以视为 1950 年代以后西方城市规划的缩影：主事者均为社会精英且具有良好的愿望，规划具有扎实的理论基础，规划过程既基于严谨的研究也经历严格的审查，但规划在实施过程中却遇到种种未预见的问题，最终得到一个不如人意的结果。

参考文献

（按使用顺序排序）

一、地图和古籍

[1] 钱伯斯世界历史地图，三联书店，北京 1981。

[2] Chris Scarre，The Penguin Historical Atlas of Ancient Rome，Penguin Books Ltd，London，1995.

[3]（宋）孟元老撰．东京梦华录［M］．郑州：中州古籍出版社，2010.

[4]（宋）周煇撰．刘永翔校注．清波杂志校注［M］．北京：中华书局，1997.

[5]（明）阳思谦．黄凤翔编纂．万历泉州府志．

[6]（清）怀荫布修．（清）黄任，郭赓武纂．乾隆泉州府志．

[7] National Geographic Maps，Venice（National Geographic Destination City Map）2015 edition，National Geographic Maps，Washington，DC 2015.

[8] J. & C. Walker Sculp，Nuremburg Map，John Murray，London 1858.

[9] Grund-RiB der Kayserlichen und des Heil. Röm. Reichs Freyen Stadt Lübeck，Matthä us Seutter，Augsburg 1733—1740.

[10]（明）王俊华纂修，洪武京城图志．

[11]（明）陈沂撰，金陵古今图考．

[12]（明）周诗、石允珍修，李登等纂，万历重修江宁县志．

[13]（明）程三省主修，李登总纂，万历上元县志．

[14]（清）吕燕昭修，姚鼐纂，嘉庆新修江宁府志．

[15] J. Rapkin，Manchester and Its Environs，John Tollis and Company，London and New York 1860.

[16] Walter Harrison，A Plan of The City and Environs of London as Fortified by Order of Parliament in the Years 1642 & 1643. Published for Harrison's History of London，London 1775.

[17] Cross's New Plan Of London 1850，J. Cross Publication，London 1850.

[18] Bartholomew's Pocket Atlas and Guide to London，John Bartholomew and Son Publication，Edinburgh 1922.

[19]（清）程廷济修，凌汝锦纂，浮梁县志．

[20]（清）乔桂修，贺熙龄纂，游际盛增补，浮梁县志．

[21]（明）王宗沐纂修，江西省大志．

[22]（清）蓝浦，郑廷桂著．连冕编注．景德镇陶录图说［M］．济南：山东画报出版社，2004.

[23]（清）王夷典录疏．平遥县志［M］．太原：山西经济出版社，2008.

[24]（清）薛柱斗修，高必大纂，天津卫志．

[25]（清）佚名撰，津门保甲图说，道光二十六年刻本．

[26] 正井泰夫，江戸東京大地図—地図でみる江戸東京の今昔，平凡社，东京 1993.

二、专著

[1]（意）贝纳沃罗著．薛钟灵等译．世界城市史［M］．北京：科学出版社，2000.

[2] 沈玉麟．外国城市建设史［M］．北京：中国建筑工业出版社，2008.

[3] 中华世纪坛世界艺术馆，宾夕法尼亚大学考古和人类学博物馆．美索不达米亚文明［M］．北京：文物出版社，2007.

[4] 杨建华．两河流域：从农业村落走向城邦国家［M］．北京：科学出版社，2014.

[5] John P. McKay，etc. A History of Western Society，11th edition，Bedford-St［M］. Martin's，Boston，2013.

[6] Charles Gates. Ancient Cities，Routledge，London and New York［M］. 2011.

[7] Tertius Chandler. Four Thousand Years of Urban Growth：An Historical Census［M］. Lewiston：Edwin MellenPress，1987.

[8] Barry Kemp. The City of Akhenaten and Nefertiti：Amarna and its People［M］. London：Thames and Hudson，2012.

[9] 吕思勉．中国通史［M］．西安：陕西师范大学出版社，2010.

[10] 后晓荣．秦代政区地理［M］．北京：社会科学文献出版社，2009.

[11] 同济大学城市规划教研室编．中国城市建设史［M］．北京：中国建筑工业出版社，1981.

[12] 张驭寰．中国城池史［M］．天津：百花文艺出版社，2003.

[13] 许宏．先秦城市考古学研究［M］．北京：燕山出版社，2000.

[14] Li Liu，Xingcan Chen. The Archaeology of China：From the late Paleolithic to the Early Bronze Age［M］. Cambridge University Press，New York 2012.

[15] 刘敦桢．中国古代建筑史［M］．北京：中国建筑工业出版社，1984.

[16] 编写组编．中国建筑史［M］．北京：中国建筑工业出版社，1993.

[17] 段鹏琦．汉魏洛阳故城［M］．北京：文物出版社，2009.

[18] 刘叙杰．中国古代建筑史（第一卷）［M］．北京：中国建筑工业出版社，2003.

[19]（英）克鲁克香克主编，郑时龄译．弗莱彻建筑史［M］．北京：知识产权出版社，2011.

[20] Sarah B. Pomeroy，etc. Ancient Greece：a political，social，and cultural history［M］. Oxford University Press，New York 2012.

[21] David Watkin. A History of Western Architecture，2nd edition［M］. Laurence King Publishing，London 1996.

[22]（英）沃尔夫编，郭小凌等译．剑桥插图罗马史［M］．济南：山东画报出版社，2008.

[23] Alex Butterworth，Ray Laurence. Pompeii：The Living City［M］. St. Martin's Press，New York，2006.

[24] John E. Stambaugh. The Ancient Roman City［M］. Johns Hopkins University Press，Washington D. C.，1988.

[25] Alan Bowman，Andrew Wilson，etc. Settlement，Urbanization，and Population［M］. Oxford University Press，Oxford，2011.

[26] 傅熹年．中国古代建筑史（第二卷）［M］．北京：中国建筑工业出版社，2001.

[27] 城市设计研究所．日本的都市空间［M］．东京：彰国社，1968.

[28] 日本建筑学会．日本建筑史图集［M］．东京：彰国社，2007.

[29] 高橋康夫．図集日本都市史［M］．东京：东京大学出版会，1993.

[30]（英）威廉·穆尔著．周术情等译．阿拉伯帝国［M］．西宁：青海人民出版社，2006.

[31] Andrew Petersen. Dictionary of Islamic Architecture［M］. Routledge，London and New York 1996.

[32] Ross Burns. Damascus：A History［M］. Routledge，London and New York 2007.

[33] Justin Marozzi. Baghdad：City of Peace，City of Blood—A History in Thirteen Centuries [M]. Da Capo Press，Jackson 2014.
[34] 吴松弟．中国人口史·第三卷·辽宋金元时期 [M]．上海：复旦大学出版社，2000.
[35] 刘春迎．北宋东京城研究 [M]．北京：科学出版社，2004.
[36] 周焜明．泉州古城踏勘 [M]．厦门：厦门大学出版社，2007.
[37] 黄梅雨．泉州古城街坊 [M]．厦门：厦门大学出版社，2007.
[38] Angela Schottenhammer. The Emporium of the World：Maritime Quanzhou 1000—1400 [M]. Brill Press，Leiden 2001.
[39] Timothy B. Smith，Judith B. Steinhoff，etc. Art as Politics in Late Medieval and Renaissance Siena [M]. Routledge，London 2013.
[40] Cecil Headlam. The Story of Nuremberg [M]. CreateSpace Independent Publishing Platform，USA 2014.
[41] Helen Zimmern. The Hansa Towns and the Hanseatic League [M]. CreateSpace Independent Publishing Platform，USA 2015.
[42] 侯仁之，邓辉．北京城的起源与变迁 [M]．北京：中国书店，2001.
[43] 朱祖希．北京城演进的轨迹 [M]．北京：光明日报出版社，2004.
[44] 邓辉．北京 [M]．北京：中国地质大学出版社，2011.
[45] 潘谷西．中国古代建筑史，第四卷：元、明建筑 [M]．北京：中国建筑工业出版社，2009.
[46] 雍振华．江苏古建筑 [M]．北京：中国建筑工业出版社，2015.
[47] 曹树基．中国人口史，第四卷：明时期 [M]．上海：复旦大学出版社，2000.
[48] Rolf C. Wirtz. Clemente Manenti，Florence [M]. Langenscheidt Pub Inc.，München 2008.
[49] Peter J. Gartner. Brunelleschi [M]. Könemann，Köln 1998.
[50] 蔡永洁．城市广场：历史脉络·发展动力·空间品质 [M]．南京：东南大学出版社，2006.
[51] Marie LuiseSchroeterGothein. A History of Garden Art：From the Earliest Times to the Present Day [M]. Reissue edition，Cambridge University Press，Cambridge 2014.
[52] Robert Bork，Andrea Kann，etc. The Art，Science，and Technology of Medieval Travel [M]. Ashgate Publishing Limited，Aldershot 2008.
[53]（英）艾瑞克·霍布斯鲍姆著．王章辉译．革命的年代 [M]．南京：江苏人民出版社，1999.
[54] Arnold Kludas. Record Breakers of the North Atlantic：Blue Riband Liners 1838—1952 [M]. Brassey's，Inc，Dulles，Virginia，2000.
[55]（英）温斯顿·丘吉尔著．薛力敏，林林译．英语国家史略 [M]．北京：新华出版社，1985.
[56] Stuart Hylton. A History of Manchester [M]. Phillimore & Co. Ltd.，Gloucester 2010.
[57] Roy Porter. London：A Social History [M]. Penguin Books Ltd，London 2000.
[58] 余家栋．江西陶瓷史 [M]．开封：河南大学出版社，1997.
[59] 景德镇市地方志编纂委员会．景德镇市志略 [M]．上海：汉语大词典出版社，1989.
[60] 景德镇市地方志编纂委员会．景德镇市志 [M]．北京：中国文史出版社，1991.
[61] 姚糖，蔡晴．江西古建筑 [M]．北京：中国建筑工业出版社，2015.
[62] 王金平，李会智，徐强．山西古建筑 [M]．北京：中国建筑工业出版社，2015.
[63] 郭蕴静．天津古代城市发展史 [M]．天津：天津古籍出版社，1989.
[64] 罗澍伟．近代天津城市史 [M]．北京：中国社会科学出版社，1993.
[65] 来新夏．郭凤岐编著．天津的城市发展 [M]．天津：天津古籍出版社，2004.
[66] 来新夏．杨大辛编著．天津的九国租界 [M]．天津：天津古籍出版社，2004.
[67]（法）白吉尔著．王菊，赵念国译．上海史：走向现代之路 [M]．上海：上海社会科学院出版社，2014.
[68] 伍江．上海百年建筑史（1840—1949）[M]．上海：同济大学出版社，2008.

[69]（英）尼古拉斯·佩夫斯纳著．陈平译．美术学院的历史［M］．北京：商务印书馆，2016.
[70] Joan DeJean. How Paris Became Paris：The Invention of the Modern City［M］. Bloomsbury USA，New York 2015.
[71] Alfred Theodore Andreas. History of Chicago［M］. Volume I，Arno Press，Chicago 1884.
[72] Dominic A. Pacyga. Chicago：A Biography［M］. The University of Chicago Press，Chicago 2011.
[73] Daniel Hudson Burnham. Plan of Chicago［M］. Ulan Press，USA 2012.
[74] 叶楚伧，柳诒征主编．王焕镳编纂．首都志［M］．南京：正中书局，1935.
[75] 国都设计技术专员办事处．首都计划［M］．南京：南京出版社，2006.
[76] 南京市地方志编纂委员会．南京市志［M］．北京：方志出版社，2009.
[77] 高橋康夫．図集日本都市史［M］．东京：东京大学出版会，1993.
[78] 藤森照信．明治の東京計画《岩波現代文庫》［M］．东京：岩波书店，2004.
[79] 越沢明．東京都市計画物語，ちくま学芸文庫［M］．东京：筑摩书房，2001.
[80] Ebenezer Howard. Garden Cities of To-Morrow［M］. Dodo Press，Gloucester，UK 2009.
[81] Charles Jencks. Modern Movements in Architecture［M］. Penguin Books，London 1987.
[82] William Curtis. Modern Architecture since 1900［M］. Phaidon Press，London and New York 1986.
[83] P. Gabellini. TecnicheUrbanistiche［M］. Caroccieditore，Rome 2001.
[84] Le Corbusier et Pierre Jeanneret. ŒuvreComplète 1910—1929，LesÉditionsD'Architecutre，Zurich 1995.
[85] Le Corbusier et Pierre Jeanneret，ŒuvreComplète de 1929—1934，LesÉditionsD'Architecutre，Zurich 1995.
[86] Le Corbusier et Pierre Jeanneret，ŒuvreComplète 1934—1938 LesÉditionsD'Architecutre，Zurich 1995.
[87] Congress Internationauxd'Architecturemoderne（CIAM），La Charted'Athenes or The Athens Charter，1933.
[88] Trans J. Tyrwhitt. Paris，France：The Library of the Graduate School of Design［M］. Harvard University，1946.
[89] Eric Mumford. The CIAM Discourse on Urbanism 1928—1960［M］. MIT Press，Cambridge 2000.
[90] Frank Backus Williams. The law of City Planning and Zoning［M］. The Macmillan Company，New York 1922.
[91] Keith D. Revell. Building Gotham：Civic Culture and Public Policy in New York City，1898—1938［M］. The Johns Hopkins University Press，Baltimore 2003.
[92]（英）霍布斯鲍姆著．马凡等译．极端的年代［M］．南京：江苏人民出版社，2010.
[93] Mark Clapson，Peter J. Larkham，etc. The Blitz and Its Legacy：Wartime Destruction to Post-war Reconstruction［M］. Ashgate Publishing Limited，Surrey 2013.
[94] Ville du Havre. Le Havre：la Ville Reconstruite par Auguste Perret［M］. Le Havre 2003.
[95] Andrew T. Carswell，etc. The Encyclopedia of Housing，Second Edition［M］. Sage Publications，Inc.，Thousand Oaks 2012.
[96] Frederic J. Osborn，Arnold Whittick. New Towns：Their Origins，Achievements，and Progress［M］. Leonard Hill，London 1977.
[97] Harlow Council. Harlow Local Development Plan：Green Wedge Review，Harlow 2014.
[98] W. R. Powel，etc.，ed. A History of the County of Essex：Volume 8［M］. Victoria County History，London 1983.

三、学术论文

[1] 苏秉琦，殷玮璋．关于考古学文化的区系类型问题［J］．文物，1981（5）．

[2] 庞朴．阴阳五行探源［J］．中国社会科学，1984（03）．

[3] 任式楠．中国史前城址考察［J］．考古，1998（01）．

[4] 中国社会科学院考古研究所安阳工作队．河南安阳市洹北商城的勘察与试掘［J］．考古，2003（5）．

[5] 刘庆柱．论秦咸阳城布局形制及其相关问题［J］．文博，1990（5）．

[6] 吴庆洲．中国古代哲学与古城规划［J］．建筑学报，1995（8）．

[7] 赵立瀛，赵安启．简述先秦城市选址及规划思想［J］．城市规划，1997（5）．

[8] 刘庆柱．汉长安城的考古发现及相关问题研究［J］．考古，1996（10）．

[9] 董鸿闻等．汉长安城遗址测绘研究获得的新信息［J］．考古与文物，2000（05）．

[10] 中国社会科学院考古研究所汉城工作队．汉长安城北宫的勘探及其南面砖瓦窑的发掘［J］．考古，1996（10）．

[11] 黄永美，徐卫民．西汉长安人口地理探析——以元始二年长安人口为例［J］．西北大学学报（自然科学版），2012（06）．

[12] 钱国祥．汉魏洛阳故城沿革与形制演变初探［J］．//中国社会科学院考古研究所编著．21 世纪中国考古学与世界考古学．北京：中国社会科学出版社，2002.

[13] 张金龙．北魏洛阳里坊制度探微［J］．历史研究，1999（06）．

[14] 钟晓青．北魏洛阳永宁寺塔复原探讨［J］．文物，1998（05）．

[15] 李健超．唐长安 1：2.5 万复原图［J］．西北大学学报（自然科学版），1993（02）．

[16] 张天虹．再论唐代长安人口的数量问题——兼评近 15 年来有关唐长安人口研究［J］．唐都学刊，2008（03）．

[17] 孙晖，梁江．唐长安坊里内部形态解析［J］．城市规划，2003（10）．

[18] 李瑞．唐长安商业空间形态分析［J］．中国历史地理论丛，2005（02）．

[19] 辛德勇．汉唐期间长安附近的水路交通——汉唐长安交通地理研究之三［J］．中国历史地理论丛，1989（01）．

[20] 吴涛．盛唐时期的东都洛阳［J］．郑州大学学报（哲学社会科学版），1992（06）．

[21] 梁克敏．论隋唐时期洛阳的人口变迁与城市兴衰［J］．三门峡职业技术学院学报，2014（04）．

[22] 李裕群．隋唐时代的扬州城［J］．考古，2003（03）．

[23] 蒋忠义．隋唐宋明扬州城的复原与研究［J］．中国考古学论丛——中国社会科学院考古研究所建所 40 年纪念．北京：科学出版社，1993.

[24] 王晖．日本古代都城条坊制度的演变［J］．国际城市规划，2007（01）．

[25] 王仁波．日本的千年古都——平安京［J］．文博，1987（04）．

[26] Robert Hartwell. A Revolution in the Chinese Iron and Coal Industries during the Northern Sung, 960-1126 A. D. ［J］. The Journal of Asian Studies, Volume 21, Issue 2, Cambridge UK 1962.

[27] 吴涛．北宋东京城的营建与布局［J］．郑州大学学报（哲学社会科学版），1982（03）．

[28] 陈泳．古代苏州城市形态演化研究［J］．城市规划汇刊，2002（05）．

[29] 曹凯中．基于空间句法理论对泉州古城区街道空间组织研究［J］．华中建筑，2015（03）．

[30] 王志高．六朝建康城遗址考古发掘的回顾与展望［J］．南京晓庄学院学报，2008（01）．

[31] 侯竹青，陈志刚．太平天国奠都前南京人口考论［J］．史学集刊，2009（04）．

[32] 陶立璠．清代宫廷的萨满祭祀［J］．西北民族研究，1992（01）．

[33] 高占福．大都市回族社区的历史变迁——北京牛街今昔谈［J］．回族研究，2007（02）．

[34] 贾福林．故宫端门之礼［N］．中国文物报，2015-10-27.

[35] 南炳文．明清时期古代中国社会的终结及其教训［J］．河南师范大学学报（哲学社会科学版），2005（06）．

[36] 王贵祥．明代建城运动概说［J］．//王贵祥．中国建筑史论汇刊·第壹辑．北京：2009.
[37] 孙燕京．晚清社会风尚及其变化［J］．中州学刊，2004（06）．
[38] 张玉坤，宋昆．山西平遥的“堡”与里坊制度的探析［J］．建筑学报，1996（04）．
[39] 汪晓茜，俞琳．国民政府时期南京都市建设的相关制度研究［J］．2011 年中国建筑史学学术年会论文集—兰州理工大学学报第 37 卷，2011.
[40] 蔡晴，姚赯．南京近代住区的营建特征与保护观念初探［J］．华中建筑，2006（11）．
[41] 曹康，陶娅．东京近代城市规划：从明治维新到大正民主［J］．国际城市规划，2008（02）．
[42] 孙施文．田园城市思想及其传承［J］．时代建筑，2011（05）．
[43] 吕富珣．圣伊利亚与未来主义建筑［J］．建筑史，2005（00）．
[44] 姚赯，蔡晴．两部《雅典宪章》与城市建筑遗产的保护［J］．华中建筑，2005（05）．
[45] Frank Lloyd Wright. Broadacre City：A New Community Plan［J］. Architectural Record，vol. 77 （April 1935），New York 1935.

四、网络资源

[1] Gordon Loud and Charles B. Altman, Khorsabad, Part 2: The Citadel and the Town, Oriental Institute Publications 40, University of Chicago Press, Chicago 1938, http://oi. uchicago. edu/sites/oi. uchicago. edu/files/uploads/shared/docs/oip40. pdf, accessed: 2016-07-09.
[2] Joshua J. Mark, “Persepolis,” Ancient History Encyclopedia, last modified September 02, 2009, http://www. ancient. eu/persepolis/. accessed: 2016-05-16.
[3] Ian Shaw ed., The Oxford History of Ancient Egypt, Oxford University Press, Oxford 2003. Andrew Selkirk, Barbarism and Civilization: A new History of the World, http://www. civilization. org. uk, accessed: 2016-07-09.
[4] Hellenic Ministry of Culture, Archaelogical Site of Delphi, Date of Inscription: 1987, http://whc. unesco. org/document/102312. accessed: 2015-10-07.
[5] Ministere de la Communication et de la Culture, Republique Algerienne Democratique et Populaire, Presentation de Rapports Periodiques sur L'application de la Convention du PartrimoineMondial, Timgad (Antique Thamvgadi), Juillet 2000, http://whc. unesco. org/archive/periodicreporting/ARB/cycle01/section2/194. pdf, accessed: 2015/01/29.
[6] http://www. iranicaonline. org/articles/firuzabad, Last Updated: January 26, 2012, accessed: 2016-05-10.
[7] 法兰西捷纳古道协会官方网站, http://francigena-international. org/, accessed 2016-10-11.
[8] Andrew Ellicott, Plans for Washington D. C., Engraved by Samuel Hill, Boston, 1792, http://www. loc. gov/, accessed: 2016-07-11.
[9] T. Tinker, A Plan of Manchester and Salford, Manchester 1772, http://manchester. publicprofiler. org/, accessed: 2016-09-16.
[10] 天津市地方志编修委员会编, 天津通志, http://www. tjdfz. org. cn/tjtz/.
[11] 上海市地方志办公室, 上海通志, http://www. shtong. gov. cn/.
[12] John W. Reps, Description of an Architectural Model, Department of City and Regional Planning, Cornell University, http://urbanplanning. library. cornell. edu/DOCS/whitwell. htm, accessed: 2016-07-20.
[13] Souvenir map of the World's Columbian Exposition at Jackson Park and Midway Plaisance, Chicago, Ill, U. S. A. 1893, https://www. loc. gov/resource/g4104c. ct002834/, accessed: 2016-09-24.
[14] Board of Estimate and Apportionment, City of New York, Building Zone Resolution, Adopted July 25, 1916, http://www. nyc. gov/, accessed: 2015-02-22.
[15] 斯蒂芬·霍尔, http://stevehallarchitecture. com/blog/levittown/, accessed: 2016-04-30.